教科研成果的示范与引领

教科研资助的顺德经验

主　编　黄书刚
副主编　邓国强　邓秋萍
编　委　周晓晓　陶　瑜　梁健源
　　　　叶　建　陈赛君　张金林
　　　　席　岩

广东高等教育出版社
Guangdong Higher Education Press
·广州·

图书在版编目（CIP）数据

教科研成果的示范与引领：教科研资助的顺德经验/黄书刚主编.
—广州：广东高等教育出版社，2021.9
　　ISBN 978-7-5361-7000-1

Ⅰ.①教… Ⅱ.①黄… Ⅲ.①中小学-办学经验-顺德区 Ⅳ.①G637

中国版本图书馆 CIP 数据核字（2021）第 145729 号

JIAOKEYAN CHENGGUO DE SHIFAN YU YINLING：
JIAOKEYAN ZIZHU DE SHUNDE JINGYAN

出版发行	广东高等教育出版社
	地　址：广州市天河区林和西横路
	邮政编码：510500　电　话：（020）87551597　38493773
	http：//www.gdgjs.com.cn
印　刷	广东虎彩云印刷有限公司
开　本	787 毫米×1 092 毫米　1/16
印　张	27.75
字　数	532 千
版　次	2021 年 9 月第 1 版
印　次	2021 年 9 月第 1 次印刷
定　价	68.00 元

（版权所有，翻印必究）

目 录

第一篇　区域推进教育科研工作的思考与实践 ……………………… 1

第二篇　顺德区办学机制的改革与实践 ………………………………… 13
 第一章　办学机制改革措施 ……………………………………………… 14
 第二章　办学机制改革的案例 …………………………………………… 19
  案例一　容桂街道教育局教育办学体制改革的探索与实践 ………… 19
  案例二　"1+4"学区教育共同体教学改革成果报告 ……………… 33

第三篇　学校管理的设计与实施 ………………………………………… 45
 第一章　学校管理的设计 ………………………………………………… 46
 第二章　学校自主管理的实施 …………………………………………… 51
  案例一　改革学校内部治理，建立现代学校制度——杏坛梁銶琚初级中学办学机制改革探索阶段总结 …………………………… 51
  案例二　基于责任教育的体验式德育实践研究 ……………………… 66
  案例三　创意引领技术创新提升价值："包班搭课"动漫专业人才培养模式改革与实践 ……………………………………………… 76

第四篇　师资队伍建设与发展 …………………………………………… 85
 第一章　顺德区师资队伍建设的思考与实践 …………………………… 86

第二章　师资队伍建设的实践案例 …………………………………… 93
　　案例一　探"学院式"校本研修模式，促教师专业成长 …………… 93
　　案例二　班主任职业倦怠与专业成长——容山中学班主任队伍建设
　　　　　　项目案例分析 ……………………………………………… 103
　　案例三　开展"精细化"校本培训促进教师专业发展 ……………… 111

第五篇　课程建设的创新与实践 ………………………………………… 117
　第一章　课程文化及体系建设的研究案例 ……………………………… 118
　　案例一　"真善美的化学"人文教育的实践研究 …………………… 118
　　案例二　李伟强职业技术学校知识产权与创新教育体系构建 ……… 133
　第二章　学校校本课程建设案例 ………………………………………… 140
　　案例一　小学生创新思维培养校本课程开发与实施 ………………… 140
　　案例二　和融万物，美创未来——顺峰中学 STEM 课程成果报告 … 146
　　案例三　高中天文特色课程体系建设成果报告 ……………………… 152
　　案例四　"创建咏春文化特色课程"成果报告 ……………………… 158
　　案例五　从课文走向课程的小学语文"1+1"体验式阅读教学 …… 163
　　案例六　"镇域课堂教学从有效到高效转型的实践研究——以顺德区
　　　　　　北滘镇为例"成果报告 ………………………………………… 180
　　案例七　共奏校本海韵　成就幸福人生——"基于全童发展"校本课程
　　　　　　建设成果报告 ……………………………………………… 196

第六篇　课堂教学变革的路径与方法 …………………………………… 213
　第一章　课堂教学变革的路径研究案例 ………………………………… 214
　　案例一　"目标—导学—检测"三环智能课堂教学改革成果报告 … 214
　　案例二　"构建乡镇普通高中和谐课堂的研究"成果报告 ………… 224
　　案例三　"利用三维导学案促进初中学生数学能力发展"教学改革
　　　　　　 …………………………………………………………………… 239
　　案例四　基于学生核心素养培养的"共生课堂"教学改革的探索与
　　　　　　实践 ……………………………………………………………… 257

第二章　课堂教学变革的方法研究案例 ………………………… 275
- 案例一　"中小学数学课本素材的开发与设计"成果报告 ………… 275
- 案例二　"'问题导学'教学模式的构建与实践"成果报告 ………… 286
- 案例三　"小组合作下'三导'课堂模式的构建与实践"成果报告
  ……………………………………………………………………… 300
- 案例四　高效辅导初中生开展乡土地理研究性学习的行动研究 ……… 316
- 案例五　"小学英语自然拼读法教学研究"课题结题报告 ………… 326
- 案例六　小组学习—合作探究课堂教学模式的实践困境与对策 …… 340

第七篇　信息技术与网络教育 …………………………………… 347
- 案例一　智慧校园环境下指导学生深度阅读的实践研究 …………… 348
- 案例二　基于教育云平台下童话故事的创客教育模式研究 ………… 360
- 案例三　基于跨省联盟的职校会计专业课程资源库建设与应用研究
  ……………………………………………………………………… 381
- 案例四　信息技术深度融合的"1+1主体建构"课堂教学改革的实践创新研究 …………………………………………………… 423
- 案例五　信息技术助推课堂自主合作提升素养 ……………………… 435

第一篇

区域推进教育科研工作的思考与实践

2019年，教育部印发了《关于加强新时代教育科学研究工作的意见》（教政法〔2019〕16号），其中强调：教育科学研究是教育事业的重要组成部分，对教育改革发展具有重要的支撑、驱动和引领作用。教育科研在区域推进教育改革与发展、提高教育质量、服务决策、探寻规律、指导实践中发挥先导和引领作用，具有先导性和战略性地位。

近年来，顺德区在教育综合改革的大背景下，始终把教育科研摆在优先发展的位置，大力实施科研兴教战略，并取得了优异的成绩。但随着新一轮科技产业革命的兴起，人工智能、大数据、移动互联网等新技术的快速发展，也引发了教与学的一系列变革。尤其"疫情"下的网络教学的全面实施，给教师的教学观念带来了极大的冲击。面对新的教育动态，如何进一步发挥教育科研的先导性和战略性？建立好区域教育智库，为地方未来教育乃至经济社会发展提供理论支撑、奠定坚实基础，将是顺德区教育科研工作的重中之重。

反思顺德区教育科研工作在推进区域教育综合改革和发展上，顺德区教科室以"创新管理机制、服务引领示范、实现发展转型"为工作思路，以立足实际、问题导向为工作策略，以落实新课程改革、新高考改革、新中考改革和立德树人、核心素养为工作重点，通过对教育科研的功能定位、服务决策、创新科研、指导实践等方面的不断思考与探索，着力打造教育品牌，提升教育品质，增强人民对教育的满意度。

一、完善系统，创新区域教育科研"管理运行"机制

区域教育科研部门担负着推进区域教育科研发展的任务，建立有效的科研管理体系是提高本地区教育科研水平的重要基础。教育科研承担着教育理论与方法的探索和为教育改革实践服务的双重任务。研究任务的双重性，研究内容的应用性，研究队伍的群众性、层次性和研究方法的多样性决定了区域教育科研体系建设的工作重点。

（一）建立区镇（街）校三级教育科研管理体系

按照顺德区、镇（街）两级行政管理的属性，顺德区建立了区、镇（街）和学校共同管理的三级教育科研管理体系，各镇（街）教育局设立了教研室并有专人负责教育科研工作，部分中小学校也成立了科研室（或教科研工作由专职行政负责），有一支比较稳定的专兼职科研队伍，并明

确三级教科研管理体系的职责边界，实现区域内教育科研一体化，实现管理统一、资源共享、信息贯通，更好地为教师专业发展服务，进一步提高教师实施素质教育的能力和水平（如图1-1）。

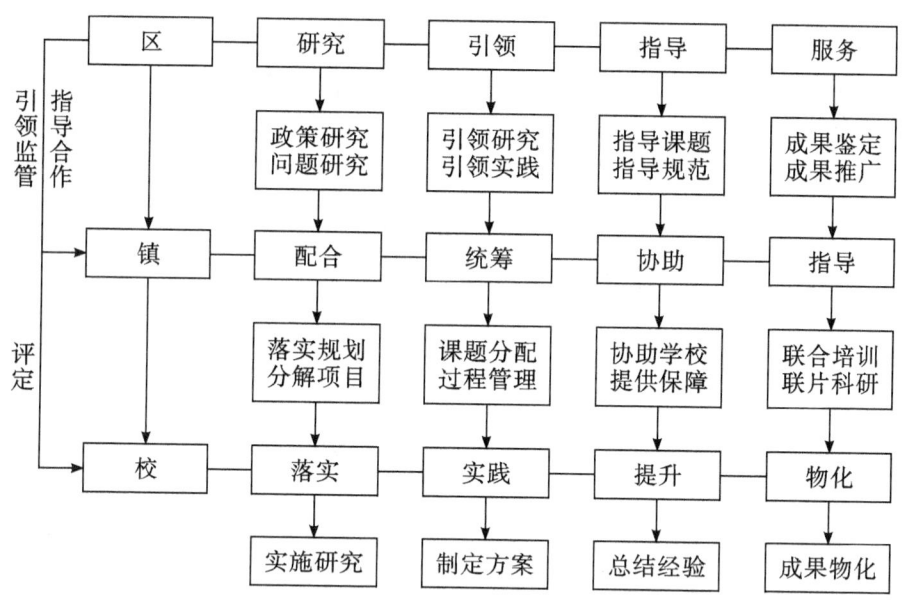

图1-1 顺德区教育科研三级管理职能边界模型

（二）构建四位一体的教育科研管理运行机制

1. 建立机制

教育科研部门的主要功能就是研究、引领、指导、服务。顺德区教育科研部门围绕这一基本功能构建了"科研为引领，课改为核心，服务为支撑，教师发展为任务"，向基层学校和教师提供四位一体的管理运行机制，并建构"教育科研核心任务推进"工作模型（如图1-2），提升教育科研工作的针对性和实效性。以核心任务和项目驱动推动区域教育、学校和教师的共同发展。我们感到，在教育进入"内涵发展、质量提升"的转型时期，教育科研必须完善制度和工作推进的程序化建设。

2. 统一管理

通过深入分析研究顺德区各镇（街）教育科研管理的现有资源、潜在资源，明确教育科研工作在基层教育管理中的位置与功能，构建了区、镇（街）、校三级"区镇（街）协调—活动统筹—平台实报"的教育科研管理机制，使得区、镇（街）、校三级教科研部门通过这种统一协作的管理运行机制，提升了教育科研活动的效能。

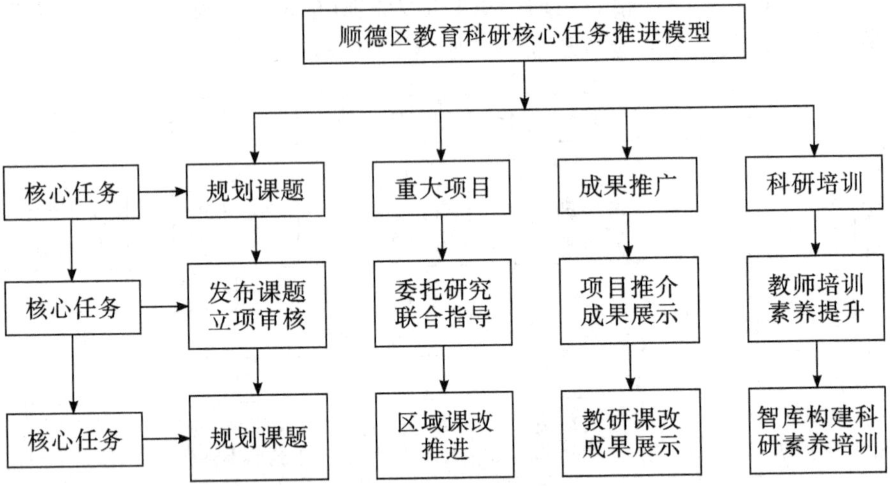

```
                    顺德区教育科研核心任务推进模型
        ┌──────────────┬──────────────┬──────────────┐
   核心任务──规划课题      重大项目        成果推广        科研培训
        │      │           │              │              │
   核心任务──发布课题    委托研究       项目推介        教师培训
              立项审核   联合指导       成果展示        素养提升
        │      │           │              │              │
   核心任务──规划课题    区域课改       教研课改        智库构建科
                         推进          成果展示        研素养培训
```

图 1-2　顺德区教育科研核心任务推进模型图

建立"区镇（街）协调—活动统筹—平台实报"区、镇（街）、校三级教育科研管理机制的意义如下。

一是三级教育科研管理运行机制为教育科研工作落地实施提供了制度上的保障。教育科研的类型既有中宏观层面的决策研究，也有区域和学校层面的教改研究，还有教师层面的专题研究，通过三级教育科研管理运行，多层兼顾，分类管理，促进区、镇（街）、校三级和谐共生式的多元发展，形成良好的区域教育科研生态环境。

二是统筹规划教育科研重大活动提高了三级教育科研管理运行的效率。明确了区、镇（街）两级教育科研管理的职责，在统筹教育科研重大活动的落实上，区教科室承担理论引领（学习资料汇编）、方法指导（调查研究、课堂观察等科研方法的指导）、成果总结（成果集汇编，形成相关报告等），从而提升重大活动的研究品位和学术品质。镇（街）教育科研部门将根据区教科室的工作指引，逐级落实，保证了教育科研工作的统一性、实践性。

三是网络平台实报制约了教育科研的虚假研究现象。顺德区教育发展中心自主开发研制的"顺德区教育科研网络管理平台"，基本实现"申报—评审—立项—中检—结题—验收—成果推广"的教育科研网上管理功能，课题主持人依据要求上传课题研究资料，使区、镇（街）两级教育行政部门对课题研究过程的管理实现可监控、可指导、可评价。

（三）完善教育科研管理制度

课题管理是科研管理的核心。我们提倡开展求真务实的教育科研，坚决反对虚假科研、泡沫科研，反对急功近利，投机取巧。因此，在建立和完善教育科研管理体系时，尤其关注课题研究的真实性、科学性、创新性、实效性，形成了从课题立项过程管理、课题结题、成果推广的全程管理办法；建立了课题立项开题答辩制度、课题年度考核制度、课题分类管理制度、课题结题检测制度、课题成果公报制度等管理制度，较好地完善了这项重要的教育科研基本建设，规范了教育科研行为。

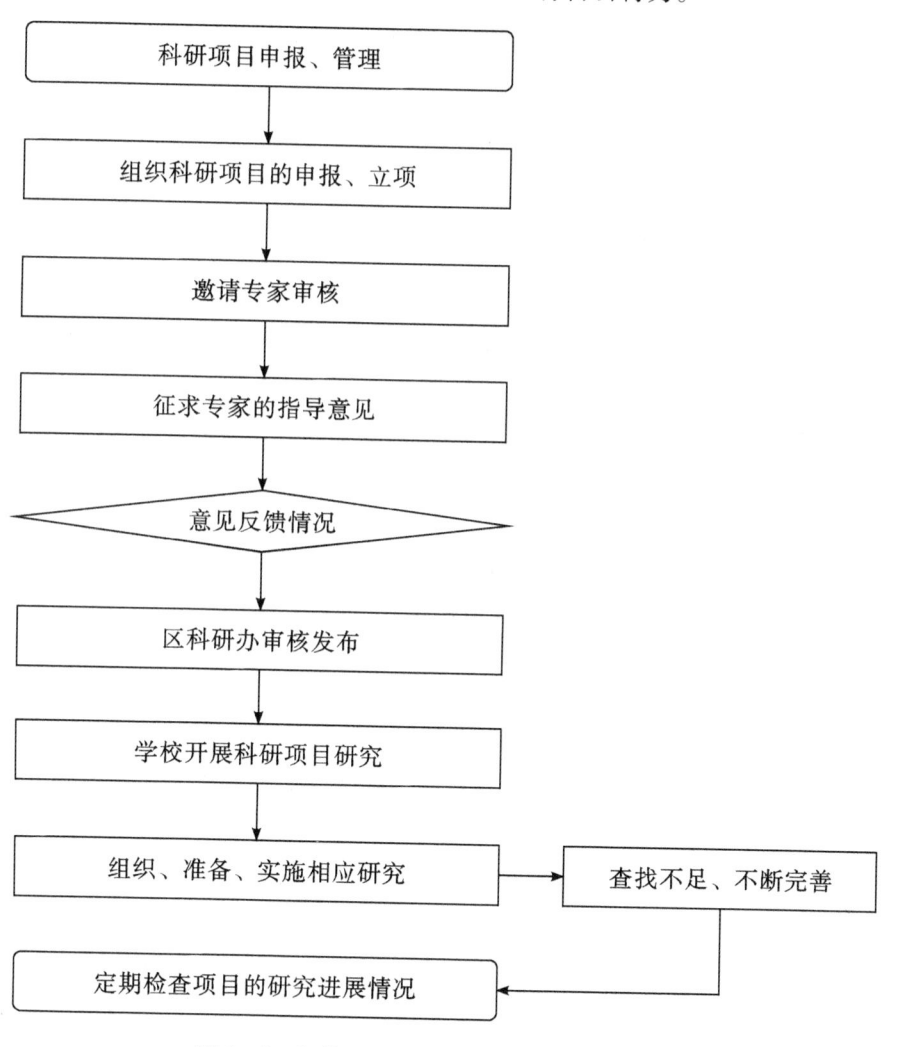

图1-3　顺德区教育科研课题申报管理流程图

近三年也相继出台并完善了《顺德区教育科研课题管理办法》《顺德区教育科研专项资金资助办法》《顺德区教育科研课题研究操作指引与管理细则》等制度，为参与科研活动的教师提供了明确的指引，从而增强了区域教育科学研究的效能。

二、融合提升，创新区域教育科研引领机制

在以往的教育科研工作中，往往存在"开题时轰轰烈烈，过程中冷冷清清，结题时拼拼凑凑"的现象，怎么办？我们认为，研究过程虚化既反映研究主体功利主义倾向，也与教育科研部门引领和服务不到位有关。因此，创新区域教育科研引领机制，搭建多元化的科研引领载体与平台，提升区域科研引领能力是首要任务。顺德区通过实践探索，逐渐形成区域教育科研的三大引领机制。

（一）区域重大课题的引领示范机制

2017—2019年是顺德区全面深入推进教育综合改革的重要时期，其中深化教研改革、课程改革，加强对学校教学业务的引领与指导，推进教师队伍建设，提升全区教育质量是改革的重点。这一重点工作以区重点课题研究形式，由教育发展中心相关部门承担研究任务。教科室以此为契机，依托推行教育综合改革重大课题研究这一平台，开展镇（街）和学校两个层面的科研引领。

一是通过子课题引领各镇教育科研部门参与研究工作。区教育科研部门通过对区重大课题研究所涉及相关范围和相关工作，引领各镇（街）、学校积极参与研究中来，开展相关的子课题研究。镇（街）、学校在教科室专业人员的带领和指导下，通过对教育综合改革重点课题的子课题研究，带动了镇（街）、学校各项改革工作更加科学化，培育了一批具有科研素养的骨干教师。近三年，顺德区教师成功立项全国规划课题1项、省规划课题33项、市规划课题160项、区规划课题302项，并立项小课题近1 000项之多，资助科研经费达600多万。而在2019年广东教育教学成果奖获奖成果中，顺德中小学不仅在获奖数量创新高，在获奖质量上也有大突破。一共摘下14项省教学成果奖，其中特等奖1项、一等奖9项、二等奖4项。2020年，顺德区首次启动学生创新课题的申报立项，同时给予每项学生课题5 000元的资助，以期促进学生创新思维的发展和科学精

神的培养,学生科研成果也将同步在每年的全区中小学生"科创节"竞赛活动中展示推广,并赋予学生课题指导教师"科研导师"激励,师生共同营造学校的科研氛围。

二是引领中小学校开展提升教育质量的课改实践研究。区域重大课题研究带动了全区中小学深入开展课堂改革实践研究,科研部门采取面向全区学校进行课题项目招标,以及围绕区域课题研究内容设立课改专项课题两大举措,将研究工作分解落实到各实验学校,发挥了区域课题在学校层面的科研引领作用。

三是提供教研参考信息拓宽研究视野。为全区各级各类教育工作者提供较为完整、全面且系统的教育教学专题文献参考,自2017年教科室编辑《教育发展参考》电子内刊,充分发挥科研智库力量,以"研究教育政策、分享先进经验、拓宽科研视野"的服务宗旨,聚焦教育重点、热点和焦点问题,围绕"政策解读""思想引领""经验分享"和"行动规划"定期发布,如"'3+1+2'新高考模式与选课走班教学""学生生涯规划教育实践与探索""学校品牌化建设""新时代劳动教育""'疫情'期间的线上教学指导"等,为全区中小学校教育决策和教学改革提供了理论与实践参考,也为一线教师开展科学研究打开思路,拓宽视野。

(二)合作型课题研究的指导培训机制

为深入引领镇(街)、学校开展教育科研,教科室积极参与到课题研究中,通过直接承担课题研究,或与其他部门合作指导两种方式,创新教育科研部门科研指导培训机制。

一是直接承担重大课题的研究,在课题研究中与中小学合作,在合作中指导课题研究。直接申报省、市级课题,主动参与或承担区重大课题,在课题研究中与中小学校合作,实现区域教育科研深入课堂,在一线的实践研究中落到实处。近年来,教科室围绕特色学校建设、学校课程建设、课堂教学改革等12个焦点项目,创建32所区级教育科研实验基地学校,每所实验基地学校在教育科研部门的指导下,以推进实验项目研究为主线,从挂牌科研、浸入式研究、定期分享交流,到成果培育以及推广应用,充分发挥教育科研实验基地学校的示范引领作用,打造科研品牌学校。7所学校被省教育研究院授予基础教育实验基地学校,其中6所被评为中期检查验收优秀单位。

二是依托学科课题开展课题培训指导。科研培训是中小学教育科学研究所的一项重要工作，贯穿于科研活动的始终，是科研工作顺利开展的品质保证。顺德区的科研培训包括集体培训及个性化指导，一是PBL问题导向学习、OBE结果导向教育、新课程改革教学方式和评价方式等教育理念培训；二是课题选题、立项、实施、结题、成果提炼等科研方法培训；三是科研素养提升和科研技能类培训等。在培训方式上既有全区集体性的培训，邀请区内教师进行科研案例分享、科研成果展示及区外专家的科研指导讲座；也有收集每个课题组在研究过程中的科研需求，安排相应的专家库成员开展追踪式、贴地式、线上线下相结合的指导培训。精心安排的培训过程和丰富灵活的培训形式，为一线教师开展"深耕式"研究提供了思想和方法的保障，提升了区教育科研的品质。

（三）科研主题活动的实践引导机制

教科室通过每年开展的教育科研课改成果展示活动，从科研与专业两方面对学校、教师进行指导，逐步增强了主题活动的研究性，丰富了主题活动的科学与理论内涵。

一是开展区域教科研成果展示活动。顺德区每年至少举办两次科研成果分享会，形成了"主题汇报—现场交流—集体研讨—课堂展示—反思提升"的教研模式。在活动前，教科室围绕主题收集材料，整理汇编成果集，为活动提供主题学习资料。各项活动都围绕主题展开，后经反思提升，形成活动成果。同时加大成果出版发行和推广应用的投入，近两年内已筹划出版《教科研成果的示范与引领——教科研资助的顺德经验》《区域课堂改革的新样态——顺德区基础教育课堂教学改革实践》《教师专业发展的新路径——顺德区教师专业发展梯级路径探索》等8本科研成果的专刊专著，凝练与物化了教育科研成果，让更多的教师从中收益。

二是开展教科研镇（街）、学校两级调研活动。调研活动也是顺德区的一项创新科研引领机制。调研活动要协调多个部门的人员参加，调研活动为科研、教研、信息化建设的同步的综合调研，调研实施的过程就是一个引领示范的过程。没有调查研究就不会有针对性的措施和解决问题的方法。在对学校教学工作调研的同时开展教科研工作的调研指导，使教科研的调研工作常态化。

三、聚焦问题，创新区域性地提升教育科研效能

作为区教育科研管理部门，既要发挥作为教育行政部门"智库"的作

用,也要促进理论与实践结合,推进教育实践在科学轨道上的持续变革。围绕顺德区教育综合改革和教育高质量发展的中心工作,关注实践变革中的核心问题,加大对重大问题研究的力度,加大对全区教育科研的引领。以"以问题为导向,聚焦问题的研究"来增强教育科研服务教育决策和指导实践变革的力度,提高教育科研的效能。

(一)聚焦智库建设,强化教育科研服务教育决策的力度

提升科研水平,关键是用科学方法引领教育教学实践。中小学、幼儿园教育工作者本身并非教科研专业者,为了提高区教育研究、教育决策、教育服务的科学性、专业性和前沿性,顺德区每三年组建一届教育科学研究专家库,建设一支高素质创新型科研队伍。专家库由"区内+区外"200名专家组成,包括区内首席教师、名师工作室主持人及科研成果省级获奖者等在科研方面有所建树的一线科研骨干,以及区外擅长中小学科研相关领域及熟悉顺德教育的高校教授、专家学者,创造平台让专家库成员参与到全区教育科学课题立项评审、中期指导、鉴定验收、督导评估、经费绩效考核、重大项目调研、科研成果评选以及教育政策法律宣传等活动。并从中再挑选成立科研成果培育核心团队,充分发挥了专家学者在教育科学规划、政策咨询、学术研究、成果评价中的重要作用,为顺德区教育科研提供了强大的智力支持,催生一批优秀教育科研成果。

(二)聚焦重难点问题,加大教育科研引导实践变革的力度

在加大教育科研服务指导实践的进程中,我们打破了以学科教研为主的格局,实现了学科之间、科室之间研究力量的整合。通过任务驱动和项目推进,加强对教育改革实践中涉及面较宽、影响较大、制约教育发展的重大问题,影响教育质量、教育公平的关键性问题的研究,如推进素质教育、学业质量监测与评估,中、高考分析、新课程改革、学校办学水平提升、强化初中教育质量提升、新优质学校培育、教师培训有效性、学校集团化建设、课堂教学效益提升、班主任队伍建设、学生心理健康等开展"攻坚克难"。通过实践研究、经验总结、比较研究、文献研究等探索科学路径和改进对策,用以指导区域和学校改革,促进教育质量提升,促进学校内涵发展。

(三)聚焦课堂教学改革,让教科研回归学校教育教学的本位

课堂是学校办学质量提升的主渠道,加强对课堂教学的改革是教研科

研焦点。顺德区以课堂教学改革三年行动计划为蓝本，开展了系列"课改课—课改教师—课改学校—课改镇（街）"等以评促改的研究活动。三年来的课堂教学改革造就了一批影响大的特色课程品牌。如：乐从中学"和谐课堂"、罗定邦中学"1+1"主体建构课堂、大墩初级中学"356生本智慧课堂"、顺峰初级中学"师友互助"课堂等。中小学的课堂教学改革在研究中创新，在创新中建构品牌，为推进课堂教学改革深入实践提供顺德范例。

四、持续发展，创新区域教育科研品质提升的路径

随着经济社会和教育事业的发展，顺德区的教育改革已经步入"深水区"。教育发展的内外部环境更加复杂，教育决策的复杂性增大，学校改革举措实施和创新的难度增加。为了推进教育科研的持续发展，我们要拓展视野，拓宽思路，提升区域教育科研品质，激发区域教育持续发展活力。

（一）突出主抓手

突出课题研究质量和骨干队伍建设这两个教育科研品质提升的主抓手。进一步完善教育科研课题管理机制，加强教育科研课题的组织与管理，提高顺德区教育科研的水平和质量。要加强对全区教育科学工作的规划和统筹，引领课题研究方向。要完善教育科研课题管理办法，建立课题研究质量标准，加强全区教育重大科研课题的申报、选题和质量跟踪，提高课题科研效能；要增强协同创新能力，加强与高校的学术交流和合作研究，加强区域、校际间的科研合作与交流；要建立成果推广应用机制和评估体系，加快成果的转化应用；要构建教、研、培一体的专业发展模式，强化对教育科研人员的学术培训，实施科研骨干培养工程，培养一批研究型教师；要建立区镇教育科研管理人员的准入、激励机制，优化教育科研管理队伍。

（二）增强主动性

教育科研做好不易，创优更难。主动作为，常研常新；被动去干，越干越厌。主动性源于责任，基于规律，始于实践，成于智慧。要进一步增强教育科研的责任感和使命感，以服务决策、创新理论、指导实践为根本

任务，紧密围绕教育改革主题和主线，加强教育研究。

一是要主动积极参与省、市教育行政部门政策制定的研究；二是要主动开展调查研究，对带有普遍性、倾向性、苗头性的热点、难点问题及时深入开展对策性调研，对实践中具有借鉴性、指导性的典型案例，要主动协助提炼出典型经验进行推广；三是要主动深入开展实践性应用研究，特别要对教育质量的综合评价、纵深推进课程教学改革、内生式教师专业发展、优化内外部教育发展环境等进行深入持续研究。

（三）提升软实力

顺德区教育科研部门融研究功能、服务功能和教育功能于一体，要出成果、出效益、出人才。为此，首先，在潜心学习中提升软实力：我们要打好学习主动仗，增强学习主动性，在心存淡定的学习中，增添学习智慧，提升创新能力。其次，在创新管理中提升软实力，进一步加强区镇教育行政部门内部科研管理制度建设和人才培养，在区域教育高位均衡、教育现代化、教育国际化以及学科课堂教学研究、学业质量监测、学生综合素质评价等领域形成有顺德特色的教育科研"拳头产品"，强化自身核心竞争力。敏于发现问题开展研究，勇于直面问题深入研究，善于解决问题协同研究，不断提高为教育实践服务的水平。

第二篇

顺德区办学机制的改革与实践

2010年7月，党中央、国务院召开了新世纪以来第一次全国教育工作会议，发布了《国家中长期教育改革和发展规划纲要（2010—2020年）》，对未来十年的教育改革和发展进行了全面部署，开启了我国从教育大国迈向教育强国的新征程。以改革创新精神推动教育事业科学发展，是这次制定教育规划纲要的基本原则，也是全国教育工作会议的根本要求。为了实现这一目标，教育规划纲要以人才培养体制、考试招生制度、建设现代学校制度、办学体制、管理体制、扩大教育开放为重点，对教育体制改革进行了系统设计，并提出了本届政府启动实施的十大改革试点，作为深化教育体制改革的突破口。

顺德区在教育体制和机制的改革中，确立了以科研为先导，用课题研究引领办学体制和机制的改革和发展，启动了教育综合改革的重大课题研究。2015年，根据《教育部办公厅关于确定教育管办评分离改革试点单位和试点任务的通知》（教政法厅函〔2015〕49号），顺德区教育局被教育部确定为全国教育管办评分离改革12个试点单位之一，按照教育部要求，顺德区将在"加大简政放权力度，加强和完善政府服务机制""健全学校自主发展、自我约束的运行机制""完善监督制约机制，做好事中、事后监管"三个单项上进行改革探索。如何完成这一重大课题的研究？顺德区采取了"以研促改，以改促变"方式，将这一重大课题分解为若干子课题，用科研的思维方式完成了这一重大科研项目。

第一章
办学机制改革措施

一、深化简政放权，转变管理职能

1. 厘清区、镇（街）两级权力边界，合理配置权力职责

区教育局2013年就下发了《顺德区教育局关于区、镇两级教育行政

职能和事权划分的通知（试行）》，从"教育执法、教育规划、行政审批、宏观管理、教育人事、教育财政、招生考试、教学教研、信息装备、督导评估、信访监察"等11个方面厘清两级政府教育管理权的边界、职责范围，有效地规范行政权力行使，将简政放权与权力职责的合理配置相结合，增强改革的系统性。

2. 放管结合，减少干预

2013—2015年，区教育局就全面清理缩减各类审批事项，全面下放审批权、人事管理权等70余项。在进行管办评分离改革实践中，区教育局将简政放权的重点放在"放管结合"减少行政干预的治理上，在2013年出台的《顺德区教育局关于撤并和规范教育考核检查评比表彰活动的意见》基础上，抓规范、促落实。由教育局基础教育科统筹政府机关各行政事业局，年初登记进校检查的各项事宜，筛选各项进校检查项目，由百余项进校园检查评比减少到29项，明确规定学校有权拒绝没有登记的检查、评比等事项，减少了对学校自主办学的干预。

3. 划分办学主体，提高行政效率

高中、职业收归由区级办学，义务教育以镇（街）为主，凝聚区、镇（街）育人合力。避免对学校多重管理，减少了区、镇（街）两级教育行政部门错位现象，提高了区教育局的统筹、监督、服务的行政效率。

4. 优化教育服务供给模式，提高教育资源配置效益

政府积极完善公共教育资源配置，扩大整合优质资源，通过合并、调整、扩建一批高中，增加优质学位。今年我区已经完成与北师大签约，共同建设一所高品质的九年一贯制学校。

二、扩大办学自主权，实施开放办学

1. 以政策制度作保障，扩大学校办学自主权

2015年12月17日，以区政府办公室文件形式，印发了《关于进一步落实和扩大中小学校办学自主权的若干意见》（以下简称《意见》），《意见》全面梳理学校办学自主权清单，从政府层面，明确界定了学校自主办学的权利边界。

（1）在教育管理权方面：出台《关于进一步规范顺德区中小学学籍管理的工作意见》，给予中小学生学籍异动审批，取消区、镇（街）两级

教育行政部门转学、休学、复学的审批权限，只做程序性盖章，将学生的学籍异动权限全权交给学校。

（2）在专业设置方面：下放职业技术学校专业设置的审批权限给学校，学校可依照学校实际与市场需求，自行设置专业。

（3）在人事管理权方面：校长全部由区、镇（街）教育局聘任。其他如教师聘任、学校中层干部聘任、教师招聘面试、教师绩效工资制定等全部放给学校；试行校长组阁制，赋予校长办学自主权。

（4）在财务管理方面：公用经费按生均标准核拨到学校，由学校自主编制预算，开支由学校自主决定。此外，我们把带有市场行为色彩的事项，交由市场解决。实行校服管理市场化运营改革，政府审定样式和标准，负责质量监管，市场提供产品，家长、学生自由选购，学校完全退出校服运作。

2. 引进社会力量参与教育，合作共治促进学校发展

一是区教育局出台了《顺德区社会组织参与学校管理实施办法》，鼓励、引导学校加强与社会组织的沟通联系，明确了社会组织参与学校工作的原则、功能与职责等，在合作共治中推进管办评分离。二是积极推动与高校联合办学、教育集团化发展的合作共治办学模式。容桂街道教育局积极探索高校优质资源进入校园，以及非营利社会组织参与办学。这项有突破性的探索进展顺利。

3. 构建学校内部治理模式，促进学校依法办学

学校章程是学校法人制度的载体，完善学校法人制度，构建现代学校制度，促进学校依法自主办学。2020年底，顺德区中小学已完成学校章程的制定和向社会公示。通过章程健全管理层级，建立权力制衡机制，以校务委员会及其管理层级为主要构架，逐步实现学校办学中决策权、执行权、监督权的分离，形成依法办学、自主管理、民主监督、社会参与的现代学校新型治理结构。

三、深化教育监督制约机制改革，促进教育公平

1. 完善监督制约的评价工具

建立科学、规范、公正的教育评价制度，是推进监督制约机制改革的重要手段。2020年在教育督导室统筹下，对原有的中小学办学评价工具进行改造，其目的是通过对中小学办学效益评估，引导、规范和调节学校

发展定位、培养目标、办学意图、办学行为，促使区域教育发展目标落地实施。同时重视对评价结果的运用，评价结果不仅仅是奖励或问责，更重要的是关注学校办学过程、办学效益。

2. 强化教育督导监督作用

成立顺德区人民政府督导委员会，建立区属150人的督导专业队伍，明确将督导作为教育管理的重要方式，建立教育评价与教育督导的融合运行机制，实施对学校办学行为以及权力使用情况的监督，也包括对政府行为和权力使用情况的监督。2020年，顺德区教育督导工作已顺利通过广东省中小学责任督学挂牌督导创新区的评估和验收。

3. 建立区属学校后勤服务机制

一是通过政府招标，引入第三方社会力量，承接学校后勤管理服务工作，使教育管理走向服务治理模式，让校长把更多时间和精力用在办学治校上；二是区属学校校长工资由教育局统发，使校长的经济利益脱离学校教职工利益分配，增强校长作为法人自主办学管理公信力。

4. 引入第三方社会组织参与教育评价

第三方介入教育评价主要的形式：一是监督评价类。社会、家长、社区对学校办学效益的评价；二是诊断性评价。行业协会介入到职业教育人才培养等级鉴定；三是决策咨询。成立由社会各界贤达人士组成的教育决策咨询委员会，参与对区域教育发展的决策事务中。

经过五年的探索和实践，顺德区在办学机制改革方面取得了一定成效：

（1）基本理顺了政校关系，实行管理、办学、评价三权分立。基本形成"政府为主、多元协同"的教育公共治理型格局的雏形。区教育局宏观管理、顶层设计，镇（街）教育局清晰定位职能，使管理更加专业、执行更加到位。学校自主办学权利得到落实，学校自主招生、特色化办学得到充分发挥，办学活力与能量得到释放。

（2）基本构建了多元参与教育公共治理型格局的雏形。政府、学校、社会组织、公民个人通过合作、协商、伙伴关系等方式对教育事务进行参与与管理。利益相关方在教育事务方面的选择权、监督权、参与权的扩大，学校内部治理结构的完善，全区中小学建立了家长委员会，40%学校完成章程建设，构建了校务委员会等民主管理决策机构，逐步形成了政府、学校、社会组织、公民个人的合作、协商、伙伴关系，对教育事务民主参与与协同治理，初步形成从管理迈向多元治理的教育公共治理型格局的雏形。

（3）基本形成了学校依法办学、自主管理、民主监督、社会参与的现代学校治理制度。以学校章程建设为抓手，着力促成多元主体参与学校教育教学管理，实现机会平等、责任共担、权力共享、依"法"治校的新局面。

第二章
办学机制改革的案例

▶ 案例一
容桂街道教育局教育办学体制改革的探索与实践

根据《教育部关于深入推进教育管办评分离，促进政府职能转变的若干意见》（教政法〔2015〕5号）和《教育部办公厅关于确定教育管办评分离改革试点单位和试点任务的通知》（教政法厅函〔2015〕49号）的要求，顺德区教育局被教育部确定为全国教育管办评分离改革单项试点单位。以此为契机，为进一步健全统筹有力、权责明确的教育管理体制，加快推进教育治理体系和治理能力现代化，激发教育活力，按照《顺德区教育管办评分离改革试点工作实施方案》（顺教〔2016〕14号）的工作部署，容桂街道教育局以高黎小学为先行试点，开展社会组织参与义务教育阶段公办学校管理改革的探索，继而推广到高新园区学区的另外两所公办学校（即小黄圃小学和华口小学），努力构建"各归其位，各司其职，各善其事"管办评分离的教育治理结构，不断提升区域教育品质，并为其他地区提供可以借鉴的经验。

一、各归其位

(一) 针对的问题

1. 容桂街道现代教育治理体系有待进一步完善

以完善办学条件、优化学校布局、创新教育机制、提升教育内涵为重点的容桂教育综合改革,在推动教育管理体制、现代学校制度、教师专业发展和人才培养模式创新上取得了一定的基础。而从构建现代教育治理体系的要求出发,还须进一步明晰政府、社会、学校办学的责、权、利,进一步加强公共服务型政府的理念及实践,进一步释放学校自我约束、自主发展的动力,进一步扩大教育面向社会的开放程度,进一步拓宽社会资源融入学校与师生走出学校围墙融入社会的途径,进一步完善依法、民主治校的制度与监管机制。

2. 容桂东部教育供给能力和服务水平须大幅、快速提升

容桂东部为容桂现阶段城市化发展的重心,区域内国家级高新园区汇集了众多大、中型企业,乃至伊之密、万和等多家上市公司,加之碧桂园、御海东郡、水岸珑玥、合峰东岸和佳兆业等居住小区相继落成并投入居住,区域内现有的教育资源难以满足迅速猛增的学位需求。而且,由于历史上地处容桂边陲,农村向城市化转型的起步时间晚,区域内的3所公办学校高黎小学、小黄圃小学和华口小学,自主办学、内涵发展和教育服务的水平,跟不上企业发展对优质教育的渴求。而容桂教育总体规模大,在校园环境的硬件升级、学校特色建设等方面经费投入需求大,目前的教育经费保障能力偏弱,且教育经费使用途径有比较大的限制。这成为制约容桂东部教育供给能力和服务水平大幅、快速提升的重要因素。

3. 社会组织参与办学的保障机制亟待构建

容桂东部国家级高新园区云集了众多企业,培育了商会、慈善会、福利会等多个社会组织,它们既有雄厚的资金、完善的运作章程、丰富的教育资源等,又有支持学校、参与办学、助推教育发展的强烈诉求,且前期通过捐资助学等方式在支持学校发展和特色建设上做了一定的贡献。但由于相关的政策文件缺位,政府引导不够,没有形成社会组织助推教育发展的有效保障机制,社会组织参与办学的力量还很薄弱,参与面也过于狭窄。

（二）改革的目标

根据《顺德区教育管办评分离改革试点工作实施方案》，容桂街道成立教育管办评分离改革试点项目工作组，制定了《容桂教育管办评分离改革试点工作实施方案》（以下简称《方案》）。《方案》明确指出总的改革目标为：提高政府服务教育的效能，激发学校内在办学活力，调动社会各界发展教育事业的积极性，厘清政府、学校、社会之间的权责关系，构建三者之间良性互动机制，形成"政府依法管理、学校依法自主办学、社会各界依法参与和监督"的教育公共治理新格局。围绕总目标，开展社会组织参与义务教育阶段公办学校管理的改革，要争取实现以下改革目标。

1. 深化教育体制改革

探索出适合容桂实际的政府主导、社会参与、办学主体多元、办学形式多样的区域教育体制，从而构建政府、学校、社会之间的新型关系。

2. 构建现代学校制度

探索建设依法办学、自主管理、民主监督、社会参与的现代学校制度的策略，推进政校分开，管办评分离。探索以校长法人为主体、政府监督、社会参与的学校治理结构。

3. 促进教育优质发展

探索具有容桂特色的完善社会力量出资参与办学的体制和政策，不断提高社会资源对教育的投入，促进容桂教育优质发展，满足容桂市民对优质教育的多层次、多样化需求。

（三）改革的基础

基于地缘与校企合作优势，根据《容桂街道社会组织参与义务教育阶段公办学校管理试行方案》，以高黎小学为试点，积极开展社会组织参与义务教育阶段公办学校管理改革。具体的改革基础有如下三点。

1. 以高黎小学为试点的主要条件

（1）随着容桂城市东拓，东部教育资源面临了新的挑战，提升东部教育已成为容桂教育大局中重要战略之一。

（2）高黎小学是坐落在容桂街道东部边陲高黎社区的一所由容桂街道主办的义务教育阶段全日制公办小学。在均衡发展过程中，学校实现了快速发展。但随着东部新区城市化的提速，该校办学条件与办学校规模已经不能满足区域发展的需要，成为制约容桂教育均衡发展的瓶颈之一。

（3）近年来，容桂总商会积极支持高黎小学发展，建立了良好的校、企关系，为进一步改革试点奠定了基础。为了巩固容桂总商会助推学校发展的合作关系，高黎小学有着强烈的参与办学体制改革试验的愿望。

2. 选择容桂总商会的主要条件

（1）容桂总商会是合法的社会团体。它是容桂地区民营（包括私营、三资、外商独资）企业自愿组织，有《社会团体法人登记证书》。

（2）容桂总商会的综合实力与社会公信力毋庸置疑。2012年，容桂总商会通过了广东省社会组织等级评估，获评社会组织最高级别——5A级，是顺德首家获评5A的综合性基层商会。

（3）容桂总商会关心支持教育，且自愿参与改革试点。容桂总商会的成员企业，特别是一些骨干成员单位，相继落户容桂东部新区的高新园区，与高黎小学比邻而居，企业许多员工的孩子就近在该校享受义务教育，且学位需求量在不断增加。容桂总商会愿意在确保改革试点学校公办性质不变、师生权益得到保障的前提下，参与改革试点。

（4）容桂总商会参与社会事务的基础好。容桂总商会积极支持公益慈善，在服务企业、服务经济、服务社会上成绩斐然，得到政府和社会各界的高度肯定和认可，连续多年荣获顺德区年度公益组织、容桂"服务社群"以及"公益慈善"突出贡献奖等荣誉。

3. 改革试点的经验基础

（1）学前教育领域引入社会组织监督项目，形成了可持续性发展态势。2011年起，容桂街道在学前教育领域开始了"幼儿园非牟利运作并引入社会组织监督"创新项目的探索，将原承包经营的公办、集体办幼儿园收回，委托公益性社会组织（NGO）以非牟利模式运作。同年，以蓓蕾幼儿园为试点，由容桂青少年成长促进会参与监督管理；2012年，华口社区举办的华口幼儿园承包期满后收回，转为非牟利模式，由华口幼儿园园务监督委员会参与监督管理；2013年，街道办事处举办的蓓茝幼儿园又转为非牟利模式运作，由容桂总商会参与监督管理；2016年，由原上佳市小学校舍改扩建而成的新上佳市幼儿园，由上佳市社区福利会组织成立园务监督委员会参与监督管理，成为容桂第四间非牟利普惠性幼儿园。

（2）为顺利推进学前教育领域引入社会组织监督项目发展，容桂政府出台了一系列的规范政策，给予了大力的经费扶持，取得了非常好的效果。如《关于容桂街道扶持学前教育发展的通知》《容桂街道非牟利幼儿园教职工绩效奖励专项资金使用暂行办法》《容桂街道非牟利幼儿园招生办法指引》等设立了非牟利幼儿园建设专项补贴、非牟利幼儿园教职工绩效奖励专项资金。几年来，容桂街道财政对该项目投入900多万元，参与项目的NGO组织也投入300多万元。现四所非牟利幼儿园各项运作顺畅，在街道财政和社会组织的支持下，办园条件得到大大改善，教职工待遇大幅提升，幼儿园各项工作顺利推进，内涵建设不断加强，并很好地发挥了示范引领作用，得到了广大群众的肯定，取得了预期的社会效益。

（3）容桂总商会参与学前教育办学的相关经验成熟。自2013年容桂总商会正式承接监管公立蓓蕋幼儿园的非牟利模式运作以来，经过三年多的摸索实践，总商会从园区环境、教学设施、餐饮配套等硬件，薪酬、绩效、在职培训等软件入手，运用激励和个人成长机制调动教职员工积极性和创造性，实现了幼儿园软、硬件的全面提升，得到了教师、家长和社会的高度好评，入读学位从有余量到供不应求，需要抽签入读。多年的参与学前教育领域幼儿园管理的经历，为参与义务教育阶段公办学校管理，积累了丰富的可借鉴性经验。

基于得天独厚的地缘优势与校企合作基础，以高黎小学为试点，推进社会组织参与义务教育阶段公办学校管理改革的探索，让政府、学校、社会各归其位，并进一步明确各方职责，构建保障机制，理顺教育体制，实现重点突破，打开局面，并积累经验。

二、各司其职

（一）改革的策略

按照《顺德区教育管办评分离改革试点工作实施方案》的精神指导，容桂街道教育管办评分离改革试点项目工作组（以下简称：容桂街道教育办），围绕社会组织参与义务教育阶段公办学校管理改革的策略，展开了深入的研究与探讨，达成以下建议。

1. 问题导向

从问题出发，确定改革方向、改革内容、改革任务。如基于容桂教育原来实行的"单一投入、单一办学"问题，容桂街道教育办确定了"主体不变，多元办学"的改革方向。在学校规划与布局上，政府作为投入主体不变，尝试由社会组织分担投入；在学校管理上，学校作为管理主体不变，尝试由社会组织参与管理。

2. 考察调研

对国内先进区域、学校进行专题考察、研究。如香港顺德联谊总会在香港地区办有多所属校，他们均采取社团办学的模式，有着丰富的多元办学经验。容桂街教育办争取到与香港顺德联谊总会的合作机会，分批到香港考察调研，并形成调研报告，为容桂社会组织参与义务教育阶段公办学校管理改革提供参考。

3. 实践优先

所谓实践优先就是通过改革实践，在实践中研究，在研究中改革。社会组织参与义务教育阶段公办学校管理，在佛山乃至广东地区尚属首例，没有现成的模式可以模仿。所以，容桂街道教育办必须突破旧思维的惯性，带着创造性思维，大胆创新实践。于是，容桂街道教育办打破了先研究、论证、总结，再实践运用的传统策略，采取了实践与研究相结合的办法，一边摸着石头过河，一边开展改革研究，循环螺旋式推进改革工作。为此，容桂街道教育办还选择了四个突破口：政策制定的突破、办学方式的突破、参与管理的突破、监督评议的突破，开拓实践，大胆改革。

4. 总结运用

对成功的案例进行总结提升，并推广运用，扩大改革成果的惠及面。如高黎小学"体艺冠名"的校企合作实践案例，取得了明显的效果。被迅速推广到容桂大部分的义务教育阶段学校，迅速形成企业冠名赞助学校特色课程建设，助推学校内涵发展与品牌打造的效应。特别是校园足球项目，实现了29家企业对口29间学校进行的校队冠名，形成"校企携手，共筑大梦"的新局面。同时，容桂总商会参与高黎小学管理改革试点开展以来，为高黎小学发展带来了飞速的突破。在此基础上，将其经验推广到高新园区学区的另外两所公办学校，小黄圃小学和华口小学，以提升容桂东部整体教育供给和教育服务水平，适应不断发展的城市升级、产业转型、市民需求。

（二）改革的方案

根据《国家中长期教育改革和发展规划纲要（2010—2020年）》（后简称为《纲要》）关于"深化公办学校办学体制改革，积极鼓励行业、企业等参与公办学校办学，扩大优质教育资源，增强办学活力，提高办学效益"的精神，参照《顺德区社会组织参与学校管理实施办法（试行）》的相关要求，结合实际，容桂街道制订并发布了《容桂街道社会组织参与义务教育阶段公办学校管理试行方案》。

1. 方案明确了试点学校的基本条件

参与改革试点的学校，一般应具备如下三个条件：

（1）容桂街道所属的义务教育阶段的全日制公办学校（公办小学、初中）。

（2）学校与参与管理的社会组织有良好的关系基础，并有参与办学体制改革试验的愿望。

（3）在城市化进程中，容桂教育均衡发展大局中规模急需扩大，内涵急需提升的学校。

2. 方案明确了参与管理的社会组织的基本条件

在确保改革试点学校公办性质不变，师生权益得到保障的前提下，可考虑让符合下列条件的社会组织参与学校管理。

（1）在政府相关部门登记注册的正规社会组织。

（2）有相应的综合实力与社会公信力的社会组织。

（3）关心与支持教育且自愿参与改革试点的社会组织。

3. 方案规定了社会组织参与学校管理改革试点的申办程序

社会组织参与学校管理改革试点，须按以下程序申办。

（1）社会组织与试点学校向街道教育局提出申请。

（2）街道教育局对参与试点的社会组织、学校条件进行审核。

（3）社会组织与街道教育局签订协议。

（三）改革的实施

根据纲要关于办学体制改革的基本精神，基于管办评分离的基本思路，依照《容桂街道社会组织参与义务教育阶段公办学校管理试行方案》和《容桂总商会参与高黎小学管理协议书》，在社会组织参与义务教育阶段公办学校管理改革试点过程中，容桂政府、学校和社会组织分别履行以下职责：

1. 街道教育局的主要职责

（1）制定社会组织参与学校管理工作实施方案。

（2）依法监督参与管理的社会组织与试点学校的办学过程。

（3）依法保证试点学校享有的各项权益；为改革试验提供必要的支持。

（4）组织对改革试验成效进行评估。

2. 学校的主要职责

履行义务教育阶段公办学校的基本职责，同时利用改革试点机会，借用社会资源在如下四方面职能取得突破。

（1）依法办学，确保校长的法人代表地位不变，完善学校治理结构，确保国家的教育政策与教育教学计划得以落实。

（2）创新体制，在确保学校主体的前提下，探索多元办学体制，建设现代学校制度。

（3）发展内涵，更新办学理念，建设校园文化，大胆改革课程与课堂，提升学校内涵，实现学校自主优质发展。

（4）提高质量，提升教师专业能力，培养高素质学生，办出学校特色，形成有一定影响力的办学成果。

3. 社会组织的主要职责

（1）基于提供咨询的管理职责。社会组织以适当的方式参与学校管理，并为学校发展规划、年度工作计划、重大发展目标、重大改革项目、基础建设等重大事项提供决策咨询，在协同共治的原则下参与学校人、财、物的管理。

（2）基于实施监督的评价职责。社会组织应对学校的办学行为与过程、重要事项进行监督，并在此基础上对学校的办学质量、师德师风、校风校貌、行政团队等进行评价。

（3）基于拓展资源的发展职责。在坚持公益性原则前提下，社会组织应充分利用自身资源，同时协调社会各方资源支持学校的综合发展，为提升学校内涵，提高师生素质，构建新型课堂（程），建设特色学校等提供更多的资源保障。

三、各善其事

（一）改革的进展

以高黎小学为试点的社会组织参与义务教育阶段公办学校管理改革，各项工作有序顺利开展。具体进展情况如下。

1. 合作签约，正式委托容桂总商会参与高黎小学管理

经过充分的前期调研，和三方多次的密切接触，围绕合作办学和支持高黎小学发展，就相关具体事宜达成了一致。2016年3月22日，按照工作程序，容桂街道举行了隆重的容桂总商会参与高黎小学管理签约仪式，

容桂街道教育局与容桂总商会签订了《容桂总商会参与高黎小学管理协议书》，正式委托容桂总商会参与高黎小学管理。全面启动容桂总商会参与高黎小学管理相关工作，探索社会组织参与义务教育阶段公办学校发展新模式，以提升高黎小学办学水平，并推动容桂教育的管理创新，引导全社会关注、支持教育事业发展。

2. 成立管委会，为学校发展提供建议与支持

在确保政府办学主体与学校性质不变的前提下，按照"政府办学，社会参与，依法推进，逐步完善"的宗旨，容桂街道教育局、高黎小学和容桂总商会三方联合组织成立了"容桂总商会高黎小学管理委员会"，在学校的硬件建设、师资培养、特色教程设置等方面提供建议和支持。

3. 通过章程，为改革工作建章立制

"容桂总商会高黎小学管理委员会"依照规定召开了第一次管委会会议，通过了《容桂总商会高黎小学管理委员会章程》《容桂总商会高黎小学管理委员会议事制度》和《容桂总商会高黎小学财务制度》等，对容桂总商会高黎小学的决策机制、管理机制、运作机制、议事规则、财务管理等方面予以了明确规定，为各项改革工作提供了法理依据。

4. 赴港调研，学习香港地区社团办学经验

为借鉴香港地区社团办学的成功模式与实践经验，容桂街道教育局和容桂总商会，多次组团赴香港地区，到香港顺德联谊总会所属校伍冕端小学、胡少渠纪念小学、李金小学等学校，就容桂和香港两地教育交流、合作与发展，开展教育交流活动。香港地区社团办学模式及其成熟的系统，先进的生本教育理念，价值观教育、全人教育、公民教育、素质能力教育等方面的经验，为容桂街道社会组织参与公办学校管理改革提供了很好的参考。

5. 缔结联盟，助推学校教育内涵发展

借助容桂总商会和香港顺德联谊总会的优势力量，通过签订《顺港姊妹学校结盟协议书》，容桂总商会高黎小学与香港顺德联谊总会胡少渠纪念小学，建立起了姊妹学校合作关系。在教育教学管理、课程改革研讨、教师专业发展、学生联谊交流等方面，开展深入的合作交流，力推两地教育的发展和两地情谊的巩固。特别是，香港顺德联谊总会所属校胡少渠纪念小学，秉持"文、行、忠、信"的校训，以价值观为引领，通过德育及公民教育课程载体，致力于学生的德、智、体、群、美五育均衡发展，培养品学兼修、身心健全、创新有为的社会公民。为容桂总商会高黎小学内

涵发展，提供了丰富的教育经验。

6. 体艺冠名，资助学校特色课程建设

容桂总商会下属企业广东恒基金属制品实业有限公司、广东威博电器有限公司、广东伊之密精密机械股份有限公司、广东必达保安系统有限公司、好太太电器（中国）有限公司等，以冠名的形式，资助高黎小学体艺教育发展。到目前为止，已经获得冠名的体艺课程有：容桂总商会少儿音乐快板、恒基乒乓球队、威博田径队、伊之密足球队、必达篮球队、好太太棋艺队。这些体艺队，在参加各级各类赛事上取得了优异的成绩，为培养学生核心素养做出了重要贡献，初显合作办学效益。

（二）初步的效果及相关经验

容桂总商会参与高黎小学管理以来，按照法律法规和协议内容，顺利推进各项工作，并初显成效。

1. 规范决策程序，依法、科学、民主的决策机制得到不断完善

成立了容桂总商会高黎小学管理委员会，制定及实施了《容桂总商会高黎小学管委会章程》和《容桂总商会高黎小学管委会议事规则》，明确了社会组织参与学校管理的参事、议事方式。通过实践，议事的日程、议案的提交、议案的通过等程序，具体事务的专业性分析、合理性评价、必要性评估等要素，都逐渐得以完善，逐步建立起了依法、科学、民主的决策机制，提高了决策的科学性、明晰性和实效性，带来了学校管理和学校发展的极大进步。

2. 优化管理过程，实效、具体、有序的学校管理得到不断加强

容桂总商会参与高黎小学管理，意味着高黎小学在办学理念、办学效益等关键问题上，要接受容桂街道教育局、容桂总商会，和多方参与的容桂总商会高黎小学管理委会员的监督、指导、评价。因此，学校管理团队在工作方式与工作作风上都在努力适应这种模式，学校管理团队的管理意识更加开放，管理措施更加透明，管理过程更加实效、具体、有序。管理上的优化，使学校的发展焕发了强大的生机。

3. 提供智力支持，学校自我约束、自主发展的动力得到全面释放

随着容桂总商会参与高黎小学管理工作的纵深推进，逐渐实行从单一的资金（物资）投入，过渡到多元的既"投资"又"投智"。所谓"投智"就是：政府投入政策与服务，社会投入智慧与环境，专家投入指导与帮助。高黎小学借助容桂总商会参与学校管理的平台，积极引入商界领

袖、教育专家、热心家长、社会人士等各种社会资源，对教学模式的确定、教学特色的培育、教师的专业发展、学校软硬件提升等方面，加大改革实践的力度，使得学校自我约束、自主发展的动力得到全面释放。企业家团队的智慧与资源、家长团队的合作与共建、教师团队教育教学事务的专业化、学校管理团队的默契融合与共同提高，不断推动容桂总商会和高黎小学，走向品牌化、优质化。

4. 增强多方互动，社会力量融入学校与师生融入社会的程度不断加深

容桂总商会参与高黎小学管理后，容桂总商会的会员企业和学校的交流得到不断深化，形成多方互动的和谐局面。在管理委员会成立当天，容桂总商会会长孙志恒先生发起成立专项用于支持容桂总商会高黎小学的发展基金，首期募集资金已达50万人民币，资助学校内涵发展；容桂总商会赞助5万元，支持高黎小学音乐快板剧《阮咸晒衣》节目，参加2017全国影视校园春节联欢晚会；有些企业通过冠名与定向捐助的方式帮助高黎小学打造特色课程，如高黎小学伊之密足球队、高黎小学威博田径队、高黎小学必达篮球队、高黎小学恒基乒乓球队、高黎小学好太太棋艺队；有一些容桂总商会会员企业，还密切与高黎小学联合举办文化交流、参观访问、学生夏令营、大型节庆活动等。有了政策和机制保障，大幅加深社会力量融入学校与学校师生融入社会的程度，形成了良性的互动效应。

5. 加强社会监督，规范、公开、高效的办学行为得到高度肯定

社会组织参与学校管理是一个新举措，目的是促进学校更开放地办学。但长期以来，市民对学校的运作和社会组织的认知存在局限性，在刚开始还误以为社会组织和商业企业单位是要过来占用公共教育资源。为此，容桂街道教育局和试点学校，在政策解读、工作宣传、公众参与等方面下了很大功夫，不断提高和纠正市民对社会组织参与学校管理的正确认知。在高黎小学工作报告中，也注意照顾到各方的知情权及理解需要，阐述办学宗旨，公开办学规划，公布办学效益，让各方都能充分了解到高黎小学在学校管理的理念、方向、具体措施等方面的做法，并努力获得各方对管理团队的支持与信任。在此基础上，从更加规范、公开、高效的要求，对学校各项工作加强了把关与跟进，并积极打开校门、放开胸怀，全面接受社会组织、教师、学生、家长及社会各界人士的监督与评议，及时处理、吸收各项意见和建议，反思并规范学校管理、工作推进和办学行为，努力办好人民满意的基础教育优质学校。随着学校开放程度的加深、办学效益的提升，社会民众对高黎小学及容桂总商会参与学校管理的认可度不断提高，并给予了高度的赞赏。

（三）改革的深入与经验推广

随着改革的纵深推进，项目工作组参照社会管理改革的"小政府、大社会"理论，提出了"小政府"办"大教育"的理念，并积极践行，发挥政府在统筹管理与职能服务上的作用，将容桂总商会参与高黎小学管理的经验，推广到高新园区学区的小黄圃小学和华口小学。构建起适合容桂实际的"政府主导，社会参与，办学主体多元，办学形式多样"的新型办学体制，增强了办学活力，提高了办学效益。

1."小政府"办"大教育"

党的十六大以来，政府职能转变理论研究的核心是：要建立服务政府、责任政府、法治政府。"小政府"办"大教育"，就是要在教育管理上，凸显政府的政策引导、责权行使和服务职能。"小政府"是有限的政府，"大教育"是无限的教育。寻找"小政府"办"大教育"的策略与出路，就是发展挥"大社会"的作用，调动"大社会"办"大教育"的积极性。

（1）组建高新园区学区。容桂街道教育局发布《关于容桂街道义务教育阶段学校学区组建的通知》（容桂教电〔2016〕67号），公布组建高新园区学区的成员校名单为：高黎小学、小黄圃小学、华口小学。负责人为3所学校的校长，负责学区相关工作的统筹和学区成员校发展的业务引领。

（2）搭建顺港两地教育交流合作桥梁。为借鉴香港社会组织参与教育管理的经验，促进顺港两地学校加强交流合作，增进两地师生的了解与沟通，缩小文化差异，加强爱国、爱港、爱家乡教育。容桂街道教育局与容桂总商会、香港顺德联谊总会签订《推动两地教育交流合作协议》，确定合作的内容重点有：建立交流合作信息平台，推动两地姊妹学校建设；建立两地教育管理人员、教师互访机制；定期开展学生的互访活动；研究拓展各类交流项目，扩阔交流层次和交流内容。

（3）牵线高新园区学区学校与香港顺德联谊总会属校合作交流。容桂街道教育局与容桂总商会再次组团，由街道党工委委员、教育局局长带队，街道教育局常务副局长和容桂总商会高黎小学校长、小黄圃小学校长、华口小学校长等，一起赴香港，开展容桂和香港两地教育交流活动。小黄圃小学和华口小学，分别与香港顺德联谊总会属校伍冕端小学、李金小学签订了合作交流协议，为签订姊妹学校联盟协议打下了基础。

2. "小理念"引领"大发展"

为适应容桂教育现代化发展的需要，满足人民群众对优质公平教育的需求，容桂街道教育局深化教育改革过程中，制定了《容桂街道美育品牌建设发展规划》，实施"育美容桂、美慧化人"的品牌战略，以大美育理念为区域核心教育理念，统领容桂教育事业发展。高新园区学区在大美育理念的指导下，通过对办学思想、发展愿景、价值取向等方面进行多方面的磨合、共生、提炼与弘扬，生成了各具特色的办学理念，引领学校内涵大发展。

（1）高黎小学——真善致远。高黎小学践行"真善致远"的办学理念，倡导"育人真为基，成才善致远"真善核心价值观，以"回归本真、唤醒善根"为基本主张，秉持"文、行、忠、信"的校训，培育"存本真、怀善心"的校风、"传真爱、导善行"的教风、"求真知、立善品"的学风，引领教师用"真的情怀，善的眼光"用心做真教育，倾听童心；引领学生用"真的品性，善的行为"探索事物真理，修炼真善人格。

（2）小黄圃小学——责行天下。小黄圃小学践行"责行天下"的办学理念，倡导"说负责任的话，做负责任的事，当负责任的人"责任核心价值观，通过责任校园文化培育、责任体验活动、责任践行课程等，创建"小事情，大责任"的教育品牌，让小黄圃小学的学生们在家门口享受优质的品牌教育。

（3）华口小学——绿色环保。华口小学践行"绿色环保"办学理念，携手华口社区，联手高新园区热心企业，牵手中国创客联盟，利用高新园区环境生态地缘优势，通过"建设绿色环境，执行绿色制度，开展绿色活动，保护绿色生态"体验课程，培养尊重大自然、爱护生态环境、可持续发展的好少年。

3. "小学区"成就"大品牌"

根据《纲要》精神和教育管办评分离改革试点工作要求，结合容桂实际，容桂街道在义务教育阶段学校全面推进跨学段、跨学校的学区"集团化"办学改革试点，组建了1个教育集团、1个高新学区、2个教育联盟。其中育美教育集团由9所成员校组成，东部教育联盟由8所成员校组成，西部教育联盟由11所成员校组成。唯有高新园区学区只有3所成员校组成，相对而言，只能说是一个小学区。但是，搭上社会组织参与义务教育阶段学校管理这趟快车，实现了跨越式快步发展，成就了高新园区学区教育大品牌。

（1）坚守一个核心阵地。借鉴香港顺德联谊总会社团办学模式及其经验，容桂社会组织参与义务教育阶段公办学校管理，采取成立"容桂总商会属校"的办法，在对外宣传上分别命名学校为"容桂总商会高黎小学""容桂总商会小黄圃小学""容桂总商会华口小学"，在3所成员校统一挂三面旗帜：国旗、校旗和容桂总商会会旗，师生统一唱《容桂总商会属校校歌》，学校统一编制《容桂总商会属校校刊》，统一规划并统筹"学校发展、教师培养、教学研讨、质量检测、课程建设、对外交流"等方面工作，立足容桂总商会属校阵地，实现共建共享，抱团发展。

（2）完善三大保障机制。以完善"学校章程建设、人才流动机制、财务管理制度"为主要途径，进一步为高新园区学区成员校依法民主治校、自主办学、内涵发展提供机制保障。在学校章程建设方面，以建设现代学校制度为目标，落实和规范学校办学自主权，形成"政府依法管理学校，学校依法办学、自主管理，教师依法执教，社会依法支持和参与学校管理"的格局。在人才流动机制方面，根据校际互补、学科需要，结合青年骨干教师和十佳名师培养，实行学区内教师交流与联聘制度，优化教师结构，盘活教师队伍。在财务管理制度方面，发挥管委会的作用，有效整合社会资源，并依据上级部门制定的中小学财务管理制度、学校章程和管委会章程，制定符合学校实际的财务管理制度，并加强财务管理，提高资金使用效益，助推学校内涵大发展。

（3）践行六大发展策略。按照"重大事项通报、特色专案扶持、校企文化互通、品牌价值互补、教育品质同促、办学条件共创"的策略，高新园区学区成员校全面实行"社会组织参与义务教育阶段公办学校管理"教育供给与发展新模式，补充学校现有教育资源的不足，推进学校管理体制改革，优化学校软硬件建设、文化培育、师资培养、课程开发和素质教育，提升联合办学水平，扩大优质教育资源，助力容桂产业振兴和容桂城市东移，办好容桂人民满意的基础教育。

容桂坚持以转变政府职能和简政放权为重点，以维护教育公平和教育秩序为底线，切实履行统筹规划、政策引导、监督管理和提供公共教育服务的职责，通过引进社会组织参与义务教育阶段公办学校管理，引导社会多元力量依法参与教育事业，以共同合作办学的方式改善学校办学条件、助推学校内涵发展，以建章立制和智慧支持的方式激发学校依法自主办学的活力，以社会参与监督评议的方式提高学校管理水平，厘清政府、学校、社会之间的权责关系，并不断推进政府、学校、社会三者之间的良性互动，从而构建起适合容桂实际的"政府提供服务与监督、以校长法人为主体的依法自主办学、社会各界依法参与办学和评价"的现代学校治理结构，促进教育管办评分离，形成政事分开、权责明确、统筹协调、规范有序、形式多样、充满活力的教育管理新体制，努力实现容桂教育治理体系和治理能力现代化。

▶ 案例二
"1+4"学区教育共同体教学改革成果报告[①]

佛山市顺德区均安镇教育教学研究室

一、基本情况

均安镇现有初中2所，小学8所，在校中小学生13 641人，在职教师800人。根据校园布局特点，从2012年开始，均安镇以1所初中带4所小学的模式，建成东、西学区教育共同体两个，以"理念共同、九年一贯、学区一体、家校共育、特色发展"的建设思路，全面深入推进均安镇的教育综合改革，取得了显著成效。全镇教育教学质量整体大幅提升，教育已成均安的一张新名片，被中国教育学会田京生副会长、李方教授称为"顺德可向外推广的原创性教育改革"，2016年、2017年连续两年被评为顺德区"教育工作先进镇"。

课堂教学改革是教育改革的深水区、核心区，也要进入"综合改革时代"。很长一段时间以来，课堂教学改革只停留在课堂教学的模式、环节、手段、编班方式一类的单项改革上，出现五花八门、组合拼凑的"课堂模式"，改革的实际成效存疑。基于对课改理性、前瞻的认识，近年来，均安镇对课堂教学改革进行认真梳理，邀请专家进行充分诊断，将课堂教学改革置于教育综合改革的核心地位进行统筹规划，对教学管理、课堂模式、教研方式、课程开发、评价指标、学科队伍等进行全方位改革，课堂教学改革的顶层设计更专业科学，过程更扎实丰富，成效更具学术含量。

[①] 本成果获2018年佛山市中小学教学改革成果一等奖。

二、做法与经验

均安镇在课堂教学改革上的具体做法与经验总结有以下几个方面。

1. 教学管理：由碎片式走向精细化

课堂教学改革必须有全面而规范的教学常规管理作支撑。近年来，均安镇整体教学质量上升迅猛，就是得益于教学常规的精细化管理，教学管理由事务型、碎片式走向了专业化、精细化，构建起通畅的教学管理体系。具体做法有如下三项。

一是教务管理清单化。均安镇教育局制定了《均安镇教务处管理考核评价体系》（以下简称《体系》），从"教学理念、教学过程、教学队伍、教学成效"四个方面指导中小学教务处不断完善教务常规管理，并依据《体系》评价学校的教学管理工作绩效；全镇中小学按照《体系》梳理出学校教务工作流程，形成各具特色、卓有成效的教学管理方式，例如，建安中学建立"教学视导、教研指导、科研引导"为主的"三导"教学管理机制，内容包括"年级学科组长负责制、示范性学科组标准、阳光高效课堂标准、集体备课制度、课外训练及作业布置管理方案、教学质量跟踪调研制度、月考分析制度、尖子生培养制度、学困生帮扶制度、教师队伍梯次发展工作方案、立项课题研究与成果推广管理工作制度"等，形成了完善的教学质量管理体系；文田中学围绕"一个发展（教师专业化发展）、两个落实（教学常规落实、课堂改革落实）、三个建设（科组建设、课程建设、学区建设）"为内容，对教务工作进行精细化管理；均安中心小学以树立"三领意识"（领学、领研、领教）为指引，落实教务层级管理制度、科组质量责任制，形成完善的教务管理机制。

二是年级学科长负责制。学科组长是课堂教学改革的核心力量，是学科教学教研的组织者、引领者。传统上，学校一个学科设一名科组长，但作用不突出，建安中学、文田中学根据学校规模大的特点，实行年级学科长制度，取得了显著的成效。例如，建安中学近年来教学质量上升迅速，中考成绩连续几年领跑顺德区公办初中，实行年级学科长负责制是其成功的秘诀之一，该校每个年级、每个学科均挑选出一名能力较强的中青年骨干教师担任年级学科长，由其全权负责该年级该学科的教学教研管理；教务处制定了年级学科长的"三张清单"，即"权力清单、责任清单和负面清单"，明确学科长什么该做、什么不能做，增强了年级学科长的学术权威和工作领导力；年级学科长从教学计划、教学方法、教案设计、课件制作、作业练习、双边生辅导、月考命题及分析等方面对本学科组进行规范细致的过程管理，承担起对该级该科教学质量的责任；年级学科长每周组织学科教师集体备课、制作课件、编写作业练习试题等，反复研讨修改，确保学科每天每个教师拿去上课的教案、课件、练习都是经过学科组高质量备课后形成共识的内容。现在，年级学科长负责制已经在全镇铺开，其中小学依托学区教育共同体，由4所小学组成同级同科大学科组，参照初中的年级学科长负责制进行集体备课，效果同样显著。

三是绩效评价团队式。评价是影响教学质量的重要一环，课堂教学改革成功与否，评价方式起着重要作用，科学合理的评价方式才会有正确的课改导向。均安镇教育局改革对学校的评价方式，评价学校业绩先看全镇整体质量，评价工作成效先看整个学区的发展情况，评价教师先看他对整个学区、学科的贡献，"看整体、看团队"已经成为全镇的共识，引导学校、校长、教师抛开个人内心的小算盘，为集体贡献教育智慧，与他人分享优质教学资源，"共建共创、共享共赢"已经成为均安教育的文化共识。同样，各校也不着重于考核教师个人的业绩，而是着重对级组、科组的考核，营造一荣俱荣的校园氛围，"先团体、讲合力、重协作"已经成为学校管理尤其是教学教研工作的重要共识与基本准则，扫除了课堂教学改革单打独斗、各怀心事的障碍，为课改的顺利推进创造出良好的条件。

2. 学科教研：由单个学校走向学区一体化

课堂教学改革，要先解决的是教师拿什么教案去上课、拿什么练习给学生练、拿什么题去考学生的问题。因此，课堂改革的前提是教研改革。在教研改革方面，均安镇依托学区教育共同体推进"学区教研一体化"建设，核心内容有两个，一是构建"学区内小初纵向教研一体化"，二是构建"学区内小学横向同级同科大学科组"。

"小初纵向教研一体化"，就是学区内的小学与初中共同进行教学管理与学科研究，目的是推进小初九年一贯式衔接发展，具体开展两个内容：一是开展教学视导，由学区委的教学教研领导小组负责，充分发挥建安中学、文田中学在教学管理与研究上的领头羊作用，对小学的教学常规管理和学科教学进行专项视导，规范小学的教学教研管理行为，引导小学朝着初中需要的核心素养去培养学生；二是开展小初衔接教研活动，围绕语文、数学、英语三大学科，探讨学科核心能力培养和学习习惯养成问题，让小学初中的学科教师形成教学共识，实现小初学科知识体系的贯通。

"小学横向同级同科大学科组",就是由学区内4所小学的每个年级每个学科各派出1名骨干教师组成4人学科组。大学科组主要承担集体备课、专题教研、同步质量检测与分析三大任务,最大限度地解决了学区内4所小学同级同科教师少、集体备课难进行、备课质量参差不齐、学生作业负担过重等长期困扰小学一线教师的问题,实现同级同科教学计划、教学设计、教学检测分析的同步化,共建共创教学资源,达到共享共赢。

"学区教研一体化"在具体操作上按照"清单化、项目式、责任制"的方式进行。

一是教学视导清单化。由东、西学区的教学领导小组负责组织,制定具体的视导方案。视导不是工作检查,而是通过视导,对小学的教务管理、科组建设、教研过程等进行诊断并提出整改意见,形成规律性的工作清单,建立教学管理的新常态,让小学教学朝着初中需要的方向发展。例如,东学区对学科组建设进行专项视导时,视导组列出学科组的工作清单,指导学科组长如何落实,注意哪些关键节点,出现问题怎么解决,使学科组成为学科教学质量的重要阵地。视导时,学区内5所学校的教学行政、学科备课长都一齐参加,既是视导者,也是学习者,在视导中提升学科组建设的水平。

二是小初衔接项目式。小初衔接不只是六年级与七年级的简单对接,而是小学阶段和初中阶段在办学理念、学习习惯、道德品质、个性特长、学科教学、特色项目等方面的"长衔短接"。在办学理念上,东学区在落实"阳光教育"理念时,制定阳光学生、阳光课堂、阳光文化的标准,让学区内的学校都可以具体操作落实,贯彻到日常的管理当中,这就是教育理念上的"长衔";在学科教学上,强化对语数英三科学习习惯的培养,持续培养学生的阅读能力、数学思维和口语交际能力,这就是学科素养上的"长衔";在道德品质培养上,学区德育领导小组主要做好生活习惯的培养,通过家校共育平台,在学区内形成良好的教育生态,这是德育上的"长衔"。"短接"则是重点做好六年级与七年级的衔接。不论是"长衔"还是"短接",均采取专题项目的形式进行,着力于解决共同的问题,不扰乱各学校、各学段正常的教育教学进程。

三是大学科组责任制。"同级同科大学科组"建设是学区教研一体化的核心项目,具体操作方法分五步:第一步是组建同级同学科的教研骨干小组,以语数英三科为主,学区内的4所小学每级每科选出1名学科骨干教师组成4人学科组,这4人同时担任各自学校年级的学科备课组长,他们4人直接对整个学区本年级的学科教学质量负总责;第二步是制订同步教研进度计划,学科骨干小组制订统一的学科教研工作计划,将一学期的备课任务分解到每个成员身上,每个成员要负责编写教案、练习、试卷和制作课件等工作任务;第三步是统一学科备课模式,大学科组每周进行一次集体教研活动,时间为半天,主要是对各成员备出来的教案、课件、练习、作业、试卷等教学内容进行研讨修改,确定之后通过教育OA分发到各校的教务处和学科组;第四步是各校开展二次备课,由大学科组的4位成员分别组织本校的学科教师进行二次备课,对同级同科教师进行教材分析、重难点讲解、教学方法讲授、课件使用说明等,任课教师结合自己的喜好、能力、设想和班级学情进行适当的增删修改,确定自己最终用于上课的教案、课件、练习、作业等;第五步是由各小学的教务处、学科组进行监督,既监督学区大学科组第一次备课和本校备课组第二次备课的情况,确保两次备课的质量,又监督教师课堂使用大学科组备课材料的情况,确保教师在具体使用过程中模式不走样,内容不打折。

"学区教研一体化"打破了单个学校之间和小初之间割裂的不利局面,能够充分发挥出学区九年一贯式管理的优势,发挥出学区内5所学校学科骨干教师的引领作用,能够最大限度地保证学科教学的方向正确、内容准确、训练精确,解决了单个学校在教学管理上无法解决的难题,并能逐步培养出一批在学科教研上具有较高学术水平的骨干教师,实现了学区内5所学校教学质量均衡、优质、高效、持续增长的目标,达到共建教学管理新秩序、共创教研新内容、共享优质教学资源、实现校校共赢的效果。

3. 课堂教学:由模式走向非模式

"课堂教学模式"是指在课堂教学过程中建立的模型、样式,是在一定的教育教学理论支撑下设计出来的、相对稳定的、可以复制推广的课堂教学程序。在课堂教学模式改革方面,均安镇的主要做法如下。

一是以建模打造有效课堂。均安镇集约学校较多,这些学校的教师来自不同的学校,新招聘的教师也多,在课堂教学改革初期,为了方便教师操作,更加有效地贯彻课改理念,学校需要在课堂上建立一套模式,以更省俭、快速地推动课堂教学改革。课堂教学改革初期,经过多方学习考察,均安镇教育局选择了山东昌乐二中的"导学案教学模式"进行推广,邀请该校的名师到两所初中进行推广培训,构建起具有均安特色的"导学案+小组合作"课堂教学模式,取得了不错的效果,不仅提高了教学质量,也激发出中青年教师参与课改的主动性。在推广过程中,文田中学的成效最为显著，该校是一所新集约学校，教师来自不同的学校，年轻教师居多。针对此种情况，该校大力推行"导学案+小组合作"课堂教学改革，在借鉴的基础上进行校本化改造，形成具有"导学、探究、点拨、展示"四大基本特征的课堂模式。该模式强调"一个核心"：以提高课堂教学效率为核心；抓住"两个重点"：以自主学习、合作探究为重点；实现"三个转变"：教师变导师、厌学变乐学、灌输变探究；落实"四个步骤"：自主学习、合作探究、展示点评、课堂检测；遵循"五个基本原则"：学生自主原则，教师导疑原则，平等尊重原则，关注过程原则，整体提高原则。

与此同时，各所小学也在积极探索课堂教学模式的改革，顺峰小学的"趣活实"课堂教学模式、中心小学的单元主题教学、南沙小学的批注式阅读教学、富教小学的核心案教学、仓门小学的"三学课堂"、新华小学的扩写式作文教学、星槎小学的"灵动课堂"等，均在课堂教学上进行了较为深刻的探索，其中顺峰小学的"趣活实"课堂教学模式最为成熟有效。顺峰小学是均安镇合并四所乡村小学而建成的一所农村小学，生源和师资都比较薄弱，集约之后，学校推行"趣、活、实"课堂教学模式，"趣"即兴趣、趣味，要求教师根据课型不同而采用不同的教学形式和手段，把课上得有特色、有趣味，从而激发学生的学习兴趣；"活"是指灵活、活动，即教师的教学方法和学生的学习方法要灵活多样，多设计活动式教学环节，充分调动学生感官主动参与学习，激发学生的学习潜能与思维；"实"是指实在、实效，要求做到教学内容充实、目标落实、教法切实、训练扎实、效果实在。在这一理念指导下，设计了"五步教学法"：激趣导学—自主活学—合作生成—实践运用—总结评价，让教师按模操作，取得了显著的效果，教学质量一直稳同类学校前列。

二是以非模式化探索高效课堂。建模是为了破模，课堂教学是高度个性化的教育与学习活动。模式只适合于课改的初期，当教学改革发展到一定高度之后，需要更加多元的、个性化的教学样式。因此，根据近几年来全镇教育教学质量高位优质均衡的现状，均安镇中小学不再强调采用某种课堂教学模式，而是充分发挥学校的办学自主权，充分发挥教师的主观能动性，开发更多创新的、适合师生需要的、强调自主生成的课堂教学样式，呈现出百花齐放、万花争春的景象，这被称为"非模式化"课堂教学改革，其中，建安中学的改革效果最为显著。

建安中学以构建"阳光课堂"为核心，鼓励和引导教师在遵循"学为中心"原则的前提下，不再在全校强推某种单一的课堂教学模式，按照学科特点和学生认知发展规律，努力探索适合学科实际、教学内容和教学对象实际的课堂教学样式。例如，数学、物理学科的"导学案+小组合作"，语文学科的"作文系列化教学及海量阅读教学"，英语学科的"分层目标式教学"，历史、思想品德学科的"思维导图教学"，化学、物理学科的生活实验操作教学等，均已成为学科教学的重要样式，而且，在具体的学科教学中，也会因学科内容、学习对象的不同而灵活采取适切的教学方法，绝不固化在某一种模式当中。通过非单一课堂教学模式改革，全校教师的课改积极性和学生的学习热情被充分激发，在生源相对较差的情况下，经过初中三年的学习，该校的中考成绩一直高居顺德区同类初中前列，各学科的"一分三率"也高居学科榜首。建安中学的课堂教学改革经验证明：非单一模式课堂教学更符合教育发展的规律，更加符合学科教学的特点，更加有利于激发教师自主研究的积极性，能够更加高效地提升学生的学业成绩。

三是探索建立课堂教学改革品牌。课堂教学改革，均安乃至顺德一直都在学习别人的经验，而缺少属于自己的课堂教学改革品牌，这是顺德教育的一处硬伤。均安镇于2017年11月推出了首届"课堂教学节"，旨在响应教育部长陈宝生提出的"课堂革命"的口号，全面聚焦课堂教学改革，全面展示中小学课堂教学改革成果，并致力于将其打造成为一个"教研训"相结合的、区域影响大的课堂教学改革品牌。"课堂教学节"秉持"实用、高效、创新"的原则，规范教学常规与开展教学诊断相结合，常态教研与教学比武相结合，打造高水平课堂与培养学科标杆教师相结合，学区教研一体化与学校教研活动相结合，区、镇、校三级课堂教研活动相结合，全员行动，全学科参与，让中小学的课堂教学改革"有主题、有项目、有深度、有实效、有特色"。"课堂教学节"主要分"教学诊断、课案竞赛、优课展示"三个阶段进行，首届"课堂教学节"优课展示研讨活动以"聚焦课堂教学改革，高效提升教学质量"为主题，总共推出了32节优质课，充分体现了"聚焦课堂"的主题，基于课堂，围绕课堂，研究课堂，让教师在课堂中成长，让质量在课堂中丰收。

4. 课程建设：由单一走向多元

课堂教学改革必须走向课程改革，课程是关乎教师用什么内容去培养人的问题，单一的课程已经不适应学生核心素养培养的需要，丰富、多元的课程是今后课改的主旋律。为此，均安镇的中小学在上好国家基本课程的同时，着力进行学校"课程重构"，其中，依托学区教育共同体开发学区特色课程是一项重要抓手。学区特色课程，不仅可满足学区九年一贯式可持续发展的课程需要，还能凸显学校课程的个性化特点，形成了"学区九年一贯课程"的特定结构和丰富内容，并能承担起东、西学区"阳光教育"和"双才教育"理念所表达的特色文化意旨，是学区教育共同体建设中关于构建"若干课程体系"的重要实践。

学区特色课程开发主要遵循"学区化、实用性、衔接性、创新性"四个原则，根据编写原则，均安镇教育局制定出了《均安镇学区特色课程建设方案》，全面规划学区的课程建设，现主要开展了四类课程的开发。

一是学科特色课程。学科特色课程旨在解决学科教学中需要小初衔接协调的教学内容，以及需要长期培养的习惯与能力的问题。目前，语文、数学、英语等学科的特色课程建设已经基本成形。其中，语文学科针对名著阅读难落实的问题，编写出《名著导学设计》，着力在四至九年级开展名著阅读教学；英语学科针对口语教学的问题，编写出适用于六七年级衔接的《口语课程》，着力解决"哑巴英语"的痼疾；数学科详细梳理小学、初中的数学关键知识点，整理编写《数学知识点链接》，为科学培养学生的数学思维奠定基础。

二是体艺特色项目课程。针对各校的体艺特色项目可持续性发展的问题，东西学区着力开发体艺特色项目课程，例如，东学区开发的"器乐""篆刻""毽球""经典阅读"等，西学区开发的"书法""跆拳道""双节棍""乒乓球""羽毛球"等课程，总共已出版了26册有关武术、书法、器乐、球类等的学区特色项目教材，对促进学区特色发展起到了重要作用，在体艺教育上形成了"小学全面普及、初中社团衔接、高中专业学习"的机制。

三是德育序列化课程。东、西学区的德育工作领导小组结合学生成长的需要，开发出的德育序列化课程和心育课程，目前，东学区已编写出版了《生涯规划，从阳光德育开始（上下册）》，对东学区的阳光德育建设起到了重要作用；德育科组组织东西学区的心理教师，针对新时期学生在心理健康方面出现的新问题，编写出序列化的心理教育案例，供东、西学区的学校使用，产生了良好的指导效果。

四是家长学校课程。均安镇是"全国规范化家长学校实验区"建设的先行镇，为了给家长们上好家庭教育课，东、西学区合力开发出了《均安镇家长学校教案汇编（小学、初中、高中、职中分册）》，用于各校的家长学校作为教材进行授课使用。

依托学区教育共同体进行特色课程开发，对小初协调发展、学区统筹发展产生重大影响，尤其是课程质量得到充分保障，例如，在开发语文学科《名著导学设计》时，参与的10多位语文骨干教师能够深入探讨，在课程内容、使用范围、教学课型、使用要求等方面做出精心设计，"导读课、导析课、导评课"的三课型设计，解决了名著阅读读前导、读中导、读后导的问题，全程跟踪学生阅读名著的全过程，对小初语文教学产生较大的影响。

5. 教师队伍：由教研走向科研

高素质的教师队伍是课堂教学改革成功的关键，学科组长、学科骨干、学科名师在课改中的作用最为重要。均安镇一直致力于通过教研、科研去培养学科队伍，主要做法如下。

一是培养教学教研精英团队。均安镇着力培养"教学管理行政、特聘教研员、学科组长"为核心力量的教学教研"三支队伍"，既给他们压担子，也给予他们培训机会，更给予他们奖励，其中，特聘教研员制度是均安镇首创。根据教学改革需要，镇教育局从学校精选出22名骨干教师作为镇学科特聘教研员，他们在学校只需承担一半的教学工作量，另一半工作量是完成全镇的学科教学教研工作，并对全镇的学科质量负总责，每个月由特聘教研员所在学校给予500元的职务津贴。在特聘教研员的带领下，全镇的学科教学管理更严谨，学科教研更有深度，教研效果更为突出。在学校层面，两所初中均已实行了年级学科备课长制，学科备课长成为年级学科的学术权威，成为学科质量的领军人和把关教师。

二是以课题引领教师成长。教师队伍建设需经历三个阶段，一是以教学常规的规范成为合格教师阶段，二是以常态化教研解决上课问题成为优秀教师阶段，三是以课题研究引领走向名师阶段。目前，均安镇教师队伍已经完成了第一、二阶段的建设，正逐步走向第三阶段。近年来，均安镇不断加大课题研究力度，从镇的层面，教育共同体课题和家校共育课题均成为顺德区重点课题，分别获得10万元的资金支持，并以课题引领全镇开展改革，引领教师开展研究，取得了突出的成效；从学校层面，着重规划课题的立项与研究，着力研究学校整体性发展的大问题；从教师层面，全面铺开小课题研究，制定了《均安镇小课题管理办法》，不断提升教师通过小课题研究提升教学水平、解决教学难题的能力。现全镇在研规划课题 20 项，镇级以上小课题 100 项。

三是以"坛论教育"培养学科名师。学科发展的高度由学科名师决定，而不是一大群普通教师。均安镇一直在探索给校长、骨干教师以更多展示学术能力的机会，朝着名校长、名师的方向给予培养，近年来推出了"论坛教育"系列，先后举办了"校长论坛、凫洲论坛、共同论坛"等活动近 30 场，参与的校长、骨干教师有 50 多人。论坛主持人或团队自定论坛主题，自设论坛形式，请专家，邀名师，纵论教育教学的核心问题、热点问题，尤其是课堂教学改革遇到学科改革、课程改革、信息技术运用等难题，在全镇营造出浓厚的学术研究氛围，培养出一批在区域内较有实力的名师。与此同时，镇教育局每年出版一本成果集，近几年先后出版了"园丁系列"4 本，课改成果专著 2 本等。

三、成果与影响

任何不以质量为核心的课堂教学改革都是耍流氓，任何只能提升考试分数的改革都不是真改革。均安镇的课堂教学改革，既提高考试分数，也深化教学内涵，更增强学生素质，质量迅猛提升。近三年来，均安镇中考成绩持续领跑全区公办初中。建安中学、文田中学的总分"一分三率"位居全区前三甲，2017 年双双获得顺德区教学质量"卓越奖"；近三年来参加全区各年级的质量监测，均安镇初一、二级和小学高年级的质量均非常突出。

均安教育优异的不只是分数，还有教育内涵，课堂教学改革逐步走向了整个育人体系的构建，取得了突出的成果。在德育方面，"全国规范化家长学校实验区"已经成为区、市、省、全国四级的"终身学习品牌"，成为全佛山市家长学校建设的示范镇而广受好评；教师参加各级各类教学竞赛、课堂比武，近三年获得区一等奖以上的超过 100 人次；学校体艺特色品牌建设成果丰硕，在篮球、武术、书法、创意竞赛等领域获奖的人次多、等次高；教研科研水平越来越高，"均安镇学区特色课程建设方案"获广东省一等奖，"通过'教育共同体'建设，实现镇域内教育均衡优质发展的实践研究"课题获顺德区一等奖、佛山市二等奖。综上，均安镇的课堂教学改革不再停留于课堂模式的改变，而是着眼于自主性、多元化、高质量的课程体系、育人体系的变革，使教育走向了全面快速优质发展的轨道。

四、思考与展望

教育改革永远在路上，课堂教学改革是教育改革的深水区，课堂不变，教育就难变，"课堂革命"要怎么革？这是抛给所有教育者的一道新命题，作为镇一级的教育局和乡镇的学校，要把教育改革的重心聚焦在课堂上，尤其是第一课堂，既要改革课堂模式，也要改革课程，更要改变上课的教师。模式改革不是推翻传统课堂再另起炉灶去搞所谓的创新，尤其要反对那种拿几个概念拼凑成"几环几步"一类的环节就认为是课堂教学改革的现象，要回归教育的常识与本源，即牢牢抓住学科能力与学科思维的培养；课程改革也不是第一课堂按国家课程照本宣科，跑去搞第二课堂的校本特色课程，没有第一课堂的扎实丰富，第二课堂再有特色也只会事倍功半。总之，课堂教学改革应是对课堂教学全过程的诊断、细化、优化，是对教师学科教学能力的全面培养与提升，是对课堂教学理念、手段、方法的全新探索实践。

基于此，均安镇今后的课堂教学改革，仍将以《均安镇教育教学质量提升三年行动计划（2017—2019学年）》为依据，重点在五个方面下功夫：一是推进"课堂教学节"品牌化计划，打造一个基于课堂的"教研训平台"；二是推进在新中高考背景下的课堂模式改良，"探索互联网+课堂下的小组、分层、走班"等教学样式，更有内涵地提升质量；三是全面开展课程体系建设，开发一批高质量的课程，各校要建立适于自身实际的人才培养体系；四是着力引进、培养一批学科名师，重点启动"精英教师成长计划"，有计划地在各学科选出一批青年教师进行培养，促其成长为学科领军教师；五是启动"区域教育高地"建设规划，着力将均安打造成为"区域教学质量标杆"，成为贯彻落实党的十九大报告中提出的建设"公平而有质量的教育"的示范镇（街），满足广大人民群众对美好教育生活的需要，走出一条更具示范意义的现代化教改之路。

山水均安重教育，花园绿岛育英才，均安教育将不忘初心，牢记使命，高举十九大的伟大旗帜，继往开来谱写教育改革新篇；均安课堂教学改革，将是均安教育改革一片新的蓝海，将有更多的师生在教育创新创造的大道上飞奔。

第三篇

学校管理的设计与实施

学校管理（school management）是学校对本校的教育、教学、科研、后勤和师生员工等各项工作进行计划、组织、协调和控制的活动。管理的主体和客体都是学校自身，即学校对自身的管理，区别于教育行政部门对学校进行的教育行政管理。学校通过管理，把各项工作及其组成要素结合起来，发挥整体功能，以实现其对学生的培养目标和各项工作目标。顺德区在学校管理的设计和推进工作中，以现代学校制度建设为牵引，以章程建设为抓手，以教育科研为推进措施，走出了一条顺德特色的学校管理和建设之路。

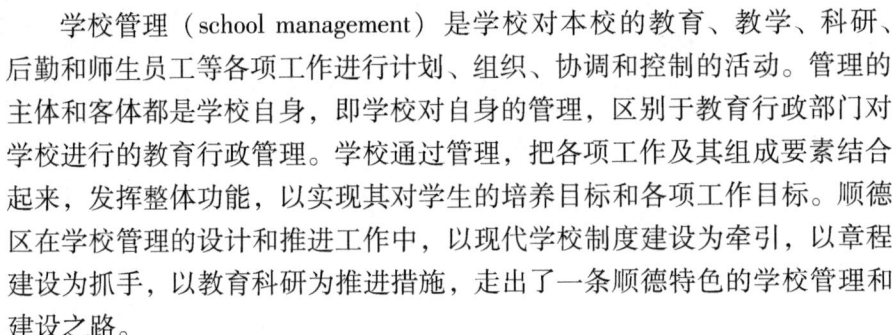

第一章 学校管理的设计

现代学校管理的核心包括两点：第一点是看在某种管理制度下每个人的积极性和创造力能否最大限度地发挥出来；第二点是看在这种管理制度下学生、教师、学校的发展是否实现了共赢。顺德区在现代学校管理的探索过程中，着眼于学校的历史、现实与未来的发展，着手于现代学校的管理制度、校园文化、校本课程的建设，努力追求学校管理的最大综合效应：实现学校的可持续发展，体现师生的个人价值，建立和谐的教育共同体。

一、现代学校管理的要素

在实施素质教育和不断推进二期课改的背景下，现代学校管理的结构至少有三个方面，包括现代学校的管理制度、校园文化、校本课程。

（一）现代学校的管理制度

加强现代学校制度建设，学校要主动、自觉地利用外部的条件、机会和资源，合理使用自己的权力，不断完善学校的理念、结构、规则和环境，使学校真正成为一个促进师生自主发展的生机勃勃的地方。现代学校的管理要法制化、人本化，以完善的学校法人制度和新型的政、校关系为基础，形成完善的校本管理制度，并强化校本管理制度与校本用人制度。

1. 以人为本的校本管理制度

现代管理即人本管理，"以人为本"是以师生的成长、发展为本，这是教育根本，尊重师生、尊重他们成长和发展规律，按教育规律办事。人本管理包括两个层面的意思。

一是制度化管理，通过建章立制，使管理有法可依、有章可循，为客观、公正的管理提供了保障。近几年来，学校结合实际管理工作，组织教职工汇编了《学校制度文化集萃》《学校管理文化集萃》《学习化教育管理的探索与实践》《教学札记》《教师手册》等一系列专辑，使学校各项工作正常、有序、规范地顺利进行。

二是人性化管理，基于人的本性，根据人的身心特点和为了人的发展而实施管理，要求管理既要合理又要合情，既要有原则性又要有人情味。学校实行开放的管理，采取"制度无情，操作有情"的策略，体现学校管理的人情味。

2. 以人为本的校本用人制度

一是用人制度科学化：学校内部管理机制的核心是人事管理。学校要建立以激励为核心的双向选择，按需择优的人员聘用制度，体现"效益优先，兼顾公平"的原则，推出了"评聘分开"的新原则和"多元无级结构工资"制度。同时建立了人才引进机制，有效地采取了依法聘用、按需聘用，"低职高聘""高职低聘"等措施，实行全员聘用合同制。完善考核评价：奖项包括出勤奖、分档评价等第奖、基础奖、进步奖、特别奖等。

二是用人制度合理化：放大师生在学校管理中的人本主义色彩，尊重师生人格，挖掘师生潜能，为教师提供可以充分施展才华的舞台；放大教师学习成才的专业化特征，激励教师在学习和实践中成长；放大学生自主学习、生成学习智慧、完善人格修养的快乐体验；放大师生参与学校建设和个体成长的热情，充分发挥教工代表大会在学校改革中的民主决策、民主管理和民主监督的职能，组建学习共同体。

（二）现代学校管理的校园文化

1. 创建优美、整洁的校园文化环境

校园环境布局为教学区、教学辅助区、教师办公区、学生活动区、艺术区、健身区等。让每个墙面"说话"，在不同的层面上陈列科技、美术、运动等学生作品和名人名言。

2. 创建和谐、宽松的校园文化氛围

在新课程背景下，校园文化建设应致力于教师价值观的形成、学校文化底蕴的积淀。在一个知识层次、文化素养较高的群体里，只有在和谐宽松的心境下，师生的创造性和积极性才能最大限度地得以发挥。因此，学校领导应采用暗示、认同、探讨的方式和师生共同创造出一种民主、和谐、宽松、积极进取的校园文化氛围，使管理的模式真正与教师所处的诗意的环境吻合一致。

3. 创建激励、进取的校园文化氛围

为学生营造积极进取的校园文化氛围，引导师生学会自我激励，形成内在激励。内在激励是以认同感为基础的，教师一旦对学校目标、课改目标认同，就会产生一种肯定的情感和积极的态度，会自觉产生一种精神动力，把进一步做好工作、搞好新课程改革看作是分内应该做的事。

（三）现代学校的校本课程

校本管理的教学基础应当是实施校本课程。在以拓展型课程、探究性课程为主的校本课程的开发上，鼓励学校开展特色校本课程的研究。

二、顺德区学校自主管理的设计

如何引领学校进行现代学校制度建设？顺德区教育局于2015年下发了《顺德区教育局关于进一步扩大学校自主办学建设现代学校制度试点工作的通知》（顺教〔2015〕39号）要求进一步做好学校自主管理的研究和试点推进工作。

（一）工作目标

通过进一步扩大构建现代学校制度和自主办学试点，使学校形成"自主管理、自主发展、自我约束、民主监督"的内部管理机制，促进内涵发展，特色发展。以建设学校章程为抓手，促使学校依法办学。现完成目标为：2015年，全区高中学校纳入试点校，义务教育阶段学校实现从8所扩大至80所；2016年，扩大至130所以上。

（二）工作任务

以建立健全学校章程为工作任务，以完善学校内部治理结构，基本形成学校依法依章程办学格局为目的；通过学校章程的建设，树立现代教育理念，落实和扩大学校办学自主权，建立学校与政府、社会新型关系，为推动建立现代学校制度奠定良好的制度基础和长效机制保障。截至2015年底，全区高中学校、50%义务教育阶段学校完成以现代学校制度为核心内容的新的章程制订工作，建立依照章程，规范办学的格局。

（三）工作措施

1. 试点引领，联动发展

以构建现代学校制度和自主办学试点校为龙头，各引领10所学校，开展学校章程建设，形成"1+10"联动组合工作方式，采取自由选择的原则，突破镇域范围和学段局限，组建若干联动组合。高中学校可以校为本自主研制、也可加入联动组合共同研究。

2. 章程为本，依法规范

扎实做好学校章程的制定工作。参与联动组的学校要按照《广东省教育厅关于加强公办中小学校章程建设的通知》的要求，确保章程内容符合法律法规要求。要把章程建设的重点放在体制机制的创新上，进一步深化学校内部管理模式改革。要从学校的实际出发，着重规范学校内部治理结构和权力运行规则，着重完善学校自主管理、自我约束的体制机制，要体现学校的文化传统、教育理念与发展定位，反映学校办学宗旨与特色，避免千篇一律。制定章程要按照科学、民主、公开的原则开展起草和修订工作，充分听取各方的意见和要求，要将制定章程这一过程作为凝聚全校师生员工意志、推动和谐校园建设的过程。截至2016年底，已完成全部中小学校章程建设。

3. 加强监督，责任到岗

参与联动学校要指派1名校级领导亲自统筹负责，确定1名行政干部作为工作联络员，安排专门人员负责章程起草或修改工作，确保试点工作组织到位、责任到位、保障到位。试点牵头学校要加强工作过程的跟踪检查和过程管理，对章程制定过程中出现的新情况、新问题，深入研究分析，及时调整工作方案和措施。要加紧制订章程执行与保障机制，确保章程有效实施。为做好中小学校章程建设试点工作，区教育局将不定期组织联动工作组学校开展交流与培训。同时，鼓励联动工作组之间相互交流，共同探讨。

第二章
学校自主管理的实施

在区教育局下发的《顺德区教育局关于进一步扩大学校自主办学建设现代学校制度试点工作的通知》指导下，顺德区以点带面的工作形式推动了区域学校自主管理的发展。

▶ 案例一
改革学校内部治理，建立现代学校制度
——杏坛梁銶琚初级中学办学机制改革探索阶段总结

根据顺德区教育管办评分离改革试点总项目组的安排，梁銶琚初级中学的主要改革实验任务是：以章程为核心，探索学校自主发展、自我约束的运行机制，建立"依法办学、自主管理、民主监督、社会参与"的现代学校制度，完善学校内部治理结构，构建政府、学校、社会三者之间的良性互动机制，调动社会各界发展学校教育事业的积极性，形成"政府依法管理、学校依法自主办学、社会各界依法参与和监督"的学校教育公共治理新格局。经过多年的改革实践，取得了一定的成效，现将有关情况做一个阶段性的总结。

一、学校内部治理结构改革的基本思路

梁銶琚初级中学内部治理结构改革的基本思路包括改革的指导思想及改革的总体设计。

（一）学校内部治理结构改革的指导思想

这里所说的指导思想，是学校开展内部治理结构改革的行动指南。即：以系统理论为指导，以国家政策为导向，整体设计，分步实施，探索学校决策权、执行权、监督权三权分立、相互制衡的新型内部治理结构与运行机制，建立与"依法办学、自主管理、民主监督、社会参与"的现代学校制度相适应的比较完善的学校内部治理结构，增强学校可持续发展力。

探索决策权、执行权、监督权三权分立、相互制衡的新型内部治理结构运行机制，是梁銶琚初级中学内部治理结构改革的主要内容。学校内部治理结构是学校内部组织运行的逻辑结构，包括决策机构、执行机构、监督与评价机构以及在学校内部治理运行过程中所体现出来的逻辑关系。中小学内部治理结构的关键是要落实校长负责制，建立科学的学校内部运行机制。

学校内部治理结构改革的目的，就是要改变学校管理中传统的决策权、执行权、评价权三权合一且监督权相对缺失的结构，建立和完善决策权、执行权、监督评价权三权分立又相互支撑、相互促进、相互制衡的新型内部治理组织结构与运行机制，真正做到在政府依法办学的前提下，进行科学有效地自主管理，接受民主监督，吸引社会参与，使学校能够健康持续地发展。

（二）学校内部治理结构改革的总体设计

梁銶琚初级中学内部治理结构的改革的目标是建立自主、民主、依法、多方参与的现代学校内部治理结构，全面激发学校的发展潜力，提高学校内部治理效能，使学校从传统走向现代、从人治走向法治、从低效走向高效、从封闭走向开放、从立足当前走向可持续发展。

为了让校内部治理结构改革能顺利实施，学校成立了以校长为首的内部治理结构改革工作小组，校长为改革的具体主持人，同时聘请专家、政府部门主管领导、社区、家长等代表组成学校改革发展咨询委员会，为学校的改革提供业务咨询和理论指导。在学校咨询委员会的指导下，根据学校内部治理结构的现状，制定了非常全面而具体的改革实施方案，主要内容包括以下两点。

1. 学校内部治理的决策、执行、监督等机构的设置

按照现代管理学原理，任何一个组织，决策、执行、咨询、监督等系

统必不可少，梁銶琚初级中学内部治理结构就是遵循这一原理来设置的。

（1）决策机构。我国的中小学实行校长负责制，校长是学校的法定代表人，学校的决策权自然也由校长主导行使，但校长是法人代表而非法人，学校办学自主权不是校长个人权力，不能一切校长说了算，为了解决这个问题，改革方案设计"校长领导下的民主决策委员会"，这是学校的最高决策机构。这个民主决策机构主要由教育主管部门领导、学校行政、教师、学生、家长、社区等与学校办学利益相关的各方代表9人组成，代表由利益相关的各方群体选举产生，每届任期四年。民主决策委员会的主要职责是对学校规划的制定、章程的制定与修改等重大问题以协商决策的方式为校长负责制奠定民主基础，校长拥有最终决定权。

为了让学校的最高决策机构通过的各项决议更加科学，还成立了"学校咨询委员会"，学校咨询委员会是由学校邀请教育局领导代表、教育专家、法律顾问、家长、与学校办学有关的社区代表等各方代表共9人以自愿方式组成，每届任期四年。主要职责是：为学校发展等重大问题提供咨询意见和建议，指导学校制定近期或中长期发展规划。

学校的重大决策首先就其合理性、科学性、可行性等方面交咨询委员会进行讨论并提供指导意见，再交给民主决策委员会进行民主决策，部分可行则经过修改后再进行咨询与决策，实在不可行则直接放弃不再交给决策委员会审议。这样就有效地避免了传统的校长负责制下校长一个人做决策的弊端。

（2）执行机构。执行机构的设计就是改变原来行政班子的管理功能，将集决策、执行、评价权力于一身的行政班子改革为只有校务执行权的校务管理执行委员会，而人员组成仍是原来的行政班子，校务管理执行委员会负责开展日常管理工作与执行学校的各项重大决议。执行委员会负责管理办公室、教导处、德育处、后勤处四个职能部门的工作，其中办公室负责各部门的执行协调，教导处负责学校教学科研等方面的工作，德育处负责学生思想品德的教育工作，后勤处负责财务与后勤方面的工作。

（3）监督制衡机构。监督制衡机制的建设是我们改革方案的重点内容，学校要形成健康的内部治理机制，就要使责任、权力、利益三者平衡。按照一些学者的观点，学校监督制衡机制的形成，主要取决于以下三个方面：一是学校管理者要树立民主决策、主动接受监督的思想意识；二是要建立健全监督制衡的各种组织，教代会、学生组织、家长组织、党的基层组织等，都具有相应的监督制衡权甚至弹劾权；三是要设计、颁布实施、修订有关民主监督、相互制衡的法律、规章。

为了避免过往学校内部治理监督缺失的问题,设计成立"校务评议委员会"作为校内主要的监督机构,对学校的决策与决策执行的过程和结果进行民主监督与评议。校务评议委员会成员由学校德才兼备的教师组成,它代表教师中积极的、正面的声音。这是与教职工代表不同的地方,教职工代表是各类不同利益群体的代表,其中就有编外职工的代表,不排除有业务素质和思想素质都比较落后的成员。校务评议委员会成员占全体教职员工的10%,由各学科组、年级组或行政推荐提名,经全体教职工大会实行差额选举产生,每届任期四年,与行政聘任任期同步。学校党支部是中国共产党在学校的基层组织,既发挥政治核心作用,负责学校党组织的建设,也对学校重大事项的决策与执行进行民主监督。按照《学校教职工代表大会规定》(中华人民共和国教育部令第32号)成立教职工代表大会并履行相应职权。根据《教育部关于建立中小学幼儿园家长委员会的指导意见》成立班级、年级、校级三级家长委员会,参与学校的管理,其主要职责是:了解学校发展规划的制定与实施情况,及时向学校反馈家长的意见或建议,协同学校做好学生及其家长工作,督促家长担负教育子女的责任。学校成立学生校务管理委员会,学生校务管理委员会由德育处和学校团委组织学生选举产生,每届任期一年,学生校务管理委员会负责组织和开展学生的自主管理,收集学生的意见和建议,定期向学校反馈有关情况,为学校的民主决策提供依据。

在以上的机构设置中,校务评议委员会外是专门的监督评议机构,它对学校决策和校务执行全程全面实施监督评议。而党支部、教代会、家委会、学生校务管理委员会除了监督评议的职权还有其他方面的职责和权力,如《学校教职工代表大会规定》中关于教代会的职权一共有八条,只有两条是涉及评议监督的;这几个机构监督评议的内容也各有所侧重,党支部主要监督评议学校办学方向办学规范等有关方针政策方面的事项,教代会则侧重监督评议有关教职工切身利益的事项,家委会、学生校务管理委员会则侧重监督评议有关学生家长利益的事项。

学校内部治理的机构形象地用图3-1概括,梁銶琚初级中学这种"兴"字形的内部治理结构图,非常直观地体现了决策权、执行权、监督机三权分立的特点,而这个治理结构图中最核心的是决策委员会、执行委员会和评议委员会组成的三角结构。决策权由"校长负责制下的民主决策委员会"掌握,学校的其他各部门都可以向这个机构的决策提意见和建议，使决策具有广泛的民主基础，同时，它又接受学校其他各部门的监督。学校执行权是由行政人员组成的"执行委员会"掌握，这样，角色由原来管理者转换成决策执行者，执行过程和结果接受学校其他各部门的监督。监督权主要由校务评议委员会掌握，这种三角结构真正落实了内部治理的三权分立、相互制衡。其他的机构，如党支部、教职工代表大会、学校咨询委员会、家长委员会、学生校务委员会等的作用是为决策提供民主基础、实现社会参与、协助监督评议。

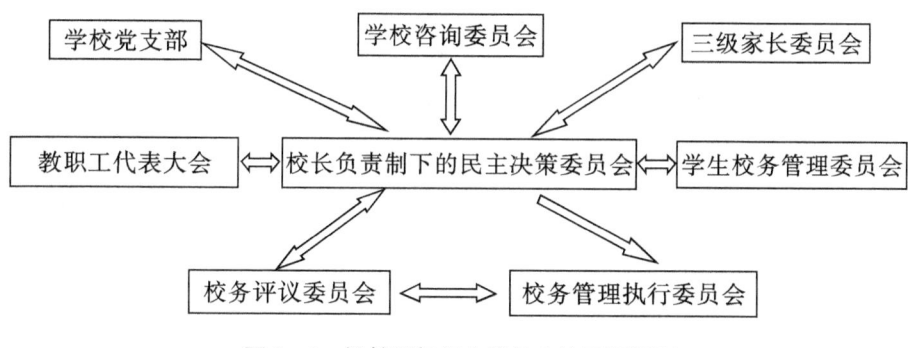

图 3-1 梁銶琚初级中学校内治理框架图

2. 以学校章程为核心的"章、规、则"制度体系的建设

有学者认为，运行机制是指在人类社会有规律的运动中，影响这种运动的各种因素的结构、功能及其相互联系，以及这些因素产生影响、发挥作用的过程和作用原理及运行方式，是在管理体制的框架下具体的、规则性的、动态的工作方式。运行机制包括系统的结构、功能和作用原理与方式等要素。因此，机构的设置只是明确了权力的分配，并不代表治理结构的完善，组织机构是静态的，还需要一套完整的制度才能保障权力的合理运行，制度体系的构建是使学校内部治理结构形成完善的运行机制必不可少的重要环节。

梁銶琚初级中学的制度设计按制度的效力和粗细分为"章—规—则"三级。"章"就是学校章程，学校章程是学校办学与管理的纲领性文件，是学校内部治理的"基本法"，一切制度都得遵守章程约束，是学校制度中最上位最权威的制度。"规"是指治理结构中各机构的工作规程，简单说就是"规则+流程"即各机构工作流程和议事规则。规程里还要体现各机构与其他机构的关系以及发生关系的流程，比如，评议委员会如何监督执行委员会的工作、决策委员会如何接受家长委员会的意见和监督等都需要在规程里体现出来。"则"指的是各机构在职权范围内所负责的各项工作的细则，包括各项工作的要求、规定、标准和考核制度等。章下有规，规下有则，形成系统正常的运作机制。

二、学校内部治理结构改革的实践

学校内部治理结构改革不是校长一人的事，而是事关学校发展的大事，需要广大师生积极配合和参与。为体现集体的智慧，发挥团队的作用，学校成立以校长为首的"内部治理改革"工作小组，成员一共有13人，有每个行政处室代表、市区骨干教师代表、区教育科研先进个人代表、普通教师代表，科研囊括了学校管理与科研方面最优秀的人才，还聘请了顺德区教育综合改革领导小组组长、区督导室主任、镇教育局教育管理科科长为小组顾问。在"内部治理改革"工作小组领导下，学校改革工作有条不紊地进行。

（一）第一阶段：诊断分析学校内部治理结构现状

充分了解和分析学校内部治理结构的现状，是进行改革的前提和基础，而要进行诊断分析和改革，必须要相关的专业知识，因此，本阶段学校主要从两个方面入手，首先是进行理论学习，然后再对现状进行诊断分析。

1. 开展相关理论学习

"内部治理改革"工作小组成立后，立即组织全体成员进行专业学习。学校为每一位成员购买相关书籍，采用"自主学习、集体研讨"的形式，了解学校内部治理结构改革的背景，提升研究小组成员的理论水平。主要学习和研究的参考书有：《国家中长期教育改革与发展规划纲要（2010—2020）》、《现代学校制度理论与实践》（周俊主编）、《基础教育阶段现代学校制度建设理论与实验研究》（朱小曼主编）、《现代学校章程建设》（孙雪芬、王立强主编）、《常用教育法律法规》、《中小学特色学校建设策略》（龚春燕主编）等。通过学习，工作组成员对试点工作有了较好的理论基础。

2. 分析诊断学校发展现状

为了让各项制度建设符合学校实际，体现"以校为本、实事求是"的基本原则，结合学校现状和发展规划，内部治理改革工作小组采取问卷调查、座谈、访谈等多种形式，分别对教师、学生、家长等进行全面调查，总结学校在发展中积累的优势，分析存在的问题及发展瓶颈，重点分析在学校内部治理结构方面存在的问题，最后形成《学校内部治理结构诊断分析专题报告》，为改革方案的制定提供有利的依据。

（二）第二阶段：建立和完善学校内部治理结构

学校内部治理结构是指学校内部的决策、执行、监督等机构及其运行的机制，内部治理机构完善，运行机制合理高效，有利用学校的可持续发展，学校内部治理结构就是科学的，学校内部治理的机构不完整，运行机制不合理，效率低下，不利于学校的健康持续发展，这样的治理结构就是不科学的，就需要进行改革和完善。梁銶琚初级中学是一所公办初级中学，在内部治理结构中，民主治理和社会参与等方面存在明显的问题，因此需要进行改革，完善学校内部治理结构。

如何完善学校内部治理结构？首先要理顺学校治理思路，构建学校治理框架。在理论学习和调查研究的基础上，学校认识到学校内部治理结构在思路上需要厘清三个层面的关系：一是政府与学校的关系；二是学校内部各方面的关系；三是学校与社会（家庭）的关系。只有学校利益相关各方的关系形成正确合理的机制，才能促进学校的健康发展。当政府把管理权交还给学校时，学校作为自我管理的主体，主要任务就是要处理好学校内部各方面的关系以及学校与社会（家庭）的关系。

在学校内部各方面关系处理上，一是成立校务评议委员会，对学校管理进行监督评议；二是完善教职工代表大会规程；三是成立学生校务管理委员会，让学生充分参与学校的管理；四是完善由学校行政人员组成的校务执行委员会工作规程，负责执行学校的各项决议，行使执行权。

在学校与社会（家庭）层面关系的问题上，一是成立学校咨询委员会，邀请与学校办学有关的社会各界代表参与进来，为学校决策提供咨询与指导；二是校长负责下的民主决策委员会，邀请学校利益相关各方参与重大问题的决策；三是成立班级、年级与学校家长委员会，既参与班级管理，也对学校管理进行监督和评议。

这样，把办学自主权合理分解，形成互相约束、互相促进的学校治理体系，完善各个机构的履职规程，最后完成学校章程的重新修订，保障制度的合法性和稳定性。

(三)第三阶段：建立"章、规、则"学校内部治理制度体系

1. 学校章程建设

学校章程是学校办学与管理的纲领性文件，同时也是教育行政部门、社会及学校自身依法治校的重要依据。它是对学校的办学宗旨、内部治理结构及其他重大的、基本的问题，做出全面规范的自律性基本文件。梁銶琚初级中学的章程建设过程分为如下五个步骤。

第一步，成立"章程起草"小组负责章程起草工作，同时成立"学校咨询委员会"，加强对章程起草的指导。以校长为首的调研小组，采取问卷调查、座谈、访谈等多种形式，分别对教师、学生、家长等进行全面调查，诊断学校发展现状，厘清学校内部治理结构各层面的关系，形成专题报告，为章程的制定提供有力的依据。

第二步，分工合作，起草《章程（草案）》初稿。章程分为总则、治理机制、教育与教学、后勤管理、安全管理、教师和职员、学生、附则等八个部分，分别由起草小组8位成员负责起草，整合后形成初稿。

第三步，由高校专家教授、中学知名校长、教育行政部门领导、家长代表、社区代表、优秀教师代表、学校法律顾问等构成的学校咨询委员会对学校《章程（草案）》初稿的科学性、合法性和可行性进行讨论，提出修改意见。起草小组根据咨询委员会的意见进行修改并再次交咨询委员会讨论，形成《章程（草案）》。

第四步，《章程（草案）》出台后，立即召开教职工代表大会，对其进行审议。根据教职工代表大会的修改意见，起草小组再次向咨询委员会有关专家进行咨询，对认为有必要修改的地方进行修改。修订完后再次提交教职工代表大会通过。

第五步，《章程（草案）》通过教职工代表大会审议后，交给学校法律顾问审查，出具"章程程序内容合法"的审查意见。学校领导班子召开会议，对《章程（草案）》进行最后审查。

学校章程包括序言、总则、治理机制、教育与教学、后勤管理、安全管理、教师和职员、学生、附则八章六十二条。《章程》内容充分体现"依法办学、自主管理、社会参与、民主监督"的精神。

《章程》确立梁銶琚初级中学的办学宗旨是：创办政府、家长（社会）、教师、学生满意的学校。这一宗旨是对党的"十八大"提出的"办人民满意的教育"的具体化，包含四个层级：（1）办学依法、规范，全

面推行素质教育，让政府满意；（2）办学优质、高效、安全，让家长放心、满意；（3）为每一位教师搭建实现专业梦想的平台，充分感受教师职业的幸福，让教师满意；（4）办学符合学生身心发展规律，让每一位学生快乐地学习、健康地成长，十分满意学校的生活。

《章程》确立的办学理念是：以人为本、规范办学、德育为先、内涵发展。这是根据现代学校制度建设及依法治校的要求提出的，也是根据学校的办学宗旨来确定的。以人为本强调学校以"育人"为本。规范办学强调依法办学。德育为先强调育人先育"德"。内涵发展，从学生培养的角度来说，指让学生的核心素养得到持续发展；从学校的发展来说，指通过制度建设来促进学校的可持续发展。

《章程》确立的育人目标是：为学生的核心素养奠基，培养人格健全、身心健康，善于学习、开拓人创新、追求卓越，敢于担当、胸怀天下的新时代中学生。这个目标强调学校育人的总目标是为学生的核心素养奠基，分为三层次，第一个层次是人格健全，身心健康，这是从人的成长角度而言；第二个层次是善于学习、追求卓越，这是从个人素养与追求的角度而言；第三个层次是敢于担当、胸怀天下，这是从济世情怀的角度而言。

《章程》确立的办学特色是：以梁銶琚博士"古人风"和"天下雨"精神文化为核心的"立人"教育，包含"立德""立功""立言""立行""立身"五个方面，这是根据办学特色的内涵、学校发展的历史底蕴及梁銶琚先生倡导的精神文化来确立的。

"立德"的本意是指树立德业，梁銶琚博士认为"纯善之品德"乃为人的基本要求，他也做了博施济众、惠泽桑梓。随着时代的发展，在当代而言，立德就是常怀爱心，积德行善，争做一个从内涵修养到外在风范的典范。对梁銶琚中学的学生来说，立德就是人格独立健全，思想积极健康，有爱心、讲诚信，勇于担当、宽以待人、胸怀天下。

"立功"本意是指建树功绩、建立功劳、取得功效。梁銶琚博士一生不仅个人事业取得巨大成功，而且慈善事业也做得影响深远，真正做到所谓拯厄除难，功济于时。随着时代的发展，立功不仅局限于做出惊天动地的大事，在平凡的工作岗位上一样可以建功立业。对梁銶琚中学的学生来说，立功指学好本领，把小事做好，分内事做好，追求卓越，做最优秀的自己。

"立言"本意是指著书立说，创立学说。梁銶琚博士传世的名言不多，却很经典，比如，"纯善之品格，谦恭之态度，良好之行为，正常之生活，乃为人之基本要求""得志当为天下雨,立身需要古人风""财物得之于社会,应当用之于社会"等。对梁銶琚初级中学的学生来说,立言就是追求学问,有扎实的功底,有独立思考与认识,最终学有建树。

"立行"的本意有两个,其一是行为举动,其二是指建德修行。梁銶琚博士认为"谦恭之态度、良好之品行,乃为人之基本要求",他也用慈行善举来践行这种思想。对梁銶琚中学的学生来说,立行就是养成良好的学习与生活习惯,举止端庄大方,乐于助人。

"立身"的本意也有两个,其一是指处世为人,其二是指立足安身。欧阳修曾说过:"立身以立学为先,立学以读书为本。"梁銶琚博士的为人处世和立身之本高尚的德行,得到社会各界的高度赞颂。对梁銶琚中学的学生来说,立身就是指热爱学习,养成良好的读书习惯,为终身学习奠定坚实的基础,把读书学习当成立身之本。

2. 学校内部治理制度体系建设

学校章程出台后,以章程为"基本法",学校治理框架中的每个职能部门或机构,根据各自的职责制定相关的管理规程,明确部门机构的权利与义务。最后依照学校章程与部门规程根据需要制定各种实施细则,形成完整的"章、规、则"三级制度体系,为学校的内部治理提供完整的制度保障。如果说章程是学校的基本法,那么规程是学校的部门法,细则是学校部门法的实施标准。

学校内部治理各机构出台的规程有《校长负责制下的民主决策委员会工作规程》《校务管理执行委员会工作规程》《校务评议委员会工作规程》《教职工代表大会工作规程》《学校党支部工作规程》《咨询委员会工作规程》《家长委员会工作规程》《学生校务管理委员会工作规程》。

细则指的是各机构在其工作中针对其管理的具体内容制定的更细化的制度,如后勤处有《固定资产管理细则》《经费支出审批细则》等,教导处有《教师量化考核细则》《课堂教学规范》《科组备课组活动细则》等。

学校内部治理结构中的各个机构与学校的"章、规、则"内部治理的制度体系,共同组成的学校内部治理完整的运行机制,为学校的可持续发展提供有力的保障。

三、学校内部治理运行机制改革取得的成效与经验

进行学校内部治理结构的改革探索,目的是让学校的内部治理结构更

加完善与科学，学校的决策更加民主，学校的治理过程更开放透明，学校治理的民主监督更到位，学校治理的效能更高，学校的发展更持续健康。经过一年多的学校内部治理结构改革，梁銶琚初级中学取得了一定的成效，学校的章程被作为优秀样本供顺德区中小学学习；学校决策、执行、监督三权分立的内部治理框架被顺德其他区中小学借鉴；"章—规—则"的现代学校制度体系得到各级领导专家的普遍认可；作为顺德区教育管办评分离改革的优秀试点学校代表参与与青岛、内蒙古等外省市实验点的交流；被顺德区总项目组作为优秀代表参与申报"十三五"规划科研项目；学校的治理效能更高，社会声誉更好，作为一所农村初中，八年间，有六次被评为顺德区先进学校。现将有关情况简述如下。

（一）学校内部治理结构改革的成效

1. 学校内部治理结构更加完善

在教育部政策法规司、广东省教育厅、顺德区教育局及其他有关的领导和专家的指导下，梁銶琚初级中学的内部治理结构由原来的"校长—副校长—各处室—年级组、学科组、备课组等学校中层管理人员—教师和学生"单向的自上而下治理结构变为学校办学利益相关各方积极参与、民主决策、相互制衡的治理结构，学校的各项决策、执行和监督都更加依法规范，运行机制更加完善。因此，梁銶琚初级中学这种"兴"字形的三权分立、多方参与的内部治理结构，也被顺德区教育局认为是最能体现现代学校制度建设关于内部治理结构要求的最优模式。

2. 学校内部治理的自主地位更加突出

试点学校内部治理结构的改革，倒逼政府进一步落实学校办学自主权。顺德区政府于2015年12月17日颁发了《关于进一步落实和扩大中小学校办学自主权的若干意见》，全面梳理了学校办学自主权清单，包括自主管理、教育教学、人事管理、财产经费管理使用、招生自主、学籍管理、拒绝非法干涉权、其他权利8个大项共计23个小项权利，每项权利内容都给予权利操作指引。

首先，根据这个自主办学权利清单及其操作指引，结合学校的发展特色自主制定学校的内部治理构架，杏坛梁銶琚初级中学的三权分立、多方参与的"兴"字形内部结构就是自主制定的。其次，学校可以根据治理结构设置学校的内设机构，比如，梁銶琚中学自主设置的校务评议委员会、学校咨询委员会、校长负责制下的民主决策委员会，这些自主设置的机构，充分体现了学校的自主办学权落到了实处，也充分体现了学校的治理特色。第三，学校校长可根据学校治理的需要在符合任职资格条件的教职工中组织选拔行政人员，真正实行校长组阁制。我校率先开校长组阁的先河，包括副校长在内的全部行政人员都是校长根据事前制定的方案公开竞聘的，这样的实践，既充分落实了校长负责制的政策要求，也充分调动教师参与学校管理的积极性。此外，校本教材的自主开发与活动课程的自主开设，财产经费的自主管理使用等办学自主权的落实，都极大激发学校自主管理的活力。

3. 学校内部治理的民主监督比较到位

学校内部治理的民主监督是否落到实处，关键看两点，一是学校是否建立健全监督制衡的各种组织，这些组织是否具有相应的监督权甚至弹劾权；二是学校是否设计、颁布实施、修订有关民主监督、相互制衡的规章制度。

梁銶琚初级中学在进行内部治理结构改革时，充分做到了以下两点。首先，设立了校务评议委员会这个专门的监督评价机构，在学校内部治理中行使监督评议权，既对学校的决策过程和结果进行监督评议，也对学校决策的执行过程和结果进监督评议。除了这个有学校特色的监督评议组织外，还有党支部、教代会、家委会、学生校务管理委员会等组织，都可以对学校的内部治理各个环节进行监督评议。其次，各个监督机构的职权都由在学校章程里有明确规定，各监督机构都根据学校章程制定了部门规程和实施细则，形成了"章、规、则"完整的制度体系。比如，教职工代表大会作为学校内部治理中的主要民主监督机构，对其监督的权责进行了明确而详尽地规定，并且它作为学校内部治理中关于民主监督的重要条款写进学校的章程，作为学校依法治校的重要依据。学校党支部对学校治理中的民主监督作用得到加强，学校章程明确了学校党支部的作用，除了发挥政治核心作用、加强党的组织建设外，在参与学校的治理中主要起到民主监督的作用。学生也在一定程度上参与学校的民主监督，学生校务管理委员会，同样被作为学校内部治理中关于学生民主监督的部分写进学校章程，作为依法治校的重要依据。以家长委员会和社区代表为主的社会力量，积极参与到学校内部治理的民主监督当中来，学校设立的班级、年级、校级三级家长委员会，一个重要的责任就是从家长的角度参与学校的民主监督。此外，社区代表则被推荐加入学校有关部门，参与学校的管理与民主监督，学校邀请社区代表加入学校的咨询委员会和校长负责制下的民主决策委员会，既参与学校发展咨询、民主决策，同时也对过程进行民主监督。

4. 各方参与学校内部治理的意识显著提高

具体表现在三方面：一是教职工参与度提高。梁銶琚初级中学以校务评议委员会和教职工代表大会为主要平台，提高学校教师参与学校管理和民主监督的意识与能力。校务评议委员会的人员全部是从全体教职员工中依据章程选举出来的，主要职责是对学校的决策和决策的执行过程与结果进行评议和监督，既评价决策是否合理，也监督执行过程是否依法依规以及结果是否符合预期。教职工代表大会的主要职责是依据章程对学校的重大决策进行审议，对学校的治理进行民主监督，收集各种提案，为民主决策委员会提供民主依据。除此之外，校长负责制下的民主决策委员会中也有教师代表，根据章程参与学校的重大决策。可以说，参与学校的管理和民主监督，既是教师的权利，也是教师的义务。通过这样的改革，学校教师的主体意识和民主意识充分激发出来，同时，教师的治理能力也在参与学校治理的过程中得到了很大的提高。学校每年都会对教职员工参与学校内部治理的情况做一个问卷调查。在最近一次问卷调查中，有72.6%的教职员工参与学校的内部治理改革；有52.3%的教职员工认为参与学内部治理的意识和能力有显著提高。这些问卷调查充分说明教职员工参与学校内部治理的参与度和参与能力都有明显提高。

二是社会参与度提高。通过改革，学校的家长、社区与社会人士参与学校内部治理的机制相对比较成熟，积极性也大大提高，参与的形式也丰富多样，参与的效果也比较理想。比如，学校的三级家长委员会，多次走进学校和家庭向学生和家长开展问卷调查，了解学校在学生饭堂、宿舍管理、课堂教学等内部治理方面存在的问题，调查完后的结果以报告的形式反馈给学校，为学校的内部治理改革提供有力的依据。学校的咨询委员会和校长负责制下的民主决策委员会，都有家长和社区代表参加，为学校的重大决策提供了很多宝贵的意见和建议，比如学校供水与供电的改造、学校发展规划的制定、学校与周边社区矛盾的解决、学校与社区与家长的沟通等方面，都起到积极的不可替代的作用，让学校的社会声誉越来越好。由此可见，在学校，社会人士参与学校的治理，形式多样，效果良好，既参与决策机构，也参与监督机构，这样全方位的参与度是学校内部治理改革前所未有的。

三是学生参与度提高。在这次改革中，学校成立"学生校务管理委员会"，并把相关的职责写进学校章程，学生在学校内部治理中，既是被管理者，也是管理者。首先，学校以学生校务管理委员会为平台，提高学生自我管理能力及参与学校管理的民主意识。学校通过学科教学以及班会、竞赛、集会、升旗仪式等各种形式的活动，让每一位学生走上讲台，培养其组织领导能力。"让每一位学生走上讲台"不仅成为一种学校制度，也成为一条开展"立人"教育特色办学的重要途径。其次，以德育处（校务执行委员会下的处室）为首，开发"立人"教育特色德育课程校本教材，培养学生的良好的思想道德品质，为实现"立人"教育特色办学提供思想政治保障。学校以"诚信考试、诚实做人"为切入点，校内的大型考试实施无人监考的办法，最大限度地激发学生的自律意识，培养学生的诚信品质。现在，诚信考试已经成为学校考试的一大特色。再次，学校以教导处（校务执行委员会下的处室）为首，开发"立人"教育特色活动课程，内容涵盖人文、科技、艺术、体育等多个方面，学生可以根据自己的兴趣特长自由选择，课程班的导师，有相当一部分是由学生担任，活动课程的教材也由导师自主编排，目前，学校已经出版了第一本活动课程校本教材。这样，通过开设丰富多彩的活动课程，既培养学生的个性特长，又提高了学生参与学校的内部治理的能力。为了真实了解学生参与学校内部治理的情况，学校教导处每年都要进行一次学生的问卷调查。在最近的一次问卷调查中，有54.7%的学生参加过学生校务管理委员会，有71.8%的学生每学期至少在一次大型活动中走上讲台，98.02%的学生参加过学校的无人监考的诚信考试，100%的学生认为学生校务管理委员会、让每一位学生走上讲台、诚信考试、活动课程等形式对提高学生的综合素养有帮助。在教师的问卷调查中，有73.9%的教师认为学生参与学校自主管理的能力显著提高。

（二）学校内部治理改革的经验

学校内部治理的改革，在中国教育学会、教育部基础教育司、广东省教育厅有关领导和专家的指导下，经过一年多的改革实践，积累的经验主要有以下几个方面。

1. 多方结合综合研究

学校内部治理改革不是闭门造车，而是作为教育部政策法规司、广东省教育厅、顺德区教育局等众多部门的指导下开展实践探索的，自始至终强调顶层设计和基层设计相结合、前沿理念和现实问题相结合、流动资源和固有条件相结合、内部提升和外部支持相结合。从实验方案的设计到实验方法的指导，从实验过程的监控到实验成果的总结，从实验操作的开展到实验理论的提升，从实验问题的发现到实验问题的解决，都得到相关领导与专家的大力支持和帮助。同时，学校也结合本地的教育发展现状，把前沿理念与本地遇到的现实问题相结合，既合理利用本地的固有条件与发展优势，也充分利用外部的各种资源，借助外力努力提升内部治理。

2. 内部治理权利自主

学校进行内部治理改革，最关键的是要给学校足够的自主权，学校才能大胆开展改革。那么，到底需要把哪些办学自主权下放给学校呢？这是所有中小学改革普遍存的问题，因为既没有明确的政策规定，也没有明显的权责边界。面对这个问题，顺德区政府出台了《顺德区关于进一步落实和扩大中小学校办学自主权的若干意见》，以清单的形式明确规定下放给学校的自主办学权，学校在进行内部治理结构改革时，充分落实这些办学自主权，也就是学校享有独立事业法人的各项应有权利，主要包括以下七个方面。

一是落实学校的自主管理。即自主制定学校章程；自主制定学校发展规划和管理制度。二是扩大学校教育教学自主权。即自主组织实施教育教学活动；自主选择教辅材料（非义务教育就阶段）；自主开发和设置校本课程；自主探索并实施教育教学改革；中等职业技术学校自主设置专业和学科调整，自主制订教学计划、选编教材、组织实施教学活动，自主开展校企合作。三是扩大学校人事管理自主权。即自主设置学校内设机构，自主聘任内设机构中层干部；自主聘任教师和其他员工；自主对教师实施考评、奖励；自主决定教师交流人选；自主管理教职工队伍和实施教师专业发展的校本培训。四是扩大学校财产经费管理自主权。即自主编制预算；自主管理建设和投资项目；自主使用年度结余结转经费；自主筹措教育经费。五是扩大招生自主权。即学校根据招生政策，结合学校特色实际，自主制定招生方案（在划片招生的基础上，根据学校容量适度自主招生）。六是落实学籍自主管理权。即自主管理学生学籍；拥有学籍异动审核权。七是落实拒绝非法干涉权。过往，不仅教育行政管理部门，甚至政府其他部门可以随时通知学校开展一些活动或进行各项检查。现在，进学校的活动或检查都必须在学年初上报区镇教育局，教育局审批后形成清单发给学校，清单外的活动或检查学校可以拒绝。

这样，政府管理教育的职责和权限非常明确，学校的办学权利和义务也更非常具体，理顺了学校与政府、社会的关系，更好地落实学校的办学主体地位，激发学校办学活力，提高了教育治理水平。学校有了这个权利清单，内部治理改革也就进行得更加彻底到位。

3. 以章程建设为核心规范治理

当政府把办学自主权下放给学校，学校又该如何依法规范地推进内部治理改革呢？学校以章程建设为突破口，开展学校内部治理的改革。学校章程是学校基本的纲领性文件，规范的是学校中重大的和基本的问题，而学校内部治理体制是学校章程应该必须包含的重要内容之一。学校按照合法性、基本性、前瞻性和特色性原则，结合学校历史渊源和现实特点，结合学校文化建设和办学定位，严格按照省区规定的学校章程建设的程序和内容，制定符合学校自身发展需要的章程。

学校章程出台后，学校内部治理框架中的各机构根据学校章程制定部门工作规程和实施细则，形成"章—规—则"完整的内部治理制度体系，这样，学校的治理机制就非常规范和完善了，学校内部治理结构改革探索也就进入了一个全新的阶段。

▶ 案例二
基于责任教育的体验式德育实践研究

佛山市顺德区罗定邦中学

责任教育是教育的责任。顺德罗定邦中学时刻牢记立德树人的教育使命，确立以责任教育为核心的德育理念。自2010年以来，开展"基于责任教育的体验式德育实践研究"，对全校教师、学生及家长进行责任教育系列主题活动，搭建多种社会实践平台，注重体验式的责任教育培养，学校的教育教学质量和社会口碑越来越好，连续多年被评为佛山市和顺德区先进学校，探索出一条适合自身发展的育人之路。

一、问题的提出

（一）开展本成果研究的主要背景

1. 落实学校办学宗旨和德育理念的需要

造福桑梓，回报社会，培育英才，是顺德罗定邦中学创办者的教育理想。学校坚持"办负责任的教育，为学生终身发展奠基"的办学宗旨，确立"以生为本、以心育心、身心和谐"的德育理念，其中"以心育心"就是要以老师的爱心、事业心去培养学生的责任心、自信心和进取心。

2. 引领学校走出办学困境和强化校风建设的迫切需要

罗定邦中学原是顺德区大良街道的一所镇属公办普通高中，学校原来的招生范围被限定在本镇（街）辖区内的初中学校，而且是在原区属高中、民办高中招完之后录取，生源素质相对较差，学生容易产生被迫无奈、甚至消极抵触情绪。加上学校办学的硬件设施又相对落后，导致学生对学校的认同感和归属感不强，爱校意识比较淡薄。

3. 解决学校德育工作的实效性与针对性问题的需要

如何根据学校实际提高德育教育的实效性，始终是德育工作者的重要课题。通过以责任教育为主线，探索镇街普通高中加强校风学风建设的有效途径。

4. 积极配合学校"1+1主体建构"课堂教学改革的需要

从 2010 学年开始，张毅校长带领全校教师，以极大的勇气和魄力进行课堂教学改革，希望借此提升学校的教育教学质量。罗定邦中学的"1+1主体建构"课堂教学改革，大力提倡学生自主学习、合作学习、探究学习。这就特别需要加强学习小组建设，需要培养学生的爱心和责任心，尤其是学习小组长的责任心直接关系到学习小组的建设。实施分层教学与合作探究需要同学之间的互帮互助，小组评价激励机制需要每个成员增强主人翁责任感，才能促进共同进步。

5. 加强学校教师队伍建设的需要

学校自 2010 年 7 月完成初、高中分离后，高中的招生规模不断扩大，连续几年共招聘了一百多位应届大学毕业的新教师，教师队伍出现两头大中间小的格局。部分教师年纪较大，资历较深的教师出现职业倦怠现象，而刚刚毕业的年轻教师缺乏教育教学经验，迫切需要那些有爱心和责任心的老教师进行培养和引导，帮助他们尽快成长。

6. 弘扬中华民族优秀传统文化的需要

人生在世，责尽才能心安。责任心作为一种道德情感，是一切美德的基础和出发点。中国历来重视对年轻一代进行责任教育。孔子的"当仁不让"，孟子的"舍我其谁"，李大钊的"铁肩担道义"，无不显示着对国事民瘼的崇高责任感。

7. 国家富强和社会进步的需要

"国家兴亡，匹夫有责"。立德树人是教育的根本任务，实现中华民族伟大复兴的中国梦，必须增强每个公民的社会责任感和使命感，也是社会主义核心价值体系中不可或缺的重要内容。

（二）开展本研究的价值意义

一是探索镇（街）普通高中实施责任教育的有效途径，强化学生的责任意识、爱国意识、规则意识和自律观念，养成良好的行为习惯，促进学生素质的提高。

二是进一步增强教师自身的责任感和使命感，贯彻立德树人的教育使命，尽心尽责地做好教书育人工作，牢固树立对学生负责、对学校负责、对社会负责、对未来负责的教育教学理念。

三是提高师生、家长对学校的认同感和归属感，关心热爱学校，形成良好的校风学风，努力承担起各自应该承担的责任。

四是增强普通高中学校德育工作的实效性与针对性，形成相应的研究成果，创建罗定邦中学的德育品牌，发挥一定的示范和辐射作用。

二、解决问题的过程与方法

（一）本成果研究的主要内容

1. 构建普通高中责任教育系列主题班会课程

课堂是实施责任教育的主阵地，要开展基于责任教育的系列主题班会教育活动，开展增强师生责任感的专题教育活动。

2. 开展教师责任心与校风建设的实践研究

立德树人首先要立师德铸师魂。良师背后是责任，唯有充满责任感的教师，才能培养出有责任感的学生。

3. 开展学生责任心与校风建设的实践研究

要通过主题班会、体验式德育活动等多元的责任教育形式，增强学生的责任意识和爱校意识，提高学生对学校、班级的认同感，爱护我们赖以成长和生活的班集体，共同创建优良的校风学风。

4. 开展学生自治自理与责任感培养的实践研究

根据知、情、意、行相统一的原则，责任感意识的培养必须通过实践活动，要在学生自治自理和参加各种社会实践中进行养成教育，并且检验和巩固责任教育的效果。

（二）本成果研究的主要方法

1. 以课题研究为引领提高德育工作的实效性

由学校德育副校长牵头，组建实施责任教育专题研究的课题组。学校申报的《以责任教育促进校风建设的实践研究》被列为顺德区教育科学"十二五规划"2011年A级立项课题（课题批准号：SD2011018）。该课题结题时得到了评审专家的高度评价。

2. 以问卷调查为依据增强责任教育的针对性

为了增强责任教育的针对性，了解学生的实际情况，提高课题研究的有效性，课题组对全校师生进行了四个方面调查研究。一是"罗定邦中学学生最讨厌的行为"问卷调查；二是"高一新生入学问卷调查"；三是"罗定邦中学校园年度十件大事评选"；四是"我最喜欢的老师"评选。

3. 以责任教育系列专题讲座为平台培养师生的主人翁意识和责任感

一是全校所有班级由班主任主讲"责任教育系列主题班会课"；二是对高一新生进行"学会负责，走好人生每一步"的开学第一课；三是面向全体家长进行"做最好的家长，培育负责任的子女"专题报告；四是利用"罗中讲坛"对全校教师开设"以心育心，良师背后是责任"系列讲座；五是面向全校教师举办"爱与责任——我的教育故事"征文评选等。通过责任教育系列讲座，引导教师、家长、学生说负责任的话，做负责任的事，当负责任的人，强化师生和家长的责任意识。

4. 以系列体验式德育活动为载体增强学生的爱校意识和自豪感

实践是认识的来源，德育离不开活动作为载体和支撑。责任教育需要在活动中体验，在体验中培养，在培养中成长。育人比教书重要，情感比认知重要，体验比说教重要。学校围绕实施责任教育这条主线，开展了一系列丰富多彩的体验式德育教育活动。

（1）军训。每年的8月下旬在校内进行为期一周的高一新生军训。罗定邦中学的新生军训将国防教育、责任教育、爱校教育、行为规范教育与军事技能训练相结合，对高一学生开展"学会负责，走好人生每一步"的"开学第一课"入学教育活动，引导学生要热爱学校、尊重教师、学会自律、承担责任、追求成功。

（2）学农。每年的9月下旬组织为期3天的高二年级全体师生到肇庆四会的"广州越秀区教育实践基地"开展学农综合实践教育活动，通过锄草、挖地、施肥、插秧、野炊等课程体验，感悟劳动的光荣与艰辛，在感

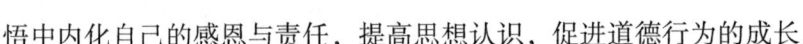

悟中内化自己的感恩与责任,提高思想认识,促进道德行为的成长。

(3)成人礼。每年的12月中旬隆重举办高三学生18岁成人礼。成人礼以"感恩、立志、重责、明理"为主题,活动设计新颖,内涵丰富,音乐视频感人至深。

(4)高考喊楼。每年的6月5日,学校德育处和高一、高二年级都会精心组织一场惊天动地、荡气回肠的"高考喊楼"活动。一遍遍"霸气"的喊楼助威口号在校园里回荡,既表达了学弟学妹对师兄师姐的考前祝福,又是全校师生爱与责任的真情流露,师生爱校的情感在相互感动和相互激励的呐喊声中得到进一步升华。

(5)体艺节和科技文化节。每年上、下学期分别举办体育艺术节和科技文化节,举行国学经典朗诵大赛和丰富多彩的学生社团活动展示等,为全校学生提供展示青春和才华的大舞台。

(6)无偿献血。组织学生参加无偿献血是爱与责任的教育,是实施和检验责任教育的有效载体。近年来,我校学生参加无偿献血的积极性很高,每年高三学生自愿报名人数超过300多人。

(7)相约未名湖。每年暑假组织高一学生到北京参加"相约未名湖"科技夏令营,让学生在参观清华北大,感受祖国悠久历史和灿烂文化的过程中去体验、去感悟、去构建社会与时代所希望他们拥有的爱国情怀、民族精神、责任意识。

(8)常规公益活动。团委学生会每年组织常规性公益活动,如爱心捐款活动、韶关曲江慈善社会实践活动、学生干部校外拓展培训、回收废弃笔芯、撑起爱心雨伞、重阳敬老献艺等,都受到学生的热切关注。

5. 以学生干部的自主管理为抓手强化学生的自律意识和归属感

学校高度重视团委学生会干部的培养,通过校内集中培训、校外拓展提升等活动,不断提高学生干部的管理能力,遵守纪律成为学生自觉的行为。

(三)本成果研究的主要步骤与过程

1. 以申报科研课题引领责任教育的实施

组建实施责任教育专题研究的课题组,"以责任教育促进校风建设的实践研究"成功申报为顺德区教育科学"十二五规划"2011年A级立项课题,课题批准号:SD2011018。

2. 认真全面实施责任教育课题研究

课题组深入开展调查研究,召开研讨会征求意见,确定4个子课题和实施方案，厘清核心概念，分配课题研究任务，课题研究进入全面实施阶段。

（1）开题报告会。邀请教育专家对课题研究方案进行指导，确保课题研究的实效性和科学性，确保课题研究的顺利进行。

（2）第一次中期检查。广东省教育督学、华南师范大学梁永丰教授等专家认为选题很有意义，课题研究的进程积极、务实，同时对课题研究提出一些建议和意见，进一步完善了课题研究方向，明确课题研究目标。

（3）第二次中期检查。广东省教育研究院黄志红博士等专家，对本课题研究进行有针对性的指导，明确后期研究的工作重点。

（4）结题报告会。广东第二师范学院李季教授、顺德区教育科研指导委员会张东升主任、顺德区中小学德育研究会会长丘平良会长等专家认真听取结题报告，审阅课题研究相关资料，认为"以责任教育促进校风建设的实践研究"的课题选题具有较高价值，课题研究目标明确，思路正确，方法恰当，资料翔实，在区域内发挥了积极的示范与引领作用。专家组高度评价该课题，一致认定课题研究已经超出预期效果，做得很丰满、很美，走心又实在，且具有可复制性。

3. 进行责任教育系列专题讲座强化责任意识

具体讲座内容见本成果研究的主要方法。

4. 通过体验式德育活动感悟和促进负责任行为的成长

具体德育体验活动见本成果研究的主要方法。

5. 成果实践检验与完善推广

经过2010至2013年的探索与实践，罗定邦中学基于责任教育的体验式德育体系已经形成，学校的校风学风明显好转，2013年的高考取得突破性的优异成绩，学校的社会声誉和办学口碑也越来越好。自2013年9月开始，本研究成果进入完善推广阶段，吸引了许多学校的关注和新闻媒体的报道，学校教育教学综合改革的成绩与举措成为顺德区普通高中学校一张靓丽的宣传名片。

三、成果的主要内容

（一）本成果的理论基础

1. 心理学研究理论

责任心是学生健康人格形成的基础，责任心是人的道德品质的重要内容，也是人的社会发展性的重要部分。人的责任心一旦形成，就成为支配人的行为的稳定的个性心理品质的重要内容，在行为上表现为履行责任和义务时的自觉和习惯。

2. 辩证唯物主义认识论

实践是认识的源泉，人的认识要经过实践、认识、再实践、再认识，循环反复无限发展的过程。

3. 体验式德育理论

它是教育者依据德育目标和未成年人的心理、生理特征以及个体经历创设相关的情景，让学生在实际生活中体验、感悟，通过反思体验和体验内化形成个人的道德意识和思想品质，在反复的体验中积淀成自己的思想道德行为。

4. 建构主义认识论

学生的知识技能认识是在参与活动中经过反思、体验、自己建构起来的。

5. 陶行知教育理论

教育家陶行知认为，生活即教育、社会即学校。行是知之始，知是行之果。教学做合一。

6. 杜威的教育理论

教育学家杜威"从做中学"是责任感培养的重要理论依据。杜威认为，教育即生活、生长和经验改造，个人在社会生活中与人接触、相互影响、逐步扩大和改进经验，养成道德品质和习得知识技能，就是教育。

（二）本成果突破和创新点

1. 创新生本化德育教育模式

以责任教育为切入点、以体验式德育活动为载体的系列德育教育活动，深受学生喜欢，真正体现以生为本的教育理念，大大提高了学校德育工作的实效性，有力促进了学校发展。

2. 体验式德育课程特色化、系列化

体验式德育课程包括科技文化节、体育艺术节、高一学军、高二学农、高三成人礼、六十华里徒步拉练、高考喊楼等德育课程体系业已完善，极大增强学生的责任意识和爱校意识，提高学生对学校、班级的认同感。

3. 责任教育个性化、人文化

针对学生、教师、家长等不同的群体，分别开设不同的并且具有很强针对性的责任教育专题讲座，增强了师生员工的责任感，显著提升了学生自主管理的意识与能力，取得良好的教育效果。

4. 理论成果颇具新颖性、实用性

凝练基于责任教育的体验式德育内涵，强调创设德育情景，让学生在实际生活中体验、感悟、反思，内化形成个人的道德意识与道德行为，形成专著《爱与责任》由黑龙江人民出版社出版。

5. 德育实践创新引领促进学校发展

通过实施基于责任教育的体验式德育实践研究，引领我们学校德育活动，增强了师生员工的责任感，带来了校风学风的明显进步，学校的教育教学质量和社会口碑越来越好，连续多年被评为佛山市和顺德区先进学校，学校的德育管理经验具有示范和推广价值。

（三）本成果的适用对象及推广价值

"基于责任教育的体验式德育实践研究"的理论成果和实践成果均适用于中学阶段学校德育教育活动，尤其对于普通高中学校加强责任心培养、创建优良校风学风具有借鉴和推广价值。

本研究成果紧紧围绕学校德育教育过程中的实际问题，具有一定的独创性、新颖性，以及很强的实用性，对提高德育工作实效性和提高教育教学质量产生明显效果。一系列体验式德育教育活动已经成为罗定邦中学的德育品牌，也是顺德区高中学校德育教育的一张名片，产生良好的示范与辐射作用。

四、效果与反思

（一）本成果研究解决的具体问题

1. 学生方面：强化责任意识形成良好校风学风

一是学生的爱校意识、自律观念明显增强。跟几年前相比，学生遵守纪律的自觉性、勤奋学习的拼搏精神都有明显提高，班风学风显著进步，高考成绩连续几年实现跨越式提升。每天的自主学习课和晚修课，即使没有教师值班的情况下也能保持良好的学习秩序。校园乱扔垃圾现象没有了，宿舍、教室公物损坏的情况明显减少，学生的文明礼貌意识显著增强。

二是学生的责任意识、自治自理能力大大提高。学生以主人翁的姿态，积极参与学校管理。团委学生会自治自理工作有了很大进步，学生干部的工作主动性大大加强，积极参与学校各项管理，在班级常规检查、升旗礼、跑操、晚自修、饭堂、宿舍，以及各种大型活动中发挥越来越重要的作用，学生的自信心和综合素质普遍提高。

三是学生更懂得感恩与承担责任。责任教育潜移默化地感染着学生的成长，使学生学会感恩，懂得报恩。2011—2014年罗定邦中学师生为罗定邦中学爱心基金、教育基金百万行、"630扶贫"捐款共计人民币369 188.5元。每年顺德区无偿献血活动中，高三学生用实际行动诠释自己的爱心与责任，受到顺德区中心血站和慈善机构的表彰，并作为普通高中唯一的代表在无偿献血招募会上作经验介绍，引起其他参会单位的关注和赞扬。

2. 教师方面：造就一支负责任讲奉献的教师队伍

罗定邦中学"1+1主体建构"的教学改革以前所未有的深度、难度历经七年艰辛能够走到今天，成为顺德区课改的一面旗帜，跟全校教师面对新课改的挑战能够坚定信念、深明大义、勇于担当、团结合作、甘于奉献是分不开的。特别是班主任为主的学校德育教师队伍，他们每天起早贪黑，不辞辛劳，为学校的发展和学生的成长做出重要的贡献，成为学生心目中最可爱的人。

3. 学校方面：抢抓机遇推动学校快速发展

罗定邦中学的德育工作始终坚持以求真务实的态度，持之以恒地实施责任教育，良好教风、学风的涓涓细流，汇聚成"勤奋和谐、求实创新"校风的洪流，教学质量突飞猛进，助推学校跨越式发展。

（二）本成果研究所取得的实际效果

1. 建立责任教育体验式德育体系，有力推动学校整体工作发展

基于责任教育的体验式德育管理，构建学校、家庭、社会一体化德育教育架构，促进了学生德、智、体的全面发展，锻炼和造就了一支有较高素质的德育队伍，健全了德育运行的内部机制，提高了学校德育科学化、系统化与规范化的程度，为深化德育教育打下了坚实的基础，为推动学校发展奠定根基。

2. 促进学校学风校风转变，极大提升学校办学质量

基于责任教育的体验式德育将规范教育与自我教育结合，将品行教育贯穿活动始终，使"责任为本"的教育理念贯穿在整体活动中，学生个体

的品德行为在体验中得到充分张扬，促进了学风、校风的好转，有力地推动了教育教学质量的提高。2012 年，我校高考重本上线仅 19 人，本科上线人数 425 人；到了 2017 年，重本上线高达 158 人，本科上升飞速提升至 840 人，本科上线率达 90%。

3. 大大增强学生责任意识，完善学生健康人格

基于责任教育的体验式德育让学生在参与活动过程中，产生心理体验，加强责任认知，促进情感升华，完善品德人格发展，增强其社会公民意识。

4. 强化教师责任感与奉献精神，促进教师队伍建设

基于责任教育的体验式德育通过引导、示范、激励、约束相结合的方式，持续推进教风建设，使广大教师具有良好的职业操守，严谨的治学态度，严格的教学规范和较强的研究性教学能力。

5. 全面提升学校办学品位，形成德育品牌示范辐射省内外

基于责任教育的体验式德育课程已经成为罗定邦中学的德育品牌，吸引了来自湖北、上海、广州、云浮、清远等省内外兄弟学校前来观摩。特别是 2015 年我校的高三成人礼，成为顺德区委宣传部、团区委、区教育局向全区各高中学校推广的示范课程，成为顺德区中学德育教育的一张名片，产生良好的示范与辐射作用。新华网、中国新闻网、新浪网、凤凰网、网易、南方都市报、佛山日报、珠江商报、顺德城市网、顺德电视台、顺德电台等新闻媒体对罗定邦中学的德育活动进行了相关的报道。

香港罗定邦中学、武汉汉阳一中、广州 86 中、广州开发区中学、云浮中学、清远华侨中学、阳江一中、顺德一中、伦教中学、北滘中学等一些省内、区内兄弟学校来校交流。部分学校甚至采取"拿来主义"，直接照搬我校的高三成人礼等德育品牌活动，且取得良好效果。

学校受到《中国教育报》《国家语言文字报》《中国名校》《顺德下一代》杂志、广东电视台等域内各大媒体的关注。学校荣获中国名校实验基地、全国教科研先进单位、重点课题科研单位、顺德区首批德育示范学校、顺德区先进学校等荣誉。

（三）本成果研究需要进一步探索的问题

一是实施"基于责任教育的体验式德育实践研究"是一项系统工程，需要宣传媒体、社会、家庭等各方面的共同配合，才能形成责任教育氛围和教育合力，避免由学校单一的教育力量导致的教育尴尬。

二是进一步完善与责任教育相关的校本教材修订与整理工作，不断加强和巩固责任教育效果，把勇于承担责任变成罗定邦中学的学校文化，成为师生的自觉自省，还需要全校师生的不懈努力。

三是进行责任教育需要结合社会主义核心价值观，结合立德树人的教育根本任务，任重而道远。

顺德罗定邦中学开展"基于责任教育的体验式德育实践研究"已走过了10年的研究与奋斗历程，取得了丰硕的研究成果，推动学校实现了跨越式发展。特别是经过近几年的办学实践检验，该研究成果具有很强的可操作性，具有较大的推广价值。我们将把这次成果申报作为是一个新的起点，在熊文华校长的带领下，继续完善和深化学校教育教学管理综合改革，积极探索"责任教育+自主管理"德育管理模式，用负责任的态度办好负责任的教育，推动我校基于责任教育的体验式德育向纵深拓展。

▶ 案例三
创意引领技术创新提升价值："包班搭课" 动漫专业人才培养模式改革与实践[①]

佛山市顺德区胡锦超职业技术学校是一所镇办中等职业学校，学校动漫专业面对中职学生文化基础薄弱、自信心不足、学习无兴趣等问题，以"心力教育"为先行，唤醒学生沉寂久已的心灵；以"动漫创意"为引领，开发出基于生活体验、基于公益项目和基于企业真实项目的三阶动漫作品制作链课程体系；以企业技能大师为核心，组建由学生、教师、企业技能大师三位一体的校企融合"包班搭课"团队；以学生成长特点为依循，实施态度、意志力和专业水平三维评价，破解了学校德育教育、专业教育困局。参加国家技能大赛共获8次一等奖，省级技能大赛连年获一等奖，毕业生中，21%在设计总监岗位就业，57%在影视剪辑师、原画设计师等岗位就业，打破了人们一度对中等职业学校学生学不好动漫专业的看法（见图3-2）。

---

① 2018年国家级教育教学成果（职业教育）。

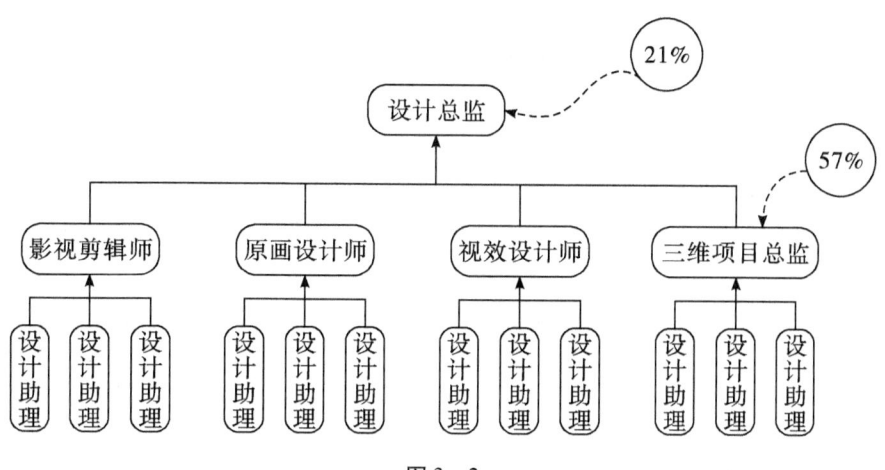

图 3-2

一、背景与问题

学校所在地佛山市顺德区地处珠江三角洲腹地，经济活跃，中小微企业云集。2011 年顺德区的中小微企业就有 28 535 家。在"互联网+"与传统产业加速融合发展的环境下，中小微企业发展更加迅速。至 2017 年，仅电商企业超过 1 万家，其中小微企业占 98%，总数在广东省排第二。中小微企业需大量的"能设计、能制作、能创业"动漫制作专业人才，这种"多能型"的全岗位人才缺口巨大。当时学校动漫专业的现状却难以适应这一社会需求，教学面临三大困境：一是学生缺自信，学习无动力。二是当地中小微企业急需能独立创作动漫产品的全面手，学校培养的学生达不到要求，即"产教不融、校企不合"。三是学校动漫专业教师大都无企业工作经历，自身更不是动漫制作的全面手。

为了解决上述问题，学校探索出了一套教改方案，采用"包班搭课"人才培养模式，突破困境，解决问题，校企融合，培养出了中小微企业急需的"能设计、能制作、能创业"的多能全岗型动漫专业人才。

二、成果主要内容

2007—2010 年，学校动漫专业教师团队通过国家技能大赛训练队，获得了本成果种子实践；2011 年 9 月至 2013 年 10 月，在 2011 级动漫专业进行了本成果的试点培育，并形成成果。2013 年 11 月至今，在校内外、省内外学校推广应用实践。教育改革方案如下。

1. 以"心力教育"为先行,唤醒学生沉寂久已的心灵

在学校上好德育课的同时,动漫专业开展"心力教育",点燃学生用技能创造成就的梦想。

(1) 歌以激信。精选《我相信》《怒放的生命》《超越》等受欢迎、正能量、能用手语舞表现的励志系列歌曲,定为每届新生的班歌。先播放解读高年级制作的融专业学习过程和作品的班歌,树立榜样、目标和激发信心;再组织学生学习表演班歌手语舞并录制成短片,学生跟唱跟跳,起到"破冰"作用,既提高课堂参与度又激发士气;当学生完成系列手绘和动画作品后,将学生专注学习和优秀作品的画面作为素材自制班歌视频,分阶段递进更新,让学生课前边看边跳,耳濡目染,树立"我相信我能行"的信念。

(2) 影以明志。精选《士兵突击》《阿甘正传》《肖申克的救赎》《千与千寻》等励志、成长主题的系列经典影、视、动画,组织学生带着任务观看,以抓图、手绘等方式分析解读人物的成长过程和路径,让初识专业的学生学习使用画面表达故事的同时,自主挖掘人物成才所需的决心和态度,建立只要坚持不懈和努力奋斗就能成功的理念。唤醒心灵,给予希望,点亮心灯。

(3) 画以载道。精选《您是我的贵人》《长江后浪推前浪》《新龟兔赛跑》等系列感恩、成长、成功的主题,设计"画以载道"的漫画、动画项目,将"载道之画"贯穿于三年动漫制作课程中,用大量立德树人的作品,寓育于教、寓教于乐,学生在学会用画面表达道理的同时强大自身的道德心力。

学生唱班歌、读电影、谈体会,是从画面到主题化、文字化的训练过程;学生做项目、搞创作、设计制作,是将产品要求、文字主题用画面化、影视化、动漫化的过程。在两个过程中,学生心智得到锤炼,专业受到训练,术道相辅相成,融为一体。

2. 以"动漫创意"为引领,开发三阶全动漫制作链课程体系

以"动漫创意"为引领,开发出基于生活体验的漫画课程、基于公益项目动画课程和基于企业生产的真实项目课程,形成了三阶完整动漫作品制作链课程体系(见图3-3)。

一年级取材于学生熟悉的生活体验,开发富有心力教育作用的漫画课程。二年级应社会公益要求,开发富有社会爱心的二维动画课程。三年级

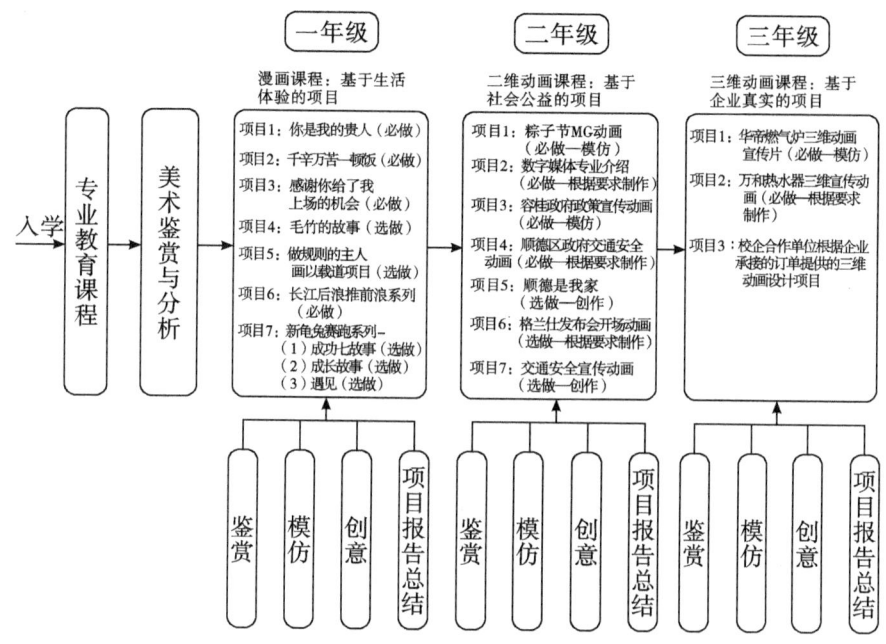

图3-3 三阶完整动漫作品制作链课程体系

承接企业真实产品的三维动画课程,从而让学生了解行业最新动态和最新技术的运用情况,做出符合企业要求的动漫作品。上述作品的创意制作都经过了欣赏分析、模仿制作、创意制作三个动漫制作链。

当项目出现推不动、作品不能在计划时间内完成、师生出现厌倦等问题时,由名师课堂引入心力教育去肯定激励师生,帮助师生解决问题,加持和托起师生的心力,使用"先做石头,后雕玉"教学策略。先引学生上教学轨道,建立成长性思维,通过"高标准+肯定+方向指引+团队支持"来挖掘学生的潜能,做出各类动漫作品。体现在通过"课堂教学出作品、校企合作出产品",最终实现"技能大赛出成绩、就业岗位出精英"。

3. 以企业动漫精英为核心,组建由学生、教师、企业技能大师三位一体的校企融合"包班搭课"团队

产教融合、校企合作是职业教育的基本办学模式,是办好职业教育的关键所在。为推动形成产教融合、校企合作、工学结合、知行合一的共同育人机制,完善动漫专业人才培养模式,深化产教融合、校企合作,"包班搭课"团队按照完整动漫作品制作链课程所需资源不同,配置基于生活体验项目的漫画工作室、基于社会公益项目动画工作室、基于企业真实项目目的三维动画工作室、动漫双创工作室和校企动漫大师工作坊等教学场

景，由"火种"学生、专业教师、企业技能大师组成有突破力的校企融合"包班搭课"全能教育教学团队，以作品创作为"教"和"学"的抓手，让大赛引领教学，铸就更多山峰（见图3-4）。

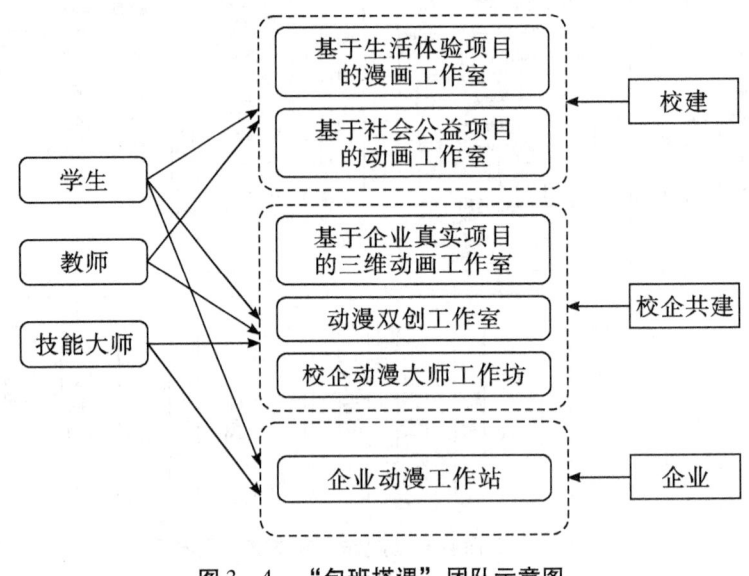

图3-4 "包班搭课"团队示意图

一是沟通形成共识体。让师生共同认识所要做项目的意义，给师生安全感和认同感，形成项目教学的认知共同体。二是设立"火种"给希望。将技能训练队、工作室、高年级的班级学生设立为项目教学"火种"，让他们先行示范来做专业教学的先锋，用火种点燃火种，起到"星星之火可以燎原"的教学效果。三是整合资源助推教学活动。搭课教师充分发挥自身特长将本职工作做到极致，及时沟通反馈、调整思路去解决教学过程中出现的问题，做好协同工作，保证项目教学顺利进行。

4. 以学生职业成长为依循，实施态度、意志力和专业水平三维评价

依据学生心理特点，学生作品创作初期和技能弱时，多用自评和师评方式，侧重评价学生做作品的态度和意志力，以激励和增强信心为主。学生作品创作后期和技能强时，多用众评方式，着重用作品的专业水平来评价学生，让学生了解和适应社会的评价标准，学会用高标准来要求自己，培养职业素养和综合能力。

最终形成学生学习、健康成长的动漫专业人才培养生态（见图3-5）。

图 3-5 动漫专业人才培养生态示意图

三、解决教学问题的方法

一是为解决学生自信心不足，学习积极性不高等问题，在上满上好德育课的同时，开展"心力教育"

（1）歌以激信。精选《我相信》等励志系列歌曲，定为新生的班歌。通过播放解读高年级融学习过程和作品的自制班歌视频，树立榜样和目标；通过手语舞演绎本班班歌，达到"破冰"效果；通过制作和唱跳班歌，增强自信。

（2）影以明志。精选《士兵突击》等成长主题系列的影、视、动画，让学生以抓图、手绘等方式分析人物的成长过程和路径，挖掘人物成才所需的决心和态度。唤醒心灵，给予希望。

（3）画以载道。精选《您是我的贵人》感恩等系列主题，设计"画以载道"项目，将"载道之画"贯穿于三年课程中，用大量立德树人的作品，寓育于教、寓教于乐，术道相融，学生在学会用画面表达道理的同时锤炼心智、强大道德心力。

二是为解决学生达不到中小微企业要求的问题，设立以"动漫创意课"为核心引领的课程，并贯穿三年教学过程之中，与企业技能大师共同开发对接全动漫制作链的真实项目课程，创建"心力教育、核心引领、对接全动漫制作岗位链"三种新型课程。通过"课堂教学出作品、校企合作出产品"，最终实现"技能大赛出成绩、就业岗位出精英"。采用"进阶式企业认可"的课程目标，解决校企合作"最后一公里"问题。

三是为解决学校动漫专业教师基本都没有企业工作经历,自身更不是动漫制作的多面手问题,按照完成对接全动漫作品制作链课程真实项目所需技术技能不同,整合校内外各种教育教学资源,由学生、专业教师、合作企业技能大师组成有共生共长具有突破力的校企融合"包班搭课"全能教育教学团队,以作品的创作为"教"与"学"的抓手,让大赛引领教学,铸就更多教学"高峰",将不同学科的知识和资源进行融合混搭教学,团队成员共建教学目标、共享教学时间、共促项目推进过程、共评项目结果,最后完成项目做出企业认可的作品。

四是为增强学生信心,激发学习动机,采用态度、意志力、专业水平三维评价指标,对教学过程和作品进行过程评价和终结评价。学生作品创作初期和技能弱时,侧重评价学生做作品的态度和意志力,以激励和增强信心为主。学生作品创作后期和技能强时,着重用作品的专业水平来评价学生,让学生了解和适应专业评价标准,从而学会用高标准来要求自己,培养职业素养和综合能力。

四、成果的创新点

1. 德育创新

从德育课程到课程德育。通过"歌以激信、影以明志、画以载道"的教学环节,用大量立德树人、寓教于乐的歌、影、画作品,让学生看到希望,进行自我教育和自我迭代,实现"寓育于教"的课程德育。

2. 课程创新

以"动漫创意课"为核心引领,开发全动漫作品制作链课程。创建"基于生活体验的漫画课程、基于公益项目的动画课程、基于企业生产的真实项目课程"课程体系。并采用课程实施新策略。一是使用"先做石头后雕玉"策略,先引学生上教学轨道,再整合教学资源,助推作品创作活动,充分挖掘学生的潜能,制作出各类作品。二是设立"火种"点燃希望。将技能训练队、工作室及高年级的班级学生设立为项目教学"火种",让他们先行示范来做专业教学的先锋,用火种点燃火种,取到"星星之火可以燎原"的教学效果。三是通过"课堂教学出作品、校企合作出产品",最终实现"技能大赛出成绩、就业岗位出精英"。

3. 教学组织创新

按照实施三种新型课程需要,组建校企融合"包班搭课"团队。以企业动漫精英为核心,学生、教师、精英三位一体,组建校企融合"包班搭课"团队,以作品创作为"教"和"学"的抓手,让大赛引领教学,铸就更多教学"山峰",将不同学科的知识和资源进行融合混搭教学,团队成员共建教学目标、共享教学时间,共评项目推进的过程和结果,最后完成项目做出企业认可的作品。

4. 学习评价创新

以学生职业成长为遵循,实施态度、意志力和专业水平三维评价。学生作品创作初期和技能弱时,侧重评价学生做作品的态度和意志力,以激励和增强信心为主。学生作品创作后期和技能强时,着重用作品的专业水平来评价学生,让学生了解和适应专业评价标准,从而学会用高标准来要求自己,培养专业核心能力和职业素养。

五、成果的推广应用效果

1. 育人效果显著,提高了影响力

近五年培养了 756 名优秀毕业生,就业率 100%。毕业生深受中小企业欢迎,毕业生中,21% 在设计总监岗位就业,57% 在设计师岗位就业,学生短期工作后即成为骨干。参加十年国级技能大赛八次获一等奖,参加省级技能大赛连年一等奖。国赛第一名学生毕业三年成为中国新锐导演,其作品在优酷、爱奇艺热播,与人合伙企业获 A 轮投资、现任职于京独创影视公司。学生原创动画短片《新龟兔赛跑七个故事》获国家版权局作品登记证书,原创微电影《新龟兔赛跑》获"2014 年广州国际微电影大赛"最佳动漫金奖和导演银奖等省内外多个大奖,亚太卫视《V 影天下》节目对主创人员进行专访。

2. 师资水平凸显,引领作用大,著作成果丰硕

培养了 1 名全国职教名师,8 名国赛金牌教练,15 名省赛金牌教练。特聘 3 位技能大师。2014 年主持顺德区数字媒体专业教学指导委员会工作,2015 年主持本校全国职教名师邱青工作室工作,2016 年 11 月主持顺德区"包班搭课"项目教学模式特色项目,2016 年 12 月主持佛山市数字媒体专业指委会工作及该专业名师工作室。打造了三个"画以载道"的教学 IP。出版了《"包班搭课"教学模式》等 3 本教研专著,开发"电影特效制作""电商视觉营销""设计概念表达"3 门校企对接课程,编写了《动漫创意作品集》等 8 本校本教材,出版了《动画片创作解析》《动画

片制作》2本"十二五"规划教材,并在全国发行。

3. 成果示范性强,省内外推广

《中国教育报》和《今日头条》分别对该成果进行了专题报道。省内专业指委会学术团体年会上做专题介绍10场次(950人次);省外专业指委会学术团体年会上做专题介绍8场次(1 080人次),省内兄弟学校做该创新模式推广应用22所,省外兄弟学校做该创新模式推广应用32所,技能大赛跟岗集训学校有5所。2017年在广州举办成果落地分享会。2018年动漫专业被评为省"双精准"专业。顺德第四职教集团和顺德区教育局分别发文要求在集团和全区进行该成果的推广。广东技术师范大学把该成果作为省职教师资格培训的主要内容。顺德职业教育促进会把该成果作为顺德区的办学特色对外推广。与我校合作企业被邀请在"全国旅游职业教育校企合作示范基地建设研讨班"上做"我对产教融合的理解和实践—以'包班搭课'为例的主题演讲。

4. 积极服务社会,创造效益

为社会服务提供了10 000多小时的动漫专业服务。其中,为顺德区教育区和容桂经促局等大型宣传活动,提供动漫专业设计服务约1 000小时,制作公益动画短片100 GB。为本地中小微电商企业阿里林家具公司等的"双11"和"4.18"活动提供动漫设计服务,创造了38万元的价值。本地中小微文化创意企业合纵联横公司等的"大型公关活动"制作影视动漫设计服务,创造了88万元的价值。通过竞标,承接了北京讯飞幻境VR的三维建模及动画项目。

第四篇

师资队伍建设与发展

顺德师资队伍建设一直是以课题研究为引领，以配套项目实施为驱动，以构建顺德区中小学"入职教师—教坛新秀—骨干教师—名师—教育家"教师专业发展梯级路径为抓手，系统实施开展"青蓝工程""骨干培养工程""名师工程"和"教育家孵化工程"四大工程项目，创设教育讲坛制度，优化完善教师专业成长激励机制，逐步建立了顺德教师荣誉制度、津贴制度、培训培养机制和专业成长晋升渠道，开创了以"荣誉+津贴+培训培养+成长晋升"四结合的组合式助力教师专业成长新格局。

在取得了工作经验之后，如何把教师专业发展的区域经验进行理性思考和提升，增进该项研究理论意义和学术价值，传播经验并扩大应用实践价值？基于此问题思考，通过课题研究及研究资助的形式，梳理和展示顺德教师专业发展的梯级路径建设项目的基本情况，促进工作实践反思，优化并完善工作举措，增进工作实效。

第一章
顺德区师资队伍建设的思考与实践

顺德区中小学和幼儿园教师约 2.78 万人，其中 35 周岁以下教师占比 46.4%①，幼儿园 75%、小学 41%、初中 38%、高中 40%、职中 28%（见表 4-1）。数据统计显示，青年教师群体的占比相对较大，幼儿园教师年轻化最为突出，小学和高中教师年轻化也很明显，学校办学质量整体提升和促进学校可持续发展，提升青年教师素质和能力是关键。

2016 年，顺德区制定出台《佛山市顺德区人民政府办公室关于印发〈顺德区加强教师队伍建设实施方案〉的通知》（顺府办发〔2016〕101 号），结合顺德青年教师队伍建设实际需要，提出实施青年教师成长"青

---

① 该数据来源 2018 年顺德区教师队伍培训工作指导意见的统计数据。

蓝"工程。制订"青蓝"工程的实施方案，对入职时间不长、35周岁以下的青年教师，要求学校加大对青年教师成长的培养力度，帮助每一位青年教师做好职业生涯发展规划，制定如师徒结对、技能考核及综合素质提升等促进青年教师专业成长的有效策略。顺德的特级教师工作站、各类教师工作室、名教师、骨干教师以及顺德的省级名教师、骨干教师培养对象等应发挥引领辐射作用，在区统筹下支持"青蓝"工程建设。区教育局建立教坛新秀评选表彰制度，每年评选表彰不少于150名教坛新秀。为贯彻落实加强青年教师队伍建设的工作要求，自2018年起，顺德区在推进教师专业成长梯级路径建设中，完善了针对青年教师专业发展环节的设置，尤其加强从区级层面统筹管理和引领全区青年教师专业成长，搭建青年教师平台，创设青年教师专业发展的培训培养项目，并配套实施推进青蓝工程建设。

表4-1 顺德区中小学和幼儿园教师年龄结构比例统计表 /%

类别	25岁以下	26~35岁	36~45岁	46~55岁	56岁以上
幼儿园	39	36	19	5	1
小学	9	32	36	22	1
初中	5	33	34	26	2
高中	5	35	30	28	2
职中	4	24	42	28	2

一、总体情况

为完善全区教师成长的梯级路径建设，加强青年教师队伍培训培养工作，创设青年教师成长平台和运作机制，提升青年教师培训培养质量，为全区培养一大批优秀的青年教师人才，顺德启动了中小学"青蓝工程"建设项目。项目推进采取区级统筹，镇（街道）教育局和区属学校具体负责组织实施的管理方式。全区纳入"青蓝工程"建设培养对象的青年教师共2 269人，包括1 323名青年学科教师、622名青年班主任和306名青年教育管理者。在区教育局和区教育发展中心统筹协调和指导下，各镇（街道）和区属学校根据有关要求制定培养方案、组织开展培训培养、推荐区教坛新秀评选等，系列工作有序推进，全区形成了良好的青年教师成长环境，项目实施取得一定成效。

二、实践举措与做法

（一）全面启动并推进了区"青蓝工程"建设工作

2018年5月，区教育局印发《顺德区中小学"青蓝工程"建设实施方案》，全面启动区"青蓝工程"建设工作。同年6月，区教育发展中心下发推进2018年顺德区中小学"青蓝工程"建设工作通知，清晰各个时间节点和任务事项，组织跟踪落实各镇（街道）教育局和区属学校制定"青蓝工程"建设的实施方案、成立专门的建设小组、遴选培养对象、安排师徒结对、开展区教坛新秀遴选推荐、征集优秀成果等。在区级统筹管理和指导下，全部镇（街道）教育局和区属学校根据青蓝工程建设工作部署，认真落实、扎实推进，制定工作方案、成立工作小组、制定工作制度，确保了全区青年教师培养工作全面开展。

（二）以区教坛新秀评选为抓手建立了激励机制

以区教坛新秀评审为抓手推动全区青年教师培养工作。2018年11至12月，组织开展了2018年顺德区中小学教坛新秀的评选工作，采取面向全区，涵盖青年优秀学科教师、青年优秀班主任、青年优秀教育管理者三类，以个人申报、综合评审（材料评审和业务素质考核）和区级专家评审组织开展，评审择优产生150名区教坛新秀，给予津贴奖励和周期培训培养，搭建区教坛新秀专业成长晋升路径。在区教坛新秀评选工作推进中，98%以上镇（街道）教育局和区属学校组织开展了本辖区或学校的优秀青年教师评选。并把优秀青年教师纳入镇（街道）和学校重点培养对象，建立奖励机制，或给予物质奖励、职称晋升倾斜，或给予培训优先安排等。

（三）以区教坛新秀培养引领了青年教师培训创新

搭建区教坛新秀成长的高端平台，借力高校资源合作开展周期培训培养，通过系统培养更新理念、拓宽视野、链接资源，促进教坛新秀的成长为区骨干教师。自2019年3月起，启动与第三方合作开展区教坛新秀培养项目的洽谈工作，并研究制订了半年周期的培养实施计划，采取专家讲座、青年论坛、省外培训和结对培养等方式开展，同年5月全面启动培养工作。在镇（街道）和学校级积极开展各种培训，全部镇（街道）教育局和区属学校都采取集中讲座、省外培训、跟岗学习、沙龙、论坛、名师工作室入室培养等方式，开展青年教师培训。

（四）以教育案例遴选带动全区青年教师出成果

组织开展面向全区中小学"青蓝工程"培养对象优秀教学案例和教育故事的征集遴选工作，截至目前已面向全区完成教育案例征集714个，其中教学案例289个，教育故事425个。区教育发展中心已组织完成优秀教育案例的材料初审和评前筹备，产生的优秀案例将采取汇编形式全区范围内分享，有条件下进行汇编出版。在区级教育案例遴选工作推进中，镇（街道）教育局和区属学校结合区级遴选工作，组织开展青年教师教育案例的遴选，并建立相应的奖励制度，给予优秀教育案例荣誉或奖励，如顺德区第一中学新教师举办成长成果汇报展、均安镇出版"青蓝工程"专刊与文集等。

（五）以现场调研和材料汇报检查诊断工作实效

2019年2月，结合区教师继续教育工作调研工作，全覆盖、面对面、深入全区10个镇（街道）和全部区属学校就顺德教师队伍建设和继续教育工作情况进行现场调研活动，其中包括听取了各镇（街道）教育局和区属学校"青蓝工程"建设情况和反馈意见，了解实情，摸清问题，为下阶段项目实施开展提供参考。同年5月，采取材料汇报形式面向全区镇（街道）教育局和区属学校了解并督查"青蓝工程"建设落实情况，并根据调研和材料汇报数据分析形成年度工作报告。

三、特色与亮点

（一）构建了三级管理分级培养的联动机制

在已有的教师培训三级管理制度上，针对"青蓝工程"建设实施建立了区级统筹，镇（街道）和学校负责组织实施的三级联动运作管理机制。区教育局负责制定政策和宏观管理，区教育发展中心统筹协调和指导，根据区教育局有关政策和部署推进"青蓝工程"建设，组织开展区教坛新秀评选、策划并组织实施区级培训培养、组织开展区级青年教师成果分享和展示活动、跟踪全区"青蓝工程"建设情况并督查。镇（街道）教育局和学校创设条件、创新思路和举措实施开展青年教师培训培养，把青年教师培训培养纳入年度教师队伍建设计划，成立专门的工作领导小组，安排专人负责跟进。建立分级培训培养制度，区教育局创设区级青年教师培养项目，实施区教坛新秀周期培训计划，镇（街道）教育局负责开展镇级优秀青年教师培养，学校开展面向全体的青年教师校本培训。

（二）发挥竞争性激励机制的积极导向作用

把区教坛新秀评选作为撬动顺德教师培养的重要支撑手段，发挥区教坛新秀评选的积极导向作用，打破了区级荣誉评选的平均分配方式，通过非平均式评选激励了镇（街道）和学校积极开展青年教师培养，真正把一批需要学习和提升的青年教师选拔出来，开展周期培养，提升素质和能力。把重视青年教师培养的镇（街道）和学校凸显了出来，给予更多机会和平台。引导了全区逐步营造形成了竞争性的激励机制，强化了镇（街道）教育局和区属学校对青年教师培养的认识，从而不断完善青年教师培养制度，加大青年教师培养投入，建立青年教师激励制度，纷纷把青年教师培养纳入教师队伍建设的计划内容甚至核心任务，并采取积极主动的举措促进青年教师成长。不完全统计，超过60%的镇（街道）和区属学校设置了各种表彰、奖励和成长优先权制度，如北滘中学"伯乐奖"、均安中学职称评定倾斜、北滘职校"精英"评奖、容山中学青年教师特色项目6 000元/年的经费支持等。

（三）探索建立了区级评选和周期培养相结合制度

创新思路和举措为区内优秀青年教师搭建区级成长平台，开展区教坛新秀评选，把区内优秀青年学科教师、优秀青年班主任和优秀青年教育管理者选拔出来，并配套开展周期培养促进优秀青年教师专业再发展、再提升，逐渐成长为区级骨干教师乃至名师。2018年评选产生的150名区教坛新秀首次采取了区级负责开展半年周期培训培养，依托高校资源搭建青年教师成长的高端平台，以集中培训、主题论坛、省外跟岗学习、返岗实践、结对指导等方式助推优秀青年教师快速成长。结合区名师工程建设、骨干提升工程建设，协同推进"青蓝工程"建设，逐步建立起了依托区内骨干和名师群体带动优秀青年教师成长的协同机制，教育讲坛、名师工作室、特级教师工作室建设中吸纳优秀青年教师入室培养。

（四）促进了全区青年教师培训培养举措创新

在大力推进全区"青年教师—骨干（优秀）教师—名师—教育家"

教师专业成长梯级路径建设基础上，以"青蓝工程"建设为抓手推进青年教师队伍建设，在区级政策保障和区级评选和培训培养引领下，各镇（街道）教育局和学校创新方式方法，积极探索青年教师培养新举措、新路径。顺德区第一中学青年教师成长沙龙系列活动、罗定邦中学"定邦讲坛"活动、华侨中学构建"自修—反思"培养模式、龙江镇教师培训中心"专家驻校培训"模式下对青年教师进行教学视导、均安镇"青年教师研究式成长模式"、伦教街道青年教师"名师示范课及专题讲座"系列培训等都是很好的创新举措。此外，大良、伦教、勒流、容桂等多个镇（街道）教育局和区属学校把"青蓝工程"融合"强师工程"和"骨干培训工程"培养体系中进行，建立"青蓝工程"学员成长档案，举办青年教师成长论坛，组建青年教师读书会，开展课题研究活动，搭建了青年教师成长培养平台。

（五）创建了青年教师培养的多样化成长平台

构建了全区青年教师成长的多级、多类平台。区教坛新秀评选和周期培养为区内杰出青年教师搭建了专业晋升和成长的平台，镇（街道）教育局和区属学校创设各种途径，链接多种资源为青年教师搭建了各种平台。顺德区第一中学与华南师范大学建立中小学协同发展联盟平台、"互联—深度"协同发展联盟、"初高衔接联盟"平台，李兆基中学与华南师范大学合作开展"1+1+3+N"青年教师培养工程，罗定邦中学与知名院校挂钩、名师搭桥、名校结盟建立长期的合作培养机制，杏坛镇与岭南师范学校合作开展专项培训等为青年教师搭建了成长的培训平台。陈村职业技术学校等多所职业学校的教师教学能力大赛、班主任基本功大赛、行业技能大赛，均安中学青年教师课改展示课、青年教师教学比武课、青年教师解题大赛、班会课展示、班主任能力大赛、教学论文评选、命题大赛、优秀教学案例评比、教育故事评比等为青年教师成长搭建了竞技平台。

四、问题与反思

（一）关于"青蓝工程"建设实施方案理解的不充分

在项目实施过程中发现，部分单位对顺德中小学"青蓝工程"建设实施方案学习和理解不充分，如对2018年区教坛新秀评审通知规定教坛新秀参评对象理解不到位，如未能理解申报者为"已纳入顺德区中小学'青蓝工程'管理的三类培养对象","青年学科教师为未获得过区级及以上骨干（优秀）教师等称号的学科教师，青年班主任为正在承担班主任工作且未获得过区级及以上优秀班主任等称号的教师，青年教育管理者为正在担任正副级长（部长）、学科组长、大队辅导员、团委书记、中层行政干部的教师。"

（二）以评选和培养相结合的人才培养机制要加强

对已有镇（街道）教育局和学校评选出来的各类优秀教育人才，要结合荣誉或津贴激励机制，创新配套开展优秀教育人才针对性的培训培养。把名师评选与名师培养相结合，把骨干评选和骨干教师培养相结合，把优秀青年教师评选和培养相结合。要创设条件打通名师、骨干和青年教师培养路径，形成名师、骨干和青年教师培养三结合，创新培训培养模式和途径，发挥名师和骨干教师带动并引领青年教师成长的工作机制。

（三）针对青年教师专业成长的力度须继续加大

青年教师培养力度需继续加强，工作调研和意见反馈中发现，相对于学科骨干、行政和名师队伍建设，青年教师培养的重视度和力度偏低。加之青年教师在学校承担的任务较多，且属于业务熟悉或提升阶段，对自身专业发展的关注度欠缺，加之培养配套资源不足，力度不大，制约着青年教师快速成长。区、镇（街道）和学校要高度重视青年教师培养，关注青年教师，了解其发展所需，创新多途径、多形式，搭建多样化平台促进青年教师专业成长，包括开展专项培训、比武竞赛、工作室入室培养、学习共同体建设、青年教师讲座、教研活动等。

第二章
师资队伍建设的实践案例

学校是教师专业成长最为重要的实践场所，校本研修是促进教师专业发展的重要举措。在多年的实践探索中，顺德区中小学校根据学校发展实际，积极谋划学校教师专业发展，研究探索促进教师专业发展的规范制度、实践方案、操作模式等，形成了各具特色的教师专业发展校本实践路径、运作模式和保障机制，在提升学校教师专业能力，全面提升学校教育教学质量中发挥了积极作用。本章主要选择了区内有关学校或镇（街道）教研组或个体视角的教师专业发展实践案例，作为更深入了解顺德区教师队伍培训培养的学校"窗口"。

▶ 案例一
探"学院式"校本研修模式，促教师专业成长

乐从东平小学

一、背景与意义

（一）实践背景

教育是民生最为关心的话题，党的"十八大"强调："努力办好人民满意的教育"。而承担这一重要任务的教师，对整个教育行业发展起到了至关重要的作用。教师的素养，必须通过继续教育得到不断的更新与扩充。在这样的环境下，"校本研修"如春笋般涌现在各间学校。"校本研

修"有三个含义：一是以学校为基本单位；二是基于并为了学校的发展；三是学校有充分的自主权，学校是培训的主体。"校本研修"就是以学校为基地，以本校教师为主体，为了满足教师和学校的发展需求和目标，由学校发起组织、主要在学校中进行的一种开放的在职培训活动。校本研修成为中小学教师改进和转变教学行为最重要和有效的途径和方式，更能解决好培养时代优秀教师的迫切需要与现行教师培训实效性低下的矛盾，教育管理体制改革与学校办学自主权的扩大，已为"校本研修"的实施提供了可能性和现实性。"校本课程""校本研究"的蓬勃兴起，是"校本研修"产生的直接原因。当下，无论是社会第三方培训的继续教育，还是各间学校的自我培训项目开发，方法和路径各不相同，校本研修对教师的长久发展及影响效果各有千秋。如何立足本校的发展实际，充分利用校本资源，是东平小学重点发展思考的问题之一。

东平小学，因佛山新城而生，倚靠东平河畔，伴随智慧新城崛起快速发展。办学伊始，确定"大教无痕小学有成"的办学理念，定义"一样的理念、一样的声音、一样的优秀"的教师管理理念。但如何践行理念，改变东平小学教师固有的教育模式，寻找切合自身发展的成长路径，促进教师专业发展，是需要思考的问题之二。

基于上述两点背景，东平小学梳理出教师专业发展的三大目标：一是加强每一位教师自身知识储备，提升课程研发实施能力；二是促使教师在众多繁杂的工作中保持系统化的终身学习意识；三是满足学校和教师个人专业的可持续发展，培养学校人才发展梯队，提升教师专业自信和职业幸福感。

我们在教师专业发展及校本研修的理论指导下，借鉴国内外校本研修经验，根据本校实际特点，进行"以校本研修为依托，促进教师专业成长"的实验研究。建校初期，东平小学与华南师范大学联合建立教师研修发展基地，通过一边摸索、一边成长的方式进行各项内容的培训与学习。在研究的过程中，不断完善教师专业发展的课程开发和设置，逐步形成并完善了东平小学的校本研修模式。2016年，东平小学与华南师范大学合办产训研教师发展基地研修内容统整规范，提升为东平小学蒲公英研修学院。

（二）实践意义

本项实践活动具有理论和现实两方面的意义。理论意义上丰富了校本研修的模式，引发各间学校对校本研修的整体架构、课程设置、评价体系等多维思考，促进更加科学、完善的校本研修体系的形成。现实方面，实际解决学校发展的三大问题：一是建校初期，教师的教育理念与学校的办学定位不匹配，教师专业发展水平参差不齐；二是校本研修无序，针对性不强，教师有培训无平台；三是校本研修的运行模式自主创新性不足。

二、研究与实践过程

（一）确定研究的思路和方法

一是东平小学自 2013 年申报课题《以校本培训为依托，促进教师专业成长的实验研究》，确定研究问题。通过总结第一个三年发展，即 2011—2013 年的学年研修主题，促进教师们自修反省、课题研究、课堂观摩、专题讲座、校际合作、师徒结对等多种形式，培养东平小学教师向心性，激励教师有了专业成长的愿望，从而形成理念的统一，增强学校教师发展凝聚力，解决建校初期，教师的教育理念与学校的办学定位不匹配，教师专业发展水平参差不齐的问题。

二是 2014—2016 年，确定"慧指文化，演绎儿童指尖的美丽""研究课程标准，改进教学行为""基于核心素养的融课程变革"三大校本研修主题。通过梳理校本研修内容，创造性地建立了学院式的教师专业发展研修建构：以学院院长—教师专业研修学院、管理研修学院—设立联盟单位—聘请专家导师—具体运行方式。规划了校本研修的内容；针对教师课堂进行全员培训与评价；教师自下而上地将教育研究中的本源性问题凝练与提升，完成了"问题导学"课堂模式创立，该课题模式沿用至今，课堂教学效果良好。此外，利用校本研修中提供的多项课堂比赛，教师获得了展示的机会，提升了专业自信，走向更广的平台。自此，东平小学的校本研修模式由以学校和华南师范大学合办产训研教师发展基地提升为东平小学蒲公英研修学院。从而解决校本研修无序，针对性不强，教师有培训无平台的问题。

三是进入 2017 年，校本研修呈现运行模式自主创新性不足问题。故而培训方向转移为，通过学院内的走出去、引进来，结合前期教师梯度的完成专业素养的提升，教师共同开发融课程和 PBL 项目式学习，在东平小学一至三年级全面铺开融课程，教师研发课程内容；利用不同学科特性，组建青年教师确定校园五大 PBL 项目式学习内容，促进教师课程研发的创新能力。

四是本研究的过程仍在继续中，从2010年的建校初期，一直摸索教师专业成长，不断实验、践行、反思、改进，逐步完善以校本为基础的培训模式，以教师专业能力提升的显性效果为依托，通过专题报告、示范研讨、成果推介等形式进行推广应用，扩大辐射影响，不断反思与改进。

（二）确定研究的目标和内容

学院式培训模式建立之后，通过不断完善学院建设，从而进行课程设置与开发，逐步完成以下内容：

1. 规划课程体系的顶层设计

东平小学因佛山新城而生，八校合并，如何在新环境新形式之下寻得适合的发展之路，东平小学必须清晰自己的发展需要：即融入小学教育改革发展，走出建校初期困境，思考学校和教师个人发展的多重需要，使得东平小学必须在有形的学校环境中搭建无形的学习共同体：一是要明确"学院式"的建立目的是为了满足不同类型教师的发展诉求；二是它代表着专业性和科学性，要有具体的导师名单，适合学习的主题和课程；三是合理的教师队伍和培养方向。

2. 设置课程开展的依托架构

梳理东平小学的架构和组织人员，重新建立：以校长谢立清特级教师为院长的组织架构，下设：教育专业研修学院、管理研修学院、班主任学院。下设分级团队：如素养发展团队、赛课团队、心理咨询、班主任管理团队等。确定专业导师团队以及合作院校、机构，确定培训目标。同时，制定三年发展规划，确定每学年学习主题（见表4-2）。

3. 精心设计学院内部课程

传统学院采用公共基础课、专业必修课和选修课，促进个人全面发展。蒲公英研修院更侧重立足东平小学校园文化特点，设立个性化、序列化的研修课程，根据学科特点分设四大子学院，子学院下设特色课程；根据教师职业特征，设计年度、日常、暑期三大学习板块内容。围绕课堂、课程、课题、家校沟通等维度展开，培养教师研修思维的形成发展（见表4-3至表4-5）。

表4-2　东平小学蒲公英研修学院体系架构

领导结构	学院结构	联盟单位	导师团	运行方式
学院院长： 谢立清 子学院院长： 郭少冰 朱庆发 韦古恩 骆亚军 王李萍	教师专业研修学院： 　语文素养研修 　数学素养研修 　英语素养研修 　综合学科素养研修 管理研修学院： 　行政团队管理 　级组管理 　教科研团队管理 班主任学院： 　班级管理专业研修 　心理咨询	华南师范大学教育科学学院 小学语文特级教师联盟 "第一线全国教师高级研修班" 全课程研究团队 蒲公英教育智库 佛山科学技术学院研究生院 韩山师范学院教师发展中心 扬州市梅岭小学 肇庆市广宁县南街中心小学 ……	略	单向式培训 依托主题教研活动、暑期"蒲公英主题培训"、行知读书会等形式的研修方式开展活动 研修和考核并行，提升研修效能，进行动态管理

表4-3　东平小学蒲公英研修学院年度校本研修主题

学年	学年度校本研修主题
2011	团队融合，无痕育人
2012	规范教学行为，做科研型教师
2013	透视课堂本质，印证生命的互动
2014	慧指文化，演绎儿童指尖上的美丽
2015	研究课程标准，改进教学行为

续上表

学年	学年度校本研修主题
2016	基于核心素养的融课程变革
2017	"未来课程"体系的建构
2018	PBL样态，体验学习过程

表4-4 东平小学蒲公英研修学院日常校本研修主题

学年	日常校本研修主题
2010—2012	语文学科：研读课标，把握教学本质 数学学科：研读课标，创造性地用教材 英语学科：研读课标，明确教学目标 综合学科：研读课标，创设教学活动
2013—2015	语文学科：让学生习得带得走的阅读力 数学学科：让学生习得带得走的思维力 英语学科：让学生习得带得走的表达力 综合学科：让学生习得带得走的审美力
2016—2018	语文学科：学科融合，主题再构 数学学科：学科融合，整体建构 英语学科：学科融合，文本再构 综合学科：学科融合，活动再构

表4-5 东平小学蒲公英研修学院暑期研修主题

时间	暑期研修主题
2011	寻找就寻见
2012	特级教师是这样炼成的
2013	老师，眼里要有光
2014	重新思考传统学校
2015	向深度学习方式转变
2016	重构学习
2017	修炼教育智慧
2018	洞见系统的力量

4. 策划课程学习评比考核形式

"学院式"校本研修与日常的工作相互协调进行，考查学员的职业素养、业务能力、履职情况、工作业绩和专业发展等方面的情况，充分发挥以评价促提升的作用。（1）自评与他评结合。每学年根据各子学院的不同要求填写相应的自评表，查漏补缺。由学校组织评定小组根据教师自评表格做出评审，以确定当年的优秀学员。（2）显性评价与隐性评价相结合。在研修中，对于可以量化考量的项目一律量化，以显示其科学性。无法量化的内容，采用隐性评价的方式进行。（3）过程性评价与阶段性评价相结合。在研修活动中，组织者安排观测小组对学员的参与情况检测评价。学员在研修活动中的作业或任务单完成情况也可作为评价的内容。

三、成果的主要内容

通过此项实践研究，东平小学探索并形成具有东平特色的学院式教师团队发展路径和模式，开发了问题导学课堂，形成了融课程团队，提升了教师团队素质，统整建校初期教师队伍参差不齐，教师专业能力不够系统全面等问题。

1. 形成学院式教师专业成长模式

（1）设置学院运行架构，成立蒲公英研修学院。本研究梳理了东平小学的架构和组织人员，重新建立：以校长谢立清特级教师为院长的组织架构，下设三大学院，分设素养发展团队、班主任管理等团队。

（2）设计出学习课程。传统学院采用公共基础课、专业必修课和选修课，促进个人全面发展，如2011—2018年不同主题的年度学习内容；三年一维度的日常校本研修内容；暑期专题研修内容。教师在此基础上，研发了融课程与PBL项目式学习课程；课堂中形成了问题导学的学习模式。

（3）形成了系统的评价体系：自评与他评结合，每学年根据各子学院的不同要求填写相应的自评表，查漏补缺；显性评价与隐性评价相结合；过程性评价与阶段性评价相结合。在研修活动中，组织者安排观测小组对学员的参与情况检测评价。

2. 提升了一批教师的专业成长水平

通过此项研究，东平小学教师的专业素养不断提升。经过培训后，教师自我研究能力提升，428篇教育教学论文获区级以上奖励；在省、市、区各类教学技能比赛中，获奖108人次。同时，带动一批课堂教学精英的出现：促进诸如广东省小学语文素养比赛特等奖获得者汤诗艺，广东省小学语文青年教师技能比赛特等奖获得者陈明慧，佛山市小学音乐教师素养比赛一等奖获得者钟璐等20余名教师获得专业比赛奖项，诸如林桢、曾娜等20多位教师开发了班本课程，诸如王欢迎等40多位教师发表论文60篇，促进教师专业逐步发展。

3. 形成了具有借鉴性的成果集

出版了《让学生站在学校中央》《缔结小学语文教育的幸福之约》和《洞见系统的力量》专著。

四、实践成效

1. 扩大了学校品牌影响力

通过学院式的教师团队发展，东平小学的教师逐步找到自己的定位与发展目标，教师的可持续发展能力提升：一是多个名师、名班主任工作室的成立与运营。在这所学院里，形成了多个这样的学习共同体，以工作室为媒介，在各级分院下开展学习活动。这在顺德区的各间公办小学实属罕见。二是每学年接待外来参观学校、组织等达20余次。通过走进课堂，习得问题导学的课堂样式；通过走近融课程，观摩课程改革的亮点与特色；吸取慧指文化指导下的校径书香，陶艺广绣经验。三是多次对外开设讲座。以融课程教师团队为例，他们在佛山市图书馆所做分享，令在场无数家长和同行动容，将蒲公英研修学院的理念和实际内容传递影响给更多的人，从而推动家长学校的发展，赢得上级单位的认可，委任承办全国家长学校活动，将学校品牌推广到更远的地方（见图4-1、图4-2）。

2. 形成了特有的学院式培训模式

学院式教师发展路径成熟，成立蒲公英研修学院，教师团队得以发展。经过近八年的学院式校本研修，东平小学的教师逐步找到自己的定位与发展目标，教师的可持续发展能力提升：诸如谢立清特级教师工作室、骆亚军名班主任工作室等多个名师、名班主任工作室的成立与运营，形成了多个这样的学习共同体，以工作室为媒介，在各级分院下开展学习活动。这在顺德区的各所公办小学实属罕见，为教师的专业培训发展提供广阔的平台。

图 4-1　以谢立清校长为教师讲授问题导学的课堂模式

图 4-2　以融课程团队骨干王李萍教师做经验分享

3. 提升了教师知识能力水平、教研水平

教师知识能力水平的提升体现在日常的教育教学、课堂管理和各项比赛中。我校的教学成绩连年攀升、校风、级风、班风良好是教师知识能力水平提升的重要体现。教师参与校本课程开发，如数学之发现校园系列、数学日记、融课程系列等。承担有省、市、区级教研课题59项之多：如小课题项目"学校小课题实施与管理的研究"，国家级课题"信息技术环境下开展本土文化校本课程建设的开发与研究"，小学语文课堂切片式视频案例研究，综合学科教学质量评价标准及实施的研究，"无痕"育人——东平小学班级特色建设的实践研究，小学数学日记的课题研究等。由过去的精英行动到如今的大众科研，从骨干教师一个点，到强势学科一条线，到多数教师一个面，实现教师专业能力的升级。利用实验研究指导教师参加省、市、区各类教学比赛有108人次，其中国家级7人次，省级一等奖以上的有9人次，区级共获奖的为92人次。

4. 扩大了研究成果辐射面

近六年，东平小学每年接待外来参观学校、组织等达91场次。其中，所做的相关培训和分享达136场，与北京清华附小、重庆谢家湾小学等学校保持密切联系，对四川成都新民小学、广东广宁南街镇中心小学、顺德容桂等学校和教师的专业发展起到了借鉴作用。此外，东平教师已经具备一样的理念，正发出一样的声音，更追寻一样的优秀。

5. 隐形成果后续初显

一切的校本研修，服务于教师的专业发展，而更深层次的是指向学生的教育发展。"学院式"校本研修以其丰富而系统的研修内容，将课堂内容更加扎实地传递给学生，促进其全面发展。让学生的学习思维、思考触角随着教师教育教学能力的提升，而自然转变，开阔学习视野，提升学习能力，拓宽展示平台。这也将逐步改变着一所学校朝着更良性的教育生态发展。整个学校营造出的求真、求研，共同学习、共同生长的氛围，充实东平小学的发展潜力。

在热议的学习型社会当下，东平小学敢于创新，将教师素养提升放在学校工作的重要位置，其远见可见一斑。"学院式"教师校本研修的创新与实践下形成的教师专业发展之路，也有待实践的进一步检验，距离完备的研修路径还有一定差距。提高教师专业素养，打造东平小学教师培训课程，仍要行路漫漫。

▶ 案例二
班主任职业倦怠与专业成长

——容山中学班主任队伍建设项目案例分析[①]

一、背景与意义

（一）班主任职业倦怠的背景

班主任是全班学生的组织者、领导者、和教育者。它是学生健康成长的引路人，是联系班上各任课教师的纽带，是沟通学校和家庭、社会的桥梁，是对学生进行思想品德教育的骨干力量。因此，班主任的工作状态将直接影响到班级的状况。中小学班主任教师与科任教师相比，通常每天多工作3—4小时。这些时间被用于：班级的常规管理；安全防范、心理健康、道德等方面的教育；组织学生参与学校的各种活动；代收各种费用；家访或接待家长；与科任教师沟通交流；参加专门的班主任会议或培训等。班主任是中小学工作时间最长的教师。

顺德作为经济较发达地区，中小学班主任不仅要面对其他地区班主任所面临的压力，还要接受来自家长和社会的额外挑战：不少经济条件好的家庭，孩子缺少生存和发展的动力，家长常常忙于工作应酬或出差，只要孩子不犯大错，对于一般的德育问题不够重视，难以配合班主任；经济发达地区的部分家长具有超强的"顾客意识"，认为孩子交给学校，就归学校管，家长保留的主要是"投诉和监督权"，让班主任苦不堪言；社会节奏快，外来务工家长忙于为生存奔波，在时间、精力、能力等方面，难以给班主任有效的支持，反而让班主任做"替代家长"。这些情况，都给本已超负荷的班主任增加了新的负担。

中小学班主任的重要性和职业环境现状存在着巨大的矛盾。班主任职业倦怠将会严重损害教师身心健康，而且对教学、学生以及学校产生不可估量的消极影响，因此对班主任职业倦怠进行研究具有重要的意义。顺德

---

① 本成果获2018年佛山市中小学教学改革成果二等奖。

有200多所中小学，班主任队伍庞大，这些班主任的职业倦怠程度如何？倦怠情况存在哪些规律？怎样帮助班主任减少职业倦怠感、增强职业幸福感？这些问题关系到千万学生、千万家庭，甚至关系到顺德整个区域的可持续性良性发展。

（二）班主任职业倦怠研究的意义

一是有助于丰富教师职业倦怠实证性研究内容，为研究其他地区中小学班主任职业倦怠提供参考。

二是还可以为相关研究提供理论借鉴与实证支持，推进我国对教师职业倦怠的学术研究。

三是在应用方面，教师职业倦怠作为一种普遍性的心理困扰正在袭击着处于社会变革时期的中国。特别是学校班主任教师的职业倦怠尤其严重，很多压力重的班主任教师不能恰当地调整自己，给个体、家庭、组织带来消极的影响，和同事乃至家人不断发生冲突，对自己的职业生涯非常迷茫等等。如能探索出有效应对和预防班主任职业倦怠的良策，对于学校工作和教师、学生、家长、社会都有无穷的益处。

四是中小学班主任职业倦怠研究还有利于弥补对班主任实践工作研究的不足，有利于加强学校德育工作，有利于丰富和完善班主任管理理论。

二、研究与实践过程

（一）中小学班主任职业倦怠状况研究的实施

1. 研究被试

从顺德区区属和镇属的中小学中随机抽取9所小学、8所初中、8所高中、8所职中，共33所，1 181位班主任，对这些班主任进行问卷调查研究，收回有效问卷1 122份，回收率95%。其中小学班主任248人，其中男17人，女231人；初中班主任共354人，其中男105人，女249人；高中302人，男147人，女154人；职中共218人，其中男107人，女111人。

2. 研究工具

（1）自编人口学变量问卷。

（2）中小学教师职业倦怠问卷：采用北京师范大学修订版的《中小学教师职业倦怠问卷》。

（3）抑郁自评量表：自评抑郁量表（self-rating depression scale, SDS）由华裔教授 WilliamW. K. Zung 编制（1965）。

（4）焦虑自评量表：焦虑自评量表（SAS）采用4级评分，主要评定项目所定义的症状出现的频度，其标准为："1"没有或很少时间，"2"小部分时间，"3"相当多的时间，"4"绝大部分或全部时间。SAS 的主要统计指标为总分。

（5）自编职业倦怠原因调查问卷。

3. 统计工具

数据搜集整理后，使用 spss 20.0 进行相关数据的分析和处理。

（二）中小学班主任职业倦怠的干预对策研究的实施

1. 研究被试

顺德区区属和镇属的中小学中9所小学、8所初中、8所高中、8所职中，共33所学校，1 181位班主任，其中小学班主任248人，其中男17人，女231人；初中班主任共354人，其中男105人，女249人；高中302人，男147人，女154人；职中共218人，其中男107人，女111人。针对上述人群，调查顺德中小学班主任职业倦怠原因；有针对性提出干预对策，实施干预研究。

2. 研究方法

（1）文献查阅法：本研究认真仔细查阅大量班主任职业倦怠的文献，认真记录，然后进行整理归类，以便于通过了解国内外相关研究的现状和成果，为策略和干预研究的开展提供理论和实践借鉴。

（2）问卷调查法：自编活动反馈表对干预活动进行评价。反馈表包括：基本资料（时间、地点、性别）、在这次团体活动中是否有收获？（几乎没有收获、有一点收获、很多收获）、如果您选择了有所收获，收获主要是那些？（认识了很多朋友、加强了工作的热情、放松了身心、学习了知识、启迪了心智、获得了个人成长、促进了对生活的感悟、其他）、您还需要哪些相关的培训与支持？请留下您宝贵的建议和意见、您认为团辅的工作还有哪些需要改进？请留下您宝贵的建议和意见。参与活动的班主任自行填写反馈表。

（3）访谈法：随机选取十几位中小学班主任教师，进行教师职业倦怠问题的开放式访谈，重点了解职业倦怠产生的情境及其原因等方面的信息。

3. 研究目标

（1）结合本课题和前人研究结果，探索缓解班主任职业倦怠的对策。

（2）对部分顺德中小学班主任进行干预，通过实践反馈，总结班主任职业倦怠的干预经验并推广。

三、研究内容

（一）缓解班主任职业倦怠管理的对策

通过前期调查研究，课题组发现顺德地区中小学班主任职业倦怠的原因和影响因素，借鉴前人研究成果，课题组有针对性地提出缓解班主任职业倦怠的对策。

1. 构建有效的班主任支持系统

导致班主任职业倦怠的原因之一就是环境因素。大量研究表明：营造有利于班主任工作的环境，使他们得到社会的认可和支持，很大程度上可以满足班主任的内在需求，有利于提高他们的成就感，也是避免其产生职业倦怠的重要途径之一。本研究也发现薪酬、学校管理、学校氛围等社会因素会影响班主任的职业倦怠。因此，要有效缓解中小学班主任的职业倦怠，首先需要构建他们的支持体系，提高班主任的地位和工资待遇水平，加大对他们的支持力度。

具体包括：首先，教育部门和学校要创建良好的信任氛围、制定切实可行的政策来提高班主任的工资水平、政治待遇和社会地位，多提供各种培训渠道。同时，要知道班主任的能力和精力都是有限的，不能把教育学生的重任全压到班主任一个人头上。其次，社会方面也需要建立相应的班主任教师心理健康辅导机构，及时地缓解班主任教师的工作压力，解决心理问题，为班主任教师提供工作方面的指导与帮助。

2. 营造良好工作氛围

学校是班主任工作的主要场所，而作为学校班级的直接管理者，班主任的工作状态直接影响学校的态势和发展前途。因而在改善班主任工作状态方面学校应该承担起义不容辞的责任。

首先，在学校中，要充分认识到班主任在学校工作中的重要作用，尊重班主任的工作付出，在各项工作中积极支持并协助班主任的管理。学校要组织各种形式的活动，丰富班主任的生活，与班主任建立平等、团结、互助、和谐的人际关系，促使他们增强爱校、爱生、爱工作的热情。

其次，制定公正公平的班主任评价制度：鉴于班主任的工作责任和压力都比较大，班主任评价避免评价的主观、片面、随意性，应该坚持全面全程、公平公正的原则。

最后，营造良好工作氛围需要有效减轻班主任工作负荷。学校可以在制度范围内积极想方设法减轻班主任工作量，去除不必要的繁杂工作。学校可以减少一些不必要的检查、比赛等活动，避免由于这些活动增加班主任的工作量，造成班主任更大的心理压力，也有利于营造良好的人际关系，在全校构建一种有利于班主任开展工作的融洽氛围。搭建专门班主任专业发展平台。

3. 努力提高个人素质

班主任教师的职业倦怠问题的产生除了社会、学校等外部原因，还有一个最重要的因素是班主任个人的内部因素。由于时代的改变，中学班主任工作面临着很多新问题、新挑战。所以，学校提供机会让班主任教师可以提高班级管理能力，提升个人的综合素质，才能有效地避免或者缓解职业倦怠。

首先，创造机会并鼓励班主任参与体育锻炼。身与心密切相关，生理机能运转协调，心理承受能力也会比较强。积极的体育锻炼有利于增强生理机能，使人精力充沛，提高应对压力的能力，也有利于精神减压，分散注意力，放松身心。

其次，认识自我，增强自我效能意识。正确认识自我和评价自我，清醒认识到自己管理能力的可能性和局限性，认识到班级现状与预期目标差距，了解自己在班级管理上的优缺点，才能形成正确的自我认识，坦然接受现实变化，淡定对待外界评价，才能有利于个体身心健康。学校可以积极鼓励班主任参加各类有助于个人成长的学习和培训，帮助班主任提高自我认识和反思。

再者，班主任需要学会调整心态，提高心理适应能力。班主任在班级管理中的心态对其个体身心健康有明显影响。因此，心胸开阔、知足常乐、增强自信心和自控力、学会在现实和理想缝隙中找到最佳结合点，必须具有良好工作心态。此外，学校应该提供机会让班主任积极参与各类心理培训，帮助班主任提高自身心理素质，增强班主任团队的心理健康水平。

最后，丰富生活，培养广泛的兴趣爱好。教师这一职业相对来说社交范围比较狭窄。当工作、生活都陷入单调枯燥时，个人就容易陷入低落、消沉、焦虑的情绪。通过培养兴趣爱好，可增加生活乐趣，减缓工作压力，做个既努力工作又享受生活，做一位快乐的班主任。

（二）对班主任群体进行职业倦怠干预

根据本课题所总结的职业倦怠应对策略，选取容山中学班主任作为实验对象进行职业倦怠干预，课题组不仅有针对性地邀请了华南师范大学心理学方面的专家为全校教师开办相关讲座、并且不断鼓励教师参加各级心理健康教育培训班，举办班主任节等各类班主任活动以缓解班主任压力，提高职业幸福感，缓解班主任职业倦怠。

1. 举办每年一度的班主任节系列活动，提高班主任的工作幸福指数

从2013年开始，每年的5月被定为容山中学感恩班主任月，至今已举行了七年。2017年，容山中学开展"功勋班主任"颁奖仪式，为容山中学19位担任班主任工作超过10年的教师授予"金钻班主任""金质班主任""银徽班主任"称号。除此以外，在感恩班主任月中，开展感恩班主任征文、"点赞班主任"集锦汇编、"感恩班主任"主题班会、班主任风采展示活动及先进表彰、学生、家长心声采集等活动以提高班主任的工作幸福指数。

2. 大力支持班主任参加各类管理能力和心理健康培训

容山中学通过与培训机构、广雅中学、南方医科大学等单位合作，开展包括拓展、交流、培训等多种形式的活动。另外，容山中学在课题开展期间，全员心理ABC证培训，包括一线教师、校医、宿舍管理人员、保卫人员等。

3. 学校评优评先等评比中班主任的优先权的落实

容山中学建立优秀班主任表彰奖励制度。每学年按照上级要求开展优秀班主任、先进教师评选活动。学校将结合实际制定出具体的考核评选办法和奖励制度。加大班级工作考核奖励力度，制定容山中学功勋班主任奖励方案，对五年以上每五至十周年在容山任职班主任的功勋班主任进行奖励。学校根据本校实际，修改并逐步完善班级工作考核奖励办法，注重过程管理和考核，通过日检查、周评比、月总结的考核办法，把班主任工作的追求点转移到教育和管理的过程上来，转移到教育和管理的细节上来，转移到教育和管理的效益上来。每月对班级工作成绩显著的班主任给予必要的奖励，真正让班主任工作成为学校中令人羡慕的岗位。

4. 举办各类教工文体活动，鼓励班主任积极参与

课题开展期间，容山中学社团由原来的十几个扩展到现在三十多个，社团成员有不少一线教师和班主任。其中，水乡画、丝网花、手作社等最受教师欢迎。此外，容山中学社工站在五四青年节、三八妇女节、六一儿童节等开展与节日相关的教工活动，增加教师的归属感，减少职业倦怠中的去个性化的产生。

活动后，发放反馈表，根据反馈表调整活动安排，通过实施与推广上述干预模式，缓解职业倦怠，提高班主任工作热情和效能感。

四、课题成果

（一）理论成果

本课题通过问卷调查发现班主任们的情绪衰竭维度得分高居榜首，非人性化维度则得分最低。职业倦怠各因子中，情感衰竭得分最高的是小学，初中、高中、职中得分差异较少；在非人性化维度上，小学教师要显著低于初中教师和高中教师，与职中教师没有显著差异；个人成就感得分最高的是小学，其次是初中、高中、职中。在不同人群中，男性与女性只有在非个性化的维度上存在显著差异，男性的非个性化要显著地高于女性。中小学班主任中，小学教师的抑郁情绪问题要显著低于初中、高中教师。年龄对班主任的焦虑和抑郁情绪问题具有显著的正向预测。对中小学班主任职业倦怠的影响因素进行调查发现，班主任自我报告排名第一的因素是薪酬、其次是学校管理、学校氛围、工作量、学生素质。

本项目获得广东省教育科学"十二五"规划项目结题，并获得全国生命教育成果二等奖。

上述调查研究结果对后续其他针对班主任职业倦怠的理论研究和实践干预均提供重要的理论参考。

（二）实践效果

本课题在干预研究中，在每次活动结束后发放活动反馈表。从收集的活动反馈表中看出，大部分活动都受到班主任欢迎，大家均表示活动达到预期目标，效果良好。对反馈表的前两个问题的每个选项的选择概率进行统计，结果见表 4–6。

表4-6 反馈表中前两题的选择概率统计表

在这次团体活动中是否有收获?	平均选择概率/%	如果您选择了有所收获,收获主要是哪些?	平均选择概率/%
几乎没有收获	9	加强了工作的热情	22
有一点收获	32	放松了身心	25
很多收获	59	学习了知识	10
		启迪了心智	12
		获得了个人成长	19
		促进了对生活的感悟	8
		其他	4

从表4-6中可以得出本课题举办的系列活动中,绝大多数人觉得从活动中有所获,超过50%的人觉得有很多收获。在活动中,认为加强了工作热情、觉得放松了身心、获得个人成长的人占了大多数,其次是启迪了心智、学习了知识、促进了对生活的感悟等。说明干预活动取得较好的实践效果。

本课题在干预研究前后均对干预对象进行测试,活动结束后还对未干预对象进行职业倦怠问卷测试,测试结果显示容山中学班主任职业倦怠情况显著好转,干预后的容山中学班主任职业倦怠情况优于同学段同类型学校。结果见表4-7。

表4-7 干预效果 t 检验表　　　　　　　　　　$n=60$

因子	容山中学前测（M+SD）	容山中学后测（M+SD）	P	未干预学校（M+SD）	P
情绪衰竭	25.98+2.3	20.0+2.1	<0.001	26.6+2.41	<0.001
非人性化	13.09+1.73	12.09−1.82	<0.01	13.89+1.82	<0.001
个人成就感	17.52−2.05	18.96+1.93	<0.001	17.34+2.35	<0.001

从表4-7可知,干预后的容山中学班主任在情绪衰竭、非人性化状况方面均得到显著提高,职业的个人成就感得到显著增加。与未干预的其他学校相比,各方面得到显著改善。这些结果均表明,对班主任职业倦怠的干预取得显著的实践效果。

▶ 案例三
开展"精细化"校本培训促进教师专业发展

陈登职业技术学校

一所优质的学校必须有一支高素质的教师队伍，一支高素质的教师队伍是创建一所优质学校不可或缺的一环，教师队伍的素质关系到学校未来的发展。

《国务院关于加快发展现代职业教育的决定》（国发〔2014〕19号）提出要"实行五年一周期的教师全员培训制度""落实教师企业实践制度""加强职业教育科研教研队伍建设，提高科研能力和教学研究水平"，从而"建设'双师型'教师队伍"。陈登职业技术学校（以下简称"陈登职校"）追求学校发展与教师发展并重的价值理念，强调教师和学校的和谐统一发展，开展"精细化"校本培训，为教师"搭台子，创机会"，促使教师不断地实现自我提升，实现教师的自我价值，从而调动教师的工作积极性，使教师这一学校的人力资源在合理利用的同时积极进行开发。

一、理念引领，高度重视

学校多年的发展使陈登职校认识到：教学质量关乎学校的发展，打造一支高素质的教师队伍是提高人才培养质量的关键。因此，学校确立了"学校发展与教师发展并重"的校本培训理念，全方位、多渠道为教师"搭台子，创机会"，创设教师发展空间，让教师在自我提升中，感受到职业的存在感和职业的荣誉感，从而调动广大教师的工作积极性，促进教师和学校统一、和谐的发展。

二、健全机制，量化考评

（一）成立组织机构

校本培训涉及到方方面面，要实现"精细化"校本培训，使教师全方位地进行提升，必须成立领导小组，规定各部门职责，强化各部门的分工，才能保障校本培训工作有序、高效的开展。

学校成立了以校长为组长、主管教学的常务副校长为副组长的校本培训领导小组，对校本培训进行整体的指导。由教务处负责对提升教师教学能力、课堂管理能力等方面开展培训工作；教研室负责对提升教师课程开发能力、论文写作能力、课题研究能力等方面进行培训工作；德育处负责对提升教师的班级管理能力等方面开展培训工作；各教研组以开展主题教研的方式，贯彻学校、教务处、教研室的意图。

（二）完善管理制度

俗话说：没有规矩，不成方圆。要保障校本培训工作的顺利进行，规范校本培训的管理，使校本培训工作能真正地促进教师的提升，促进学校的发展，而不是走过场，这就必须有相应的制度作为规范。

近年来，学校先后制定了《陈登职校新教师培养方案》《陈登职校青年教师培养方案》《陈登职校骨干教师培养方案》《陈登职校品牌班主任培养方案》《陈登职校后备干部培养方案》《陈登职校打造"三化一高"教师队伍规划》等各种方案和规划，对不同年龄层次、不同岗位教师的培训提出了具体要求，使校本培训更有目的性、针对性，保障校本培训有序、高质地进行。

（三）建立科学的考评制度

评价是实现校本培训目标的重要保障。为了促进教师积极参加培训、教研组主动开展主题教研活动，学校制定了《陈登职校骨干教师评选方案》《陈登品牌班主任评选方案》《陈登职校教育科研先进个人评选方案》《陈登职校优秀教研组评价方案》《陈登职骨干校教师评价方案》以及《陈登职校教师期末绩效评价方案》，每个方案中都包含了教师参加培训、教研组开展主题教研等的相关内容，并把这些项目作为教师发展性评价的指标，进行量化评分。

三、精心策划，提升实效

教师的成长不是一蹴而就的，教师必须在不断地学习、探究中，在不断地与同行的交流中，才能取得进步。为此，学校采取了"学习—交流—

展示—搭平台"的校本培训策略,创设学习、交流的氛围,建立多种教学教研的平台,促进教师的成长。

(一) 开展校园读书活动,建设学习型的教师文化

读一本好书,如交一个挚友。阅读教育专著、名著是帮助教师提高专业能力、提升素质的有效途径。学校着力打造"书香校园",大力营造读书的氛围和环境。

(1) 在全校范围内开展"书香伴我行"读书活动,倡导全体教师,积极参与,提升自己的教学理论水平,指导自己教学实践,促进自己的专业成长。

(2) 学校划拨专项经费,让每位老师根据个人专业需求和教学教研需要,订阅各种书籍,统一放在学校图书馆,方便教师在闲暇时间到图书馆阅读或借阅。

(3) 学校不定期向全体教师推荐阅读学习的书籍,如《第56号教室》《优秀教师的四项核心素质》《中外百名教育家的教育智慧》以及职教名师、名家的课堂教学实录和论著等。

(4) 开展赠书活动。学校利用教师节机会,拨出专项经费,购置教育教学方面的书籍,向全体教师赠送。利用骨干教师、学校中层干部培养时间,向学校的骨干教师、中层干部赠书。

(二) 请进来,走出去,提供交流、学习及展示的平台

职业教育的发展"一日千里",及时掌握省内外最新职教动态,学习借鉴成功经验,是职校教师提升的必要途径。陈登职校采取"请进来,走出去"的办法,给学校教师提供更多的学习机会。

(1) 请进来,专家引领。学校坚持开展全国名家、名师入校讲座活动,如邀请全国知名职教专家姜大源到校开展了"现代职教体系构建基本问题与课程开发"的讲座,如邀请全国知名职教专家姜蕙女士来校开展了"掌握内涵,把握中职专业教学改革要点"的讲座,以此提高教师的教育教学理论水平和实践认知。近三年,先后邀请了10多位来自大学、科研院所、职教名校的专家学者名师来校为教师进行讲学。

(2) 走出去,开阔眼界。每一年,学校有计划地选派骨干教师、教学改革先进教师、年轻教师赴全国各地如北京、上海、武汉、大连、成都、苏州、武汉等参加清华大学、北京大学、华东师范大学、华中师范大学、

中国职教学会等名牌大学培训机构和教育机构组织的培训,以及参加中国职教学会、广东省教育厅、广东职教学会等部门组织的骨干教师学习、培训和教育教学研讨活动。近三年,学校派出去学习、研讨、交流、培训的教师超过500人次。

(3) 搭平台,促成长。"酒香也怕巷子深","教师的成长就是学校的发展"。陈登职校坚持为教师提供机会,搭建成长平台,培养省内外乃至全国"职教名师""职教名家"。学校大力支持教师担任省内外学生技能竞赛评委、教师说课及技能竞赛评委,让老师们更多地展现自己教学的风采,打响学校教师在省内外的知名度,培养学校的"职教名师"和"职教名家"。

(三) 强化交流活动,促进教师相互学习

交流是学校教师提升的一个重要途径,通过交流,能有效地促进教师的相互学习,吸收兄弟学校名师的教育教学经验,促进教师的成长。因此,学校举办如三校联盟公开课交流、名师经验报告会等各种教研活动,为教师的提高和发展提供平台。

(1) 内部交流。近年来,学校经常组织一些大型的教学研讨活动,如专业课程改革研讨、精品课程开发研讨、人才培养标准研讨、职业能力分析会等;学校开展了青年教师公开课、青年教师说课比赛、青年教师读书交流会、骨干教师读书交流会,交流学习和教学教研的经验;每个教研组每周组织至少一次的组内教学交流活动,10人以下的教研组每学期至少组织五次主题教研活动,10人以下教研组每学期至少开展三次主题教研活动。

(2) 外部交流。和兄弟学校一起开展大型教研活动,如与陈村职业技术学校、北滘职业技术学校等合作进行升大班校际联考,考后进行成绩分析等教研活动。

(四) 开展课题研究,搭建工作平台

学校把教师培训与学校教研活动进行有机结合,以科研为引领,为教师的发展搭建高品位平台。

学校构建并完善了"两条主线,三个层次"(两线:一是全员参与,二是以学校工作的重点难点热点为研究方向;三层:校领导、中层、基层教师;国家级课题、市区级课题、镇校级课题)的教科研体系,以科研促进课堂教学,以科研促进教师的提升,使教师在工作中研究,在研究中学

习，教师个人专业素养不断得到提高。

2013年至今，学校立项1个全国教育信息技术研究"十二五"规划重点课题，4个广东省课题，5个佛山市课题，2个顺德区课题；1个全国课题结题，1个广东省课题结题，8个佛山市课题结题；课题成果获佛山市一等奖2项，二等奖2项，三等奖一项，顺德区教科研成果奖特等奖1项，二等奖3项。出版了3本教育教学专著。学校出版了9本教材，其中4本为职业教育国家规划教材。

四、分层培养，打造名师

为了拥有一支结构合理的教师队伍，学校针对自己的实际情况，分不同层次培养教师，学校制定了《陈登职校骨干教师评选方案》《陈登职校品牌班主任评选方案》等，对骨干教师、品牌班主任提出了详细的资格要求，并根据评选的要求，有针对性地进行培养。

（一）实施"名师工程"，营造骨干教师和品牌班主任成长的学术氛围

打造一所名校，必须首先打造名师。近年来，学校加大了名师培养的力度，明确了骨干教师和品牌班主任的职责和要求，为名师的成长提供环境。如开展骨干教师公开课、优秀教师示范课、班主任论坛，围绕学校的高效教学、班级管理等问题进行探讨和研究。近三年，学校每年都派出骨干教师外出讲学，选派骨干教师、品牌班主任外出交流学习，学习完毕后，学校组织这些教师向全校教师进行学习汇报，着力营造适合名师成长的浓郁的学术交流氛围。

（二）创设各种平台，促进青年教师成长

近三年，随着学校办学规模进一步扩大和对师资要求的不断提高，学校每年都会从全国名牌院校引进优秀硕士和本科毕业生来校任教。学校采用搭台子、结对子、压担子、树旗子等方法促进青年教师的迅速成长。

（1）搭台子，开展形式多样的培训。学校积极组织全体青年教师参加校内外各种培训活动，并通过新教师公开课、新教师读书活动、新教师说课比赛、新教师教研公开课、新教师公开课总结会等形式，引导新教师学习教育教学理论和提升教学技能，促进了新教师的成长。

（2）结对子，快速提高教育教学水平。学校制定"结对子"工程，

并建立了相关的激励机制。每个新入校的教师，根据他们的专业，学校都为他们配备了一个指导教师，精心指导他们的教学及班级管理业务，帮助他们快速提升。在结对子的过程中，学校进行检查和督导，要求新教师每次参与的大型活动，指导教师必须亲自参与，及时指导，采取"捆绑式"的方式进行评价，要求师徒一起进步，共同发展。同时，对认真付出的指导教师进行奖励，颁发荣誉证书。

（3）压担子，给予施展才华的舞台。好的实践和展示的舞台可以促进新教师成长，学校放手让新教师参与省市区各级技能竞赛辅导、课题研究、学校班主任工作，让他们在工作实践中得到锻炼，快速提升。

（4）树旗子，鼓励教师参与各级先进评选。学校结合顺德区名教师评选、顺德区名班主任评选、顺德区优秀教师评选、顺德区优秀班主任评选以及顺德区教坛新秀评选，鼓励年轻教师大胆申报各级荣誉，勇攀新高峰。在评比中找出工作中的不足，在评比中提升。目前，学校有10多位新教师成为国家、广东省、顺德区技能竞赛的优秀辅导教师，新教师有20多篇论文在省级刊物上发表及获区级以上奖励，其中不乏全国性的奖项。

五、成效

"精细化"校本培训，促进了教师的发展。近五年，学校教师在各类教师竞赛中荣获国家级奖励8项、省级奖励46项、市区级奖励51项，连续三年荣获广东省会计专业教师技能大赛一等奖，连续三年荣获广东省教师信息化教学大赛一等奖，并代表广东省荣获全国教师信息化教学大赛二、三等奖。

优良的师资，保证了人才的培养质量。近五年，学生参加教育行政部门组织的技能竞赛，共斩获市区级以上技能竞赛奖励80多项，荣获广东省赛财经项目"十连冠"，连续三年在会计国赛中摘金夺银，连续三年在广东省物联网比赛中荣获一等奖，并连续两年代表广东省参加全国物联网大赛，荣获该项目（中职组）广东省首枚金牌。在2018年第四届广东省中等职业学校优秀学生社团成果展示活动中，定向运动社团荣获特等奖，万物互联社团、指尖飞扬社团荣获一等奖，TopStar中外驿站社团荣获二等奖。

学校影响力、知名度和美誉度与日俱增。近五年，先后有30多所兄弟学校前来交流学习，10多人次教师在国家、省、市的教育教学经验交流会上发言，学校的办学经验、课题研究及教改成果得到推广。

第五篇

课程建设的创新与实践

课程建设是学校教学基本建设的重要内容之一。加强课程建设是有效落实教学计划，提高教学水平和人才培养质量的重要保证。

顺德区在深入调研、反复论证的基础上，针对三级课程整合后，整体推进不均衡、地方课程区域特色不明显、优质课程资源辐射能力弱、课程教材建设管理制度不完善及网络课程资源使用率低等现状，提出本区的课程建设指导思想：通过聚焦课程进一步聚焦课堂，在立足整体、立足均衡、立足常态的前提下，注重内涵，注重特色，注重过程，注重实效，进而打造质量，打造品牌，打造区域课程检核文化。

第一章
课程文化及体系建设的研究案例

▶ 案例一
"真善美的化学" 人文教育的实践研究

佛山市顺德区教育发展中心　张海洋

一、问题的提出

当教育进入发展的新时代，落实立德树人根本任务，发展素质教育，以社会主义核心价值观统领课程改革，就成为深化课程改革的主旋律。新时代教育高度关注学生综合素质，着力发展学生的核心素养，使学生具有理想信念和社会责任感，具有科学文化素养和终身学习能力，具有自主发展能力和沟通能力。

化学课程教育高度关注了"人"在教育中的重要性。中学化学课程标准指出，化学课程是落实立德树人根本任务、发展素质教育、弘扬科学精神、提升学生核心素养的主要载体；化学学科核心素养是学生必备的科学素养，是学生终身学习和发展的主要基础；化学课程对于科学文化的传承和高素质人才培养具有不可替代的作用。因此，开展化学人文教育是中学化学教育的重要部分，是发展学生的学科核心素养的有效途径，是深化化学课程改革的必然要求，是推进学生学业生涯规划教育的积极探索。

一部化学发展史，是化学科学的形成史，也是化学人文精神的蕴藏史。化学对现代文明做出了巨大贡献，化学与自然、社会、人类的关系，从来没有像今天这样密切，人人享受着化学的成果与恩惠。中学化学人文教育就是发掘化学学科中人与人、人与社会和人与整个精神世界的教育素材，目的是养育学生丰富的人文情怀，陶冶情操，发展个性，使学生心灵得到启迪，人格得以完善，潜能得到最大限度的开发。

长期以来，在我国中学理科教育实践中，单纯学科知识的教学常成为理科课堂教学的首要任务。由于学科教学目标的单一或偏离，理科教学很少涉及科学伦理道德及人文精神的培养，从而忽视了人文教育。然而，离开人类整体利益和长远发展需要而片面追求物质生产高速发展，离开人之为人的文化精神，即人文精神的发展，已经使人类付出了沉痛的代价。但随着化学课程改革实践的逐步深入，大家对化学人文教育越来越重视。

目前，中学化学人文教育仍处在探索阶段，主要集中在人文教育与化学教学的整合上，如在学科知识中进行人文教育的渗透，在课堂学习中进行人文教育的渗透，在课外实践中进行人文教育的渗透等。这些形式的人文教育都有一定的积极意义，但缺少教育本身的整体性和系统性。人文教育的对象是"人本身"，人文教育应该强调学生自身的感染、熏陶和养育，强调学生自身的思想碰撞和发展，所以人文教育过程中要淡化教师的主观作用，而突出学生的主体性。

《"真善美的化学"人文教育的实践研究》从全面落实立德树人根本任务，发展学生的学科核心素养，培养学生人文精神的基本目标出发，聚焦"真善美的化学"核心主题，围绕人文教育思想、目标、内容、实施等方面展开研究，构建中学化学人文教育新体系。

二、解决问题的过程与方法

（一）研究思路的设计

1. 坚持以"正面教育"为人文教育的思想主线

积极的、正面的、健康的教育，带给学生的是积极向上的正能量。在人文教育中传递的人文精神，是人存在的意义和价值中所展现出来的精神，是人对真、善、美的追求。在开展化学人文教育时，有一种思想必须贯穿始终，那就是传递一种积极向上的、追求真善美的思想，让学生心灵得到净化和升华。

2. 坚持以"熏陶感染"为人文教育的活动方式

人文教育追求学生人文精神的"养育"，强调学生个体的自主感悟，而不应该是教师教给学生的，所以人文教育重在熏陶和感染。在化学教育中开展人文教育，要通过营造一种氛围，创设一种情景，让学生心灵得到熏陶，情绪得到感染，人文精神得到养育。

3. 坚持以"自主阅读"为人文教育的活动途径

中学化学人文教育需要学生去自主感悟，引导学生"自主阅读"应该是最有潜力的教育途径。围绕化学教育中的人文教育，有计划、有目的地开展综合实践活动，如化学知识竞赛、化学简报评比、化学故事会活动、化学游园活动、化学创造发明活动等，调动学生自主阅读有关人文读物的积极性，使化学教育中的人文教育得到全面贯彻和落实。

（二）研究过程与方法

本项研究历经了教育硕士论文《中学化学教育中人文教育的研究》（2006—2018年）和省重点课题"中学化学人文读物开发的研究与实践"（2011—2013年）两个阶段的研究。主要问题解决过程与方法为：

1. 解决全面吃透中学化学人文教育内涵的问题

在2006年课题研究作为教育硕士毕业论文的选题而提出，研究首先从人文教育内涵、中学化学人文教育的要求及人文教育的主要方法等方面展开，主要采用了文献研究法，文献研究成果《对中学化学教学渗透人文教育的探讨》发表在《南方教师教育》2007年第12期。

2. 解决深入了解中学化学人文教育现状的问题

在研究吃透人文教育内涵的基础上，2007年3月开展了中学化学文人教育现状的师生调查,目的是通过了解师生对人文教育的认识、理解和实践,以探讨开展人文教育的主要内容、方法和途径,主要采用了问卷调查法,调查报告《中学化学教育中人文教育情况的调查》发表在《化学教学》2007 年第 12 期。

3. 解决中学化学人文教育体系整体构建的问题

在充分融合文献研究和问卷调查的基础上,于 2008 年构建了中学化学人文教育体系,包含"真善美的化学"人文教育的思想、目标、内容及实施等方面,并开展了实验研究,完成了毕业论文答辩,主要采用了行动研究法,论文《中学化学人文读物的开发》发表在《广东教育(综合)》2008 年第 5 期;《中学化学人文教育的实验》发表在《化学教育》2008 年第 9 期。

4. 解决中学化学人文读物开发以及编写的问题

2011 年,《中学化学人文读物开发的研究与实践》被立项为广东省教育厅重点课题,拉开了围绕"真善美的化学"人文教育资源开发研究的序幕,主要采用文献研究、经验总结、案例研究及实验研究等方法,人文读物《真善美的化学》于 2018 年 9 月由北京师范大学出版社出版发行。

5. 解决中学化学人文教育有效实施模式的问题

在中学化学人文教育体系的基础上,对推广应用人文教育实施模式进行了广泛的探索,并建立了"真善美的化学"人文教育交流网站,主要采用行动研究法,论文《初中与高中化学需要衔接什么》发表在《中学化学教学参考》2010 年第 3 期;《化学,我们应该教给学生什么》发表在《化学教学》2012 年第 1 期;《我们如何正确解读化学》发表在《化学教学》2011 年第 1 期。

三、成果的主要内容

(一)发布了人文教育问卷调查的报告

中学化学人文教育的研究从 2006 年 9 月开始启动,启动后即开展了中学化学人文教育问卷调查,本次调查为整体构建中学化学人文教育打下了良好的基础。调查报告《中学化学教育中人文教育情况的调查》发表在《化学教学》2007 年第 12 期。

本次调查以顺德 5 所中学为调查对象,包括 2 所区属学校(重点中学),3 所镇级学校(普通中学)。共发出学生问卷 750 份,收回有效问卷

697 份，其中初三 301 份、高一 194 份、高二 102 份、高三 100 份；共发出教师问卷 95 份，收回有效问卷 70 份，调查对象分别为来自初、高中各年段的一线教师。抽样既考虑了不同年龄段的平均分布，又考虑了不同教学条件的平均分布，调查结果具有较强的代表性。

学生问卷内容包括"学生对化学学习的认识""学生对人文教育现状的认识""学生对人文教育途径的认识"和"学生对人文教育内容的认识"等四个方面，教师问卷内容包括"教师对人文教育意义的认识""教师对人文教育现状的认识""教师对人文教育方法和途径的认识"和"教师对人文教育内容的认识"等四个方面。

调查研究的结论是：在中学化学教学中开展人文教育非常必要，也非常迫切；人文教育不是知识的传授，而应该是人文精神的熏陶、感染和养育；人文教育在课堂中的渗透或穿插是有局限的，人文教育应该追求自主感悟，开展人文读物自主阅读；人文读物要从化学中去发掘，采用以故事叙事性为主的文体，传递一种积极向上的思想。

(二) 形成了"真善美"的化学教育思想

"真善美"的化学教育思想是伴随在中学化学人文教育研究过程中，慢慢沉淀、积聚和生长出来的，其核心就是坚持"化学使世界变得更加绚丽多彩"，通过化学教育传递积极的、正面的、科学的思想情感。"真善美"的化学教育思想被种进我的化学教育观中，成为我的化学教育的精神和灵魂，丰富了我的化学教育内涵。

成果论文《初中与高中化学需要衔接什么》发表在《中学化学教学参考》2010 年第 3 期，其中提出"中学化学教育还应承担一项重要的使命，那就是注意对学生科学素养的培养，把化学中真善美的一面传递给学生"。

成果论文《化学，我们应该教给学生什么》发表在《化学教学》2012 年第 1 期，其中指出"化学科学的背后有着浩瀚深厚的思想和人文背景，化学教学一定要让学生看到'树木'，更要让学生拥抱'森林'"，"化学学习的不只是化学知识，还应该认识到化学的肉体、思想和灵魂，要让学生在化学学习中经受化学教育"，"在学习化学和运用化学的时候，一定要把客观的、积极的和辩证的科学思想传递给学生，培养学生的科学素养和科学精神"，"化学学科有着深厚的人文背景，学生在学习化学知识的同时，也在感受着人文思想的熏陶，并逐渐形成自己对化学独特的情感态度"等。

（三）建立了"真善美"的化学教育观念

化学在不断地发展，物质在不断地丰富，化学对社会生活发展的作用越来越大，同时背负的偏见和误解也越来越沉重。在人文教育研究的基础上，逐步建立了"真善美"的化学教育观念，对用客观的态度来看待化学、形成科学的认识和养育化学人文精神等都有着积极的意义。

成果论文《我们如何正确解读化学》发表在《化学教学》2011年第1期，主要内容包括：一是准确地理解化学。当碰到跟化学有关的社会生活问题时，首先不要想到这是化学出了问题，而应想到社会生活与化学有着紧密的联系，化学可以帮助我们创造美好的社会生活。二是辩证地看待化学。当你遇到化学有关的问题的时候，当你要评价化学在其中的意义的时候，如果你只看到了化学意义的某一面，你应该去想想化学意义的另一面，这样你一定会得到客观的答案，形成科学的认识。三是正面地传播化学。通过化学人文教育素材的感染和熏陶，让学生思想上得到碰撞，认识上得到启发，心灵上得到净化，人格上得到锤炼和升华，从而让学生化学人文精神得到养育。

也就是说，"准确地理解化学""辩证地看待化学"和"正面地传递化学"就是"真善美"的化学教育观。

（四）建立了人文教育体系的具体架构

在人文教育问卷调查、相关文献研究以及学科教育实践研究的基础上，建立了基于"真善美的化学"人文教育体系的架构，包括人文教育的思想、目标、内容、实施等方面，这种体系架构的思路具体体现在人文教育读物的编写上。

成果论文《中学化学人文读物的开发》发表在《广东教育（综合）》2008年第5期。成果论文主要内容有：一是形成了中学化学人文读物编写的基本原则。中学化学人文读物阅读的最终指向是让学生的人文精神得到养育，对化学学习形成积极的理解和认识。因此，在编写中学化学人文读物时必须遵循开放性原则、综合性原则、自主性原则和思想性原则等。二是形成了中学化学人文读物编写的基本要求。综合分析人文读物和中学生学习的特点，编写中学化学人文读物应该强调可读、突出感人、注重熏陶等基本要求。三是明确了中学化学人文读物编写的基本目标。人文精神尊重人的价值，注重人的精神生活，以追求真善美的崇高的价值理想为核心，以人的自由和全面发展为终极目标。因此，中学化学人文读物的编写要能传递真善美的思想，唤醒学生对真善美的追求，帮助学生进入真善美的人生境界。四是建立了中学化学人文读物编写的基本框架。挖掘中学化学中人文教育的素材，立足以传递真善美为核心的人文精神，是开发和编写中学化学人文读物的基本思路。根据"真善美"的人文教育核心思想，把开发的中学化学人文读物分为"求真篇""求善篇""求美篇"三部分。

另外，还在中学化学人文读物开发方式、使用学段安排及阅读实施方法等方面也提出了有建设性的意见。

（五）建立了人文教育实施的基本模式

坚持以"人文读物"为活动载体，以"熏陶感染"为活动方式，以"自主阅读"为活动途径，以"综合实践"为活动方法，整体构建了中学化学人文教育实施的基本模式。

成果论文《中学化学人文教育的实验》发表在《化学教育》2008年第9期，主要内容包括：一是建立了模式的基本思路。采用综合实践活动的形式，让学生在人文读物自主阅读活动中体验和感受人文思想，培养人文精神。二是建立了模式的基本方式。以"合作学习"和"研究性学习"相结合的方法开展中学化学人文读物自主阅读。三是建立了模式的组织形式。采用"主题分解式"的形式设计人文读物自主阅读活动，让学生在"主题材料"下引发激烈的思想碰撞、讨论和交流，引导学生积极发现问题和思考问题，并由学生自主选择最感兴趣的某个侧面的问题作为活动研究的方向。四是建立了模式的活动方法。可以采用实验法、调查法、访谈法、讨论法、演讲法、辩论赛、知识测试等方法。五是建立模式的实施流程。围绕主题材料进行讨论（研究背景）→发现自己感兴趣的问题（发现问题）→形成自己基本的判断（提出假说）→制订开展人文阅读活动的思路（设计方案）→开展人文阅读并进行搜集和整理（阅读体验）→得出自己的观点和结论，写出阅读报告（阅读总结）→召开阅读报告会，汇报交流心得体会（反思提升）。

另外，还构建了基于该模式的自主阅读活动设计的基本框架，提出了每一个环节实施的具体策略。

四、效果与反思

（一）物化研究成果

1. 人文读物《真善美的化学》编写成稿

《真善美的化学》已经编写成稿，目前已进入出版社的审稿中。本书意图以人文读本的形式，回归化学科学属性和人文属性的本原，以"传递真善美的化学"为思想主线，按照"求真""求善"和"求美"的结构谋篇布局，按照"以点带面""点面结合"的思路建立内容体系，采用鲜活经典案例的叙述作为编写方式，充分体现知识内容的逻辑性和认知发展的规律性。读本共分为三个篇章，分别是求真篇、求善篇和求美篇，但每个篇章都折射出"真善美"的整体思想。

（1）求真篇。以事见真，真中现善美。即以化学发展史为主题轴，按照化学科学发生、发展和形成的不同阶段，将具有标志性的事件串联起来，用事实叙述的方式，还原人们为认识事物本质和把握事物规律而不断追求的宝贵精神，让读者经历"真善美"精神的感染和熏陶。

（2）求善篇。以人见善，善中现真美。即以化学家故事为主题轴，围绕中学化学学习阶段比较熟悉的化学家，用故事讲述的形式，分享化学家的奋斗史、创造史以及心路历程，再现学术背后那种比泰山还要厚重的高贵品质，让读者经历"真善美"情怀的净化和洗礼。

（3）求美篇。以用见美，美中现真善。即以化学应用为主题轴，围绕化学在生活、食品、健康、能源、材料以及环境等方面的广泛运用，选择典型案例进行讲述，感受化学科学从生活中来，又回归应用于生活，创造更加优质生活的那种高层次的美好，让读者经历"真善美"思想的激发和碰撞。

2. 人文网站"真善美的化学"建成运行

为了一个人文教育分享传播和交流研讨的平台，课题研究过程中建立了一个人文网站，取名为"真善美的化学"。网站包括的栏目有："化学动态"，传递有关化学科学、化学学科以及化学教育教学的前沿信息；"人文化学"，又包括品真、品善、品美三个子栏目，主要搜集反映积极正面的、贴近社会生活的、体现与时俱进的人文教育素材，供大家阅读和品读；"解读化学"，又包括悟真、悟善、悟美三个子栏目，主要展示大家对化学人文素材品读后的心得体会，供大家分享；"影像化学"，又包括赏真、赏善、赏美三个子栏目，主要收集反映化学"真善美"人文精神的视频或照片，供大家鉴赏；"人文论道"，主要是分享有关化学人文教育的思想理论和经验方法；"热点聚焦"，又包括能源、资源、材料、环境、健康、化工等子栏目，关注化学在不同领域应用的热点和焦点事物（见图5-1）。（遗憾的是，网站在运行4年后，由于经费、硬件和技术支持等问题，目前已经停止运行。）

图 5-1　人文网站"真善美的化学"

（二）实践研究效果

1. 开展全市中学化学人文阅读展评活动

为了全面推进中学化学课程改革深入实践，启迪学生正确理解化学与技术、社会、环境的相互关系，引导学生全面认识化学在促进社会发展和提高人类生活质量方面的重要作用，让学生真正领会科学的本质，提高学生的科学素养，市教育学会举办了"2013年佛山市中学生化学人文分享与交流活动"。本次活动组织借助了"真善美的化学"网站平台资源，在学校推荐的优秀阅读作品200余件中，经过内容初审和一个月的网上展评，佛山一中等12所学校教研组被评为"优秀组织奖"，林洪平等5名教师被评为"优秀辅导教师",邓倩茹等96名学生分获一、二、三等奖。透过学生的每一份读后感,我们感觉到化学人文之花已经开在学生心里。如:邓倩茹在《一切皆有可能——读〈真善美的化学〉有感》中写到:

"一切皆有可能。这是我阅读《真善美的化学》后的第一感觉。这种感觉莫名地在我脑海里荡漾,很久,似乎产生了一种共鸣……就好像《真善美的化学》里一个视频中演示的一样,上面说'一只手指,水立刻结冰'。可能吗?……21世纪的今天,科技越来越发达,我们身边不可思议的东西将会越来越多;科学家们对化学的更深入钻研,将会发现更多'不可能'成为'可能'。或者哪一天,我们会坐在高新椅子上,在空中观看文章,在空中记下文字……因为有了化学,一切皆有可能。"

2. 人文教育理念在化学教育中得到落实

人教版义务教育化学教材在修订时,充分地凸显了人文理念,强化了课程育人的思想。如修订后的教材插图美观,版面活跃,直观生动,富有科学性和趣味性;修订后的教材特别重视与社会生活的紧密联系,重视应用化学知识解决社会生活中的实际问题;修订后的教材删掉了那些非常刺眼的图片,特别关注引导学生正面认识理解化学,形成正确的化学观和科学素养,积极传递化学科学的正能量等。考试具有"指挥棒"的作用,在我负责的2009—2015年佛山中考命题中,对于命题所选取的社会生活素材,特别注重从正面去引导学生认识和理解。这种积极、正面地认识化学的思想,在中考这个"指挥棒"的引领下,被渗透落实到化学教育教学中。下面以2011年为例:

1. 人类健康与饮食有着密切的关系。多吃蔬菜有益健康,因为蔬菜中富含

  A. 蛋白质 B. 糖类巴 C. 油脂 D. 维生素 e

2. 佛山创文让生活变得更加美好,春夏之交的佛山满眼翠绿、花香四溢。下列能解释"花香四溢"的是

  A. 分子的质量和体积都很小 B. 分子总是在不断运动着
  C. 分子间是有间隔的   D. 分子是由原子构成的

3. 5月4日,深圳第26届世界大学生夏季运动会火炬点燃暨火炬传递活动启动仪式在北京举行。火炬的燃料是丙烷(C_3H_8),该物质属于

  A. 有机物 B. 酸 C. 碱 D. 盐

4. 3月27日晚8:30,佛山积极响应关爱地球熄灯一小时活动,倡导节能减排,过低碳生活。以下不属于我市"节能减排"理念或做法的是

A. 选用公共交通出行　　　　B. 用布袋代替塑料袋购物
C. 做好金属制品的防锈　　　D. 使用太阳能系列产品

5. 2011年被联合国定为"国际化学年",以纪念化学所取得的成就以及对人类文明的贡献,提高公众对化学的正确认识。下列有关认识科学的是

A. 用石墨可制得金刚石
B. "绿色食品"就是绿颜色的食品
C. 稀有气体不与任何物质反应
D. 纯牛奶中不含任何物质

6. 在汽车尾气排放口加装"三效催化净化器",可将尾气转化为无毒的气体,反应的化学方程式为 2CO + 2NO $\xrightarrow{\text{催化剂}}$ 2CO$_2$ + N$_2$。该反应前后化合价发生变化的元素有

A. 只有 C　　B. 只有 N　　C. C 和 O　　D. C 和 N

21. (6分) "吃加碘盐能防核辐射"没有科学根据。食盐加碘是用来增加人体对碘的摄入量,防止缺碘引起的疾病。右图为某加碘盐的部分标签,根据所学知识回答下列问题:

加碘盐
质量等级:二级
碘含量:20~50 mg/kg
配料:食盐、碘酸钾、抗结剂
储存方法:防潮、防热、避光
食用方法:在汤、菜即将煮好时再加入碘盐,确保碘效
保质期:12个月

(1) 成年人缺碘会引起_____。
(2) 碘酸钾的化学式为 KIO$_3$,其中碘元素的化合价为_____。

22. (6分) 煤是社会生产、生活中最重要的能源,工业上常把煤进行气化和液化处理,使煤变成清洁能源。煤气化和液化流程示意图如下:

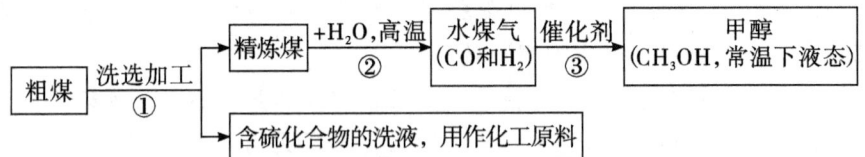

26. (7分) 5月1日起"醉驾入刑"。醉酒的原因是酒中含有一种物质叫乙醇,对人的神经系统有刺激作用,醉酒后驾车会带来严重的社会危害。

(1) 乙醇(C$_2$H$_5$OH)易燃烧,燃烧的化学方程式为_____。
(2) 交警进行呼气酒精检测的原理是:橙色的 K$_2$Cr$_2$O, 酸性溶液遇

乙醇迅速生成蓝绿色硫酸铬。硫酸铬由 Cr^{3+} 与 SO_4^{2-} 组成，则硫酸铬的化学式为_____。

（3）白酒是乙醇的水溶液，酒中乙醇在微生物作用下能被氧化成乙酸。现有一瓶密封放置了十几年的某种白酒，想知道该白酒的组成情况，设计了如下探究实验：

五、计算与分析题（共2题，共10分）

食品添加剂有改善食品品质、延长食品保存期、增加食品营养成分等功效，可以防止食品腐败变质，保证食品安全，满足不同消费群体对食物色、香、味的追求。结合所学知识，完成27、28题。

27.（3分）蔗糖的化学式为 $C_{12}H_{22}O_{11}$，是食品中常用的甜品剂。请回答下列问题：

（1）蔗糖中C、H、O三种元素的原子个数比为_____。
（2）要配制15%的蔗糖溶液80g，需要蔗糖的质量为_____g。
（3）要把（2）配得的溶液稀释为5%，需要添加水的质量为_____g。

28.（7分）现有一种碱性调味液，是碳酸钠和氯化钠组成的溶液。为了测定碱性调味液中碳酸钠和氯化钠的质量分数，设计了如下实验方案。

3. 在人文教育班级实验中取得明显效果

本次实验选择了顺德乐从中学的两个高一班，其中高一（15）班为实验班，高一（16）班为对比班，每班各有学生50人。实验从2006年9月开始到2007年7月结束，历时一学年。

（1）学生对化学认识在提高。在《中学化学教育中人文教育的研究》的问卷调查中，关于"学生对化学认识"的调查设计有4道问题，对实验班高一（15）班和对照班高一（16）班在实验前后进行了调查，具体结果见表5-1。

表 5-1　学生在实验前后对化学认识情况的对照表

题号	内容	选项	实验前		实验后	
			实验班%	对照班%	实验班%	对照班%
1	你喜欢化学吗？	A. 喜欢	34.0	36.0	46.0	18.0
		B. 一般	62.0	58.0	54.0	66.0
		C. 不喜欢	4.0	6.0	0	16.0
2	在化学学习中最吸引你的东西是什么？	A. 动手实验	30.0	28.0	28.0	26.0
		B. 千变万化的化学反应	28.0	30.0	16.0	30.0
		C. 与社会生活联系紧密	32.0	32.0	56.0	34.0
3	你觉得目前学到的化学知识在社会生活中对你有用吗？	A. 很有用	30.0	28.0	62.0	12.0
		B. 有一点	70.0	70.0	38.0	78.0
		C. 根本没有	0	2.0	0	10.0
4	在化学学习中你认为还需要加强要求的是什么？	A. 认识化学学科	14.0	12.0	32.0	6.0
		B. 提高科学素养	28.0	32.0	50.0	24.0
		C. 掌握化学知识	58.0	56.0	18.0	70.0

从实验前后调查的数据来看，实验后出现的变化是：实验班学生对化学学习的兴趣在明显提高，达到了 46.0% 的学生喜欢化学，而对照班学生却明显下降，只有 18.0%；实验班学生对化学实用性的认识也在明显提高，62.0% 的学生认为学到的化学知识在社会生活中"很有用"，而且 56.0% 的学生对化学的兴趣是因为关注化学"与社会生活的联系"，但对照班实验前后基本上没有太大变化；实验班学生对化学的追求基本上转向对"认识化学学科"和"提高科学素养"的要求上来，达到了 82.0%，但对照班学生对化学的追求却更加现实，70% 的学生认为化学学习还应该加强对"掌握化学知识"的要求。这份实验数据说明，经过开展中学化学

人文阅读，学生对化学的认识提高了。

（2）学生的化学成绩在提高。学生人文精神的养育，直接关系到学生对化学的认识和理解，以致影响到学生对化学的兴趣，最后反映在学生的化学学习成绩上。通过对实验班和对照班高一学年末的区统考成绩对比分析（具体数据见下表），发现实验班学生的化学成绩明显好过对照班，这说明了经过开展中学化学人文阅读以后，学生的化学成绩也有了明显的提高。

表5-2　实验班和对照班在实验后化学成绩对照表

类别	总人数	平均分	及格率/%	优秀率/%
实验班	50	88.2	100	90
对照班	50	78.6	92	78

（3）学生的化学专业选择率在提高。学生高一结束后要分专业，也就是说按X科进行选择。由于学生对化学的认识提高了，化学成绩也有比较明显的优势，所以也会影响到学生的专业选择。通过对实验班和对照班学生专业选择情况的分析（具体数据见下表），发现实验班学生的化学专业选择率明显高于对照班，这说明了经过开展中学化学人文阅读以后，学生的化学专业选择率在提高。

表5-3　实验班和对照班在实验后选择化学专业情况对照表

类别	总人数	化学专业选择人数	化学专业选择率/%
实验班	50	26	52.0
对照班	50	12	24.0

（4）学生的综合能力在提高。以综合实践活动的形式开展中学化学人文读物阅读，培养了学生实践能力、组织策划能力、交际能力、表达能力、写作能力、阅读能力等，拓宽了学生学习视野，培养了学生的道德情操，养育了学生的人文精神。在实验过程中，实验班学生的综合实践活动成果或读书报告有31人次获得区级以上奖励。

4."真善美的化学"人文教育得到推广

2012年9月至2015年7月，基于"真善美的化学"人文教育自主阅读综合实践活动，在南海区和顺第一初级中学初三学生化学学习中全面开展，对提高学生对化学的认识、提升学生的人文素养、培养学生综合能力以及提高学生化学成绩等方面都取得了非常好的效果。

2015年9月至2018年7月,"真善美的化学"人文教育在顺德区华侨中学推广应用,学校化学科组开发了一系列的人文教育主题,让学生体验化学与社会生活的紧密联系,激发学生对化学学习的积极性和主动性,培养学生化学科学品质和人文素养,对学生学业生涯规划教育进行了有益的探索。

《对中学化学教学渗透人文教育的探讨》《中学化学教育中人文教育情况的调查》《中学化学人文读物的开发》《中学化学文教育的实验》《初中与高中化学需要衔接什么》《我们如何正确解读化学》《化学,我们应该教给学生什么》等7篇文章分别发表在《南方教师教育》《广东教育(综合版)》《化学教学》《化学教育》《中学化学教学参考》等杂志上,《初中与高中化学需要衔接什么》和《化学,我们应该教给学生什么》被人民大学权威复印期刊全文收录。人文读物《真善美的化学》由北京师范大学出版发行,被作为践行学科核心素养的典型案例。以上成果为开展中学化学人文教育提供了示范,为深化中学化学课程改革贡献了思想,为探索学生学业生涯规划教育积累了经验。

(三) 反思与展望

在推进人文读物编写和实验的过程中,我们感觉到我们研究团队的力量太有限了。主要原因是当前的教育还是以中考、高考为指挥棒,过度重视书本知识教学而忽视学生的人文修养,对人文教育的关注还远远不够。

但是,我们欣喜地看到在习总书记教育思想的指引下,我们的教育坚持落实立德树人根本任务,发展素质教育,促进学生全面发展和个性成长。因此,我们的教育也在发生着变化。如2011年,在我国化学教育"国际化学年"研讨会上,原人教社社长张建茹先生在开幕致辞上特别传递了"真善美"化学教育思想;2012年,启用了新修订的初中化学教材,教材修订中特别注意将化学史教育、正面教育等思想融入编写中;2017年,普通高中化学课程标准修订并启用,学科教育进入到"素养为本"的新时代……人文教育在学科课程教育中的地位已经越来越重要。

总的来说,本项研究拓宽了人文教育的思路,创新了人文教育的方法,构建了人文教育的新体系,也推进了学业生涯规划教育的探索。在有效实施人文教育,培养学生人文精神,发展学生的核心素养,提升学科教育教学质量等方面取得了明显的效果,为区域开展人文教育提供了示范,为全面深化学科课程改革发挥了积极的作用。

案例二
李伟强职业技术学校知识产权与创新教育体系构建

当今社会,科技创新不断涌现,知识在经济社会发展中的作用日益突出,保护知识产权格外重要。李伟强职业技术学校自2007年以来,参与了中国教育学会"十一五"科研规划课题"发明创新教育体系的研究与实践"子课题的研究,并在校内全面普及知识产权与发明创新教育,该课题于2010年结题。通过研究,开发了适合中职生的知识产权与创新教育课程与教材,摸索出中职学校开展知识产权与创新教育的新模式,形成了培养中职生创新能力的方法与途径。通过平台开发、机制建设与资源整合,构建起了一套知识产权与发明创新教育体系。经过多年实践,成效显著。现将李伟强职业技术学校开展此项工作的有关情况总结如下。

一、知识产权与创新教育组织工作构建情况

(1)李伟强职业技术学校领导十分重视知识产权创新教育,建立和完善了管理机制与教育体系,设立了专门的开展知识产权、创新教育的领导管理机构,由校长直接抓,教导主任亲自组织开展各项创新和知识产权等教育活动。同时成立了创新教育部,配备知识产权教育专职教师8名,知识产权教育兼职教师50多名。

(2)为了更好地开展知识产权教育及创新教育活动,学校新修建了创新活动室、知识产权成果展览室,科普长廊、宣传橱柜窗等,同时联合顺德区科技技术协会,在李伟强职业技术学校设立顺德区创新教育实训基地及科普教育基地、各实训场室配备相应的工具和设备,完善教学设施,购置制作材料。

(3)完善过程管理。要求教师在开展知识产权创新教育过程,制订教学计划,明确教学内容,研究测评方法等。平时要做到定时、定点、定教师、定内容、定辅导教材的安排各项活动,并有计划、有组织、有记录、有检查和有工作总结。

(4)制订了创新教育奖励制度。按照《李伟强奖教奖学实施方案》

《李伟强职业技术学校知识产权创新教育管理条例》和《李伟强职业技术学校创新成果奖励办法》,对师生获得的成果均按奖励办法给予表彰奖励。学校成立的李伟强奖教奖学基金,奖金由最初的 25 万元逐年增加到现在的 59 万元,其中相当部分用来奖励获得知识产权与创新成果的师生们,至今已奖励了 15 届。另外,学校平均每年还划拨 10 万元专项资金支持知识产权创新教育活动。同时,学校还积极争取各级单位对学校的经费支持,先后获得各级部门下拨活动经费 40 多万元。

(5) 重视科技创新教育师资队伍建设。领导明确科技创新教育教师培训工作,并安排一定的培训经费。学校多次组织教师参加知识产权局的知识产权管理实务培训班,有 16 人已取得知识产权工作资格证书,学校每年还派科技辅导员参加全国科技教育创新作品展评会和全国发明展览会,选派教师参加全国知识产权教育培训会。组织全校教师参加知识产权局的知识产权教育讲座和展览。2014 年选派创新部长臧敏赴德国学习近两个月。2015—2016 年选派多位创新骨干教师前往清华大学、武汉大学、华东师范大学、广西师范大学参加培训。近年,先后分批安排 60 位科技辅导员去广州、深圳、中山、东莞等地的学校参观学习,先后培训科技创新教育课教师共 300 多人次。

(6) 开发了适合本校开展知识产权教育的校本教材,如《知识财富》《快乐发明》《创意制作》《发明就在身边》《科普苑》等。

(7) 及时做好宣传和报道工作。近年已在《珠江商报》《南方都市报》《南方日报》《佛山日报》《广东科技报》等报、刊、顺德电台、电视台和《大良教育简报》等媒体,播发宣传李伟强职业技术学校报道文章和图片 50 多篇,为提高学校声誉做出了应有的贡献。同时,学校在校内通过海报、宣传橱窗、校报、《科普苑》学刊、微信公众号等对各类知识产权教育活动及创新竞赛、创新成果进行宣传。每周还通过广播,宣传专利发明知识产权教育方面的文章,收到了良好的效果。

二、规范创新教育课程设置及课外辅导情况

李伟强职业技术学校在"知识产权创新教育"课程设置上,分为五个层次:

(1) 将知识产权创新教育作为必修课,纳入学生教学性实施计划中,具体高一年级各班每周设置 1 节"知识产权创新教育"课,内容主要有:

知识产权基础知识、创新思维训练、发明方法、发明故事等。课程采用校本教材《发明就在身边》《知识财富》《快乐发明》《创意制作》《科普苑》等。

（2）开设知识产权创新教育课的每个班，每学期停课1~2天进行"创新项目"专项训练，内容有：水火箭制作与发射、环保创意作品制作、模型飞机调试与试飞、弹弓穿环、创意电子电路制作等项目。

（3）成立"创新与创意制作社团""模拟飞行社"等，参与该社团的学生每学期每周有2节，共40学时的时间参与发明制作等活动。创新社团师生除了积极参与各类创新及知识产权活动，还配合学校团委积极参与共建和谐小区社区活动，教师辅导学生为民维修家电200多件。

（4）学校每学期会联合知识产权协会及部分企业，共同开展知识产权知识和创新教育的讲座培训活动。如围绕创新大赛进行了现代科技讲座、小发明技法讲座、专利知识讲座及如何申请专利等专题讲座。

（5）参加创新竞赛学生，赛前1个月利用课余时间开展集训，包括发明作品的设计与制作、答辩要点训练等。

知识产权创新教育课程体系架构如图5-2所示。

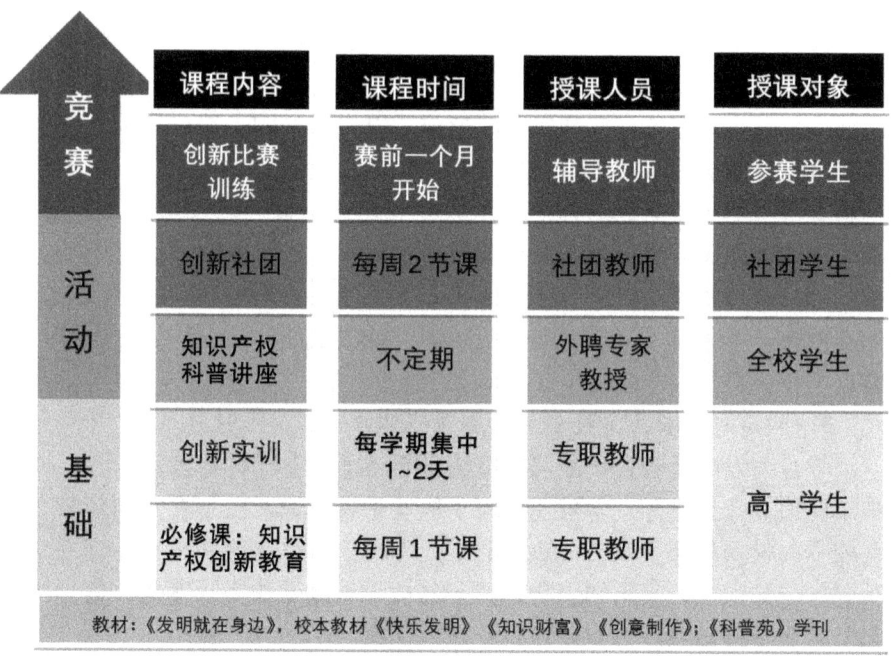

图5-2　知识产权创新教育课程体系架构示意图

三、研究并完善科技创新教育教学模式

1. 摸索出了学校科技创新教育的新模式

多年来,李伟强职业技术学校通过科技创新教育的实践和研究,探索出了职业学校科技创新教育的模式:即专利发明＝发明＋制作＋保护。构建了一套"水网式创新教育模式"——从点、线、面到整个网的创新教育模式,即创新社团为一个点,电商、汽车等专业成一条线,全校形成一个面,多所学校汇成一张网,开展多种形式的创新活动,寓知识产权教育于科技创新活动之中;同时,提出了两个理念"世间没有一件事物是不能改变的""拥有自己的发明创造,尊重他人的知识产权",三条标准"意志品质衡量标准、创造能力测试标准、知识技能检测标准",四项原则"创新思维与所学专业相结合、创新发明与知识产权保护相结合、创新教育与创业培训相结合、创新活动与课题研究相结合的原则",五种做法"创新课程常规化、辅导培训经常化、竞赛活动多元化、表彰奖励制度化、专利成果促转化"。

2. 形成了行之有效的活动途径与创新方法

通过创新教育课程,渗透知识产权特别是专利法的教育;通过学生发明专利的申请,增强其对知识产权的保护意识,寓知识产权教育于发明创造之中。通过几年的研究和实践,形成了以专利发明大赛、青少年创新大赛和科技发明等为形式的行之有效的创新活动途径,并寻找到一些不同的创新方法。率先把职业学校毕业生的创业教育与创新教育密切结合起来;将心理健康教育与科技创新教育相融合;逐步形成了以学校社团活动为骨干,部分班级做重点,一、二年级搞普及,全校同学齐参与的活动场面。创新教育、专利发明与知识产权保护互相促进也成了学校办学的一大亮点。

3. 构建起了职业学校创新教育课程体系

学校与发明协会合作编写的《发明就在身边》《科普苑》学刊,通过多年使用,效果良好。学校还编写了职业学校知识产权与发明创新教育系列校本教材《快乐发明》《知识财富》《创意制作》等书籍,该套书将发明创新与知识产权基础知识物化成容易被学生接受的实际案例,逐步构建起了职业学校知识产权与创新教育课程体系。

4. 让知识产权创新教育与专业教学融合发展

学校一方面要求科任教师在学科教学中,结合专业特点渗透知识产权

保护与创新意识，开展相关领域知识产权及创新教育；另一方面，引导学生结合自身专业特点，思考本专业中所使用设备、工具等有无改进的可能，培养学生爱思考爱动手的习惯，提升学生创新发明能力。

5. 重视创新、创业教育，形成双创驱动、校企融合

李伟强职业技术学校率先把职业学校学生的创业教育与创新教育密切结合起来，近年，学校提出"双创驱动、校企融合"的人才培养方式，第一方面在创新教育中渗透创业教育，鼓励学生将自己的发明成果推广应用，同时也在创业教育中融入创新教育，要求学生创业时，要用创新的思维与方法去解决创业中面临的问题；第二方面学校努力搭建创新创业平台，通过在校内联合企业开展"双创博览会"，大大激发学生创新创业热情，为学生进入社会打下了坚实的基础；第三方面学校还探索出与企业联动开展知识产权教育与发明创新教育的方式，共同合作孵化学生创新项目，促进成果落地，目前我校已与顺德区创业工厂、广东新道科技有限公司等企业合作，取得良好效果。

6. 积极开展创新教育课题研究

李伟强职业技术学校所承担的国家级规划课题"中小幼 STS 课程构建与实施研究"子课题"崇尚科学精神，注重科技制作，培养学生创新能力"于在 2006 年 7 月结题，该课题也为知识产权保护和创新教育取得了宝贵的经验。之后，李伟强职业技术学校又承担了中国教育学会"十一五"科研规划课题"发明创新教育体系的研究与实践"子课题"发明创新教育与校本课程开发研究"。并被佛山市教科所选定为精品课题建设项目，课题研究主要围绕和体现一套体系、两个理念、三条标准、四项原则、五种做法作为可宣传和复制的东西撰写，形成特色和精神实质。还编辑了知识产权创新教育课程及课本（校本系列教材《快乐发明》《知识财富》《创意制作》），作为职业学校创新教育课程教材，其研究的方向符合国家新课程的发展趋势，所形成的课程，贴合职校学生的实际，效果明显，值得推广。

学校还申报了顺德区教育科研"十二五"规划课题"职校发明创新教育实施研究"，该课题研究也取得丰硕成果。

四、知识产权与发明创新教育成果显著

李伟强职业技术学校应用实施知识产权与发明创新教育体系以来，取

得丰硕成果，成效显著。学校先后获佛山市科技创新十强学校、广东省科学教育特色学校、广东省首批知识产权示范学校、全国创新型学校等称号；2015年12月被国家知识产权局及教育部确定为首批"全国中小学知识产权教育试点学校"（是首批试点中唯一一所职业类学校）。我校科技创新社团曾获广东省十佳社团，顺德区十大品牌社团。臧敏老师获广东省十佳优秀科技教师。学校多次荣获"广东省少年儿童发明奖""佛山市科技大赛"优秀组织奖，并在"第二十七届广东省青少年科技创新大赛""第二届全国影像节"中荣获优秀组织奖。截至2016年，李伟强职业技术学校师生申请国家专利获专利证书98项，师生参加各级各类创新大赛，获国家级奖励22项，省级奖励96项，市区级奖励300多项。95%的学生具备知识产权保护意识，学生创新能力得到明显加强。

在学生自主发展上，成效显著，学生知识产权保护意识与创新意识明显增强，多名经常参与创新活动的学生毕业后都走上了自主创业的道路，例如，汽车班罗汉文同学在教师的辅导下发明了很多件创新作品（如遥控升降咪），中央电视台也曾采访过他，正是有了这种成功的感觉，他在毕业后短短几年就创办了自己的工厂（佛山市顺德区本焰电线有限公司）。又如创新社团中的黄杰濠（代表作品有蓝牙播放装置、双能环保路灯等），升入顺德职业技术学院后，继续参与创新发明活动，并代表顺德职业技术学院参加2012年第6届Honda中国节能竞技大赛，其设计的小车（主要负责全车的电路设计，其最炫目的技术在于——Iphone控制车辆和太阳能电池板）获"最吸引眼球奖"，汽车生活网上对此也进行了报道。再如电子班梁嘉慧，曾是创新社团社长，在校期间，获国家专利证1项，工作后，参与研究制作改进煲粥机，通过走访各大餐厅酒楼（茶楼），了解市场的需要，设计出一款符合当地饮食习惯的煲粥机并申请了发明专利、实用新型专利及外观设计专利，注册了商标，现在已批量生产，顺德多家品牌酒店均使用其设计的产品，多家媒体报道了其创新创业经历。

课题研究也取得可喜成绩，李伟强职业技术学校所承担的国家级"十五"规划课题"中小幼STS课程构建与实施研究"子课题"崇尚科学精神，注重科技制作，培养学生创新能力"被评为课题研究"优秀课题组"；承担的中国教育学会"十一五"科研规划课题"发明创新教育体系的研究与实践"，获课题研究先进集体奖；承担的中国教育学会"十一五"课题"发明创新教育与校本课程开发的研究"荣获结题先进集体奖。

五、成果推广应用效果良好

在国家提出建设知识产权强国，大众创业万众创新的大背景下，李伟强职业技术学校形成的体系、方法与模式具有极强的推广价值。2013年12月，在省中小学知识产权教育交流培训会上，李伟强职业技术学校方文锋主任代表学校在大会上发言；学校领导多次受邀介绍我校开展此项工作的经验。《南方日报》《珠江商报》、顺德城市网等媒体多次报道我校开展知识产权与创新活动的情况。学生、家长、社会各界人士及上级领导均对我校构建的知识产权与发明创新教育体系非常认可。目前，李伟强职业技术学校在开展知识产权教育与学生创新能力培养方面的经验已向顺德陈村职业学校、顺德陈登职业技术学校、顺德一中实验中学、广州番禺象骏中学、南海西樵小学、大良凤城中学、梁开中学、广东实验中学顺德分校、大良实验小学、大良聚贤小学、嘉信西山小学、顺德一中附小等12所学校进行推广，均取得了良好的效果。

六、存在问题和不足

学校开展学生科技创新活动虽然取得了一定的成效，但仍存在着一些不足和问题，主要体现在学校虽然已与部分企业签订共同开发发明项目的合同，但仍存在没有很好地向有关行业、企业推介学生专利发明的现象，使许多学生创新成果的实施和转让进展较缓慢。因此李伟强职业技术学校必须在专利转化方面多下功夫，促进学生的创新与知识产权成果产生社会效益和经济效益。

总之，今后学校要继续全面加强学生知识产权及创新教育，进一步开展知识产权与科技创新活动，打造学校知识产权创新教育品牌。让知识产权及创新教育惠及每位学生，让学生增添出彩的机会。

第二章
学校校本课程建设案例

▶ 案例一
小学生创新思维培养校本课程开发与实施

佛山市顺德区大门小学　张少娥

一、课题提出的背景

"创新是一个民族进步的灵魂,是国家兴旺发达的不竭动力。"创新能力的重要性不言而喻。《国家中长期教育改革和发展规划纲要》在"新课程的培养目标"中指出"要加强学生创新能力培养"。可见进行创新能力培养,已经成为当前改革的新任务。

顺德位于珠江三角洲腹地,顺德人凭着"敢为天下先"的开拓创新精神,不少创意项目领跑全国,"南方智谷""创意园"等的规划及落成,将使顺德成为集聚高端人才的创意驿站,同时也呼唤着本土创新人才的培养。我校地处相对偏远的农村,学生人数全镇最少,90%的学生为外工子弟,师资力量相对薄弱,成绩在区域中滞后,学校没有特色、没有亮点,急需寻找突破口撬动新的发展。观察小学高段的课堂,我发现了"异想天开"创新因子常常在课堂出现,对于一个在初中任教了17年的教师来说,是一种惊喜,因为这种貌似荒诞的创新因子,是初中课堂几乎没有的。我敏锐觉察到小学高段创新思维逐渐形成,没有框框条条,比成年人更大胆、更活跃，但由于经验少致使创新表现零散、断层。如果能抓住这一有利时期，对学生施加积极影响，内在的创新因子会滋养成强烈的创新欲望，成为一种巨大的潜力，定能为今后的创新打下坚实基础，同时也为学校发展探出一条新路子。

在这样的背景下我校针对四到六年级开始了"小学生创新思维培养"课程开发与实施研究。希望达成如下目的：一是探索创新思维培养的内容和方法，有效地提高学生创新素养；二是通过创新思维培养，促使教师更新观念，变革教学方式，提高教师的创新教育能力，促进学校的各项工作更上新台阶，以实现科研兴校。

二、解决问题的过程与方法

（一）立足本土，开发教材，首创全校性的小学生创新思维培养

1. 探索理论，提出假设（2008—2011年）

我深入研究有关文献，尤其是北师大林崇德的认知和思维发展理论，发现小学生四年级创新思维萌芽期，以形象思维为主导，潜藏在游戏中；五年级是思维发展转折期，逻辑思维出现，活动力增强；六年级逻辑思维逐渐成形，动作协调提高。科学理论印证了我的发现，我开始编写创新思维培养教材，并以课堂讲义的形式提供给教师上课，首轮试验开始出现创新苗子，学生思维活跃，成绩大幅度提高，证实我的假设成立，坚定了我的信心。

2. 验证成果，申报区课题，完善校本课程（2011—2014年）

为了验证教材，同时获得经费支持，我们通过课题立项得到了政府科研资金的扶持，这笔经费用于课程开发购买文献资料、聘请专家、教师培训、外出交流；同时完善了学校创新思维培养实验室，为学生学习提供资金和物质保障。为了准确验证，我们还选择其他学校实验，成立了课题研究小组，制定了研究方案，明确了各自的分工。教导处主任担任副组长，以科长为核心，课程为抓手，根据创新能力培养的内容，制定了课程计划与实施方案，四至六年级全面开展"创新思维培养课程"。在实验过程中通过深入调查研究，收集本地区创新案例和同龄人创新发明例子，通过聘请专家，完善课程体系，如先后聘请创新教育领域有影响力的专家张建新、人民教育出版社原社长、教材终审委员张定远等指导。同时该教材在实验教师使用中不断地补充、完善，经过首轮实验，收集了师生2 000多

条意见和建议，教材在结题时得到了完善，2014年完成教材出版。

（二）深化研究，拓展周边，探索科学的操作模式

1. 申报省级课题，拓展实验学校（2015—2017年）

为了进一步实践探讨，申报了广东省教育科"十二五"学规划课题，获得省科研基金资助。在实施过程中，设计了《创新能力培养主题社区》网页平台（获广东省教育厅三等奖），组建了创新教育联盟学校。

2. 注重培训，提高效率

第二轮实验把工作重点放在课程实施过程中的策略研究。创新思维的培养作为校本课程本身就是一种极具创新的尝试，主管领导采取谈心，组内成员互相帮助等形式，让他们尽快融入课题研讨的氛围中来。同时，课程实施由本校拓展到周边几所学校，形成一个实验学校联盟，采取请进来，走出去等方式让教师不断地提高研究水平，此外还通过培训，指导教师写报告，写反思随笔，网上交流探讨，把教师引向专业的研究轨道上。

3. 专家引领，定期交流

课程实施过程中碰到的困难比较多，我校每月进行课题研究的研讨例会，定期聘请专家进行深入指导，通过交流，及时发现问题，及时诊治处理，把握研究的方向性和准确性。同时让专家不断地引导教师边实验边总结收集，如教研课的案例、教案、反思、论文。

（三）多方渗透，全面推动，形成行之有效的操作模式

（1）"一课三活动"课程渠道，营造全方位的创新文化氛围。课题组规定除了上好每周一节创新校本课后，还要开展课外创新活动、校园创新文化节、创新教研三种活动，逐步形成了以课程为抓手、以创新文化为引导、以学生发展为中心、以教研为促进的保证体系。

（2）探索出适合乡村的创新教育实践模式："情境激趣，诱发创新"—"问题探究，引发质疑"—"实验释疑，掌握技能"—"自主拓展，形成习惯"。实践证明，学生不但创新成果增加，且思维活跃，促进了其他学科学习。

（3）创设了《广东省创新思维培养》社区网页平台，让线上线下、课内课外、有限文本教材和无限网页资源充分结合，拓展培养时空。同时鼓励其他科组教师在教学中渗透创新能力培养，探索一系列的创新经验和做法。推动全校各项工作上新台阶，学校教师在参加各级各类竞赛中荣获

区以上奖 20 人次，学生在儿童创新方面获得区或省以上奖励达 70 多项。

（4）根据实验教师在实验过程中的使用情况和学生的反应，补充、修改，再一次完善《小学生创新思维培养》校本教材，2017 年 5 月进行了第二次印刷。

三、成果主要内容

（一）形成完善的《小学生创新思维培养》系列教材

形成了目的明确、内容科学，系统完整学生创新思维培养校本教材。教材分上中下三册，包含激发创新欲望、掌握创新技巧、培养创新思维三部分。校本教材目录如下：

第一册《激发创新欲望》（只列单元）

第一单元　点燃创新的火把
第二单元　创新之旅起航
第三单元　怀疑便是进步
第四单元　多种角度解决问题

第二册　《培养创新思维》（单元和每一课）

第一单元　冲破传统思维的樊篱（1. 敢于创新；2. 相信直觉；3. 幻想无涯；4. 放飞想象；5. 测测你的联想力）

第二单元　打开创新思维的大门（7. 多向思维；8. 多种途径解决问题；9. 组合思维；10. 组合艺术；11. 美丽的水果拼盘；12. 一物多用）

第三单元　激发创新思维的潜质（13. 逆向思维；14. 侧向思维；15. 反向越野；16. 苹果升空；17. 吹不大的气球；18. 不沉的土豆）

第四单元　多角度解决问题（19. 前瞻思维；20. 多想几步；21. 创意书本设计；22. 未来建筑家；23. 在扇子上做文章；24. 21 世纪之梦）

第三册　《掌握创新技能》（单元目录与内容提示）

第一单元　掌握创新的技能（加一加、减一减、变一变、缩一缩、反一反、代一代）

第二单元　掌握创新的技能（扩一扩、改一改、联一联、学一学、搬一搬、定一定）

第三单元　形成创新的习惯（将创新的方法应用到自己的发明创造中去）

第四单元　创新变财富（利用创新的方法和技巧创造财富，学会申请专利）

教材根据学生年龄特点不同，循序渐进，序列科学，符合儿童心理学基本规律。每一册书各有所侧重：上册以故事和游戏活动激发学生的创新欲望；中册以案例启动学生创新思维，以常见的创新思维"联想思维""散发思维""逆向思维"等做引领，一案一启迪，启发学生拓展思维视野；下册让学生在实践活动中掌握基本创新技巧如"加一加""减一减""学一学"等一系列的创新技巧，一课一技能，整一册书又形成一个相对完整的创新技能链。同时，每一课设计了"读一读""谈一谈""做一做""想一想""记一记"等环节，十分灵活，符合小学的年龄特征和认知规律，体现了从认识创新，到启迪创新思维，再到动手的操作过程，内容编排科学，逻辑严谨。本教材获得广东省科普校本教材二等奖，得到了人民教育出版社原社长张定远的高度评价，使他主动为本书作序。

（二）探索了符合小学生创新能力培养操作模式

1. 打造了三融合的创新能力培养课堂

本课题的开展是以教材为基础、活动为轴线、生活为源泉的创新能力实践培训。为了探索适合科学的培养模式，多次开展以"三融合"为原则的创新课堂教学展示，赛课和同课异构探讨，形成了友好、轻松的三结合课堂模式。

2. 探索了培养学生创新能力的四个步骤

在实践研究中我们逐渐形成比较成熟的创新能力培养步骤："情境激趣，诱发创新"—"问题探究，引发质疑"—"实验释疑，形成技能"—"自主拓展，形成习惯"。创新能力的培养，不是一蹴而就的，有其客观规律与过程。对小学生而言，以上四个步骤，就是在积极心理学指导下学生创新的一个过程，科学合理的步骤设计，让学生的创新能力培养充满兴趣和快乐。"情境激趣"让好奇心带动学习。"问题探究"不但让好奇心得到满足，更让质疑能力得到提高。"实验释疑"引导学生自主质疑，互动释疑，最后再与生活、网络结合，进行拓展，扩大知识面，创新学习方式，体会成功学习的快乐，形成创新的习惯。这种学习过程使学生的创新欲望，创新思维，创新技能得到有效的提高。

3. 积累了创新能力在其他学科和领域渗透培养的经验，编写了《不竭动力——小学创新教育论文集》

文集收集了教师在开展学生创新能力培养过程中的心得体会和经验做法，为其他学校开展创新教育提供了有参考价值的实践经验和操作模式。

四、效果与反思

（一）效果

1. 校园创新氛围浓郁

通过课题实践研究，形成了良好的创新氛围，围绕创新主题，以手工作品为载体，形成了"班班有特色，生生有创意"的手工创意基地。每周五下午开设创新课外活动，为不同爱好的学生提供创意活动选择。从低年级的创意轻黏土、创意纸艺、创意豆豆画，到中年级的变废为宝的科技制作废纸利用，以及高年级的创意文具、创意家居、创意组合艺术等，营造了浓厚的创新气氛。举办一年一度的创意文化节，除了展示学生的创新作品外，为学生的创新活动、创新游戏等提供展示舞台。此外还开展创新教学研讨、赛课，扶持教师成长。赛课范围由本单位拓展到联盟学校，在年度考核方面，向课题创新成果倾斜，让参与课题的教师既获得了幸福的成长，又能从精神、物质方面得到收获。

2. 提升师生创新素养，培养了一批新人成长，推动学校整体发展

学生方面：在创新能力培养的课题研究推动下，学生的创新意识、创新能力得到迅速的提升，在各类的创意类比赛中屡屡获奖。开展课题研究以来，我校师生在创意制作方面的比赛累计获奖达 50 多项。创新的思维和技巧让学生在各领域中出奇制胜，不少学生尝到了创新带来的甜头，自觉形成自主观察、积极创新、大胆改革的思维方式，有效地提高了分析和解决问题的能力和动手操作的能力等。课题研究极大地调动起学生的学习兴趣和激发学生创新的意识，培养其创新精神。

教师方面：创新能力培养课题的探索，让教师在传统的基础上开阔视野，改变了教师的惯性思维和定势思维，让他们认识到生活和工作中创新的必要性。还有不少的论文、赛课、案例比赛因加入了创新的设计而获得大奖，教师尝到了创意给工作带来的成效，形成了良性循环。课题研究以来，获得镇以上奖项达 20 多项。最值得欣慰的是二轮实验的创新联盟学校在科技创新比赛中成绩均居区域之首，获得了广东省科技创新学校称号，教学质量得到全面提升，不少学校在统测中名列前茅。

（二）反思

研究要做小、做细，并与日常工作相结合，与教师所教学科结合，鼓

励教师个人或者两三个人做小课题研究。加强教师在教学教研方面的培训，让教师的创新意识带动学生学习方式实实在在的变革，以自主、探索、创新为主要的学习方式。教师理论功底贫乏，需要进行各种方式的理论学习，建构科学的课题理论，以指导教学实践。更大范围的推广还需要各方面的通力支持，不但是专家，更需要行政力量去扶持。

▶ **案例二**
和融万物，美创未来
——顺峰中学 STEM 课程成果报告①

佛山市顺德区大良顺峰初级中学

一、顺峰中学 STEM 课程设立的背景

顺峰中学以"和美"立校，教师和于教，学生和于学，和谐共进，以臻于和美人格的形成与和美人生的开启。对美好事物的学习和创造当建立在和教和学的基础上。STEM 是科学（science）、技术（technology）、工程（engineering）与数学（mathematics）教育的缩写，美国首倡 STEM 教育并将其作为提升国家竞争力的战略之一，旨在加强科学（science）、技术（technology）、工程（engineering）与数学（mathematics）教育，以培养高科技人才来持续保持美国国际领导力和竞争力。STEM/创客教育是当今世界一种新型综合教育，STEM 是将科学、技术、工程、艺术和数学用作指导学生探究、对话和批判性思考的契机的一种教育途径。通过 STEM 的理念和教育哲学，把科学、技术、工程、艺术和数学作为一个教学活动的整体。对于学生、整个学校乃至全社会而言，STEM 教育的好处和价值是巨大的。因此，它变成了全球学校教育的重要趋势之一，是当今国际探索 21 世纪人才培养的一种教育理念与举措。理想的教育当通过课程的实施，根植于理想课堂的肥沃土壤。当顺峰的和美文化遇上了 STEM/创客教育，就形成了顺峰中学特色的 STEM 教育课程。

---

① 本成果获 2018 年佛山市中小学教学改革成果二等奖。

二、顺峰中学 STEM 课程设立的依据

"和美"是我们顺峰中学办学理念的核心，而 STEM/创客教育则是当今国际探索 21 世纪人才培养的一种教育理念与举措。学校办学理念和国际教育理念的有机融合，就有了顺峰中学的"和创美客"STEM 校本课程，和融万物，美创未来。顺峰中学从 2012 年开始正式接触 STEM 教育相关理念和课程，并开始开发校队使用的 STEM 校本课程。2015 年开始编写 STEM/创客教育普及性校本教材，2016 年秋季开学正式开始实施三位一体的创客/STEM 教育实施模式。经过四个学期 STEM 课程的开发和教学，我校的 STEM/创客教育已经走上了正轨，并取得一定的成果。STEM 校本课程主要有五个课程：机器人、开源硬件、Appinventor 安卓移动应用开发、3D 打印、动漫设计与制作。为什么要选这些内容作为我校 STEM 教育的校本课程？以 2016 年顺峰学子参加全国创客马拉松赛获二等奖的《智能袖套》为例：Appinventor 安卓移动应用开发课程，使该项目能用手机远程控制，解决项目的物联网的问题；电子创客课程，让这传统的袖套具有了智能化的功能，实现了项目的智能化；3D 打印课程，解决项目个性化外部形状和结构的快速成型的问题；动漫设计课程，使设计出来的智能袖套看起来更美观，解决了项目的美观和艺术性的问题。

下面就顺峰中学 STEM 课程的实施模式介绍如下：

1. 实施"走班制"STEM 校本课程教学

顺峰中学 2015 年成立创客教育工作室，建立起研究和实施团队，开始了创客教育的研究与实施。创客教育可具体化为一种彰显该理念的教育方式、一门用该种教育方式开展的课程抑或一门校本课程教学，它基于传统教育，是传统教育的发展与革新。

首先是改变传统的班级授课的方式，根据学生的兴趣划分班级，进行走班教学；例如，电子创客校本课程，每节课上教师准备 Arduino 开源硬件的套装，教师使用任务驱动的教学方法进行教学，学生对新任务产生兴趣才能跟着教师的教学。而作为教师，则需要联系生活实际的应用对学生进行引导。比如做一个自己家门口的楼道灯，首先需要引导学生想到生活，然后认识开源硬件的功能，并能了解功能。接下来才可以将软件与硬件结合起来做出项目的作品。

随着课堂的深入学习，任务驱动的教学方法不免会固化学生的思维，

因而转为使用大学常见的"项目式教学法",发现项目式教学法效果更好。教学方式的改变也体现了"大胆造梦"的教育理念和创新教育实践。

马云曾说过:"对所有的创业者来说,永远告诉自己一句话,从创业的第一天起,你每天面对的是困难和失败,而不是成功。在我们最困难的时候还没有达到,但我相信,总有一天会来到。"压力是躲不掉的,武林高手比的是经历了多少磨难,而不是取得了多少成功。

毕竟创客教育兼具当下由占有式教育向发展式教育、由划一化教育向个性化教育、由权威型教育向民主型教育、由封闭型教育向开放型教育以及由文本化教育向生活化教育之转变的教育改革特征,是实现教育改革发展的有效路径。

2. 建设创客空间,实施"项目式"空间学习

STEM 课程倡导学校因地(校)制宜地运用现代技术工具,结合 STEM 课程的内容或主题,构建灵活且包容的学习空间。传统教室、自然世界、创客空间、虚拟现实手段、技术平台等都可以成为 STEM 的学习环境。为了实现 STEM 课程更好的学习环境,顺峰中学 2016 年上半年本着"创享我梦,超越我行,见证我能"的宗旨开始建设创客空间,顺峰中学"和创美客中心"是学校小创客活动的综合性场馆(见图 5-3)。和馨楼与和乐楼成 U 型展开,意味着开放的格局。顺峰中学以"和美"立校,教师和于教,学生和于学,和谐共进,以臻于和美人格的形成与和美人生的开启。对美好事物的学习和创造当建立在和教和学的基础上。这就是"和创美客"的由来。理想的教育当根植于理想课堂的肥沃土壤。

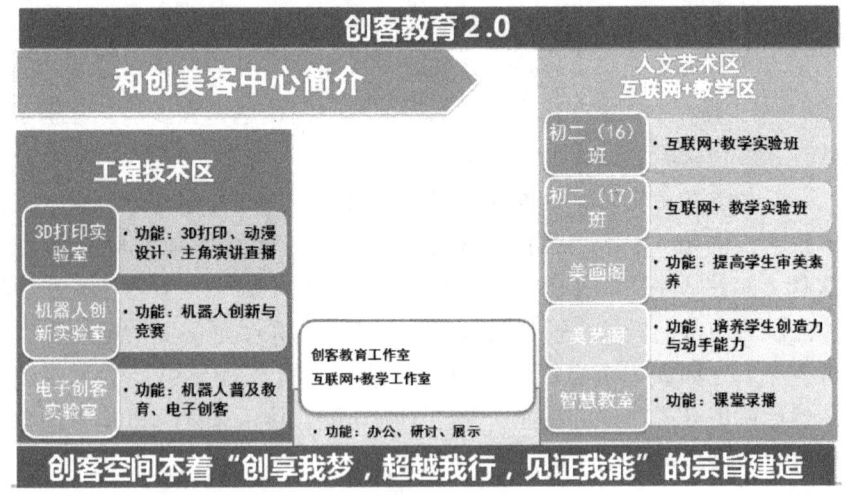

图 5-3 和创美客中心

和创美客包括学科研究实验基地、社团创客基地与和创美客中心三部分。二楼至六楼分布着各学科的实验场室，也是各学科社团开展自由研究和创新实践的地方。观鸟社、地理户外拓展社团、钢花社、动漫创作社等活跃其间。

和创美客中心位于和馨楼与和乐楼六楼，是和创美客的中枢，也是顺峰中学创客教育的核心区域。这里分为工程技术创客、创客教育工作室、人文艺术创客和"互联网+"课室四个区间。创客中心形象墙采用打破规则的设计理念，意味着思维的扩散和思想的自由。经过初一走班创客校本课程的培养学生，如果继续感兴趣就可以到六楼的工程技术创客区进一步进行提升，工程技术创客区每天固定时间开放，共有和云格、和星格、和宇格三个创客实验室。"格"是"格物"之"格"，也是"格局"之"格"。以格物广开格局就是通过自由研究来提升我们的人生格局。和宇格开设3D打印和动漫设计课程，利用3D打印技术和数位板来实现创意的设计与投放，动漫社团的学生参加全国中小学电脑制作活动曾多次获得区的一等奖、省赛和全国赛的一、二等奖；3D社团的学生参加顺德区和佛山市的创客比赛获得3D设计二等奖。和星格是机器人创新实验室，是顺峰中学机器人校队开展活动的地方。它始建于2013年，主要攻关世界教育机器人大赛（WER）项目。此项目综合利用科学、技术、工程、数学等知识尝试解决实际生活问题，旨在培养学生的创造力、实践力以及团队协作能力。顺峰中学自2013年组队参加全国中小学电脑制作活动的机器人竞赛以来，连续六年夺得省赛和全国赛的第一名和世界锦标赛的多个一等奖和冠军。和云格开设机器人普及教育课程和电子创客课程，引领学生进入现代科技领域，利用电子元件实现创意，解决实际问题。2016年我校电子创客社团学生参加全国中小学电脑制作活动的创客项目比赛获区一等奖，省赛二等奖，并作为顺德区唯一省赛出线的创客项目代表队参加全国决赛，也斩获全国二等奖，2017年我校参加广东省创客大赛获团队项目一等奖。

和馨楼与和乐楼的底部设计了一条时光隧道，穹形廊顶层的灯光弧线和廊道的深度产生深邃感，让人顿生探究幽秘的欲望。时光隧道的入口紧挨着创客工作室，是创客教师工作和交流的地方。上层是小型会议室，CK造型灯光与CK造型台相得益彰，集中表现了创客的主题。中间隔层是休闲的空间。下层是主会室和两间微课录制室。

人文艺术创客教育分美艺阁和美画阁两室。既是各类画社训练的课室,又是呈现画艺成果的地方。

顺峰中学创客空间"和创美客"中心每天定期给有兴趣的学生开放,每个场室都提供了工具和材料,以项目学习的方式进行学习,给走班校本课程已有基础的学生一个动手实现创意的环境,给他们一个提升能力的平台。和创美客中心的启用,表达了顺峰中学锐意改革和创新的决心,勇于开拓与和谐共进的精神,也表明顺峰中学创客教育2.0时代的正式开启,学校STEM课程开展的深化。

3. 打造分享平台,实施分享活动

创客一个重点的特征就是分享,如何让学生充分分享,进一步激发他们的兴趣和创客热情,我们为他们搭平台。比如,每隔2~3周在直播分享台上举办创客沙龙活动,让学生上台分享他们这段时间做的作品,让其他学生也来一起交流学习,甚至把这活动在互联网上直播,让更多的人参与进来,让学生更有成就感。

学校会定期举办各种大型创客活动,例如,2016年学校隆重举行创客空间"和创美客"中心的落成与剪彩活动,同时第四届"STEM"教育大会在顺德举行,近300名百创客发烧友和专家过来参观了"和创美客"中心。两大活动引起了国内文化名人及创客教育专家们对"和创美客"中心的关注。知名画家成城先生、戴景素先生和伍海成先生亲临现场与美术小创客见面,并即席挥毫泼墨,支持活动的举行。创客教育专家谢作如老师也亲临指导。教育部教育装备处梁处长、佛山市、顺德区和大良教育局的局长也都亲临现场予以支持和鼓励。还有和各地区兄弟学校的各种交流活动,共同参与学校的创客节等。

4. 建构三位一体的STEM课程实施模式

走班校本课程—项目研究空间学习—创客分享活动三位一体,形成了顺峰中学的STEM课程的实施模式。走班校本课程,除了开展电子创客校本课程外,还开展了3D打印、动漫设计、APPInventer、机器人等课程。在创客空间里,项目研究学习,让学生充分动手,激发创新的活力,创客分享活动进一步激发学生的热情和学校的影响力(见图5-4)。

近年来,顺峰中学被授予"顺德区大疆教育机器人项目试验学校""中国青少年创客奥林匹克系列活动实验基地""中国教育信息化首批STEM教育及创客教育实验学校"和"中国STEM教育2029行动计划"首批种子学校。

顺峰中学STEM课程以提高每个学生的STEM素养为总目标。通过课程学习，学生能够对STEM领域产生学习兴趣，亲历STEM实践活动过程，逐步形成正确的价值观念、必备品格和STEM关键能力。现代学校的变革是建立在科技创新基础上的人的本质的超越和飞跃。顺峰中学STEM课程课堂教学鼓励学生能基于自己的兴趣爱好和对生活的独特感悟，提出大胆的构想，借助科学和技术的手段，来实现各自的梦想。顺峰中学STEM/创客教育是科技的梦工厂，是人文艺术的梦工厂，更是实现无边界学习的梦工厂。相信顺峰中学的STEM课程将会为顺德人才培养、城市升级和社会转型带来新的教育驱动。

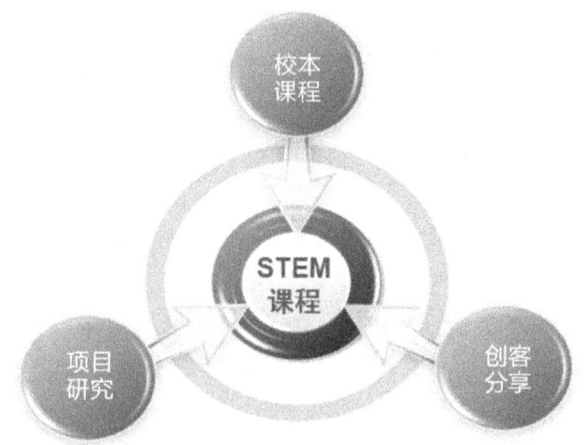

图5-4　构建顺峰中学三位一体的STEM课程实施模式

案例三
高中天文特色课程体系建设成果报告[①]

佛山市顺德区容山中学 鲁云

一、天文教育改革成果概述

（一）顺德区容山中学是国内较早开设天文学课程，设立天文课程标准的普通高中

天文学是未纳入中小学必修课的六大自然基础学科之一，在国家空间科学日益腾飞的大背景下，学生基本天文学素养亟待提升。我校是国内较早开展系统天文教育的高中，并且创造性提出"课题化"教学模式，近5年共取得近80项省级及以上天文奥赛奖项，在国内天文教育界有一定影响力。

（二）容山中学围绕高中天文学课程开发了一系列天文教材、教具，发表了系列成果

目前国内没有系统的高中天文学教材。容山中学天文教学团队鲁云教师的编写的"RSAA"系列天文教材与课程标准共四册，并实现在顺德区和云南省部分高中进行推广。目前共有两篇（幅）研究成果发表在全国中文核心期刊《中学地理教学参考》杂志。

（三）发挥区域带头作用，填补区域天文教育空白，推动高中天文教育普及与发展

容山中学充分发挥区域带头作用，与省内外高中及中科院云南天文台、云南省天文学会共同推动中学天文学教育。实践证明，系统的天文教育使学生具备了较好的天文学创新思维与实践能力。我校及合作单位在

[①] 本成果获2018年佛山市中小学教学改革成果二等奖。

国家级、省级天文奥赛中取得了近80个奖项，3人进入国家集训队，1人获国际天文奥赛铜牌，为推动中学天文学教育与人才培养做出了重要贡献。

二、容山中学天文科研成果、青年教师培养、人才培养成果简介

（一）搭建了与科研院所教学、教研共建模式

容山中学天文工作室探索了基础教育单位与科研院所的深入合作模式，与中科院云南天文台签订合作协议，并在天文学教育、科研、科普等方面取得高层次系列成果。从实践证明，该合作模式切实可行，有助于基础教育单位深入开展"研、学、科普"特色化办学。

（二）开创高中天文学课程体系，并获各级教育行政部门高度认可

截至目前，容山中学天文工作室编写了《普通高中天文学课程标准》《普通高中天文学课程建设方案》《RSAA天文奥赛指南》《RSAA天文观测星图》专著共4部，并作为学校天文学系列校本教材，实现区域内高中天文学教材"零突破"。

在广东省教育厅2017年教育教学成果奖评选中，天文工作室成果"普通高中天文学课程开发与实践"，获2017年广东省教育教学成果（基础教育）二等奖，是广东省天文教育类唯一获此殊荣的单位。

2017年，在广东省教育研究院主办的全省特色教材评选活动中，工作室主持人鲁云教师的成果《RSAA天文奥赛指南》荣获2017年广东省中小学特色教材评选一等奖。

2017年，容山中学获广东省教育研究院授予"基础教育研究实验基地"牌匾。

（三）人才培养成效显著，科研成果百花齐放

容山中学工作成员教育教学成果丰富，各级教育、科研、学科竞赛成果百花齐放。截至目前，工作室成员共荣获各级教育行政部门、学术团体奖项共计40余项，发表中文核心期刊论文4篇，省级以上期刊论文6篇；出版、编辑专著5部；主持2017年广东省科协科技思想库课题一项，顺德区教育科研"十三五"规划小课题一项；广东省教育学会课题《高中

地理必修一地理生活的课堂应用策略研究》；通过"校—企"联合，与顺德区博通天文科普教育基地联合，培养了一批顺德区天文基础教育骨干教师；工作室近两年主要科研成果见表5-4。

表5-4 工作室近两年主要科研成果

序号	成果名称	奖项	完成人	鉴定单位	授予时间
1	《普通高中天文课程开发与实践》	获2017年省教育教学成果二等奖	鲁云	广东省教育厅	2018年5月
2	《天文奥赛指南》	获全省特色教材评比一等奖	鲁云	广东省教育研究院	2017年11月
3	《普通高中天文课程开发研究》	获第33届广东省青少年科技创新大赛科技辅导员创新成果二等奖	鲁云	广东省科学技术厅 广东省科协 广东省教育厅等	2018年4月
4	论文"我所经历的地理景观"《旋涡星图》	—	鲁云	中学地理教学参考（核心期刊）	2017年7月
5	论文《自制电子地球仪软件在地球运动教学中的应用》	—	鲁云	中学地理教学参考（核心期刊）	2017年10月
6	《天文奥赛指南》	获省特色教材顺德区优秀成果一等奖	鲁云	顺德区教育局 顺德区教研室	2017年4月
7	《普通高中天文科技课程建设方案》	获佛山市科技辅导员创新成果一等奖	鲁云	佛山市教育局 佛山市科技局 佛山市科协	2017年11月
8	《普通高中天文课程开发研究》	获顺德区青少年科技创新大赛一等奖	鲁云	顺德区科技局 顺德区教育局 顺德区科协	2017年10月

续上表

序号	成果名称	奖项	完成人	鉴定单位	授予时间
9	—	2017年广东天文奥赛优秀组织奖 2017年广东天文奥赛优秀指导教师	容山中学 鲁云	广东天文学会 广东教育学会等4单位	2017年12月
10	《普通高中天文学课程建设方案》专著/ISBN978－988－8464－62－3	—	鲁云	中国评论学术出版社	2018年6月

青年教师培养：工作室承担了2017年广东省科协天文科普教师培训工作。其中，工作室成员钟丽纯、吴利同志获2017年广东省天文奥赛优秀指导教师称号，顺德区教育局、顺德区教育工会主办的教学能力竞赛一等奖；徐高旗同志在全国中文核心期刊《中学地理教学参考》发表论文一篇，主持省级课题一项。

近5年，工作室共培养广东省天文奥林匹克竞赛一、二、三等奖获得者约80人次，培养国家级、省级、市、区级青少年科技创新大赛获奖人数约10余人次；1人以高分通过北京师范大学天文系自主招生（见图5-4）。

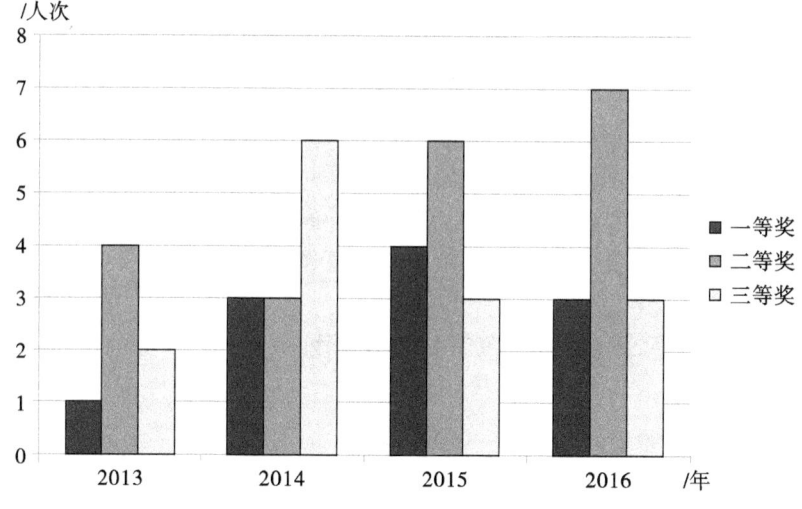

图5-4 近5年容山中学广东省天文奥赛获奖人数统计

容山中学天文工作室在顺德区天文教育中充分发挥示范作用，与顺德区桂洲中学、郑裕彤中学、顺德一中外国语学校有关教师开展天文课程共建与学科竞赛工作。其中桂洲中学共有10人次分别在2016年、2017年广东天文奥赛中荣获三等奖，郑裕彤中学共有12名学生在2017年广东省天文奥赛获奖。

（四）开展多项省内天文科普活动，社会效益显著

在省科协领导下，容山中学天文工作室，顺德区博通天文科普教育基地参与了"全省科技进步活动月""科技活动周""广东省文化科技卫生三下乡""全省科技活动月"等天文科普活动共计13场（次），走进了茂名、韶关、河源、惠州、湛江等粤西、粤北地区，将天文学带入乡村社区、乡村中小学，为当地破除迷信，弘扬科学精神，提升公民基本科学素养做出了应有贡献，取得了良好的社会效益。

在顺德区容桂街道经济与科技促进局，容桂街道团委的支持下，容山中学自2014年起就主办"容桂街道天文暑期兴趣班"。活动也受到容桂街道经科局，教育局，容建设桂街道团委的大力支持，每年受众约为100人次，多为当地中小学天文爱好者。暑期天文兴趣班的开展，为佛山市顺德区容山中学天文教育走向社会做出了良好的示范带头作用，承担了面向社会科普的职能。

（五）扶植云南省天文教育事业，搭建国内天文教育交流平台

工作室与云南省天文学会联合培养天文奥赛云南省集训队成员。经工作室主持人鲁云教师提议，云南省天文学会发起筹备云南省天文奥林匹克竞赛，近3年来，云南省共9人获全国天文奥赛奖项，3人进入全国天文奥赛国家集训队，1人获国际天文奥赛铜牌。

工作室同时搭建了国内天文教育教学科研交流平台。仅去年就有来自广东实验中学、华南师范大学附属中学、泉州一中、南海区石门中学、中国海洋大学附中、华南师范大学、中科院国家天文台、东莞科学馆、广东科学中心、北京天文馆等知名单位天文教育领域专家来访。

三、未来三年（2018—2021）发展规划

（一）第一阶段：2018.8—2019.8

工作室购置一批天文教学科研仪器设备，对天文学教育科研原始观测

数据采集提供基础硬件支持。工作室成员采用望远镜观测数据开发高中天文教材著作：《普通高中天文学实验教程》《中国古代天文仪器原理》《天文奥赛指南》（第二版）共三部高中天文学教材，并在工作室成员所在中小学进行教育教学实践。

建设资源共享平台：充分发挥、挖掘目前工作室收集的大量数据资料，搭建高中天文教育教学资源互联网平台，如视频资料、文字资料、课件等，这便于工作室、国内天文教育领域教师进行资源的下载共享。

学校特色发展和人才培养方面：工作室将在天文学科竞赛，青少年科技创新大赛方面进一步发展，力争在 2019 年有学生入围全国中学天文奥林匹克竞赛决赛，获省级及以上青少年科技创新大赛奖项，工作室成员获区、市级以上青少年科技创新大赛科技辅导员创新成果奖项。

（二）第二阶段：2019.8—2020.8

承担一项省级课题（或项目）。利用工作室第一阶段成果，在珠江三角洲地区天文基础教育和天文研究方面做出示范性引领作用，课题初步意向为《高中天文学特色课程资源开发》领域。

教育教学成果方面：继续加深本单位及工作室成员单位天文学科竞赛培养力度，力争在 2019 年广东省教育教学成果（基础教育）成果奖评选、国家级教育教学成果奖评选中荣获佳绩。

（三）第三阶段：2020.8—2021.8

省级课题结题，出版相应教材和学术专著，开发有关天文实验教具和天文研学线路，并在天文教育教学工作中开展实践活动。

工作室在珠江三洲角地区天文学基础教育领域具有较高知名度，逐步由顺德区向省内辐射，建立一批天文特色教育学校合作单位，推广天文工作室教育教学成果。培养一批中青年天文科技辅导员，为顺德区乃至国内天文教育事业做出贡献。

▶ 案例四
"创建咏春文化特色课程" 成果报告

佛山市顺德区东马宁小学

一、问题的提出

东马宁小学1995年由侨乡集资兴建而成,学校占地面积10 050平方米,现有12个教学班,教师29人,学生532人,是一间办学规模较小较为偏远的农村学校。

东马宁村是"咏春拳之乡",在这里,诞生了伟大的武学宗师——陈华顺,培养了叶问、李小龙这样享誉全球的"咏春"传人。陈华顺晚年回到东马宁老家,广收弟子,形成了今天的顺德"咏春"拳派。

2009年9月,东马宁小学挂牌成立"咏春拳培训基地",由咏春武馆培训中心的谭焕标师傅到校培训学生,进行咏春拳练习。2016年9月,东马宁小学正式成为"顺德区非物质文化遗产咏春拳传承基地"。

东马宁小学一直在思考:如何最大可能地发掘咏春拳的教育价值?如何让咏春拳传统文化更好地促进学生的发展?学校决定在传承、弘扬咏春拳传统文化的基础上,开发咏春拳校本课程,让更多的学生接受咏春拳传统文化的熏陶,喜欢上咏春拳传统文化。

二、过程与方法

(一)课题引领

1. 2012年,学校成功申报区级小课题"基于'咏春拳'传统文化的校本课程开发"。

(1)依托"咏春武术培训中心"的总教练谭焕标师傅,到学校指导"咏春拳"训练活动,学校派谢涧英、陈均明、刘志立教师到"培训中心"学习咏春拳。开展"普及型"的"咏春拳"训练,"普及型"是每天早操和大课间时间，学校开展的全校性的"咏春拳"训练，练习咏春拳入门拳法——"偏身拳"。

（2）开展"提高型"的"咏春拳"训练，打造了一支由20人组成的"咏春"表演队，练习各种"咏春"拳法。接受社会团体的邀请，外出表演，弘扬咏春拳传统文化。

（3）由谢涧英教师编排"咏春拳"韵律操，根据"咏春拳"的基本动作，配上音乐，形成简单轻松的"咏春拳"韵律操，把"咏春拳"韵律操开发为学校的校本课程，接受社会团体的邀请，外出表演，弘扬咏春拳传统文化。

2．2012年成功申报区级大课题"'咏春拳'传统文化育人的校本课程开发与研究"，通过四年的研究，于2016年顺利结题并在顺德区教育科研评比中获得一等奖

（1）在第四代传人陈国基的指导下，开发适合我校低、中、高年段学生练习的咏春拳套路，并制定进阶测评的标准，形成咏春拳练习的系统。

（2）设计学生乐于参与和玩耍的具有咏春拳元素的韵律操、游戏操，为普及咏春文化提供新的渠道。

（3）在马东村委会的支持下，师生一道整理、发掘咏春流派的人物、事件、照片、故事等，为校本课程提供第一手资源。

3．2013年申报省级大课题"'少儿咏春拳'校本课程的开发与应用研究"并在2017年5月顺利结题

结合乡土的"咏春拳"资源，让学生接受咏春拳文化熏陶，挖掘传统文化对学生的教育作用，进而传承、弘扬传统文化。通过编排"咏春"动作的韵律操，让"咏春拳"变得轻松一些，娱乐一些，游戏一些，让更多的学生喜欢"咏春拳"传统文化。

（二）研究咏春课程文化

1．梳理学校"咏春"特色精神文化

我们学校的办学理念是"促进学生健康成长，促进教师专业发展"，校训是"崇文尚武"。学校组织全体教师出谋划策，梳理学校的"一训三风"，对优秀的提案评选为"校园文化贡献奖"，最后请专家修订审核通过，从而构建"咏春"特色学校精神文化的出发点和落脚点，形成发展共识，提高学校的整体形象以及增强自信的自信心和凝聚力，让学校咏春精神文化成为全校教师的共同追求、共同信念。

2. 营造学校"咏春"特色环境文化

学校修建"咏春"为主题的小公园,在小公园入口处矗立着刻有"崇文尚武"校训的石头。公园小路左侧是介绍咏春文化的仿木宣传栏,公园小路右侧围墙上是武术动作剪影的"咏春廊"。中心凉亭有木质对联,上联是"学文提笔安天下",下联是"习武上阵定乾坤",横批是"文武兼修"。公园靠教学楼侧是六个观赏性木人桩。通过修建以"咏春"为主题的小公园,营造学校的咏春校园文化,让学生在潜移默化中接受咏春传统文化的熏陶。

(三) 创建咏春校本课程

学校开发咏春校本课程,分为低中高三个阶段,低年级是"感受咏春",组织学生观看《叶问》电影,练习咏春韵律操,制作咏春涂鸦;中年级是"初探咏春",组织学生参观陈华顺故居、陈家祠咏春纪念馆,练习偏身拳,制作咏春书签;高年级是"弘扬咏春",组织学生学习咏春渊源、了解咏春历史人物,练习高深咏春拳法,参加咏春表演队,制作咏春动作陶偶。课程分低中高三个阶段,每个阶段又分成文化、实践、开发三个主线,形成咏春校本课程的九项内容。

编印校本教材《咏春》,让学生了解"咏春渊源""咏春之乡""咏春学堂"等与咏春相关的知识与技能。其中,"实践"主线的课程分为"趣味型"的咏春韵律操、"普及型"的"偏身拳"训练、"提高型"的"咏春表演队"。"趣味型"是根据"咏春拳"的基本动作,配上音乐,形成蕴含咏春元素的"咏春拳"韵律操,在上午大课间时间,组织全校学生练习咏春韵律操。"普及型"训练是在每天早操和大课间时间,开展的全校性的"咏春拳"训练,练习咏春拳入门拳法——"偏身拳"。"提高型"训练则是挑选有武术天赋的学生,打造一支"咏春"表演队,练习各种"咏春"拳法,并接受社会团体的邀请,外出表演,弘扬咏春拳传统文化和宣扬责任担当、宽容忍让武德精神。

(四) 建立咏春特色网站

学校制作了咏春特色网站,从学生的视角出发,以咏春拳探究为主要内容,收集咏春拳资料,建设了学校的咏春拳特色网站。在2013年7月23日,我校的罗一和朱道龙同学前往湖南长沙参加第十四届全国中小学电脑制作比赛,其网页设计作品《中国武术之精华咏春拳》勇夺全国一等奖。

（五）制度文化建设

学校成立了由校长任组长、学校行政和老师参与的"咏春特色教育领导组"，具体负责"咏春特色课程"工作的组织协调工作，切实加强对"咏春特色课程"的组织实施。另外，学校还制定一套相对健全的管理手册、考核方案、奖励措施，制定切实可行的关于咏春特色课程建设的具体实施方案，创造性地开展工作，确保相关活动有步骤、有计划地开展。

（六）社区文化融合

学校与村委、社工站、杏福营地等社区组织联合在一起，合力打造东马宁村的咏春拳文化品牌，为把东马宁村建设成生态旅游美丽村居而努力。学校组织学生参加社区组织咏春文化节等活动。学生为前来杏福营地参加拓展活动的孩子教授咏春拳等。

三、成果内容

（一）学校和个人屡获殊荣

现在，全校学生都能掌握基本的咏春拳法。2015年，东马宁小学的咏春拳特色被评为"第二届全国百强特色学校"；2015年，学校被评为佛山市、顺德区两级的武术传统校；2016年，东马宁小学成为"顺德区非物质文化遗产咏春拳传承基地"，成为国字号的非遗基地；2017年评为"佛山市武术进校园示范学校"；2018年，学校被评为"佛山市校园武术特色学校"。

学校咏春队多次参加省区武术比赛，取得优秀的成绩。我校学生参加顺德区武术锦标赛、广东省武术锦标赛、佛山市武术锦标赛等，获得个人、团体多项省、市、区一等奖等奖励。2016学年获得区级奖励20项，获得省级奖励19项；2017学年获得市级奖励29项，获得省级奖励14项。为学校、顺德和佛山争得荣誉，以正能量影响着全社区。

（二）咏春纪事

1. 咏春表演

学校咏春表演队多次参加"顺德欢乐龙舟文化节""顺德区医药文化

节"、"顺德区亲子嘉年华"、"顺德陈华顺咏春拳文化节"、"顺德区民族文化节"、"逢简水乡文化节"等演出，受到好评。2018年8月，受邀到深圳华侨城进行表演，展示师生风貌、弘扬咏春精神。

2. 咏春比赛

学校咏春队多次参加省市区武术比赛，取得优秀的成绩。2017年3月，学校参加顺德区青少年武术锦标赛丙组比赛，学生多人分别获得一、二、三等奖；2017年8月，学校参加广东省武术锦标赛获集体传统拳获二等奖，学生多人次获得一、二、三等奖；2017年9月，学校参加佛山市传统武术锦标赛获集体传统拳小学咏春组第二名，并且学校获得优秀组织奖称号，林求津老师咏春拳和齐眉棍分别获得第三名，学生多人数获得一、二、三等奖。2018年7月学校参加广东省第十一届武术精英大赛9人获得金奖，2人获得银奖，2人获得铜奖。

3. 媒体采访

东马宁小学"咏春拳培训基地"自成立以来，受到了社会各界的广泛关注，吸引了凤凰卫视、南方日报、佛山电视台、佛山电台、顺德电视台、杏坛广播电视站等多家媒体的采访报道。

2012年3月22日，顺德电视台《城市特搜》栏目组，对东马宁小学办学特色"咏春拳"进行采访拍摄，将采访的内容制作成纪录片《自古英雄出少年》在顺德电视台播出。

2013年5月14日下午，顺德电视台《顺德博物》栏目组到东马宁小学拍摄特色项目咏春拳，制作成《咏春拳》纪录片在顺德电视台播出。

2016年7月7日上午，凤凰卫视台的记者在马东村书记等领导的带领下，到东马宁小学拍摄咏春拳的训练，了解咏春文化的发展现状。

4. 领导调研

多年来，市、区、镇领导多次到学校调研，了解学校咏春拳特色课程开展情况。

2016年6月25日上午，佛山市委书记鲁毅到东马宁调研，东马宁小学的咏春表演队在陈家祠表演了偏身拳、小练拳，随后到东马宁小学参观了咏春小公园，对学校"崇文尚武"的校训大为赞赏。

2016年1月8日上午，佛山市副市长麦洁华到东马宁小学调研，了解东马宁小学咏春拳的训练情况。全校学生为来宾们表演了"咏春韵律操"和"咏春偏身拳"，学校表演队的同学还表演了"咏春小练拳"。市、区领导对马东咏春文化的传承、发展表示高度的赞赏。

四、效果与反思

（一）效果：成就教育文化品牌

东马宁小学结合独特的乡土"咏春"传统文化，利用乡土的"咏春"资源，进行整体规划，分步实施的策略，经过多年的努力、发展、积淀，日积月累，厚积薄发，最终成为咏春课程特色学校。

创办咏春特色课程已成为我校深化教育改革的新的突破口，它繁荣了教育园地，提高了教育质量；提高了学校办学的整体声誉，甚至构筑了属于自己的特色教育品牌。2016、2017 学年学校被评为顺德区 A 级学校，教育局组建了由东马宁小学为核心学校的东马宁共同体，共同体的五所学校共谋发展，合作共赢。

（二）反思：咏春文化的深层次开发

"创建咏春文化特色课程"，属于浅层的开发，咏春文化还蕴含着中国武术丰富的内涵，如何把咏春文化深层次的内容与学校教育教学结合，正是东马宁小学接下来的深化特色课程需要思量的问题。咏春特色课程创建没有终点，创建永远在路上。

现在，学校正加大咏春课程特色学校创建的人力物力投入，提升办学品质，努力把东马宁小学特色课程办成学校品牌，向社会传播正能量。

▶ 案例五
从课文走向课程的小学语文 "1+1" 体验式阅读教学[①]

佛山市顺德区陈村镇中心小学

新修订的《义务教育语文课程标准（2011 年版）》（以下简称《语文课程标准》）在"课程基本理念"部分明确地指出"努力构建开放而有活

[①] 本成果获 2018 年佛山市中小学教学改革成果一等奖。

力的语文课程",同时指出:"语文课程应该是开放而富有创新活力的。要尽可能满足不同的相适应的课程资源,形成相对稳定而又灵活的实施机制,不断地自我调节,更新发展。"结合陈村镇"创建特色学校"的深层次推进,陈村镇中心小学语文科组在系统论和建构主义理论的支持下,提出"1+1"体验式阅读教学,把研究重点从"一篇"转移到"一类",从"课文"转移到"课程",围绕"体验式活动",引导学生自主构建,在主体需求的基础上进行探索,做学习的主人,并充分融入教师的智慧,编写校本教材,将听说读写、综合活动等加以优化整合,以获取语文教学整体综合的效应。

一、陈村镇中心小学的改革背景

国际教育成就评鉴协会(IEA)执行长汉斯·韦吉麦克提出:"人们广泛认为,阅读能力是个人学习和智力成长所有方面的根本。现代社会,拥有读写能力的人口是一个国家社会、经济发展的关键要素。"阅读是小学语文教学的最重要部分,是小学语文教学的核心。《语文课程标准》指出:"培养学生广泛的阅读兴趣,扩大阅读面,增加阅读量,提倡少做题,多读书,好读书,读好书,整本的书。"那现今的阅读课现状如何呢?有"儿童阅读推广第一人"之称的林文宝教授在《儿童、阅读与教育》中指出:"纵观在台湾地区的阅读教学,虽有阅读课,但似乎缺乏实际课程的意义,一般以教学者为主,既谈不上学科,也缺乏计划,更无目标;有的只是经验,或是研究假设。"由此反思的小学语文阅读教学,以下三点尤应引起重视。

1. "阅读素养"定义界定不够清晰

与"阅读能力"关系密切、又有明显区别的"阅读素养",强调阅读活动中学生的主题意识与主题地位,强调"少儿读者可从各类问题中建构意义"。在重视学生"理解书面语言的能力"的同时,重视"应用书面语言的能力",重视读者通过阅读与群体交流获得快乐。相比之下,我国《义务教育语文课程标准》(2011年修订)提出的"语文素养"缺乏清晰的界定。如何界定语文课程核心的"阅读素养",展开符合国家阅读教学发展方向的阅读教学,亟需我国语文教育研究工作者认真吸取"促进国际阅读素养研究"成果,从理念、内容到形式的教学方法,做出调整,推动我国小学阅读教学尽快赶上国际阅读教学与评价水平。

2. 阅读情况堪忧，教学观念滞后

阅读课缺少课外阅读，不能有效地延伸、拓展课内学习。"多读"与"广博"是提高学生语文综合能力的关键所在，然而，纵观陈村镇中心小学的学生花在课外阅读上的时间实在是不多。一方面是教材只能提供少量的课文，一学期下来就只让学生学了二三十篇课文。因此光是教课文读课文是远远不够的。另一方面学生阅读能力弱，面对众多文本时，既没有系统、科学、理性的思考，又没有尝试有效、多元、丰富的阅读推广办法，自然阅读量低，更加难以真正养成自觉阅读习惯。"语文课怎样才算成功？一定要延伸到课外阅读，让学生养成读书的生活方式。如果只是精读精讲，反复操练，没有激发阅读兴趣，也没有较多的阅读量和较广的阅读面，学生的语文素养包括写作能力是不可能提升的。"部编教材总主编温儒敏教授特别强调。因此，让语文教学贴近学生的生活实际，让课堂阅读教学往课外阅读延伸，让课堂内外的阅读教学相互交叉、渗透和整合，联成一体。把"延伸阅读"部分纳入到教学体制具有重要的课改意义和时代价值。

3. 校内外阅读沟通不畅

阅读评价注意学生在校内外阅读的沟通，构建学校、家庭与社会阅读环境共同体，为学生创造全阅读语言环境，不仅为学生提供阅读学习的机会，也为学生创造应用阅读解决问题、获得快乐的机会。我国目前的阅读情况，一是学校、家庭与社会阅读相互分离，互不沟通；二是过于强调阅读的工具价值属性，注重阅读能力本身的发展，比较忽视学生"通过阅读而学习、参与阅读群体交流以及由此成为获得快乐的读者"，也就是忽视阅读对学生当下生活的价值。从学校角度着眼，学校阅读教学如何培养学生阅读的能力、良好的习惯与积极的情感态度，阅读教学如何与其他学科进行整合，同时也为课外阅读、家庭阅读、设计阅读奠定坚实的基础，如何主动设计与校外阅读相勾连、相促进的阅读教学形式，是一个亟须解决的重要课题。

综上所述，我们的阅读教学普遍存在的现实问题主要是缺乏课程意识。双眼都盯着眼前独立的文本（一篇篇课文），只有当前的视角，没有留一只眼睛关注课程。针对以上问题，我校语文科组提出的"1+1"体验式阅读教学，即根据小学语文教材（1）与自编《体验式阅读校本教材》（+1），以"体验式主题"为核心来构思教学环节，展示教学流程，把原来支离破碎的知识体系以及人文内涵整合成一个"集成块"。该课堂改革最大特点是，构建"1+1"体验式阅读教学课程体系，使阅读教学从狭小的一隅走向广阔的课程天地，努力使学生学习语文的内涵与外延相等，使课外阅读课内化。

二、教改原则

小学语文"1+1"体验式阅读教学关键在于以什么样的方式和策略组织引导学生学习。

（一）体验性原则

新课改的语文课程与教学整合就是体验式语文教学。语文教学中怎样的体验是充分体验呢？伽达默尔说："凡是艺术来自于体验，并且是体验的表现，……范式以某种体验的表现作为其存在规定性东西，它的意义只能通过某种体验才能把握。"教材中的文本是作者体验形式化的产物引导学生阅读文本，走进文本，与学生一起体验作家的体验，也就是体验的体验，我们要引导学生充分做好这种体验。

1. 教学活动设计指向学生的自我体验

我们在小学语文"1+1"体验式阅读教学活动设计时，一要指向学生的自我体验时，要重视学生的语言形式体验，善于抓住文本中一些关键词或者句子来引导学生走向深层体验，从而使学生实现真正的阅读意义。二要重视情感体验，善于抓住文本中此词语的深度理解来指导学生体验情感和态度，通过"涵泳""吟诵""品味""体味""妙悟""入神"等途径，切近作者或文本中人物的情感，融入个人色彩的理解的情感体验。三要重视意义生成体验，善于从"理解"层面引向"体验"层面，在体验中不断生成新的意义，或涉及学生生活的唤醒式体验，或涉及阅读与写作的知识、方法、表达技巧的明示性和探究性体验。

2. 教学活动设计指向体验活动的强度和力度

语文教学中阅读体验，仅仅是粗略地感受到是不够的，而体验要对学生的心理造成足够的震撼，要有一定的强度、力度、厚度、热度和清晰度，因此我们在体验式学习活动中实现"四化"。

（1）体验活动层进化。有层进的阅读教学活动设计，形成有层进的体验，这样有利于完善学习主体的心理结构。层进化阅读活动设计，譬如从语言欣赏角度：第一步，初味文情活动。第二步，品味词句活动。第三步，体味文境活动。第四步，玩味文心活动。第五步，回味文韵活动。

（2）体验活动丰富化。在一节课中的体验活动要多样化、有变化，才能保证学生体验的兴趣和乐趣。从朗读的体验角度来说，诵读、研读、听读、悟读、赏读，每步都要引导学生用"心"支撑，读出体温，读出动感，读出生命的体验；从行为和内心的体验方式来说，歌曲体验、游戏体验、表演性体验、探究性体验、合作性体验等；从直接或间接的体验活动指向来说，文本体验、还原想象式体验、唤醒式体验、明示性体验等。

（3）体验活动情绪化。课堂上无论歌曲播放、文本咀嚼，还是课堂对话，都需要渲染情感，营造情境，将学生带入生活场景和情感氛围中来，通过巧妙的点拨和对话，唤起学生相关的生活经验，产生强烈的情感共鸣。于是，各种体验"催生了学生心中的表达欲望。欲望直接激发并启动了学生在课堂上的'说'（倾诉）的行为以及课后的'写'的行为"。

（4）经验显性化。学生的学习经验和生活经验一般处于潜藏状态，储存在长时间的记忆里。如何让其显性化呢？可以播放熟悉的歌曲，或者述说相似的经历，或者讨论熟知的话题，或者重温老照片或影视画面等，引导学生激活记忆，让大量模糊的经验清晰、聚集、放大、变形、再造，与同学交流体验，分享经验。

（二）开放性原则

从大语文观的角度而言，生活即语文。

首先，语文教材是开放的。实践证明，语文教学仅仅停留在教科书上，既满足不了学生的求知欲，也会人为地限制学生的知识面和求知乐趣。语文学习不但要从课本中学，还要从报纸杂志中学，从影视作品中学，从日常生活中学。只有这样，学生的眼界才会开阔起来，知识才会丰富起来。"大教材"可以是社会生活中的个人阅历，可以是古今中外的不朽篇章，也可以是大小部头的小说和各种报纸杂志等。人的欣悦感往往建立在有意的收获上，学生见多识广，从中受益，当然是快乐体验的。

其次，语文阅读课堂和教师也是开放的。学生除了在课堂上向教师学语文外，还要在生活中学语文，在社会大课堂里学语文，正如古人所说的"处处留心皆学问""深山读书，不如路边听话"。语文老师除了把握好课堂上的45分钟之外，还要善于引导学生积极投身学校、家庭和社会这个大课堂。语文教学不应局限于45分钟，应大胆地走出课本，走出课堂，走出作业堆，奔向图书馆，奔向大自然，奔向广阔天地，让学生体验多彩的生活，轻松愉悦地学习语文。这一切都体现出语文教学的开放性。学生学以致用，兴趣高，见效快，才能其乐无穷。

（三）参与性原则

现代教学论指出："要让学生动手做科学，而不是用耳朵听科学。"要真正确定学生的"主体"地位，让学生实实在在地参与到语文教学之中，而参与的关键是让学生活动起来，在教师的指导下自主地、积极地参与，发自内心地要求"我来试一试"。要树立起学生是教育主体的观念，这就要求教师无论是在课堂教学中，还是在课外活动中，都要把学生放到主体的地位，发挥他们的积极主动性，让他们享受小学语文体验式阅读过程的快乐。主动参与是快乐的前提，学生在教师的指挥下被动参与和主动参与的学习效果是截然不同的。只有巧妙地处理好教师的主导作用与学生主体地位的关系，学生才能在自主参与中学习、领会与感悟。

三、教改策略

（一）重构目标："1+1"体验式阅读教学的"归宿地"

纵观现今的阅读教学，学生都是遵循着老师的意愿，强制性地在一条预设的路径上学习，明确详细的教学目标，清晰过细的问题设置、细碎烦琐的指令，使阅读教学又称为"教案剧"。"1+1"体验式阅读教学改变阅读教学状态，重新构建教学目标的预设形式，通过教师引导学生在阅读过程中，结合"体验要点"与"体验资料"确立知识所得要点，进而使"目标达成"变为"目标探索"。

根据现行小学语文教材各知识的横向联系和纵向联系，我们提炼出"1+1"体验式主题阅读教学目标探索整理表（见表5-5）。

表5-5 小学语文"1+1"体验式阅读教学目标探索整理表（节选）

册序	教材主题	教材课文	目标探究	体验要点	体验资料支持
第二册	第一组 多彩春天	1. 柳树醒了 2. 春雨的色彩 3. 邓小平爷爷植树 4. 古诗两首	引导学生走进春天的图画，用眼、耳、心去感悟春天	通过多种途径查找收集有关春天的好词佳句	单篇阅读：《春风吹》《春天来了》 整本书阅读：《画春天》《十四只老鼠春游》

续上表

册序	教材主题	教材课文	目标探究	体验要点	体验资料支持
第六册	第一组 自然景物	1. 燕子 2. 古诗两首 3. 荷花 4. 珍珠泉	感受大自然的美好，记下自己的感受和发现	学习体验作者抓住动植物特点，按一定顺序观察事物的方法	单篇阅读：《鸽子》《江畔独步寻花》《我爱故乡的杨梅》 整本书阅读：《昆虫记》
第十二册	第一组 生活感悟	1. 文言文两侧 2. 匆匆 3. 桃花心木 4. 顶碗少年 5. 手指	学习作者用不同的方法表达思想感情，领悟文章蕴含的道理	1. 抓住重点句，把握事物特点，体会情感 2. 学会借物喻人的方法	单篇阅读：《管宁割席》《光阴》《养花》 整本书阅读：《草房子》

（二）创生结构："1＋1"体验式阅读教学的"承载台"

新课程标准认为：阅读教学应该"创造性地设计和实施课程"。"1＋1"体验式阅读教学解放固定划一的模式化的教学结构，创造出形体各异的教学结构、教学过程与教学方法，使学生的阅读知识在生动的体验式学习过程中得到创新。

1. "1＋1"体验式阅读教学的整体结构

"1＋1"体验式阅读教学整体结构由"体验式阅读议题""体验式阅读目标""体验式阅读活动""体验式阅读评价"构成，每一个板块指向一个教学的重要问题，构成其教学的子系统（见图5－5）。

2. "1＋1"体验式阅读教学的内容结构

"1＋1"体验式阅读教学由"体验式整体感知""'1＋1'单元主题阅读""整本书阅读（互联网＋儿童阅读）""体验式整体回顾（体验式阅读作业）"组成，以"在自主中学习，在阅读中创新"为切入点，营造"自主互助，和谐互融，成功体验，多元发展"的课堂生态（见图5－6）。

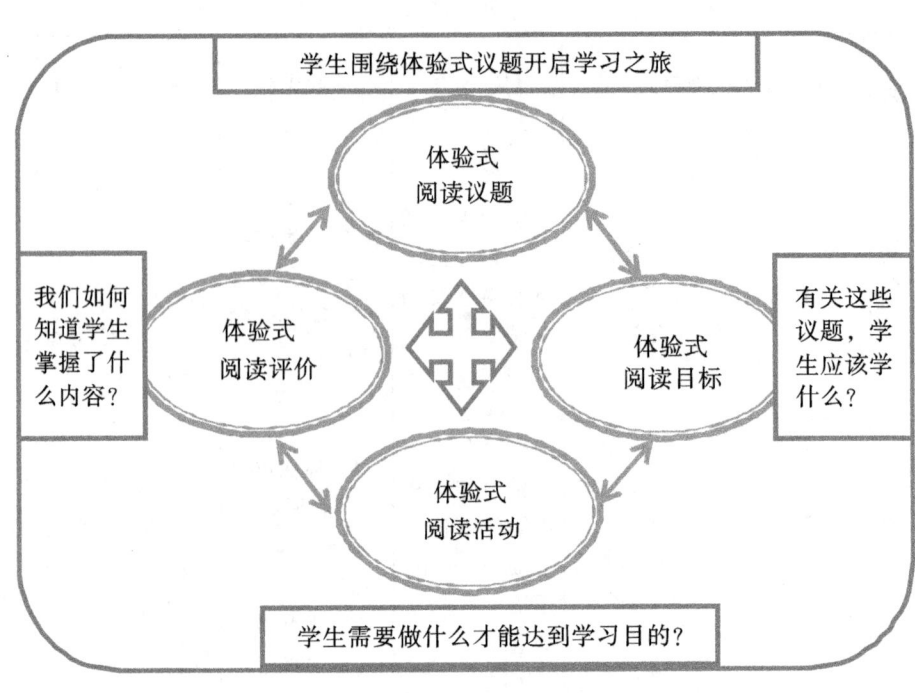

图5-5 "1+1"体验式主题阅读教学的整体结构

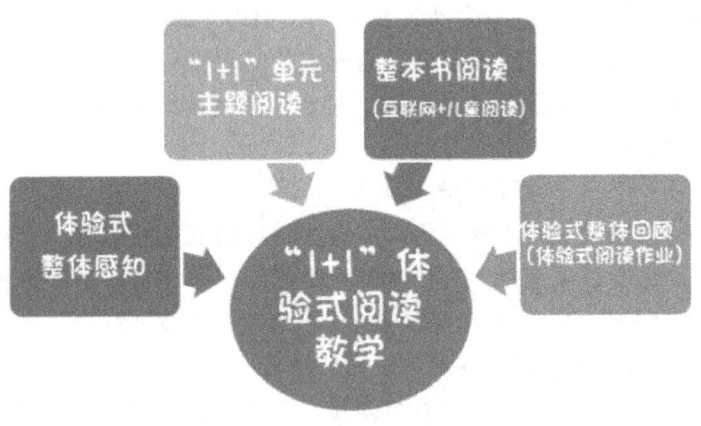

图5-6 "1+1"体验式阅读教学的内容结构

3. "1+1"体验式阅读教学的过程结构

(1) 体验式整体感知。我们结合现行的小学语文教材,将"体验式整体感知"分为"导趣→导读→导学→导行"四大板块（见图5-7）。操作流程如下：

①导趣——唤起体验，贯穿始终。以聊谈同一主题入手，唤起学生亲身经历中所涌现出来的经验和体验，铺垫整组课文的底色。

②导学——细读导语，渗透目标。采用引读等方式，让学生读懂单元导语，通过自己画要点，知道导语中既有"人文感受""学习方法"，也有行为实践的目标。

③导读——整体感知，主题感悟。学生浏览单元内容，自由读，反复读，从读通读顺，到读出思考，读出目标，感知教学内容，明确训练重点。

④导行——搜集资料，全面铺垫。让学生多读同题文章，吸收好的语言，增添感性体验；引导学生搜集资料，为阅读与写作做铺垫。

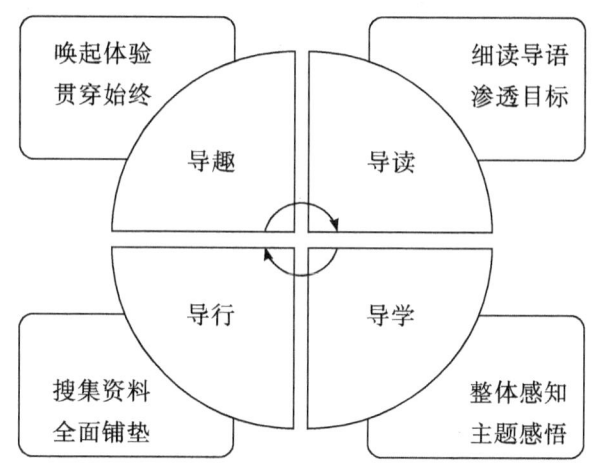

图5-7 体验式整体感知结构图

（2）"1+1"单元主题阅读。以学生实际出发，围绕一篇（或一类）文本，在文本阅读量上扩展，延伸，再创造，促使文本成为学生积极主动发展的广阔天地，走向个性化阅读体验的深度。

①"1+1"单元主题阅读教学各年段要求。

低年段：通过教材的课文体验延伸出一次说话或写话训练，或一篇文章、一个故事的阅读。

中年段：在教材教读课文的基础上，加上与单元主题匹配的一篇或两篇教材自读文章或课外自读文章的教学。

高年段：在教材教读课文的基础上，加上与单元主题匹配的一类文章的教学。

②"1+1"单元主题阅读教学范式总体思路（根据教学内容灵活运用）。"1+1"单元主题阅读的"四环四步"教学流程：第一步：前体验。通过多种导入方式，引出主线问题。第二步：探索。学生围绕议题独立阅读、体验、思考，通过生生、师生合作探究，交流对话，完成任务。第三步：感悟。引导学生将文本中的人、事、理等与自己联系起来，通过文字、图画、音乐等方式展示、评价。第四步：后迁移。将感悟到的思想、方法等运用到另一篇（或一类）文章中，并对所学内容进行梳理归纳（见图5-8）。

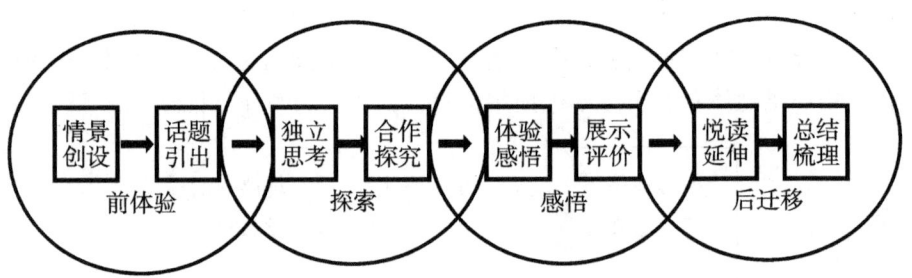

图5-8　"1+1"单元主题阅读教学流程

（3）整本书阅读。为扎实推进"整本书阅读"，我校参与了广东省"十三五"教育技术专项"互联网+儿童阅读"研究，每学期要求学生阅读4本必读书目，若干本选读书目，并有创意地完成阅读档案。每周开设2节课进行整本书阅读的指导课，语文教师有计划、有目的地进行阅读指导。老师精心备课，带领学生潜心阅读中外经典，教给学生读书方法，如：选读法、浏览法、精读法、摘读法等，进行深度阅读，引导学生领略中外名著，吟咏古今诗文。同时，控制作业量，保证学生每天至少有1小时自由阅读时间。每学期教研组多次组织阅读公开课观摩教学，探索阅读指导课的教法，逐步形成我校阅读教学的基本课型，如阅读指导课、读物推荐课、阅读欣赏课、读书汇报课等（见表5-6）。

①体验故事内容。一是提出问题。教师提出体验式主线问题，学生围绕着问题，进行梳理概括。二是图画串联。把重点的插图找出并串联起来，用简练的语言组成故事内容。三是阅读比赛。设计"小比赛"，激发学生交流兴趣，帮助其了解感悟故事内容。

②体验故事人物。一是自我介绍知人物。学生把自己当成主人公，通过自己对角色的了解来介绍主人公。二是与人物对话。根据对书中人物的

了解，与人物展开对话，在交流中表达对人物的看法和建议。

③体验精彩情节。一是主题讨论。针对某情节深入理解感悟，探讨人物形象和主题思想。二是感动分享。把书中值得感动的文字找出来，细细品味，交流分享。三是体会写法。关注语言文字，品读文字之美，向作家学习表达的方法。

表5-6 整本书阅读体验一览表

体验项目		简要描述	阅读策略
封面		体验发现信息	猜测、推论
内容	情节	梳理人物情节图	概括、复述
	表达	挖掘写作特色	理解、品鉴
	思维	抛出有价值的问题	评论、主旨
整合体验、成效评估			

（4）体验式整体回顾。结合"1+1"体验式阅读教学校本教材，通过"观察与操作相整合""说话与写话相整合""查阅与搜集相整合""独立与合作相整合""自选与分层相整合"等多种方式，设计与实施适合学生天性的小学语文体验式阅读作业，使作业变得更生活化、更有应用性、更令学生们乐意去完成，让处于不同水平、不同层次的学生都体验到语文阅读的愉悦。

（三）整合文本："1+1"体验式阅读教学的"增值剂"

《小学语文新课程标准（实验）》指出："教科书的体例和呈现方式应灵活多样，避免模式化。"小学语文"1+1"体验式阅读教学正是要求对传统意义上的模式化或单一形式的教学文本进行整合，让学生能够接触更多不同风格、不同类型的教学文本，形成阅读知识的多元性整合。

1. 整合"课本"

实现"课内阅读"与"体验式整体感知""整本书阅读""体验式整体回顾"之间的活化与沟通，实现人教版与校本的联动和互补，学生的阅读文本就不再局限于官定的"一课之本"了。

2. 整合"纸本"

对传统的纸质文本阅读形式整合重组，使纸本阅读和屏幕阅读或网上阅读同时并举的多媒体阅读方式得以确立。

3. 整合"读本"

在原本阅读整合知识的基础上发挥学生的想象和创造，建构创造性知识。如在教学《钓鱼的启示》时留下几个问号，让学生去猜测，去推理，去创作，去"完成填空"，形成"不同版本"的"课文"，使得课文的内涵被学生无数次地个性化解读，从而超越教材的神圣而变得可以参与、修改，文本向学生实现了彻底的开放。

（四）观察评价："1+1"体验式阅读教学的"推进器"

《基础教育课程改革纲要》指出：要建立促进学生发展的评价体系，要发现和发展学生多方面的潜能，帮助学生认识自我，建立自信。因此，在评价中，我们以"1+1"体验式阅读教学的目标及内容为依据，体现"以学论教"课堂教学评价理念，一方面重点观察学生在课堂学习中的情绪状态和交往状态，看学生能否学得轻松、自如、愉悦；另一方面重视学生在课堂学习中的思维状态和目标达成状态，看学生是否养成能带得走的必备品格和关键能力，精心设计了评价的内容及方法，形成了比较完善的评价体系。结合改革情况，我们每学期对学生进行阅读能力检测，主要依据 PIRLS 阅读理解体系及"互联网+"从四个层面来考查学生在阅读理解能力。通过检测强化学生的读书习惯和检测阅读能力，以激励学生有质量地阅读，从而提高课堂教学质量（见表5-7、表5-8）。

表5-7　陈村中心小学语文"1+1"体验式阅读教学学生观测表

授课教师		班级		日期	
课题		课时		评价者	
项目	课堂评价点	听课记录			
准备	学生课前准备情况	A（　）　　B（　）　　C（　）			
		记录：			
倾听	认真倾听教师讲课、学生发言的专注度	A（　）　　B（　）　　C（　）			
		记录：			
互动	师生互动、生生参与度	A（　）　　B（　）　　C（　）			
		记录：			
自主	自主学习的形式及效果	形式：①合作　②阅读　③思考　④＿＿＿			
		效果：			

续上表

能力	学生阅读理解能力	A（　） B（　） C（　）	
		记录：	
	拓展阅读的参与	A（　） B（　） C（　）	
		记录：	
	解决问题的能力	A（　） B（　） C（　）	
		记录：	
总体分析与评价			

说明：（1）本评价表主要把学生的上课情况作为评价点，以学生为主要对象进行评价。（2）达90%以上为A级；70%～89%为B级；70%以下为C级。

表5－8　陈村中心小学语文"1＋1"体验式阅读教学教师评价表

执教人		执教班级		上课时间	
课题		课时		听课者	

评价项目	评价内容	参考分值	实际得分	备注
目标内容	1. 整合课标、单元、课时目标，体现语文核心素养，力求明晰、具体、可测。 2. 教学内容依据课标有效重组，开发与融合教材、教师、学生差异资源	15		
氛围	和谐师生关系，营造民主、平等、宽松、尊重的课堂活动对话氛围	10		
品质	引导学生善于阅读思考，主动发现和提出问题。善于倾听学生发言，因材施教，做出及时的肯定和引导	15		

续上表

评价项目	评价内容	参考分值	实际得分	备注
能力	采用自主、合作、体验、感悟的学习方式，有效指导学生掌握阅读方法和技能	15		
互动	教态温润自如，引导学生悦纳自己的优势与不足；利用错误资源因势利导，形成教与学的有效突破	15		
导学	围绕体验式主题活动，以课本教材为范例，以课外阅读为拓展点，提高学生阅读水平。	15		
效果	通过"1+1"体验式阅读课堂教学，让不同层次学生学有所得，阅读习惯养成、方法习得、阅读能力有所提升	15		
总体评价	亮点： 建议：	总分		
		等次		

说明：本表满分100分，等次分为优秀、良好、合格、不合格；其中90~100分为优秀；80~89为良好；60~79为合格；60分以下为不合格。

四、教改成果

（一）科研成果

小学语文"1+1"体验式阅读教学改革的实践，促使教师们重新思考语文教学的理念、方式等核心问题，推动着广大教师由"教书匠"向学习型、研究型教师转变。科研兴教之风兴起，硕果累累。由杨倩桢主任作为主持人的课题"小学语文体验式阅读教学的实践研究"获国家"十三五"

规划立项，并于 2018 年 9 月顺利结题，该课题还获国家教育科研成果一等奖。在 2018 年顺德区教学改革总结活动中，"从'课文'走向'课程'的小学语文'1+1'体验式阅读教学"在报告会上作经验交流分享，总结材料收录于《顺德教育》一书中。由马冬梅副校长作为主持人的课题"基于互联网+分级阅读的活动设计"获广东省"十三五"教育技术专项"互联网+儿童文学阅读"课题立项，并于 2018 年 8 月顺利结题。由杨倩桢主任作为主持人的课题"小学语文体验式作业设计与评价的研究"获佛山市教育局立项，并于 2018 年 1 月顺利结题，该课题还获得 2016 年顺德区 10 万元资金支助和 2018 年顺德区教育教学科研成果二等奖。由苏倩映老师作为主持人的课题"小学语文'1+1'单元主题阅读教学的实践研究"获顺德区"十三五"规划课题立项，课题组撰写的"小学语文'1+1'单元主题阅读教学模式的构建与实践"获顺德区课改优秀成果三等奖。

（二）学校发展

通过全面开展"1+1"体验式阅读教学改革，学校获得全国中小学创新阅读与作文实践基地校、全国朝阳读书活动示范学校、佛山市书香校园等称号，2018 年学校还被顺德区推荐为"广东省书香校园"。2016 年，语文科组被评为佛山市第二届示范性教研组（2016—2019 年），连续三年获陈村镇优秀教研组称号。组织学生参加第七届、第八届和第九届广东省中小学"暑假读一本好书"活动、第十五届全国华人少年征文比赛、佛山市校园安全征文比赛、顺德区第二届小学生儿童诗歌创作大赛均获优秀组织奖。参加陈村镇"我喜欢的一本书"获优秀组织单位。菁菁文学社在全国青少年冰心文学大赛中荣获优秀文学社团，在顺德区第三届中小学文学社展评中获优秀文学社称号。结合改革情况，定期出版体验式阅读校刊。

（三）教师发展

近几年，在小学语文"'1+1'体验式阅读教学"课堂改革中，多名教师参加各级各类阅读课堂教学比赛，均获优异成绩；多名老师经常受邀去江苏扬州的学校、高明沧江中学附属小学以及各兄弟学校去传经送课分享我校小学语文体验式阅读教学经验。如 2018 年 6 月杨倩桢主任执教的《真理诞生于一百个问号之后》获全国优质课评选活动一等奖；2018 年 4 月由吴燕辉教师执教的体验式阅读课例《葡萄沟》在佛山市"一师一优课"活动中被评为一等奖，并被评为广东省"优课"；邹文龙教师执教的录像课《童诗童趣》获广东省一等奖；2016 年 11 月，《单元主题教学，挥洒师者激情——马冬梅名师工作室成果汇报》在佛山市小学语文教学成果中展示交流；2017 年 9 月，马冬梅副校长在顺德区 2017 年"三科"培训中作题为《阅润童心——从教材编排看一年级阅读教学》专题讲座；2016 年 5 月，杨倩桢主任受邀到江苏扬州育才西区校上体验式阅读示范课；2017 年 11 月，杨倩桢主任在华南师范大学附属小学上了一节体验式阅读研讨课；2018 年 9 月，邝惠妍教师在 2018 年新教材培训中作题为《在体验式阅读中快乐识字》的专题讲座……十多篇论文在《师道》《广东教学报》上发表，五十多篇论文获区级以上奖项，指导学生参加区级以上阅读与写作比赛，50 多人次获优秀指导奖。

（四）学生发展

自开展小学语文"1+1"体验式阅读教学改革以来，在校园里已很难再见到学生们追逐打闹的身影，他们更多的是经常相互交换图书、交流阅读的心得与体会；校图书馆不仅有学生的身影，也有教师的身影，师生养成良好的读书习惯，每天课外阅读时间不少于 1 小时。爱读书，乐读书成了校园良好的风气，成了学校的主流文化。为更好地了解学生的阅读情况，我们特意设计调查问卷。本次抽样调查了 30 个班共 1 304 名学生，调查结果见图 5-9。

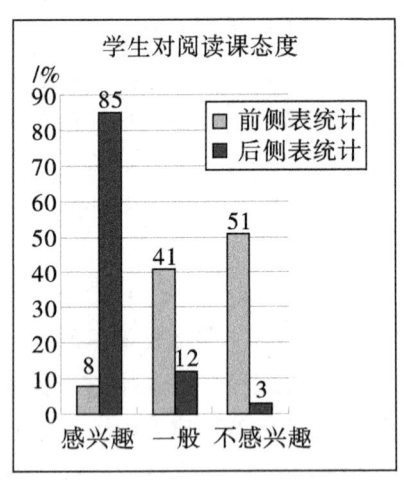

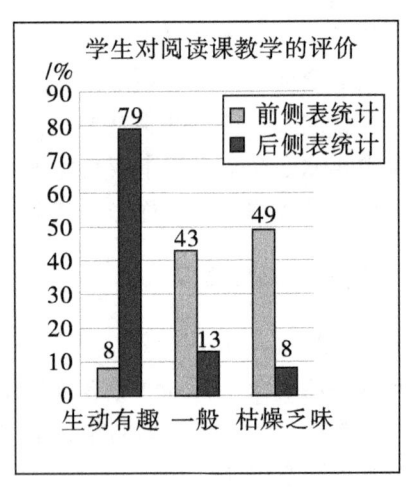

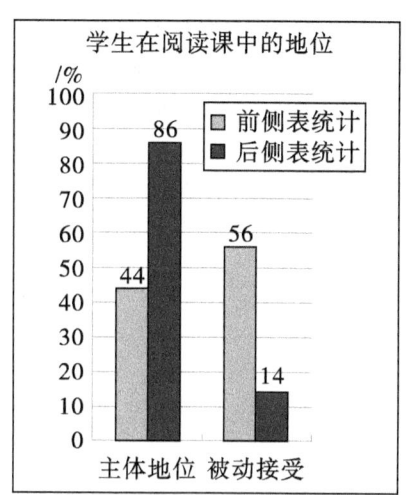
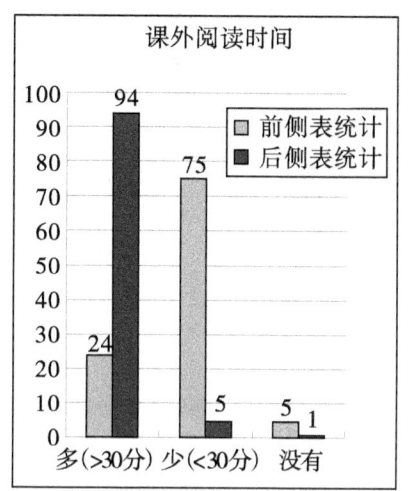

图 5-9 阅读情况问卷调查

从以上数据可以看出，学生阅读时间增多了，阅读量扩大了，已逐渐养成良好的阅读习惯，校园的书香味更浓了。随着阅读量提高，学生的写作能力也像芝麻开花——节节高。

几年间，学生参加各级各类读写比赛成绩斐然，共 249 人次获区级及以上奖励。具体成绩见表 5-9。

表 5-9 获奖情况

级别 项目	国家	省级	市级	区级
阅读比赛	6	8	12	11
征文比赛	37	58	49	39
小记者活动	—	—	3	—
讲故事比赛	—	—	—	5
诗歌创作	—	—	—	22
语言类才艺比赛	—	—	—	2
经典诵读	—	—	3	2

（五）校本成果

结合"1+1"体验式阅读教学，建立了完整的体验式阅读内容、范围、形式、评价体系。编列了每个年级的"1+1"体验式阅读教学校本教材，共12册，由龙斌校长、马冬梅副校长、杨倩桢主任为主编的"小学语文体验式阅读课程丛书（第1辑）"共10本由中国评论学术出版社正式出版，分别是《遇见·体验·成长》《践行花开》《童心赏春》《童心童语》《童诗童趣》《童心印记》《童心童得》《小学语文体验式作业校本教材》（3本）。

五、展望

综观课改历程，我们发现有太多的问题不思考则无，若思考则无穷无尽。

从宏观的角度，当前我们非常渴望思考出小学语文"1+1"体验式阅读教学如何实现对学生核心素养的培养，如何配合其他学科的教育教学，把学生培养为"全面发展的人"。

从微观的角度，目前我们正在思考和实践整本书阅读教学。有一些很现实的困难摆在面前。首先，如何激发学生发自内心爱读书、忙里偷闲能读书。其次，如何设计读书学习任务。再次，如何帮助学生发展个性阅读。

"路漫漫其修远兮，吾将上下而求索"，我们将继续用坚实的步履扩大"'1+1'体验式阅读教学"未知的领域，用面向未来的视野、不断进取的心志，开创更美好的语文世界。

▶ 案例六
"镇域课堂教学从有效到高效转型的实践研究
——以顺德区北滘镇为例"成果报告[①]

佛山市顺德区北滘镇教育局　何秀萍

"镇域课堂教学从有效到高效转型的实践研究——以顺德区北滘镇为例"是顺德区北滘镇教育局2014年10月申报顺德区教育科学"十二五"

---

① 本成果获2018年佛山市中小学教学改革成果一等奖。

规划成功立项的课题。经过层级上送，又先后成功立项为佛山市教育科学"十二五"规划"课堂改革专项研究"课题、广东省教育科学"十二五"规划"强师工程"课题。课题主持人是北滘镇教育局教研室何秀萍副主任，主要成员由各个实验学校的行政和学科骨干教师组成，他们分别是黄思苑、李紫梅、张芳向、彭成彦、刘仲轩、曾雯、钟丽花、麦燕玲、李晓辉、李敏、郭淑娣、张云峰、张丽清。课题指导专家是华南师范大学教育科学学院院长卢晓中教授、广东省教育研究院黄志红博士、佛山市科学技术学院硕士课程导师冯小凤老师。

该课题于 2017 年 12 月顺利结题，课题成果于 2018 年 5 月参加顺德区第十届中小学教育科研成果评比，获评一等奖。

一、现状与背景分析

首先，"深化教育改革，全面推进素质教育"是新一轮基础教育课程改革的目标要求，目的是在 21 世纪构建符合素质教育要求的基础教育课程体系，其基本理念是关注学生发展、强调教师成长、重视以学定教。随着新课程改革的不断深入，教学改革工作呈现出良性发展的态势，教学方式和学习方式发生了巨大的变化，学生主体地位得到较好体现，教学空间不断拓展，教学评价也更趋全面科学。

其次，走在全省课改前列的佛山市努力创建国家教育综合改革试验区。在 2014 年全市教育工作会议上，副市长麦洁华提出了佛山教育新目标：到 2016 年建成全省教育综合改革先行区；到 2020 年建成国家教育综合改革示范区，实现从"学有所教"到"学有优教"的更高目标。

最后，顺德区北滘镇是广东省首批教育强镇。北滘教育在镇党委和政府领导及社会各界的支持努力下取得了可喜的成绩。如莘村中学的"生命课堂"，君兰中学的"小组合作学习"模式，承德小学、中心小学、碧江小学、朝亮小学等小学的"有效教学"课题研究，为北滘镇镇域课堂有效教学提供了优秀的案例，也为此课题的研究奠定了良好的基础。北滘镇学校有效课堂教学的研究如火如荼地开展，促进了课堂教学质量的提升，促进了镇域教育水平的发展，也为北滘镇进一步探索从"有效"到"高效"的转型奠定了基础。

在研究和改革过程中，由于受传统课堂教学模式及教师观念落后的深刻影响，目前仍有教师未能摆脱课堂教学的概念化、模式化和陈旧化。观念和手段的滞后，让课堂教学的改革和研究走到了"高原期"，出现了"瓶颈"，课堂教学亟待进一步改革和深化。

为了突破"瓶颈"，适应新时代的要求，镇教育局制定了《北滘镇教育创新行动计划（2013—2018年）》，确立了"科研促教强校"的战略目标，大力倡导课堂教学改革，促进教育教学质量和办学水平的提高，创建和形成北滘教育特色与品牌。镇教育教学研究室（以下简称"镇教研室"）担当着引领课堂改革的重任。因此，我们确立"镇域课堂教学从有效到高效转型的实践研究"这一课题，借课题的研究，进一步深化镇域课堂改革，提高课堂效率，有效转变教师的教学方式和学生的学习方式，促进镇域课堂教学从"有效"到"高效"的转型。

二、研究的基本观点

首先，课堂是教学的主阵地，教学效果应该从"有效"向"高效"转型。新一轮基础教育课程改革的基本理念是关注学生发展、强调教师成长、重视以学定教。北滘镇作为教育强镇，各中小学的有效课堂教学研究如火如荼地开展，为进一步提升教育质量，有必要进一步探索从"有效"到"高效"的课堂教学转型策略。

其次，综合运用四个层面策略，为研究的科学性、规范性保驾护航。镇教研室统筹规划和实施镇域课堂教学改革，综合运用四个层面（观念层面：学习理论，更新观念；组织层面：健全机构，加强统筹；执行层面：重视常规，促进师能；评价层面：全员激励，提质创优）的推动转型策略，以学习共同体（学生与学生，学生与教师，教师与教师）的形式探究新形势下课堂教学改革的途径、策略、手段和方法，能较好地促进教师课堂教学方式的转变、学生课堂学习方式的转变，促进"有效"课堂向"高效"课堂转型，进而促进教师的专业成长、学生全面发展，促进学校的发展和镇域教学质量的提高。

再次，课堂教学有效是基础，高效是"提质创优"。高效课堂是指教育教学效率或效果能有相当高的目标达成的课堂，具体而言是指在有效课堂的基础上，完成教学任务和达成教学目标的效率较高、效果较好，并且取得教育教学较高影响力和社会效益的课堂，呈现"三高""三动""三量""三学""减负"五大特点见表5-10。

表 5-10　课堂教学五大特点

三高	高效率、高效益、高效果
三动	身动、心动、神动
三量	思维量、信息量、训练量
三学	爱学、乐学、善学
减负	轻负担、高质量；低耗时、高效益

最后，高效课堂体现"以人为本"的理念。高效课堂强调课堂教学改革不仅仅是一种教学方法或教学技术的调整和更新的事情，而是更加关注"学生"，关注教学中"人的问题"。

三、研究目标与内容

（一）研究目标

通过本课题的研究，努力达成以下目标：

（1）实施《北滘镇教育创新行动计划（2013—2018 年)》和镇教研室教育教学工作计划。引进有效教学系统理论，在初中、小学各阶段设立课题实验单位，并在不同的学校建立不同学科的子课题，以点带面，达到大幅度提高课堂效率的目的。

（2）通过课题的研究和实践，摸索出"教"和"学"方式的"三大有效转变"：教师角色从"教书匠"向"教育家"有效转变，教学模式从"被动式"向"互动式"有效转变，教学评价从"单一性"向"全面性"有效转变，促进教师教学力和学生学习力的提升。

（3）构建高效课堂的评价体系。掌握有效教育的评价标准，而且能够灵活地根据具体的教学内容调整评价标准和纬度，科学地将定量与定性、过程与结果有机结合，全面、公平、公正地评价学生的学习成绩和教师的工作实绩。

（4）形成一批物化的成果。积累高效课程的开发和应用以及教学资源。建立高效课堂优秀的课例、优秀教案、优秀"导学案"资源库等，使镇域高效课堂教学资源共享，相互交流，共同提高。

（5）构建镇域高效课堂基本思想和模式。在实践和探索的基础上反思和提升，撰写成果编著、论文和研究报告，探索并总结高效课堂教学方式和学习方式的策略和模式，为镇域教育提升课堂教学质量作决策参考。

（二）研究内容

（1）镇域小学课堂教学从"有效"到"高效"转型的策略与模式研究。
（2）镇域初中课堂教学从"有效"到"高效"转型的策略与模式研究。
（3）高效课堂视角下课堂观察评价表的研发与应用。
（4）各实验校构建符合校本实际的促进课堂向高效转型的、镇域内可以交流借鉴的教学框架模式。

（三）研究重点

本课题的研究重点落在中小学高效课堂的实践研究。通过研究，分析典型课例或案例，提炼出具有实际应用价值的高效课堂教学的策略与模式。以教学反思为抓手、以课堂评价为激励来推进"有效"教学向"高效"课堂的转型。

四、主要方法和措施

（一）研究过程

1. 组建课题研究组

课题组成员构成：
（1）北滘镇教育局教育教学研究室为课题主持单位。
（2）镇教科研中心教研组和实验学校分管教学的领导为课题组主要成员。
（3）不定期地聘请各级各类教育专家指导课题研究工作。

2. 选用切合课堂教学实际的研究形式

（1）设立子课题专项研究。以学段为主要单位，课题组的成员学校承担子课题的实践研究工作，撰写研究报告、成果论文等，不定期开展各学段的研究成果交流、分享研讨，相互促进，共同提高。

（2）进行"有效课堂"向"高效课堂"转型的研究工作。通过调查问卷，分析镇域"有效教学"的研究成果和影响，提出具体的"向高效课堂"转型的研究方案，让研究有计划有步骤地开展。

（3）以常态教学研究的形式开展研究。包括子课题专项研究、集体备课、课堂教学观摩、教学设计、课例分析（包括微课、一对一课型、整合课例等）、教学研讨、教学反思等，在实践中探索，坚持课题研究与课堂教学紧密结合，坚持课题研究理论与实践紧密结合。

（4）研发、应用适合本镇实际的"高效"课堂观察评价表。认真学习"高效"课堂相关的观察和评价理论，立足"镇本""校本"实际，合理设置"高效"课堂的观察点、评价维度和指标，最大限度地发挥评价的激励功能，促进课堂教学高效率。

3. 组织结构框架图（见图5-10）

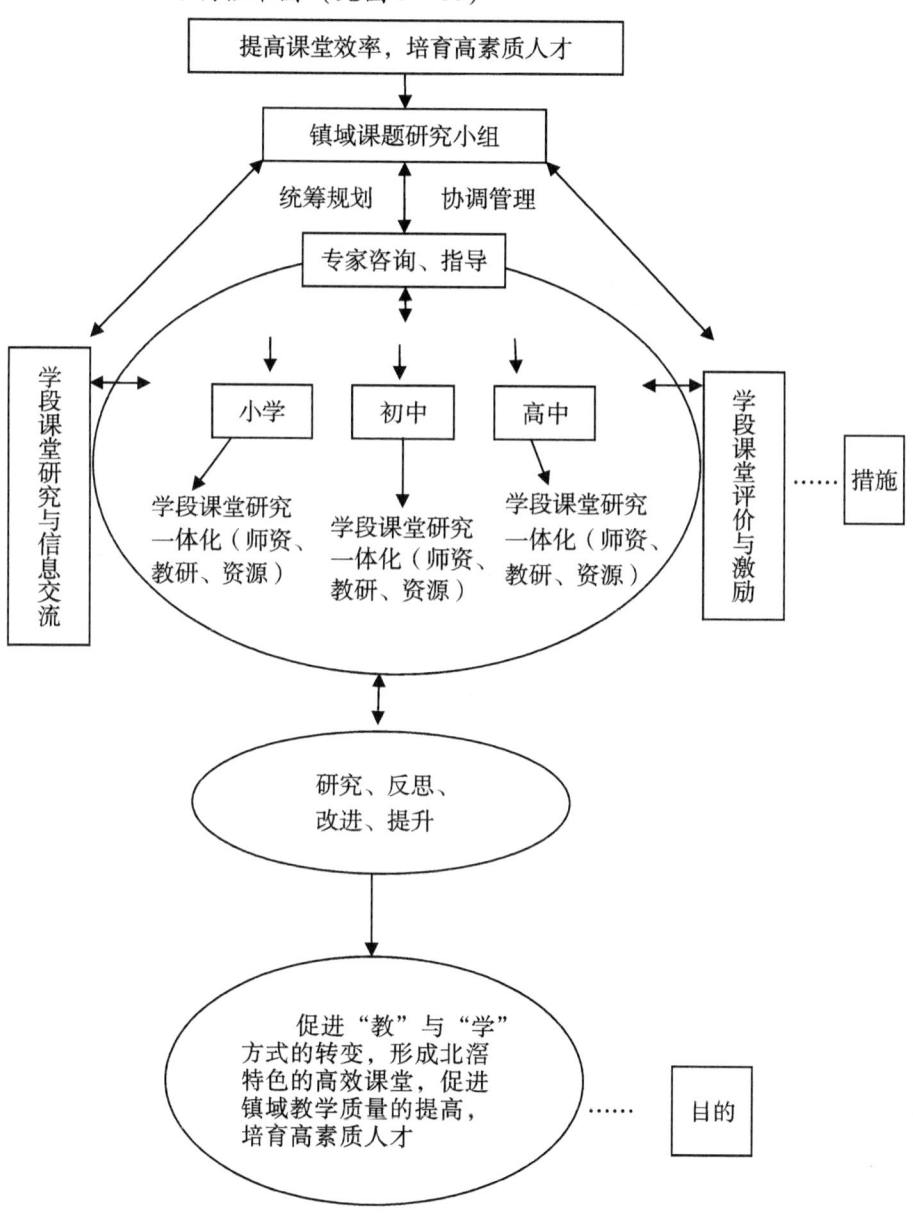

图5-10 组织结构框架图

（二）研究方法

以"行动研究"为主，兼用文献研究法、案例分析法、问卷调查法（见表5-11）。

表 5-11 研究方法

研究方法	研究阶段	主要内容
文献研究法	前期准备 策略研究	搜集文献，广泛细致研读、分析、比较、提炼，了解、掌握有效课堂的策略和高效课堂的研究理论，研究适合北滘镇课堂改革的教学模式与策略
行动研究法	研究阶段	通过对小学、初中各年段高效课堂模式的行动研究，比较得出高效课堂的模式和方法，并为教学实践运行提供策略指导与建议
案例分析法	研究阶段	使用案例分析法，分析国内外和镇内的实践案例，学习、反思、积累经验
问卷调查法	前期准备 评估阶段	通过问卷调查，获得数据与资料。通过研究前后数据分析，了解课题开展的效果 通过访谈、问卷，获取教师、学生、专家等对高效课堂实施的评价

（三）实施措施

本课题研究跨度比较大，涉及小学和初中各学段的所有科目，所选取的10所实验学校处于不同办学层面，受到每个学校教学整体特点、历史背景、教师学科群体的风格、教学追求等影响，教研室要想从镇域角度研究有效课堂教学向高效课堂教学转型，统筹全局工作的同时也要确保各自的特色发展，面临的问题很多，需要解决的难点一环扣一环，因此主要采取了如下措施。

1. 观念层面措施：学习理论，更新观念

为了更新教师的观念，提高教师的理论水平，教研室鼓励镇内各高、中、小学乃至幼儿园教师进行业务提升，加强自身教学理论、教学技巧等学习，更新已有知识观念。组织各校教师参加教育部门组织的有关新课改的研讨活动，使之更好地了解新课程标准、相关理论以及课改的新动态，探索有效课堂乃至高效课堂的教学模式与策略。值得一提的是，全镇范围内已普及电子白板，各个学校积极响应信息化教学，如一对一移动终端的引入、翻转课堂、微课教学等，均是高效课堂的抓手。因此，课题组成员除了进行网络环境下的集中学习外，还采取了集中学习与分散自学相结合、重点精读与系统学习相结合、专题讲座与自主学习相结合等多种形式，打破时空的限制，使学习活动活泼而有效地开展。

除了整体提高教师的队伍外，镇教育局大力落实《北滘镇名师成长计划》，力求在两三年内造就一批区域和学科领域内具有一定影响力和知名度的名教师，以点带面，促进教师队伍的发展，因此遴选并培育了北滘镇首批"种子教师"和开展北滘课改骨干教师培训班。这一批教师迅速成长为各校中坚力量，领航课改的前进步伐。

2. 组织层面措施：健全机构，加强统筹

为了使研究工作得到正常有效的开展，教研室成立了"高效课堂"课题领导小组，在此基础上选取10所学校作为实验学校，分别是北滘莘村中学、碧江中学、君兰中学、中心小学、承德小学、西海小学、朝亮小学、马龙小学、美的学校、高村小学，每所学校结合课改选定一个方面作为具体研究的内容，各司其职，各尽其能。以下是课题阶段成果名称、形式及相应负责人（见表5-12）。

表5-12 课题阶段成果名称、形式及相应负责人

阶段成果名称	成果形式	主责人
北滘镇课堂教学情况调研，课题申报评审书，课题开题	课题申报评审书、调查问卷、开题报告	何秀萍；教研室；镇教科研中心组
镇域高效课堂资源平台	开发课题网站	张芳向；各实验校主管行政
高效课堂视角下课堂观察评价表的研发	量表	各实验学校
课题中期阶段性检查、验收	中期报告课例、教学案例、论文	何秀萍；镇教科研中心组；各实验校主管行政

续上表

阶段成果名称	成果形式	主责人
镇域中小学课堂教学从有效到高效转型的实践研究	课例、教学案例、教学反思	各实验学校
网站完善；课例、教学案例、教学反思撰写及汇总	课题网站、课例、教学案例、教学反思	张芳向、麦燕玲；镇教科研中心组；各实验校主管行政
召开课题结题报告会，对实验课题进行现场评审、鉴定和验收；推广成功的经验和做法	结题报告（文字+视频）、课题成果汇编、课例案例光盘、课件光盘、各实验学校展板	何秀萍；镇教科研中心组；各实验学校主管行政

3. 执行层面措施：重视常规，促进师能

为了使课题研究扎实开展，镇教研室为各中小学教师的研究搭建平台，重视常规检查，监管教学过程。每学年定期开展教科研活动，如课题研讨会、课堂教学比武、示范课观摩、论文评比、教案评比、外出考察、参加学科大型会议等，有效推进各实验校的研究向纵深发展。课题组成员多次参加区级以上课题研究工作的交流与展示活动，如课题实验学校的行政及骨干老师们在镇教育局教研室的带领下，2015年到广西玉林观摩学习一种新的教学方式——"MS-EEPO"有效教育方法，2016年到重庆谢家湾小学等课改名校交流学习，2017年、2018年分别赴北京和深圳跟岗学习，感受前沿城市学校的课堂教学改革风貌。

实验学校，也纷纷出台各项研究制度和实施方案，鼓励、鞭策、引领教师进行课堂改革，如碧江中学建立《碧江中学课堂教学改革年级管理督促制》、美的学校出台《美的学校课堂教学改革实施方案》等。

五、主要研究成果

本研究取得了丰富而显著的研究成果。课题实验过程是理论联系实际的过程，是创新思维物化的过程，也是全体课题实验教师通力合作的过程，更是实验教师自身快速成长的过程。

（一）成果一：构建了具有校本特色的高效课堂教学模式

我们针对初中、小学各校校本课改、学科内容和学生学习能力培养等方面构建了一系列的高效课堂教学模式（见表5-13）。

表5-13 课堂教学模式

学校	课堂教学模式	操作流程
莘村中学	"学案导学小组合作"生命课堂教学模式	情景导入，目标定向→学案引领，预习交流→探究质疑，合作交流→启发引导，精讲互动→系列训练，当堂达标→回顾目标，总结反思
碧江中学	"0宣科"课堂教学模式	个人主备→集体一备→试做《100学习任务书》→集体二备→主备修正→科组长审核付印
中心小学	"四二六"课堂教学模式	自主尝试→合作探究→展示释疑→应用提升
朝亮小学	合作型思维导图课堂教学模式	结构化自学→三单型共学→问探式群学
美的学校	"四主六环"教学模式	目标导向→小组学习→展示交流→点拨引导→反馈检查→小结提升
西海小学	"ICG"教学模式	自主→交流→引导
承德小学	"双T"课堂教学模式	设计学习任务单→分组→合作探究→总结归纳
马龙小学	"211"阅读教学模式	20分钟学习课文内容→10分钟巩固练习→10分钟拓展阅读

1. 莘村中学："学案导学小组合作"生命课堂教学模式

莘村中学"生命课堂"教学理念为指导，以提高课堂教学效率为目标，以课堂为主阵地，以"学案导学"为突破口，以"自主探究小组合作"为主要学习形式，深入研究课堂教学模式，切实解决课堂教学中存在的问题，构建学习共同体，提高课堂教学效率，为师生的终身发展奠定良好基础。

2. 碧江中学：实施"0宣科"课堂教学模式研究

执行"个人主备→集体一备→试做《100学习任务书》→集体二备→

主备修正→科组长审核付印"的备课模式,形成创新班和提高班不同层次学生因人而异的"0基础"《100学习任务书》,并在此基础上形成国家课程校本化资料与内容。

3．君兰中学："任务驱动式"课堂教学研究

君兰中学"任务驱动式"课堂创造了以学定教,让学生主动参与、自主协作、探索创新的新型学习模式。让学生在一个具体的任务"驱动"下,通过多种"探索"活动去"领悟"新的知识,在完成一个个任务的过程中体验成就感,以此激发进一步学习的兴趣,并在教师的引导帮助下完成相应的知识结构的构建。

4．中心小学:构建基于小组合作的"四二六"高效课堂教学模式的实验与研究

"四二六"课堂教学模式有四个基本环节:自主尝试、合作探究、展示释疑、应用提升。"二"即"两个5分钟":重视课堂前5分钟、后5分钟。"六"依据陶行知"教学做合一"思想,在课堂上践行他提出的"六个解放":解放学生的时间、空间、双手、眼睛、头脑、嘴巴。实施该模式后,教师们在教学中更关注学生的认知规律、学生的学习需要、学习类型、起点能力、发展方向和心理表现。

5．朝亮小学:合作型思维导图课堂的建构与实践研究

(1) 小学语文高年级问题探究式思维课堂。设计了三种阶梯课型:结构化自学课,常说的预习;填单型共学,第一课时;问探式群学,第二课时。

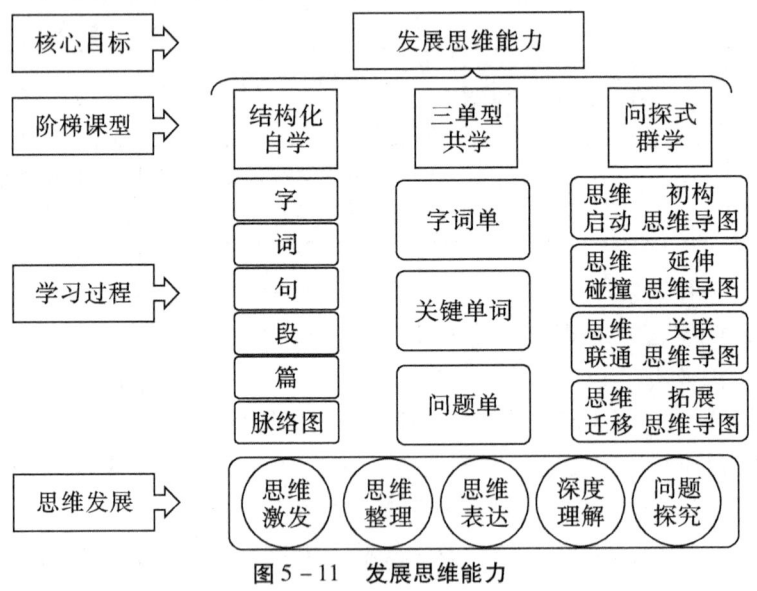

图 5-11 发展思维能力

（2）小学语文低年级"3+X"思维教学模式。低年级的"3+X"思维教学，是本课题拟建构的思维课堂范式之一，即一篇阅读文章教学课堂围绕课文解决一个主要问题、绘制一个思维导图、一次拓展写话练习和"X"个发散性思维谈话，这一模式既培养了学生的思维，又激发了学生学习的兴趣，提高学生的核心素养。"3+X"思维教学体现语文教育的特点，重视语文课程对学生思想情感所起的熏陶感染作用；同时也重视学生的实践能力，把听、说、读、写结合，让学生在大量的语文实践中，把握语文的规律。

6. 美的学校："四主六环"课堂教学模式研究

摸索出"目标导向→小组学习→展示交流→点拨引导→反馈检查→小结提升"的"四主六环"教学框架模式。接着又进行框架模式学科化的深度研讨，以点带面，双向联动，抓住"目标导向"和"反馈检查"的一致性，让两个环节紧密关联，促进课堂教学效果的有效性向高效性发展。

7. 西海小学："ICG"教学模式下的"思维课堂·核心基础"实践研究（见表5-14）

表5-14 思维课堂·核心基础

模块	步骤指导	意义以及注意事项	课堂用时
自主（independence）	学生独立完成与本课知识点相关的符合学生认知水平的练习题或者思考题	这是学生的个体思考时间，充分体现学生自主学习，形成人人要思考的氛围。教师应该通过设立一定的奖励机制或者通过巡视，了解学生对知识点的掌握程度	10~15分钟
交流（communication）	学生在完成自主学习后，给予学生小组内充分交流的时间	通过交流，学生会发现自己的不足，从而达到互相促进的目的，教师在学生交流的期间要观察每个小组的交流情况，适时给予学生鼓励，防止出现个别学生不参与的情况	5分钟
引导（guidance）	教师根据学生自主学习和交流的情况，随机引导学生	教师对于学生已经掌握的知识点少讲，没有掌握的知识点精讲，容易出现的错误重点讲	20~25分钟

8. 承德小学:"任务驱动+小组合作"的"双T"教学模式的构建与实践

"双T"模式包括教学理论"双T"(建构主义+主体认识论)、教学理念"双T"(学生主体+教师主导)、课型模式"双T"(任务驱动+小组合作)、教学内容"双T"(课标教材+学习任务单)和学习方式"双T"(自主学习+合作探究)。

9. 马龙小学:交互式电子白板环境下的小学语文高效阅读教学策略研究

从"课堂结构"作为切入点,并充分利用交互式电子白板的优势进行探索,打破传统课堂结构,形成交互式电子白板下的"211"阅读教学模式。即充分利用电子白板的优势开展教学,一节课中20分钟学习课文内容,10分钟巩固练习,10分钟拓展阅读。

10. 高村小学:思维导图引导下的小组合作高效课堂策略研究

高村小学根据学校实际,优化课堂教学结构,力求形成"个人自主学习—小组合作探究—反馈与点拨"的"思维导图+小组合作学习"课堂教学模式,具体操作流程:课前准备→明确目标→自主独学→小组研学→导图交流→点拨深化→巩固提升。

(二) 成果二:调动了教师参与课题研究的积极性

北滘镇教育局出台了《北滘镇教科研管理办法和成果奖励方案》,鼓励广大教师以解决教育教学实际问题为导向,积极进行工作反思和合作研讨,广泛开展课题研究(含小课题研究),培养在研究状态下工作的习惯。每年发出资助金额近20万元,极大地调动了广大教师教科研的积极性。

根据奖励措施,从2015—2017年,包括区级以上(含区级)课题立项、结题成果、镇小课题立项、教研成果(特指专著、论文)四大方面的奖励统计(见表5-15)。

表 5-15

学年 \ 奖励项目	规划课题立项	结题成果	区(镇)小课题立项	教研成果	总数	奖励金额/元
2015年	27	11	49	22	109	144 400
2016年	27	42	55	21	145	169 350
2017年	34	66	112	94	306	136 750

课题组教师们在教学实验中不断应用新理念、探索新方法、积累新经验，其教学观、学生观、师生观、质量观得到了转变，教育理论修养、教育科研能力得到了明显提升，在课堂教学技能大赛、案例论文评比、课例征集等方面取得了丰硕成果。近三年，在正式刊物上公开发表的与课题有关的论文与教学设计共 39 篇，在各级各类获奖的优秀录像课例共 63 个，优秀教学课件资源共 121 份。

（三）成果三：建立了课题研究专题网站

为了提高课题研究的实效性，更好地实现资源共享和成果宣传推广，我们建立了专题网站。该网站设置了新闻中心、文本资源、课例资源、图片资源、电子刊物等栏目，并开辟了莘村中学、碧江中学、中心小学、朝亮小学等多所课题实验学校专栏，让各校将相关资料上传到网站，以达到互相交流、共同提高的目的。

（四）成果四：出版了镇域课堂教学从有效到高效转型的汇编著作

为更好地记载课题的研究过程，总结经验方法，我们出版了《枣花虽小核实成——〈镇域课堂教学从有效到高效转型的实践研究〉课题成果汇编》。内容聚焦于课堂教学，包含五个篇章，分别是结题报告、10 所课题实验学校工作报告、发表论文与教学设计、优秀课例清单，优秀课件清单。该书由课题主持人、北滘镇教研室副主任何秀萍主编，中国评论学术出版社出版。

（五）成果五：录制了镇域课堂教学从有效到高效转型的研究历程视频

录制时长 40 分钟的视频——课题研究历程。全面且立体地展示了本研究的所有内容，系统整理了研究过程的图片和影像材料，生动细致地展示了研究的过程和成果，是区域教师开展课题研究很好的借鉴样本。

（六）成果六：进行了系列成果推广活动

在研究成果的推广与应用上，课题组采取了"实验＋研究＋推广"的研究策略，结合镇内联片教研、教师能力大赛、"种子教师培育工程""课改名家进北滘"等项目开展"示范课""精品课""同课异构""送教下乡"等教学研讨活动。同时，利用《北滘教育》刊物出版了高效课堂研究专辑、选登了课题开题报告和结题报告，如 2015 年 6 月总第 5 期、2017 年 7 月总第 9 期、2017 年 12 月总第 10 期，及时做好"高效课堂"研究过程和成果的宣传工作，发挥该课题研究的辐射作用。

六、创新价值

（一）理论价值：形成新的镇域高效课堂教学模式和基础理论雏形

高效课堂是对素质教育内涵和新课改理念的"实践表达"。新课改主张的"自主、合作、探究"，正是高效课堂的"六字真言"，落实成方法恰好是——自学、对学、群学、展示、反馈。我校开展镇域课堂教学从有效到高效转型的研究，不断努力完善和提升镇域课堂教学改革的研究理论和实践，形成新的镇域高效课堂教学模式和基础理论雏形，为镇域教育决策提供有价值的决策参考。

（二）实践价值：推动课堂教学改革，促进教师专业成长，提高教学质量

（1）推动课堂教学改革，形成北滘教育工作的主线和长效机制。和行政强有力的推进相比，北滘镇镇域课堂教学改革是课题性的、学术性的、柔软性的统筹推进。推进过程中强调整体性和全面性，10 所实验学校全员动起来，贯彻从有效到高效转型的主线，根据校本特色构建不同的课堂教学模式，进而实现通过抓课堂教学改革来促进教育发展，形成北滘开展教育工作的主线和长效机制。

（2）促进教师专业化发展。通过对本课题的研究与实践，改变教师教学观、教学手段和策略，使教师乐教、善教，成长为与时俱进、有研究精神和创新课堂教学能力的新型教师，向专家型教师转变。近三年，北滘涌现出一批课改积极分子，积累了丰富的教学设计案例、学习资源和教学课例等，发表了一批课题研究论文。

（3）大面积提升学校教学质量。通过全体教师的实践、探索，我镇基本实现了在适度负担的前提下大面积提高教学质量的目的。自开展镇域课堂教学实践以来，全镇教育教学水平有明显上升趋势，尤其是实验学校，在镇内的同级学校中，优势明显；整体上，各校教学效果喜人，每年总有新的突破。据统计，今学年，北滘镇义务教育阶段中小学综合成绩居全区前列，家长对教育的满意度进一步提升。

（三）推广价值：立足校本与镇域，提供课堂模式与教学提升的参考样本

（1）有志建设高效课堂的中小学。本研究的聚焦包括"高效课堂"和"转型策略"两个方面，实验学校包括10所中小学，所以对有志建设高效课堂的中小学具有参考价值。一是转型策略，例如进行教研成果评选、课题立项、名师培养等；二是高效课堂模式，本研究成功构建了不同的课堂教学模式，推广学校可以进行校本式迁移，最后形成本校特色的高效课堂。

（2）镇级及以上教育管理机构。本研究的特色就是以"镇域"为研究范围和研究对象，目前的实验研究已经促进课堂顺利从有效转向高效，同时也梳理并实践检验了相关转型策略，对于镇级教育管理机构具有参考价值。此外，北滘镇是一个教育大镇，规模几乎相当于一个区域县级教育管理机构，所以也同样适用推广于镇级以上教育管理机构。

七、结语

实践证明，顺德区北滘镇教育局致力于课堂教学从有效到高效转型的实践研究，能够推动区域课堂教学改革的实施，并在研究与实施的过程中提炼出推动镇域课堂教学从有效到高效转型的策略，以课题为抓手统领多所实验学校，促使学校立足校本建构特色性的、高效型的课堂教学模式。接下来，我们将继续深化研究，从而实现以学生为主体、促进教师专业发展和提升教育质量的目的。

案例七
共奏校本海韵　成就幸福人生
——"基于全童发展"校本课程建设成果报告①

一、办学情况

（一）学校基本情况

伦教北海小学校园占地面积 17 760 平方米，生均占地面积 9.01 平方米；建筑面积 14 551 平方米，生均建筑面积 8 平方米。现有 45 个教学班，教职工 117 人，学生 1 970 人，其中进城务工人员子女 1 104 人，占 56%。学校美轮美奂，绿树成荫，环境幽雅。学校先后被评为全国教科研先进单位、全国家庭教育指导培训基地、全国家庭教育示范学校、教育部中国教师发展基金会校本课程建设项目全国重点实验单位、中国教师发展基金会"十三五"规划重点课题"科研实验单位"、广东省依法治校达标校、广东省义务教育规范化学校、广东省体育传统项目（游泳）学校、广东省巾帼文明岗、广东省"书香校园"、《广东省第二课堂》小记者站、佛山市义务教育优质学校、佛山市绿色学校、佛山市"书香校园"、佛山市依法治校达标学校、第一批"佛山市粤剧特色创建基地学校"、《珠江青少年》"红马甲"小记者站、佛山市少先队红旗大队、首批"顺德区书香校园"、顺德区第一批文明校园、顺德区绿色学校、顺德区德育示范学校、顺德区安全文明校园、顺德区先进学校、顺德区中小学办学绩效评估 A 级学校、顺德区依法治校示范校、书香校园建设被评为顺德区"终身学习活动品牌"、顺德区儿童诗歌教育联盟学校、顺德区巾帼文明岗、顺德区中小学德育研究会理事单位、顺德传统文化教育培训基地（粤剧类）、顺德书法家协会书法教育基地、顺德区创森种植优秀学校、顺德区学生游泳技能普及优秀单位等。学校办学成效显著，硕果累累，是一所文化底蕴深厚、教育特色凸显的现代化小学。

---

① 本成果获 2018 年佛山市中小学教学改革成果三等奖。

在郭丽华校长的引领下，北海小学在传承中不断创新发展。目前我校立足"以师生发展为本成就幸福人生"的办学宗旨，围绕"让每个孩子都精彩"的办学理念，从三方面着力打造"全童教育"。在"人本教育"方面：学校一切以教师和学生发展为核心，为教师和学生提供良好的发展平台，创造良好的发展条件，实现教师和学生发展可能最大化，发展素质最优化。在"载体教育"方面：学校在大力推进人本教育、特色教育的同时，不断开拓办学思路，以课题研究为载体促进学校向内涵式科学发展。当前，学校在行政班子的团结协作和师生的共同努力下，以培养遵循童道，立足全面，着眼未来，培养热爱生活、知行合一、乐学善思、多元发展，具有良好品行、可持续发展能力和追求卓越的一代新人为育人目标，以打造"全童教育品牌"为发展方向，全方位推动师生综合素质的提升，向街道乃至区知名品牌学校迈进。

（二）学校的办学理念

北海小学的办学理念是：让每个孩子都精彩。

（三）学校办学特色

北海小学认真吃透全国教育改革中提出的"创新、协调、绿色、开放、共享"五大理念，以四大特色项目建设为抓手，进一步深化我校的特色建设，形成鲜明的"全童教育"特色。特色项目一是魅力课堂：以学定教，立足校本，走学教研一体化之路，以"魅力课堂"创建活动为契机，努力打造"高效、智慧、魅力"课堂。特色项目二是书香校园：书香建设走常态化树人之路，打造"读书活动成常态，提升素质促发展"的德育特色。特色项目三是"泳"往直前：发挥地域优势，打造"泳"往直前的游泳特色。特色项目四是校本海韵：建设全童发展的校本课程，共奏校本海韵，打造全童教育品牌。

二、指导思想

在国家课程的基础上，结合我校"四个一"工程及学校特色的，践行"全童教育"理念，打造"全童课程"，尝试开发出更多的校本课程，形成一套行之有效的校本课程体系，提供丰富多样的教学实践，帮助学生全面掌握知识、技能，竖立正确的人生态度和价值观，促进学生全面和谐发展，使他们可以将所学知识运用到实际生活中，实现人生目标。

三、课程设置

（一）设置原则

1. 拓展性原则

校本课程是学校课堂教学的延伸，学生通过课程学习，能获得许多在课堂中学不到的知识、技能，有利于激发学生学习兴趣、发展个性特长，促进学生身心健康发展。

2. 主体性原则

尊重学生的主体地位，以学生自主活动为主，教师讲授、指导少而精，尽量让学生多练、多动，多给学生以尽可能多的实践与想象、创造空间。

3. 自主性原则

学生在自选科目时，教师应当尊重学生的意愿，报名后按各自选择组织活动，充分发挥学生的个性特长。

4. 自愿性原则

尊重学生的意愿，自选组别，充分发挥学生的个性特长。

5. 灵活性原则

教学内容、方法应以学生的实际情况而定，教师应从学生的能力、效果等差异出发，因材施教，灵活地做内容形式上的调整，使全体学生都得到发展。

6. 开放性原则

体现在目标的多元化，内容的宽适性，时间空间的广域性、可变性，评价的主体性。

（二）内容结构（见图5-12）

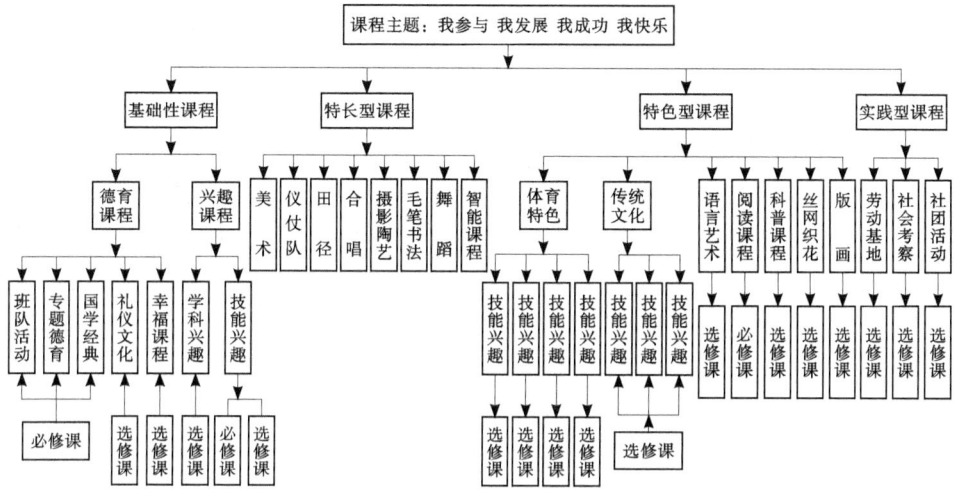

图5-12 北海小学基于全童发展的校本课程结构图

（三）课程安排

1. 校本课程的科目设置

（1）基础型课程（必修课程）：①必修课程：一年级棋艺；二年级粤剧欣赏；三年级绘画；四年级咏春拳；五年级硬笔书法；六年级毛笔书法。②主题德育活动课程：传统节假日主题体验校本课程；文明礼仪校本课程；"小故事，大道理"国旗下校本课程；法制教育、安全教育、心理健康教育校本课程等。

（2）基础型课程的第二课堂（自主选修）：学科拓展延伸及才艺培养课程：兴趣阅读、快乐写作、趣味数学、快乐英语、广播采编、美术、书法、合唱、篮球、足球、游泳、舞蹈、田径、棋类、剪纸、仪仗队、信息技术、烹饪、礼仪、国学、摄影、丝网织花、伦教本土文化、曲艺、版画、羽毛球、乒乓球、空手道、语言艺术、科学探究、幸福课程、一起读绘本、管弦乐团、吟诵、健美操、超强大脑、话剧、烘焙、插花、艺术字入门、我手绘我脑（思维导图）、精彩摄影、悠扬陶笛、名著赏析等。

（3）实践型校本课程（必修课程与选修课程）：学科综合实践课程、劳动实践基地课程、社会考察实践课程、社区服务等活动课程、社团活动、环境调查、香云纱调查、伦教名吃调查、古建筑文化调查等。

（4）特色型校本课程：游泳、粤剧（曲艺、民乐）、篮球、足球、阅读、传统文化、集邮、语言艺术、幸福课程、智能课程、管弦乐团、超强大脑、话剧、健美操、烘焙、插花、吟诵等。其中游泳与阅读为必修课程，其余为选修课程。

（5）特长型校本课程：美术、毛笔书法、智能课程、田径、舞蹈、合唱、仪仗队、民乐、管弦乐团、曲艺等。

2. 校本课程的课时实施安排

（1）基础型课程的必修课时间安排：①"四个一"理念必修课每周一节课，时间为留管课。②主题德育必修课程：每月安排两到三节课时间，时间安排在主题班队会、国旗下讲话与晨会。

（2）基础型课程的选修课时间安排：学科拓展型课程每周一节课，时间为星期五下午第三节课。兴趣特长课程每天一节，利用每天的托管课进行。

（3）主题德育课程：安排在每周的主题班队会、少先队活动、国旗下讲话及每天的校园广播中进行。

（4）特色型课程：①阅读课程：每周的午读 25 分钟时间及双周三早上的读书交流会。②游泳课程：游泳普及班校本课程由体育馆负责组织实施，时间为每年的暑假，学生报名参加，掌握基本的游泳技能。游泳提高班为每天下午放学后进行一小时训练。③其余特色型课程上课时间均安排在周三下午留管进行。

（5）特长型课程：美术、书法、智能课程、田径、舞蹈、合唱、仪仗队、民乐、管弦乐团、曲艺、空手道。（周二至周五每天早读时间和下午的留管时间。）

（6）实践型课程：学科综合实践活动由学科教师根据教材需要组织学生适时进行，劳动实践基地课程每周安排一次，每月有小结。社会调查实践、社会服务等实践型课程为每学期 1~2 次。社团活动展示由各社团辅导教师根据社团活动内容适时安排展示。环境调查、香云纱调查、伦教名吃调查、古建筑文化调查每学期 3 次到相关地点调查。

3. 校本课程展示安排。

（1）基础型课程的"四个一"课程展示：安排在每学年的第二学期中的"我参与，我发展，我成功，我快乐"才艺展示活动中进行。

（2）基础型课程的第二课堂：学科拓展型课程，每学期安排一次学科知识竞赛活动，活动方案由教导处与科组长负责。兴趣特长类课程由德育处、乡村学校少年宫和兴趣小组老师根据学校"星级评价制度"组织展示。

（3）特色课程展示：特色课程展示除参加各级各类比赛外，每年安排一次展示活动。游泳校本课程展示安排在每学年第二学期的5月的"水上运动会"，篮球校本课程展示安排在每学年5月的体育节及乡村学校少年宫的"才艺之星"评选中进行，具体展示方案由刘华云副主任与体育组负责。读书活动展示安排在每双周三的"读书交流分享会"、每月读书主题成果展示、每年的读书成果开放日进行。

（4）实践型校本课程展示：劳动实践基地校本课程展示安排在各班的"蔬菜收获节"进行，社区实践及社会实践展示时间安排在每个学期的开学初进行。

四、课程实施

（一）实施策略

1. 成立课程建设领导机构，明确领导机构职责
（1）领导机构。
组长：郭丽华校长。
副组长：陈小燕副校长、梁淑玲副主任（负责全面统筹校本）。
组员：大队辅导员、级长、科组长。
（2）领导组主要职责。
①统筹规划学校的校本课程，制定每年校本课程实施方案。
②总结校本课程开展的成效，开展教师校本课程培训，提升教师素质。
③制定校本课程实施的相关制度，保障校本课程的落实，负责校本过程实施的过程管理，审议评议校本纲要。
④开展每年一次的校本课程成果展示活动。
⑤合理分工，参与策划、指导、督促、检查不同类型的校本课程活动，使校本课程活动落到实处，有计划、有组织地策划各课程的校际性比赛。
⑥负责组织各项具体活动的评审事宜及联络协调工作。
⑦不定期小结不同类型的校本课程活动的开展，并提出一些促进校本课程活动的"金点子"。

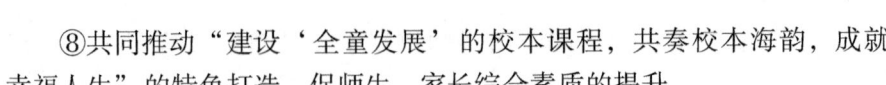

⑧共同推动"建设'全童发展'的校本课程,共奏校本海韵,成就幸福人生"的特色打造,促师生、家长综合素质的提升。

2. 规范课程实施程序,促课程有效实施

(1) 完善校本课程开发与实施领导小组机构。

(2) 完善校本课程。在原来32门校本课程的基础上,不断新增了粤讲粤精彩、珠宝鉴赏、趣味小古文、小小主持人、轮滑、电影欣赏、故事大王、趣味数学管弦乐团、吟诵、健美操、超强大脑、话剧、烘焙、插花、艺术字入门、我手绘我脑等课程。到本学年为准,各类校本课程共计65门。

(3) 通过学生问卷和学生座谈等了解学生各种需求,向学生公布《学生选修课程目录及课程介绍》,开展"我的课程,我做主"校本课程超市活动,组织学生自愿选修课程。

(4) 培训教师—教师申报课程—对教师申报课程进行审议—编订《学生选修课程目录及课程介绍》。

(5) 任课教师拟订具体的《课程计划》,做好备课工作,注重过程的落实和资料的积累。

(6) 全面评估分析确定校本课程总体目标,完善校本课程评价体系。

(7) 制定校本课程实施指南及特色型课程的课程纲要。

3. 加大课程师资培训力度,努力提升课程的成效

在职教师对校本课程的认识及开发能力,是制约校本课程教学质量的一个关键性因素,因此要从以下方面开展教师的校本培养,提高师资素质。

(1) 创造条件,开展校本课程开发的技能培训。在校本培训中设立校本课程开发专题,进行讲座辅导和自学研讨,深入领会校本课程开发的意义和作用,提高认识,明确目标。

(2) 强化科研意识,开发校本课程。强化科研意识,以"校本教材开发"为课题展开研讨,以学科教研组为单位,根据学科特点、学生实际、学校状况及目标导向等因素,研究开发校本教材,将此作为教研组教研活动和集体备课活动的一个重要内容。

(二) 校本课程评价

为了保证校本课程的开发质量,促进教师的专业发展,张扬学生的个性,彰显学校特色,主要从三个方面对校本课程进行评价:课程纲要(教

材）、课程实施、学生学业成绩。

1. 课程纲要

课程目标是否符合学校办学理念和培养目标，目标是否清楚明确；课程内容选择是否合适；所需的课程资源是否能有效收取，内容设计是否有弹性，课程组织是否恰当，是否符合学生身心发展。

2. 校本课程存折

主要是对学生的学习过程评价，从学生每周参加校本课程的情况记录，以及几年来学生所参与的校本课程项目的数量来评价学生的校本课程学习情况。

3. 课程实施评价

主要是对教师教学过程的评定，包括：教学准备、教学方式、教学态度、学生参与度等方面的评价。

4. 质量评价

主要从参与校本课程的多少积分，以及参与活动的获奖情况来评价。

五、课程管理

校本课程实现学校统筹规划，教师自主实施，学校监督检查，教师总结反馈。

（1）学校通过问卷调查、查看资料等形式，了解学科拓展及才艺培养校本课程式选课人数等，以便于规划实施校本课程。

（2）明确任课教师职责：撰写《校本课程纲要》，每周填写《校本课程实施跟踪情况记录表》，编写校本教材；认真上好每节课，有计划，有进度，有教案，有学生考勤记录，有评价，有小结；按学校整体教学计划教师应按学校整体教学计划的要求，达到规定的课时与教学目标，保存学生的作品、资料及获奖成绩，及时总结。

（3）各课程教师齐心协力，分工合作，开发校本培训教材。

（4）实施从第1周到第16周，第11周进行期中检查各课程进展情况，每学期召开一次校本课程研讨会，时间安排于第16周，展示优秀教师的成功经验、学生的学习成果，解决存在的问题，及时总结校本课程的实施情况。

六、校本课程实施办法

（1）合理利用资源开发校本课程。充分利用校园环境资源、教师资源、周边社区资源和文化资源、家长资源、企业资源，有效利用地域文化资源进行校本课程开发工作。

（2）校本课程以活动形式为主，除学校特色课程外，学校不统一要求编写系统性的知识册，教师可以从以下四个渠道挖掘教材资源：自编教材、选编教材、选用优秀教材、拓宽现有教材。

（3）校本教材内容的选择要关注学生的学习兴趣，内容要强化活动设计和实践应用。

七、校本课程经费保障

（1）学校设立专项基金用于课程实施与开发、教师培训、设备配置与对外交流等方面。加强图书馆、实验室、专用教室等设施的建设，合理配置各种教学设备，为学校课程实施提供必要的物质保障。

（2）建立奖励机制。在实施校本课程研发活动中成绩突出的教师集体或教师个人，给予课时奖励、荣誉奖励，并作为聘评教师的条件之一，评定职称的重要依据。

八、课程建设的成效与经验

北海小学立足"全童发展"的高度，以构建"所有孩子"的课程、"每个孩子"的课程、"属于孩子"的课程、"成就孩子"的课程为方向，进一步打造"全童发展"的校本课程建设体系，从开发时的32门课程，经传承创新，现已发展到65门课程。根据校本课程自身的特点及我校的实际情况，我校在校本课程开发中做了大量的工作，同时也取得了一定的成绩。

（一）领导重视，创建校本课程实施条件

近年来，我校郭丽华校长高度重视校本课程建设，她站在"全童发展"的高度，结合学校特色项目的打造，拟订了《基于全童发展的校本课程建设与实施方案》。为了更好地推进校本课程工作，拓宽校本课程的领

域，让校本课程落到实处，郭校长四处奔波，为校本课程建设加大了场地建设、器材设备、资金投入、人才配备等投入。在 2015 年 8 月，学校的综合楼和教学楼开始了扩建，并于 2016 年 9 月正式投入使用；完成了学校操场塑胶跑道的铺设，修整了足球场。这些硬件建设的逐步完善，更有利于校本课程建设的推进，更有利于全方位培养学生的素质发展。因此，在郭校长的努力下，学校、社区及家长同心协力，营造了良好的校本课程建设环境，共同推进了学校校本课程的建设。

（二）集思广益，增设多门校本课程

每一个学生都具有不同的兴趣爱好和个性特长，为了满足每一个学生的需求，让每一个学生参与到自己感兴趣的校本课程当中，学校成立了课程建设与实施领导小组，全面领导和管理课程建设与实施，明确分工，责任到位。学校行政领导在郭丽华校长的引领下，在学校校本课程总方案的基础上再次拟订了基础型校本课程、特色型校本课程、实践型校本课程的具体实施方案。

1. 常抓不懈基础型课程，让校本课程更规范化

我校基础型校本课程已取得了一定的成效，学生在经典诵读、绘画、咏春拳、竖笛、书法等课程中已掌握了基本的知识，对这些课程具有一定的兴趣。此外，结合主题德育课程，学校开发《文明礼仪伴我行》《安全伴我行》主题德育校本教材。为了培养学生的兴趣特长，充分发挥我校的教师资源优势，我们还开设了兴趣阅读、快乐写作、趣味数学、快乐英语、广播采编、美术、书法、合唱、篮球、足球、游泳、舞蹈、田径、棋类、剪纸、仪仗队、信息技术、烹饪、礼仪、国学、摄影、丝网织花、伦教本土文化、曲艺、版画、羽毛球、乒乓球、空手道、语言艺术、科学探究、幸福课程、一起读绘本、管弦乐团、吟诵、健美操、超强大脑、话剧、烘焙、插花、艺术字入门、我手绘我脑（思维导图）、精彩摄影、悠扬陶笛、名著赏析等 65 门学科校本课程。学校安排基础性课程在每周星期五下午的 3 点半到 5 点，一个多小时的校本课程时间，是学生最快乐的时光，教师们根据校本课程纲要的要求做好培训，着实提高了学生们探求知识的兴趣，更加践行了我们的办学理念——让每个学生都精彩。

基础性课程贯穿整个学期，时间跨度大，工作量多，需要协调学生的选修课程、教师们的培训课程，主管校本课程的行政人员都有条不紊做好这些工作，让校本课程建设更加规范化。因此，基础型校本课程在学科兴

趣培养方面发挥了一定的积极作用，每学期学生参加各级各类比赛，获奖数量及获奖档次均居街道前列。如科学探究校本课程在 2017 年度"小小科学家"全国中小学科学教育体验活动总决赛被评为示范学校、优秀组织单位并获得团体二等奖，在首届广东省青少年观鸟邀请赛优秀组织奖，广东省第八届"小小科学家"少年科学教育体验活动团体三等奖。书法校本课程的学生在 2018 年佛山市中小学师生规范字书写（硬笔）展示活动中，有 2 名学生获得了一等奖，2 名学生获得了三等奖，学校获得了优秀组织单位奖；在顺德区首届中小学生硬笔书法现场书写大赛中，参赛的 3 名学生均获得金奖，我校被评为顺德书法家协会书法教育基地。话剧校本课程的节目在顺德区中小学生文艺会演中荣获小学组戏剧类创作节目金奖等。

2. 坚持抓好特色型课程，让学校特色品牌走出去

特色型课程一直是我校校本课程的亮点。负责教师能长期扎扎实实地抓好训练工作，在各项比赛和展示活动中都展现了最高的水准，进而让我校的办学特色走出去，学校品牌越擦越亮。游泳、粤剧（曲艺、民乐）、篮球、足球、阅读、传统文化、集邮、语言艺术、幸福课程、智能课程、管弦乐团、超强大脑、话剧、健美操、烘焙、插花、吟诵作为我校的特色课程，严格按校本课程表进行授课，还开展了丰富多彩的展示活动。阅读课程以学年为单位制定了读书活动方案，每月有主题，每周有读书活动安排，每天有 1 小时的课外阅读时间。为确保读书活动落到实处，每学年评选书香班级、书香家庭、教师悦读之星、学生悦读之星和家长悦读之星。每一学年，我校都会举行主题读书成果展示会。学生们高水平的多元展示，不仅是我校的读书成果展示，更是我校实施"全童教育"的校本课程开设的成效体现，赢得了社会各界的一致好评。在全国中小学生作文现场比赛广东赛区决赛中，阅读课程的李陈忻同学获得二等奖，并代表广东到北京大学参加全国决赛。我校先后被评为顺德区、佛山市的书香校园，2017 学年更被评为广东省书香校园，我校"读书活动成常态提升素质促发展"书香校园建设被评为顺德区"终身学习活动品牌"。在顺德区第三届青少年灯谜邀请赛，灯谜校本课程的李思杰等同学获得团体总分第六名。我校为了进一步给学生搭建展示游泳的舞台，按照惯例举办一年一度的水上运动会。正是由于教师和学生运动员平时的努力，我校游泳队于 2013 年、2016 年、2018 年先后被评为广东省体育传统项目（游泳）学校，在 2017 年广东省体育传统项目学校游泳锦标赛中荣获丙组团体总分第二名，2015 年、2018 年佛山市青少年游泳锦标赛暨小学生游泳赛中均

取得了小学组团体总分第一名，连续五年获得顺德区中小学生游泳锦标赛团体总分第一名。民乐校本课程参加顺德区的曲艺展示获得好评，参加2015年"德兴杯"伦教私伙局大赛获得新苗奖。2016学年，我校成为顺德区传统文化（粤曲）基地，借此契机，我校大力打造曲艺特色课程，成功组织了多次"粤曲进校园"活动，曲艺课程班的学生多次参与了街道大型的展演活动，在社会上引起了正面的反响。在郭丽华校长的指导下，我校音乐科组教师通力合作创编了首支粤曲《伦常颂》，有计划地安排全校教唱粤曲《荔枝颂》，创编粤韵操。2017年，我校更荣获第一批"佛山市粤剧特色创建基地学校"称号。我校智能校本课程的学生在第十五届广东省中小学电脑机器人活动（小学九宫探险竞赛）中获得一等奖；第十五届广东省中小学电脑机器人活动（小学九宫探险竞赛）中获得二等奖；第十六届广东省中小学电脑机器人活动小学九宫探险竞赛获得一等奖；2018年佛山市中小学机器人竞赛获九宫探险第一名；顺德区第十六届中小学虚拟机器人比赛（小学九宫探险）荣获一等奖。舞蹈校本课程的学生参加2014年顺德区中小学生文艺比赛，以绝对的优势获得创造类的一等奖。

3. 践行实践型校本课程，让学生见识更丰富

我校的实践型课程分为学科综合实践课程、劳动实践基地课程、社会考察实践课程、社区服务等活动课程、社团活动、环境调查、香云纱调查、伦教名小吃调查和古建筑文化调查。每一学期，五年级的学生都会通过到劳动基地进行菜苗培育、蔬菜种植等劳动实践，观察植物生长规律，撰写观察日记，举行摄影比赛，通过劳动，体验了劳动的艰辛与快乐，培养了节俭意识和热爱劳动的品质。当实践基地瓜果蔬菜丰收时，学生们会拿着自己亲手种植的蔬菜到校门口进行有机蔬菜的义卖，义卖所得的善款拨入北海小学爱心基金，用来帮助有需要的人。

学校每学期都会分批分年级组织学生带着任务进行社会考察活动，让学生在考察中增长见闻，培养团结协作，善于观察的品质。如考察清晖园，让学生们知道古代园林的历史；参观南国丝都，让学生在一定程度上懂得劳动的艰辛；参观顺德博物馆，了解顺德的变迁史。这些实践性校本课程，能让学生们的见识更加丰富，视野更加开阔。

（三）合作交流，在集体发展的基础上形成自身的特色

校本课程的旨趣在于满足学生个性发展的需要，促进学生个性的生长，校本课程本身是一个持续的、动态的、循环反复的、逐步完善的过

程，而给予学生这种个性的生长过程的是教师，所以想要更加完善地开展校本课程，首先要做好校本课程辅导教师的分配和规划。

1. 引进校外优秀资源，合理安排校本课程

教师是传授校本课程的主体，所以学校尽量考虑在尊重教师专业的原则上，根据其本身的自身特长，让教师自己选择擅长的校本科目进行申报，然后再由校本课程领导小组进行权衡合理分配。这样既发挥了教师们的特长，也让每一个学生能真正地在校本课程领域中学到更加专业及有趣的知识。几年来，我们得到了许多家长志愿者、退休教师、社会培训机构的支持，增设了多门校本课程。快乐英语校本课程在培训机构的指导下，学生们的英语水平有了大幅度的提升。灯谜校本课程在退休教师周庆棋教师的辛勤辅导下，该课程的学生参加顺德区第三届青少年灯谜邀请赛，灯谜校本课程的李思杰等同学获得团体总分第六名。武术校本课程培训增强了学生的体质，培养了学生的意志力。为了让学生进一步感受粤剧的魅力，我校邀请了国家一级演员文汝清教师到我校开展粤剧进校园的知识讲座活动，文汝清老师在讲座中对粤剧的知识（粤剧典故、服装、头饰、道具等）进行了详细有趣的讲解，亲身示范粤剧动作并邀请学生同台教学，让学生们深刻地体验到了粤剧的精髓和岭南文化的博大精深，加深了学生们对传统文化的了解，让学生们在粤剧精神文化上得到了不同程度的提升。学校更聘请了粤剧专业教师钟影红教师为学生授课，通过以"点"（粤剧表演班）带"面"（全校师生学习粤剧韵律操、二年级开设粤剧欣赏课）的形式，逐步形成粤剧特色鲜明的校园文化建设体系。

2. 通过校际交流合作，吸收和借鉴他校现有的成功经验

校本课程开发是一种合作和交流的事业，教师之间的互相学习，学校之间的相互交流，是良好的校本培训方式，是校本课程开发顺利实施的一条重要途径。在通过与其他学校的交流中，可以为教师提供更为具体感性的课程开发经验，同时学校还可以通过与其他学校的合作，实现资源的共享，更好地实施校本课程。2014年9月，我校行政、中层干部、骨干教师一行17人在郭丽华校长的带领下，走访珠海香洲21所小学，进行校本课程观摩交流活动。参与本次观摩交流活动的教师个个受益匪浅，启发了思想，明晰了方向，为北海小学校本课程的开发开展起了推动作用。在2015年3月，与陈村仙涌小学行政进行了校本课程建设的探讨；同年5月，与新兴县部分学校共同探讨了校本课程的建设。此外，学校每学年定期与上海浦明师范附属小学开展互动交流活动；每学期，与大良环城小学、杏坛

昌教小学开展学科课程研讨活动等，有效地推动了我校在课程建设上的步伐，使我校的课程建设不断地前行。

3. 践行"全童教育"理念，聚焦校本课程开发

我校召开了"践行全人教育理念，聚焦校本课程开发"为专题的家长会和家委会会议。会上，郭丽华校长重点呼吁家长们转变教育观念，从关注孩子的分数到关注孩子的全面发展、和谐发展。同时呼吁家长利用自身的专业优势，积极参加"家长义工进校园上综合体验课"活动，充分利用身边的资源，积极组织学生参加社会实践型校本课程，在实践活动中激发学生的探究意识，培养学生的合作交往能力和社会责任感。此次会议得到了广大家长的热烈响应，为校本建设提供有力保障。每隔一段时间，都有家长到学校来为学生们上课，让学生们增长了更多企业知识文化，拓宽了视野。

（四）活动展示，为学生搭建有益于他们终身发展的舞台

每一学年，校本课程展示活动可以说是学校的一项最大型的活动，通过校本课程活动的展示，展现一个学期来校本课程开展的成效。同时，也是我校校本课程开放性的一个体现。每一次大型的展示活动对学生们来说，都是一场展示自己个性特长的盛宴，我们争取让每一个学生都有机会上台面向教师、家长、同学和社会人士进行展示。校本课程开发至今，学生们在学习中练就了大方自信的优良品质，每一个学生都能勇敢自信地站在舞台上尽情张扬自己的个性特长。看到学生们自信大方的表演和一张张洋溢着阳光灿烂的笑脸，我们觉得付出再大的辛苦都是值得的，就像郭丽华校长常说的，我们是真的造福于学生，为学生搭建的是一个有益于他们终身发展的舞台。

（五）课程建设见成效，师生、学校齐发展

1. 校本教材开发初见成效

结合主题德育课程，学校开发了《文明礼仪伴我行》《安全伴我行》主题德育校本教材。同时，汇编《校本课程纲要》，形成特色校本教材。这些教材的特点是：（1）体现素质教育的基本精神。校本教材是根据本校学生的需要编写出来的，从内容到教材结构都符合素质教育的精神，体现了多样性、灵活性、趣味性、探究性的特征。（2）鲜明的校本特色。我校的校本教材在保证多样性的基础上，具有鲜明的校本特色。与部编教材不同的是，校本教材体现学校教学一线的要求，从本校学生的认知特点出发，充分发掘教师的聪明才智，开发出具有本校特点的教材。如教材《文

明礼仪伴我行》旨在提高学生自身的文明修养,为创建文明城做出自己的贡献,倡导提高文明修养从感恩父母、教师开始,适用于普通学生,普适性很强。教材《安全伴我行》具有鲜明的教材框架,突出自我保护的特征,是我校课程部教师集体智慧的结晶。《校本课程纲要》是教师依据学校《校本课程实施方案》和相关课程的性质而撰写的、包含一门校本课程生成所需的各种课程元素的计划文本,是校本课程开发的核心产品。课程纲要的撰写不仅有利于教师把握课程的目标和内容、审视满足课程实施的所有条件,而且还有利于学生明确所学课程的总体目标与内容框架、有利于学校开展审议和管理。在 2017 学年,我们汇聚校内外的师资力量,创编了游泳课程的校本教材《"泳"往直前》、快乐英语课程的校本教材 *Our English Garden*、经典诵读课程的校本教材《走近经典诗文》、趣味数学课程的校本教材《百科总动员》以及曲艺课程的校本教材《品味粤剧》等。在未来的日子里,我们将继续深化此项工作,不断提高教师的课程领导力。

2. 师生、学校齐发展

北海小学"基于'全童发展'的校本课程"实施以来,全方位推动师生综合素质的提升,学校、师生在近几年所取得的成绩是令人振奋的,北海小学正向街道乃至区知名品牌学校迈进。近三年来,我校获得国家级的集体奖有 6 项,省级的集体奖有 16 项,市级的集体奖有 9 项,区级的 21 项,街道级的 50 项。北海小学学生近三年来在参加各级各类竞赛、评比中成绩骄人:获国家级奖 95 人,获省级奖 214 人,获市级奖 95 人,获区级奖 345 人。教师们在近三年来各级各类竞赛、评比活动成绩也是相当不错的:获国家级奖 21 人,省级奖 61 人,市级奖 52 人,区级奖 159 人,街道级等奖 389 人(见表 5–16)。

表 5–16 北海小学 2015—2017 学年办学成绩汇总表

级别			国家	省	市	区	街道	小计
奖次	学校集体		6	16	9	21	50	101
项目	教师	荣誉称号	2	3	6	16	93	120
		参赛获奖	11	39	9	52	177	288
		论文获奖	5	14	35	86	119	259
		文章发表	3	5	2	5		15

续上表

级别			国家	省	市	区	街道	小计
奖次	学生	荣誉称号	0	4	4	6	17	31
		参赛获奖	95	206	91	333	500	1 225
		文章发表		4		6		10
项目		课题项目（立项）				7		7
		课题项目（结题）		4		2		6
		课题获奖	2					2
		合计	122	295	155	532	956	2 060

纵观北海小学课程建设工作，所取得的成绩的确令我们鼓舞，但北海小学也清晰地看到了工作中的问题所在：如学校所开设的校本课程未能完全满足全体学生的需求，有部分学生未能参加自己首选的校本课程学习。针对这问题，我校将加大对教师在校本课程技能上的培训，计划由学校出资，有针对性地组织安排教师到专业的培训机构进行校本课程相关技能的培训，以提升本校教师在相关专业技能上的水平。另外，继续加大与家长、社会人士以及校外培训机构的沟通和合作，争取为我校课程建设注入更丰盈、更专业的优质师资资源，以满足大部分学生的需求，并提升我校校本课程建设的质量。

第六篇

课堂教学变革的路径与方法

课堂教学变革并不是课堂教学中某些具体现象与问题的解决,而是从根本上调整课堂的面貌,课堂教学变革的内在机理是从冲突到合作然后到课堂和谐的过程,可以概括为教学冲突与解决、师生合作困惑与破解、课堂和谐现状与改变三个模块。

顺德区在课堂教学变革的实践研究中,一直坚持以促进学生思维发展为基础,不断探索适合学生学习需求的课堂教学模式。多年的实践研究产生了一批具有顺德特色和经验的课堂教学变革的案例。

第一章
课堂教学变革的路径研究案例

▶ 案例一
"目标—导学—检测" 三环智能课堂教学改革成果报告

勒流江义初级中学

一、问题的提出

(一)教育信息化背景下的课堂发展需要

在现代信息技术的影响下,我国素质教育对课程实施以及课程评价提出了新的要求。教育部颁发的《基础教育课程改革纲要(试行)》中,明确提出"大力推进信息技术在教学过程中的普遍应用,促进信息技术与学科课程的整合，逐步实现教学内容的呈现方式、学生的学习方式、教师的教学方式和师生互动方式的变革，充分发挥信息技术的优势，为学生的学习和发展提供丰富多彩的教育环境和有力的学习工具"。

（二）学校教学改革的迫切需要

勒流江义中学的前身是黄连初级中学、梁季彝纪念中学。多年前的梁季彝纪念中学，教学成绩一直处在顺德垫底位置。2004—2010年教学成绩得到稳步提升，但综合成绩还处在全区中下游位置，课堂教学效益亟待提升。穷则思变，不破不立，深入彻底的教学改革迫在眉睫。

（三）学校数字化校园建设的需要

数字化课堂的建设是数字化校园建设的核心阵地，也是学校对外展示学校形象的一个窗口。我校以现代教育技术为改革突破点，利用现代教育技术、现代通信技术、信息技术加强了数字化课堂建设，并以校园网为依托，加快数字化课堂建设，为学生营造一个动态的、开放的、社会化的学习环境，深化素质教育，让每一位学生得到发展。

（四）"目标—导学—检测"课堂模式的需要

为了适应素质教育的发展要求，我校构建了"目标—导学—检测"课堂教学模式。该课堂模式包含一条主线和三个环节。第一环：展示目标。教学目标是教学中师生预期达到的学习结果和标准，它具有导向、激励和标准作用，要变以往的"教师指路学生走"为"教师指导学生自己找路走"。第二环：教师导学。此环节是本课堂模式的中心环节，注重教师的指导和引导。第三环：课堂检测。了解学生掌握知识的情况，实现对目标的检测。而目标的制定和导学过程及检测结果，都需要科学的数据作为依据才能有效实施。

2012年，勒流江义中学在原来取得的成果的基础上，结合数字化校园建设的需要，又开始了新一轮的教学改革，将"课堂模式"与"数字化技术"结合起来，构建"三环智能数字课堂"模式，这一切都旨在建设智慧课堂、高效课堂（见图6-1）。

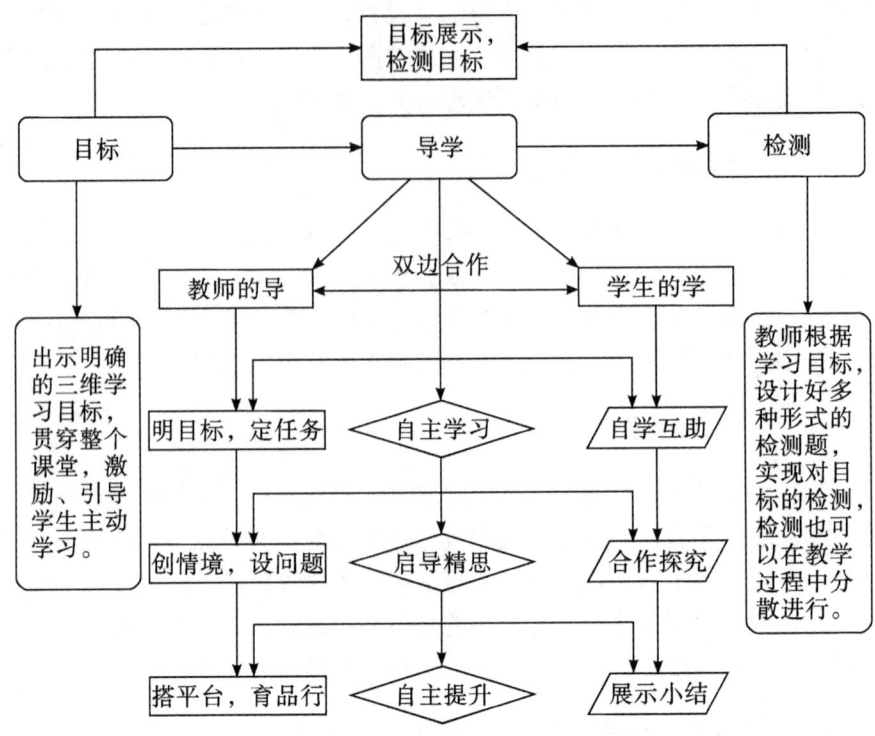

图6-1 "目标—导学—检测" 三环课堂教学模式流程图

（五）需要解决的问题

要通过现代教育技术实现智慧课堂、高效课堂，必须解决以下问题：培养教师的信息素养和运用新技术进行课堂教学的能力，转变教师的教学理念和教学方式；拓宽学生的学习途径和学习空间，转变学生的学习方式，培养适合未来社会的学习能力；开发适合学校实际的数字教学平台；课堂教学的盲目性（以学定标），课堂反馈的时效性（当堂反馈），课堂教学的针对性（及时诊断），学习方式的适合性（自主合作），教学方式的有效性（因学而变）。

二、解决问题的过程与方法

（一）顶层设计，描绘蓝图

现今社会，不进则退，慢进也退。自新校投入使用后，各方面的条件得到极大改善，具备了建设数字校园的条件。利用现代信息设备和技术，构建智能型课堂及相应的智慧教学平台成为勒流江义中学的必然选择。胡和秋校长作为总设计师，提出了构建智能课堂模式和与之相匹配的"简捷、实用、高效"的智慧教学平台的设想，切实减轻师生负担，提升教学效率，把勒流江义中学"让每一位学生得到发展，让每一老师施展才华，让每一位家长收获希望"的办学理念真正落到实处。

统一了认识，明确了方向，接下来就是撸起袖子，甩开膀子，迈出步子，加油干！

（二）优化治理，创设环境

要构建"目标—导学—检测"三环智能课堂模式和构建全新的智慧教学平台，必须有全局意识，必须在内部治理机制上敢于改革。通过构建"13131"新型扁平化内部治理机制，优化了学校内部管理效能，提升了学校治理能力和治理水平，创设了有利于教育教学改革与提升的环境，激发了行政班子的管理智慧，增强了教师研究教育教学的动力（见图6-2）。

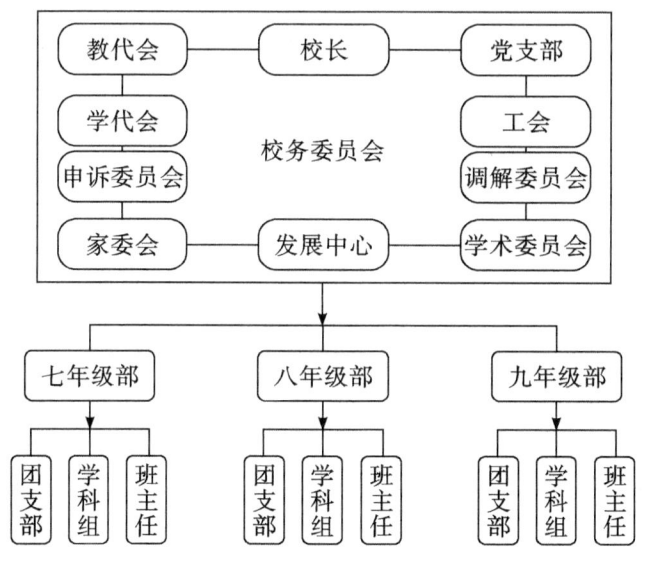

图6-2 "13131"内部治理机制模式图

（三）各司其职，主题攻关

根据改革目标，确立研究内容，选定研究人员，成立课题研究小组，

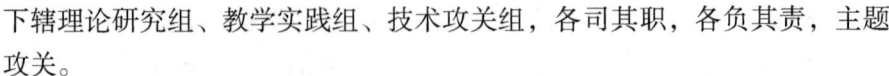

下辖理论研究组、教学实践组、技术攻关组,各司其职,各负其责,主题攻关。

(四)校企协作,优化平台

在初步完成模式构建后,勒流江义中学又与东莞一间有志于研创智能教学平台的企业合作。勒流江义中学出理念和平台,企业出资金和技术,合作开发智慧教学平台。企业派研发团队常驻学校,同学校一线教师密切协作,切实研讨,即时解决问题,不断优化平台。

(五)摸石过河,提升完善

改革创新就是摸着石头过河,边走边试,边做边改,借鉴他人,完善自我。通过一线教师的实践检验,发现问题,提出修改意见,由驻校技术人员及时调整,把平台做得更简捷、更实用、更高效。

来源于教师第一线,服务于第一线教师;汇聚一线教师的智慧,倾注一线教师的心血。勒流江义中学的课堂模式逐渐完善、更加科学,勒流江义中学的智慧教学平台更加高效快捷。

(六)稳步推广,扩大成果

有了成熟的模式和完善的平台,将实验的宝贵经验和喜人成果向全校稳步推广就成了勒流江义中学现阶段的重点工作。目前,勒流江义中学三个年级已有近20个班级开展了全面、全程、全员的数字课堂教学实践。

三、成果的主要内容

(一)构建了智慧教学平台

该平台是由勒流江义中学与东莞市一间企业联合开发的智能教学系统。该系统由无线AP、电子讲台、电子书包、电子白板、充电柜、投影仪等硬件设备构成,利用高科技的信息化手段整合网络平台、云课程资源等,在教学中,用文字、图像、声音、动画等媒介,形象生动地展示知识的形成与应用过程,刺激学生的感官,让学生真正参与到课堂中,让学生在主动探讨与分享中获得知识、锻炼能力,在自学与互动中获得学习的快乐,真正实现师生间、生生间的双向互动,平头台构成和特色见图6-3。

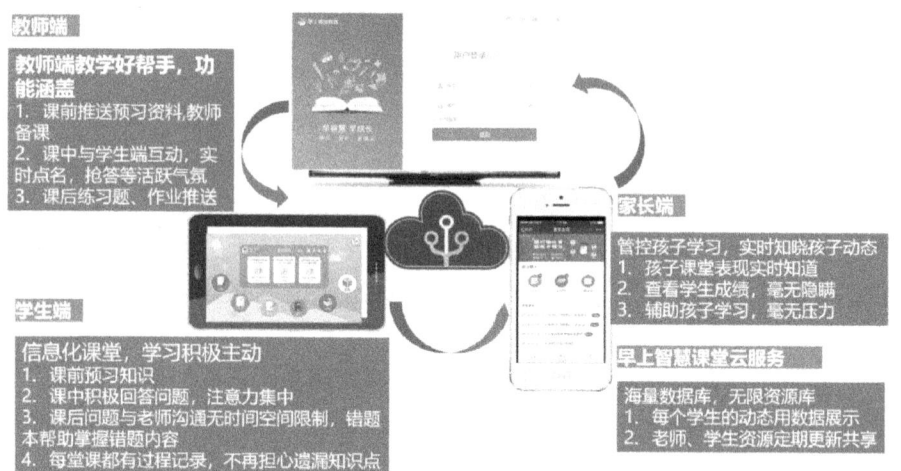

图6-3 智慧教学平台构成和特色图

（二）构建了"目标—导学—检测"三环智能课堂教学模式

在勒流江义中学原有的"目标—导学—检测"三环课堂教学模式基础上，借助智慧教学平台，构建了"目标—导学—检测"三环智能课堂教学模式。

该课堂模式基于计算机网络和硬件技术，实现学校、教师、学生、家长四方的互联互通。含有作业自动收发批改，课堂内多媒体教学，个性化分层教学、学生的学情评价、成长轨迹记录、教育大数据分析等功能，实现立体式预习、大容量展示、快节反馈的高效课堂。该课堂模式具有如下特点：

1. 四个"智能"

（1）智能互通：系统兼容顺畅，任何安卓平板都能无缝对接，各类APP及多媒体资源师生都能顺利调取、选用，有利于个性化学习、选择性学习。

（2）智能管理：教师可通过平板电脑中的教师端轻松控制学生端，检查、调取每一个学生平板的内容，完成课堂教学的各个环节。

（3）智能互动：数据的收集分析瞬间完成，实现师生交互同步多向无差别，借助网络实现家校互动无缝对接。

（4）智能诊断：体现学生主体地位，贯穿学习各个环节，覆盖课前、课中、课后，学生可随时学习、随时诊断，使移动化数字课堂成为可能，深刻改变教与学的方式。

2. 三个"贯通"

（1）贯通学科与技术。信息技术与学科课程的整合已实践多年，但是，浅层次整合者居多，甚至多媒体课件成了课堂教学活动的中心，舍本逐末，喧宾夺主。三环智能课堂立足学科，既借助技术，扩大信息资源，改变信息呈现方式，让学科信息变得更加丰富、立体、生动、活泼；又让技术由皮毛生发了血肉，使技术成了学科的有机组成部分，技术手段成了有学科内涵的学科工具。

（2）贯通课堂内外、学校内外。资源库的建立、资源的推送改变了作业的布置方式、处理方式：教师一键推送，学生一键接收；学生一键提交，教师随时处理。既能监管过程，也可检验结果。打破课内课外的界限，校内外的藩篱，实现课外也是课堂，在家也如在校，人机对话、师生交流无时空阻隔，真正实现了移动化数字课堂。

（3）贯通三维，直抵核心素养。知识和能力、过程和方法、情感态度价值观的三维目标在三环智能课堂模式中得到淋漓尽致的体现。学生的自主学习能力、乐于探究精神和积极创新的意识等核心素养得到有效培养。

3. 两个"转变"

学校通过多年"三环智能课堂教学"的实践，实现了学生学习方式的转变：由被动学习、接受学习、机械学习转变为自主学习、合作学习、探究学习、创新学习；由单向学习到多元多向学习，规律让学生去寻找，方法让学生去发现，思路让学生去探索，问题让学生去解决，以人为本，以生为本，以学为本，真正凸显了学生的主体地位。

学习方式的转变又倒逼教师从教学理念到教学行为的转变：学生主体、教师主导、活动主线成为必然，单一传授到多元引领成为必然。教师必然由传授者转变为合作者、组织者、策划者、引导者、调控者，释疑解惑，挖掘延伸，真正实现了教师主导的作用。

21世纪是终身学习的时代，没有学习的自主，就难以实现学习的革命；没有学习的自主，轰轰烈烈的课程改革就会沦为一场闹剧。从这个意义上说，勒流江义中学学生学习方式、教师教学方式的转变是一场真正意义上的课堂的革命、学习的革命。

（三）开创了校企联合推进课题研究的新方式

学校有借助现代教育技术推进数字课堂研究的需求和理念，缺乏的是技术与资金；企业有技术和资金的优势，缺乏必需的教学理念与实践。勒流江义中学与社会企业合作，正是利用了双方的优势，弥补了双方的不足，实现了双赢，开创了校企联合推进课题研究的新方式。

（四）建立了数字课堂资源库，辐射优质教育资源

为支持智慧教学平台的建设，勒流江义中学专门建立了数字课堂资源库，师生只要利用自己的账号登录，就可以方便地取用资源库里的资源。为方便师生的教与学，勒流江义中学的资源库还与学乐云等优质教育资源网站建立了合作关系，实现了资源共享。学生可以利用手中的移动终端，实现无时空限制的课程学习。

四、效果与反思

（一）实践的效果

1. 促进了教师专业快速发展

教育革新促使全体教师转变思想认识，更新教育理念。运用智慧教学平台上课、课题研究在我校蔚然成风，一大批青年教师成长为智能课堂的教学骨干。全校教师的教育教学和教研水平得到了显著提升，科研型教师越来越多获奖情况是见表6-1。

表 6-1 2012—2017 学年教师获奖情况

获奖级别	2012 学年	2013 学年	2014 学年	2015 学年	2016 学年	2017 学年
省市区级	5	18	22	30	38	50
国家级	0	2	2	3	6	12

一大批青年教师，成为运用智慧教学平台的"专家"。比如：梁伟林老师的"三板互动"，潘嘉杰老师的诊断式学习，陈晓冬老师的选择性学习，李婉玲老师的 APP 兼容，等等。朱湘红、吴耀全、潘嘉杰、郭楚敏等对智能课堂深有心得的教师多次代表学校到全国各地上示范课、指导课。

2. 取得了教学成绩大幅提升

自"目标—导学—检测"三环智能课堂改革以来，勒流江义中学的教育教学成绩实现飞跃式提升。

勒流江义中学作为普及型的农村初中，在生源没有改变的情况下，中考成绩却连年取得突破性提升。2013 年达到区属重点普通高中录取分数线的人数只有 28 人，2014 年上升到 34 人，2015 年跃升到 63 人，2016 年 73 人，2017 年 84 人，2018 年 99 人。

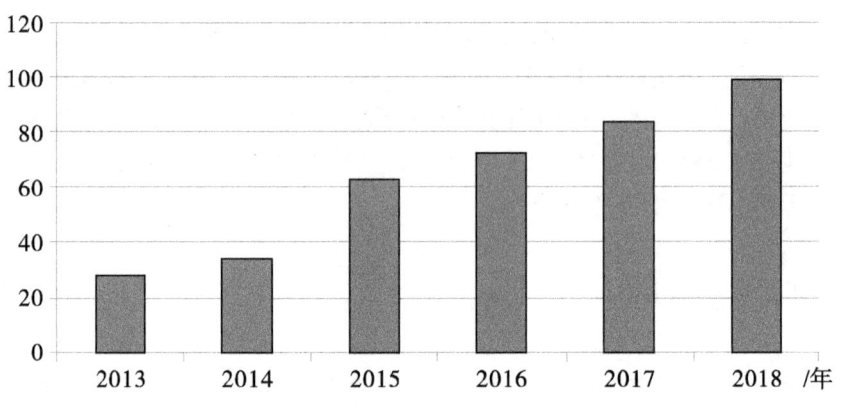

图 6-4 2013—2018 年中考上区属重点高中人数

教学评价的各项数据也连年显著提升。对比三年的合格率、低分率、优秀率，2014 级学生入学时"三率"在街道同类学校中均居末位，2017 年毕业时，"三率"已升至同类学校第一。

提升最为显著的是 2016 级，在当年期末的增值评价中，街（道）前五百名，学校有 197 位同学；街（道）前二百五十名，学校有 103 位同学；街（道）前一百名，学校有 51 名同学；街（道）前二十名，学校有 10 名同学；街（道）前十名，学校有 5 位同学。总分、语文、数学、政治、历史、生物状元均为勒流江义中学学生。

3. 改变了学生学习的方式，提升了学习能力

传统的教学方式下，学生学习以被动接受为主。教师讲授多，机械性、技能性训练较多，书面作业多；学生的主动学习活动偏少，尤其是学生自己查阅资料机会少，观察实践少，调查研究少。在"目标—导学—检测"三环智能课堂模式下，学生普遍能够主动学习。借助智慧教学平台，学生学得更加积极主动，表现出如下特点：

（1）借助智慧教学平台能够创设学习情境，促进主动学习。在智慧教学平台环境下，教师利用平台创设出声像结合、图文并茂的课堂语言情境，如此立体的、丰富的、有趣的呈现方式，能从不同角度去刺激和感染学生，有利于激发学生的好奇心和强烈的求知欲，极大地提高学生的参与度，促进学生主动学习，从而提高教学效果。

（2）借助智慧教学平台能够促进学生自主探究学习。教师教学方式的改变，带动了学生学习方式的改变，学生由接受型的被动学习转变为探索型、发现型的主动学习。智慧教学平台一方面为学生的自主学习提供了丰富的学习资源，另一方面为学生的自主学习提供了演示和浏览的工具，更重要的是为学生自主探索研究提供了广阔的空间。教师在设计多媒体课件时，能尊重学生个体差异，多角度、多方位设计教学的内容，集文字、声音、图像、动画于一体，生动形象地呈现教材中的语言材料。学生可以充分利用信息技术和网络资源来弥补教材和课堂学习的不足，还可以根据自己的兴趣爱好，选择性地进行学习。

（3）借助智慧教学平台能够启迪学生思维，培养创新能力。勒流江义中学专门开设了以培养创新型人才为主的实验班，要求老师把创新意识渗透到每一节课中，要善于发现、发掘和强化学生的创造潜力，善于启发学生的创造性思维，培养学生的创造精神。教师能鼓励学生通过自主学习或合作学习的方式，有个性地、有独到见解地去完成任务。在学习的过程中，学生的个性化思维得到培养，语言能力得到训练，创新能力得到提升。

（二）需要进一步探索的问题

既往成就可追忆，未来道路需奋蹄。学校还将在以下几个方面继续努力：

1. 智慧教育平台功能的强化与扩充

目前所用的智慧教育平台能很好地满足课堂教学的需要，但在课后的作业检测、反馈和学生的课外学习中，还显得有些滞后，课程资源、学习资源略微单薄，需要再强化。

2. 各学科模式需要再细化

勒流江义中学课堂总模式已经较为完善，具体到学科，虽然也建立了初步的模式，但与各种课型的结合并不紧密，还需要进一步细化。

3. 完善资源库

勒流江义中学现有的资源库虽然学科齐全，但基于各科相应知识点的资料不够丰富，还不足以支撑更高效的智能课堂教学，这也是今后需要努力的方向。

▶ 案例二
"构建乡镇普通高中和谐课堂的研究" 成果报告[①]

一、问题的提出

该课题的提出背景具体表现在以下：

第一，以往好经验的传承。2012年3月乐从中学完成了广东省教育科研"十一五"规划课题"乡镇普通高中学生'自主合作学习组织'构建的研究和实验"的研究，在课改上做了一些探究，并取得了一定的成果和经验。

第二，外校好经验的借鉴。2010年10月，乐从中学组织骨干教师参加了"全国中学有效教学实践策略研讨暨山东名校高效课堂教学模式现场观摩学习活动"，先后观摩了昌乐二中、兖州一中和杜郎口中学的新型课堂教学；2012年5月又组织学校名师工作室的成员去山西省重点高中新绛中学考察，学习课堂教学改革。这些为学校课堂教学模式的形成起了"他

[①] "构建乡镇普通高中和谐课堂的研究"是广东省教育科学"十二五"规划课题，也是顺德区教育科研"十二五"规划研究项目重点课题。

山之石"的作用。

第三，有效教学的深入研究。为提高课堂教学质量，2009年3月乐从中学诚邀华南师范大学教授举行"有效课堂教学"的专题讲座，促进全体教师对有效教学理论的再认识。随着课堂教学改革的深入，乐从中学对教学质量不断提出更高的要求，经历了由"有效教学"到"高效教学"再到"和谐课堂"的新标准新模式。

第四，学校品牌创建的尝试。乐从中学发展的总体目标是：坚持"以人为本、和谐发展"的办学理念，把学校办成"科研引领、教育优质、特色鲜明的一流现代化、示范性学校"。作为国家示范性普通高中，应该形成符合自身特色的课堂教学模式，可为珠江三角洲地区其他普高学校提供经验借鉴的品牌学校。

第五，师生发展的共同需求。新课程的核心理念是以学生发展为本，新课程实施的核心是让学生参与。在课堂教学活动中，教师应转变角色，由知识的传授者变为学生学习的促进者，尊重学生，让学生自主学习，提高学生的学习兴趣，优化教学环境，加强交流与合作，成为课堂教学的引导者、组织者和合作者。因此只有构建新型的课堂教学模式，才能满足师生发展的共同需求。

第六，当下课程改革的呼唤。新一轮课改针对的其中一个方面就是课堂教学中不和谐的现象：一是部分教师教学观念落后，不符新课改理念，存在课堂话语霸权因而导致学生创造性培养的缺失，主体性被忽视，学生上课了无兴趣，教学效率低下，分数为上，忽视学生思想情感和价值体验，导致学生发展片面；二是学生被动学习，接受灌输，学习主动性不足；三是师生间单向性互动，人际关系不够和谐；四是学校教学质量有待提高，等等。因此，实施和谐课堂教学，是顺应时代发展潮流。

本研究通过解决以下问题，从而达成课题目标：（1）形成乡镇普通高中"和谐课堂"教学构建的操作方法；（2）形成乡镇普通高中"和谐课堂"的教学策略、教学方法和教学模式；（3）构建乡镇普通高中"和谐课堂"的动力系统和评价系统。

二、解决问题的过程与方法

解决问题时，经过文献梳理并综述后，再确定研究思路是"理论—实践—理论—实践"，课题组定期召开会议，汇报交流研究策略，研讨"和

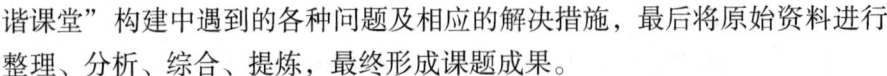

谐课堂"构建中遇到的各种问题及相应的解决措施，最后将原始资料进行整理、分析、综合、提炼，最终形成课题成果。

本课题研究采取的研究方法：

（1）文献研究法。

（2）调查研究法。

（3）行动研究法。

（4）案例研究法。

（5）经验总结法。

课题实施过程和做法如下：

（一）构建学习组织——实施"和谐课堂"的平台

1. 组建"学习组织"

"学习组织"是由学生主导和教师引导而建立起来的具有学习功能、管理功能及评价功能的有序高效的、和谐互助的教学"小班"。其组建方法和原则如下：

（1）学习组织的组建方法。

组员的选出：由班主任引领，语、数、英、物、化、生、政、史、地等9门学科的科任老师参与，共同完成学习组织的组建。根据学生的各学科学习成绩、学习态度、实践能力、思维能力和组织能力等方面把学生分成A、B、C三个层次，然后平衡、协调组合到各个小组。一般把一个班分成8个小组，每个小组6~8人。各组员又按成绩高低交叉（1与4，2与5，3与6）结成对子，以便更好地进行"一帮一"的学习。

组长的选出：分组后，根据学习成绩优秀、思维能力突出和组织管理能力强等要求选出各学习组织的两个组长——学习组长和常委组织。组长的选定由学生自荐或组内同学选举产生。组长要定期述职和接受组员评议，工作不出色的，将随时被替换。

（2）学习组织的组建原则。

①均衡性原则：是指各组在学习成绩、能力水平等方面的"实力"基本保持均等，各组都有大体相同数量的A层生、B层生和C层生。各组的男女生的人数也应尽量做到均衡分配。

②尊重性原则：在保证基本均衡的前提下，分组时充分考虑学生的意愿，同时注意不要把彼此暂时排斥的学生编在同一组，以免激发其逆反心理，影响组内学习和开展其他活动；C层学生宜编入对他们持中间态度或

欢迎态度的小组,以使他们获得良好的情感体验。

③阶段性原则:一个学习组织确定后,不是一成不变的,必须在必要的时候根据具体情况加以调整。

2. 制定组名、组规和学习目标等

"学习组织"组建后,由两位组长带领全组成员制定组名、组规、组员学习目标等内容,并填写好表6-2。

表6-2 高____班"学习组织"分组情况表

组别	组名	组员	组训	组规(措施)
一组				
二组				
三组				
四组				
五组				
六组				
……				

3. 及时培训组长和组员

(1)培训组长,让其明确所承担的作用和职责。

①学习组长的职责:认真检查本组组员的"预习自学"情况,及时发现需要在课堂展示讨论的问题,并整理好反馈给任课教师;有序地组织组员进行组内的合作、讨论和交流;对本组成员的课堂展示进行合理分工;主动检查本组成员导学案的笔记整理情况;对每个成员的"当堂检测"效果进行评比打分,并将不能自主合作解决的问题反馈给教师。

②常务组长的职责:带领全组成员制定组名、组训和组规;积极维持课堂学习秩序,督促本组成员认真学习;协同学习组长一起填写好本节课的课堂评价表;与管理评价团队成员一起做好一周的评价统计工作。

(2)培训学生高效学习的习惯。

如深入预习是课堂高效的前提,学生不应付对待,依据"导学案"静心思考,不懂的地方用红笔划出,课堂上重点突破。

(3)培训学生展示点评能力,以提高课堂学习的效率。

展示:口头展示声音洪亮、脱稿,非展示的同学要学会倾听。书面展示认真规范,每个组都要派代表展示,书写最多的展示要点。行动迅速,积极有序。整理好思路、方法,做好被点评、质疑的准备。

点评:点评要规范,要讲究方法、效率,其他同学要注意倾听、整理、完善答案,并大胆质疑。

4. 做好课室的环境布局

(1) 桌椅的摆放。

方式一:团围式(见图6-5)。

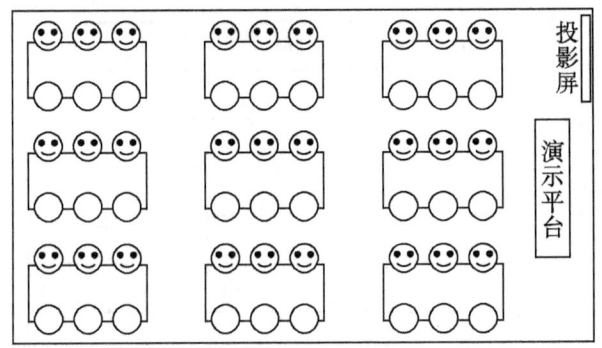

图6-5 团围式

课桌按小组四方摆放,学生面对面、肩并肩,利于学生间的讨论、交流和互助。该方式适合学生层次较高、自觉性较强的班级。

方式二:分合式(见图6-6)。

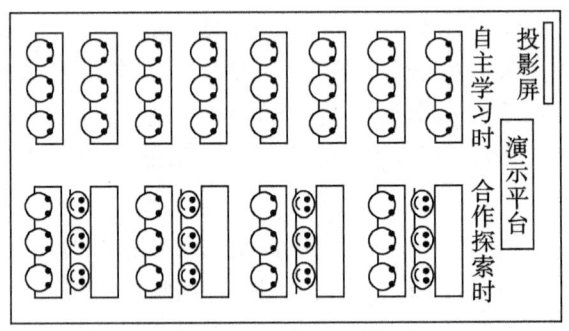

图6-6 分合式

课桌按3人一行摆放,学生在自主学习时或教师讲解时分开而统一面向前方黑板,学生在需要合作探究时则面对面合成一个6人小组,便于讨论交流。该方式适合学生层次较低、自觉性不强的班级,时分时合、分分合合,便于课堂纪律的掌控。

(2) 课室基本布置：三个"一"要求。

一条标语：能够燃起学生学习激情、体现新课堂理念的一句话，字数在8~12字左右，张贴在后面黑板的上方。

一个评价栏：在黑板的右边画出一小区域作为每节课的评价栏，在课室内比较显眼的位置制作一个周、月评价栏，表格设计见表6-3。

表6-3 自主合作"学习组织"和谐课堂学习周汇总表

_____年 _____月 _____周

组别	一组	二组	三组	四组	五组	六组	七组	八组
展示								
质疑								
常规								
其他								
合计								
晋升级别								

一处公示栏：在杂物间或课室适当位置设置一处公示栏，张贴的内容有班级公约、学习组织行政管理成员表、学习组织科研成员表、学生评价晋升标准等。

（二）设计好导学案——搭建"和谐课堂"的抓手

1. 什么是导学案

导学案被喻为学生学习的路线图、指南针、导航仪。从这个意义上讲，导学案最起码解决三个基本问题（从学生的角度讲）。

（1）我要走向哪里？（学习目标）

（2）我如何达到那里？（学法指导和学习素材、问题设置等）

（3）我如何判断是否已经到达了目的地？（评价与检测）

为此，教师要立足于"以学定教、以教导学、以评促学、自学为主"的原则来设计导学案，而且导学案的设计标准要力求最大限度地达到在学生借助教材、自主使用导学案的情况下，能通过自学、展示、反馈达成目标，生成能力，培养感情，这样才能真正实现高效课堂的目标。

2. 导学案设计基本规范

第一，统一基本设计程序。通常，每周集体备课时间，研究下一周的导学案,组内成员集体研究,并分配接下去一周的备课任务。基本流程:个人"主备"(形成"初案")——备课组"集备"(形成"共案")——课前个人"复备"(形成"个案")——课中"续备"——课后"补备";

第二,统一基本设计要素。通常综合课型导学案设计包括以下要素:学习目标、知识链接、学法指导、学习过程、教与学反思等;

第三,统一基本课时容量。本着一课一案的要求,每个导学案的课时容量要适宜,要符合实际,讲究实效。总体上讲,要根据课标要求和课时计划及课时内容,精心设计,切中主题,删繁就简,学会取舍。尤其要精选习题,杜绝题海战术。一课时内容以不超过两张 B5 纸正反面为宜。

第四,统一基本设计版式。要求围绕"五环节教学模式"来进行教学设计,要有基本的模式、版式(见表 6-4)。

表 6-4 五环节教学模式

学校_____ 年级_____ 学科_____ 导学案人_____ 主备___ 审核___ 授课人___ 授课时间___ 班级___ 姓名___ 小组___	
课题: 课型: 课时: 【学习目标】 【知识链接】 【学习过程】 一、课前导入(启动导向、入境明标), 二、自主学习(基础梳理、独学探究) 三、合学研究(重难突破、归纳提炼) 　　探究1:×××××× 　　探究2:×××××× 四、展示评价(发现疑难、系统梳理) 五、当堂检测(检查掌握、强化运用) 　　1. ×××××× 　　2. ×××××× 　　…… 【教或学反思】(本节课学了什么、学习中出现的问题, 　　　　　　　得到的启示等)	(教师"复备"栏或学生笔记栏)

3. 集智备课完善导学案

和谐课堂下的集智备课是指在科组长和备考组长的引导下,教师以学科组或备考组教师团队为基本单位,发挥集体智慧,合理分工,有效合作，设计出既凸显教学共性与个性特色，又达到师生共享的和谐教育理念的导学案为抓手的教学活动。

（三）探索教学模式——实施"和谐课堂"的关键

1. 选定示范班和示范教师

由年级组长负责，选定每个年级不同类别的班级各一个班作为和谐课堂模式的研究示范班，重点研究管理评价方面。

由科组长和备考组长负责，每个备课组要选定一名教师重点研究课堂教学模式，并安排在科组内上一节和谐课堂教学模式的示范课。

2. 研究和谐课堂的教学流程和模式

"和谐课堂五环节教学模式"是指在新课程改革的背景下，依据"以人为本、和谐发展"的办学理念，基于自主合作学习组织，按照"导—学—研—展—评"五个教学环节，在教学设计和教学实施中突出"以学为主、先学后教、以学定教、以学评教"，使构成教学活动的主要因素如教师、学生、教材、目标、方法、环节、形式、媒体、时间、评价等之间以及各因素内部的关系处于协调、均衡、互促状态，师生得到更自由、健康、愉悦发展的一种教学模式。

和谐课堂五环节教学模式是指"导、学、研、展、评"五个教学环节，各环节的设计含义是：

第一环节：导——课堂教学的启动。"导"，主要是"导入"：可以是"导学"，可以是"导练"，也可以是"导思"。

第二环节：学——课堂内学生独立学习（独学）。这一步是把学习的权利还给学生的表现，是"先学"。

第三环节：研——课堂内学生研讨，是小组内对学、群学，是小组合作学习。这一环节要发挥"兵教兵、兵练兵、兵强兵"的作用，让学生不但自己懂，而且能教会别人。

第四环节：展——课堂内学生激情展示。展示是把学习的成果——解法、思路、创新或问题等向组内或全班同学展示；可小组内展示（小展示），也可班内展示（大展示）；组内展示可解决的问题决不拿到班上大展示。展示形式可：口述、板演、表演、图画等。

第五环节：评——点评精讲，可生评，也可师评。"评"，是精讲，是结论，是点睛，是拓展，是创新。师评重点突出评思路，评方法，评规律；讲线索，讲联系，讲系统。

该教学模式的主要教学环节"研、展、评"在教学程序设计上可有不同的组合方式；在五环节教学模式的基础上，教师也可根据教学的实际，适当增加某一环节，这些是发挥教师创造性、凸显个性教学的所在。

乐从中学"和谐课堂五环节教学模式"用示意图表示如图6－7所示。

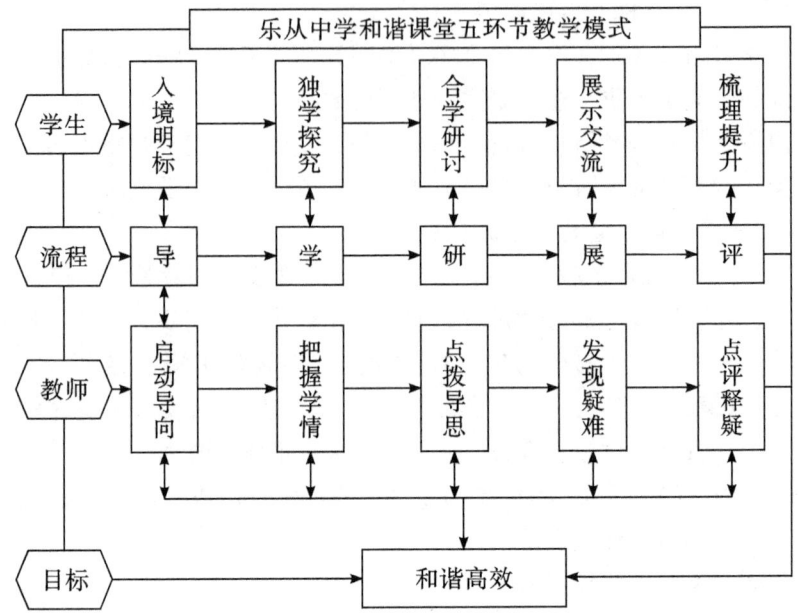

图6－7　和谐课堂五环节教学模式

和谐课堂五环节教学模式的两大支撑：（1）导学案（学习线路图）；（2）多媒体教学平台。

和谐课堂五环节教学模式的四大保障：（1）集体备课制度；（2）合作学习小组建设和课堂激情展示；（3）学生调查、推门听课及OA系统评课反馈；（4）精选习题和周周清过关检测。

和谐课堂五环节教学模式的六大特点：（1）环节紧凑，形态规范；（2）普适性强，易于操作；（3）以学为主，先学后教，以学定教，以学评教；（4）理顺学生主体、教师主导关系；（5）遵循学生学习规律，体现知识建构特点；（6）系统开放，便于创生。

（四）完善课堂评价——激发"和谐课堂"的动力

好的课堂教学模式的持续发展，还必须要有与之配套的管理评价体系，以激发教师和学生的积极性。"和谐课堂"要依托"学习组织"，发挥 1∶6 效应，构建以学生为主体的自我管理、自我评价的体系。

1. 选好两个小组长，组建两个团队

即由各组的学习组长组成班级学习科研团队；由各组的常务组长组成班级管理评价团队（见表 6-5）。

表 6-5　团队组建高××班学习科研团队组成

职务	成员名单
科任教师	
学习委员	
科代表	
学习组长	

高××班管理评价团队组成

职务	
班长	
团支书	
体育委员	
生活委员	
宣传委员	
纪律委员	
……	
……	
常委组长	

2. 填写好两张课堂评价表（见表6-6）

表6-6 课堂评价表

"自主合作学习组织"和谐课堂组员学习评价表（一）

日期_____ 星期_____ 第___节 _____学科 班级_____ 小组_____

评价项目\组员	预习自学 独立完成作业，标注疑难问题；认真参与合作交流学习、热心帮扶他人，虚心向他人请教			互评得分	展示质疑 书写工整、内容正确、讲解洪亮流畅；主动质疑、补充，语言规范有礼；认真倾听，不嘲讽取笑			他评得分	达标检测 达到分层测评目标，会学了、学会了、学得很有情趣			自评得分
	评价标准				评价标准				评价标准			
	A	B	C		A	B	C					
	6~5	4~3	2~1		6~5	4~3	2~1					
											合计	
组长签名				对教师的留言								

教师对各"学习组织"的和谐课堂学习评价表（二）

日期_____ 星期_____ 第___节 学科_____ 班级_____

评价项目\组别	展示（5分）（展示者书写工整、内容正确、讲解洪亮流畅）	质疑发言		其他	合计	表现突出的学生
		次数（发言一次得1分）	加分（发言的人次或发言质量，最多不超过5分）			
一组						
二组						
三组						
四组						
五组						
六组						
七组						
八组						
教师签名		备注				

3. 及时做好评价表的数据统计

"表一"由科代表收集，"表二"由学习委员收集，最后将一周的表格统一汇总给班长，并组织班级管理评价团队的成员进行评价表的数据统计，并将使用过的表格和数据统计结果及时交给班主任。

（五）构建管评模式：实施"和谐课堂"的保障

层级管理的关键在强化各级目标管理，从上到下层层展开，自下而上层层保证，形成整合一致的目标体系，做到"层次分明，关系明确；权责相应，各司其职；分工协调，各负其责"（见图6-8）。

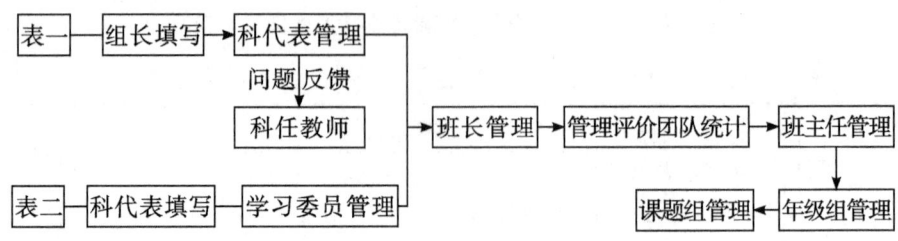

图 6-8　管评模式

三、成果的主要内容

"构建乡镇普通高中和谐课堂的研究"是顺德区教育科研"十二五"规划研究项目重点立项课题（SDJK2012007）、广东省教育科学"十二五"规划立项课题（2012YQJK131）的研究成果并分别获顺德区 2015 年度、佛山市 2017 年度教育科研成果评比一等奖。本成果研究了"和谐课堂"教学的实施策略；"和谐课堂"教学模式组织教学活动的基本步骤和环节；课堂教学各要素的相互关系及科学合理的统筹安排；"和谐课堂"教学的动力系统和评价方法等。

（一）理论成果

（1）揭示了"和谐课堂"的含义。
（2）构建了"和谐课堂五环节教学模式"。
（3）开发了一批适用于和谐课堂教学的评价量表。

（二）实践成果

（1）有效转变了教师的教学观念。
（2）全面提高了教学效率和质量。
（3）极大提升了教师的科研水平。
（4）逐步培养了学生的综合素质。
（5）学校品牌效应强，知名度美誉度高。

（三）物化成果

（1）《和谐课堂：理论积淀与实践探索》，于 2015 年 5 月吉林大学出版社出版。

(2)《构建和谐课堂 实践和谐模式》，已校内出版。

(3)《"构建乡镇普通高中'和谐课堂'的研究"课题研究简报汇编》，于 2016 年 6 月中国评论学术出版社出版。

(4)《"构建乡镇普通高中'和谐课堂'的研究"操作方案》，已校内出版。

(5)《在社会发展的大背景下思考学校发展》，刊登于《学校品牌管理》2014 年第 10 期。

本成果具有一定的创新性，表现在本课题所构建的"和谐课堂"教学模式，这种模式具有下列的明显特征：

(1)追求和谐教育。该成果凸显我们的教育理想追求：和谐课堂，是追求学校共同体文化的课堂；和谐课堂，是追求教与学融合的课堂；和谐课堂，是追求学习幸福指数的课堂。

(2)凸显对"人"的关注。通过改善课堂教学环境中的人际关系来改善课堂教学氛围，改善教学氛围进而改善教学方式，改善教学方式进而改善教学效果，改善教学效果进而改善教学质量。注重以学生为主体、教师为主导，搭建"学生发展、教师发展、学校发展"三位一体的和谐发展的平台。

(3)具有完整的实施体系。研究成果谋划了"和谐课堂"所包含的构建原则、构建策略、活动程序、管理评价等在内的一整套实施体系和策略。

(4)操作性、实用性、普适性强。能切实针对学校的教学实际，比较有效地解决教学过程中存在的问题，并且可适用于同类的普通高中，便于借鉴和推广。可为本省乃至全国各地有关"高效课堂教学改革"提供参考资料，为本区域同类高中课改提供借鉴，发挥我校广东省国家级示范性普通高中的示范、辐射作用。

(四) 效果与反思

1. 成果应用情况

(1)成果得到区域内外学校和各级媒体的广泛关注、推广和推送。区内的各所高中均到过我校交流、切磋，连职业高中陈登职业学校也莅临学习；区域外的先后有三水实验中学、番禺南村中学、广州市第八十中学、南海执信中学、阳春一中、陆丰市玉燕中学、增城市中新中学、江门市鹤华中学、云浮市新兴县惠能中学、云浮市云浮中学、增城市派潭中学、云浮市新兴一中、罗定市廷锴纪念中学、罗定市泷州中学、韶关市翁源县龙仙中学等众多学校的领导和教师来校学习交流。顺德区青云中学、云浮市新兴县惠能中学、顺德区桂凤初级中学三校要求组成联盟，提议承担成果推广验证任务。各级媒体对成果也积极推送：顺德城市网、珠江商报、佛山日报、《学校品牌管理》、教育部主管的《语言文字报·教育周刊》《中国教师报》《中国教育报》等媒体均有对我校课改成果进行报道、评价、推送。

（2）采取"专题报告+学习专著+示范教学+同课异构+总结交流"的形式进行推广，对莅临学习交流的特别是承担成果推广和验证的学校，均采取这种形式。在2014—2017年成果推广期间，做了专题报告50多场，提供专著600多册，送出示范课80节次、同课异构课约40节次。特别是三水实验中学用一周时间把全校教师送到我校轮训一遍，同时邀请我校教师到学校上示范课。

2. 成果效果

（1）办学效益显著。①教学质量优异。我校生源起点低，入学分数线全区最低，最终实现低进高出。近年来我校高考能翻番式完成任务，连年上新台阶（见表6-7）；高一、高二年级在市、区的统考中也名列前茅。

表6-7　乐从中学近年高考上线情况统计表

年度	重点本科				本科以上				统计时间
	区教育局预测指标	实际上线指标	上线超出人数	指标完成率/%	区教育局预测指标	实际上线指标	上线超出人数	指标完成率/%	
2011	13	63	50	485	198	473	275	239	
2012	13	82	69	631	229	503	274	220	
2013	13	53	40	408	238	505	267	212	
2014	12	65	53	542	265	595	330	225	
2015	22	75	53	341	355	590	235	166	2015.6
	22	90	68	409	355	647	292	182	2015.9
2016	37	105	68	284	424	657	233	155	2016.6
	37	137	100	370	424	705	281	166	2016.9
2017	73/97	154	81	211	528	686	158	130	2017.6
	73/97				528				

注：2017的目标分基本目标（前一个）、卓越目标（后一个）。

②教育效果突出。学校近年在教育方面获得区、省、国家级荣誉 8 项。
③师生成长迅猛。教师中有 30 多人次获聘区、市教研中心组成员，有 6 人成为他校行政；学生获宋庆龄基金奖 3 人次，获区、市、省优秀学生称号 28 人次，各类竞赛获奖 300 多人次（不完全统计）。

（2）学习交流众多。从课题研究至成果推广期间，莅临我校学习、交流、观摩的，据不完全统计有 60 多所学校，共 2 000 多人次。

我校在"和谐课堂"研究中取得了一些经验和成果，但"和谐课堂五环节"教学模式仍有待不断完善，尤其以下的问题需要深入研究。

①如何帮助基础知识比较薄弱、学习能力较低的学生去适应学习小组内的合作学习。

②如何灵活利用"和谐课堂"展示中的生成资源，使课堂教学更有效率、更加精彩，更加和谐快乐。

③如何将课堂管理和评价方式变得更加简洁、易于操作，并且能持续地调动学生的学习积极性。

④课堂教学流程是否一定要程序化、规范化，如何在该教学模式中凸显教师教学个性风格等等。

▶ 案例三
"利用三维导学案促进初中学生数学能力发展"[①] 教学改革

广东省教育研究院吴有昌博士率先带领了一批中学数学教师开展利用 SOLO 分类理论提升学习评价与教学质量的研究。参与广东省教育规划"十二五"研究项目"SOLO 分类学在构建中小学生学业质量监测体系中的应用（编号：2012ZJK014）"参与该研究的学校遍及粤东西北，从考试的整体结构出发，从提高评价与教学的质量出发，将 SOLO 理论加以实践，填补了该研究在国内实践方面的空白。不仅为我国的教育评价改革提供有借鉴意义的观点和参考性的实践案例，还进一步丰富、加深对 SOLO 理论的本质、价值、实践方式以及存在问题的认识。我校作为课题实验学

---

① 本成果获 2018 年佛山市中小学教学改革成果一等奖。

校参与了课题的研究工作。课题组在实验研究基础上提出了基于 SOLO 分类理论为指导的《三维导学案》的概念及编写的理念。我校教师通过针对"学案导学"的研究、学习、编撰初稿、实践,自主编写了《初中三维导学案(北京师范大学版)》共 6 册,由广东音像教材出版社出版发行并在顺德、南海等地区投入使用。经过三年多开展"如何利用三维导学案促进初中学生数学能力发展的实践"研究,取得非常好的教学改革成果。

一、研究的背景

(一) SOLO 分类理论相关理念

SOLO 分类理论是由世界知名的澳大利亚教育心理学家 JohnBiggs(比格斯)提出的。目前,该理论已经成为指导考试评价和教学的主流分类理论。JohnBiggs(比格斯)和 KevinCollis(科利斯)认为在学习的过程中,首先要进行必要的知识积累,然后把知识加以通融和提升,达到一个新的阶段。从原来的阶段到新的阶段,人的认知实现了质的飞跃,思维也达到新的境界。将学生在回答问题时的表现或者问题所要求的学生的表现分成五种不同的水平层次:前结构、单一结构、多点结构、关联结构、抽象扩展结构。比较准确、有效地反映了学生学习的质量。

SOLO 理论促进教学和评价的融合,使得教学与评价一体化。使评价目标界定清楚,螺旋式上升的层级结构符合学生的认知规律,把过程与内容很好地结合起来。通过学生对具体问题的反应描述分析他们的学习发展和认知结构,可以使评价具有针对性、诊断性、指导性和促进性。关注学生个人在回答某个问题时表现出来的思维结构,符合新课程改革提倡的促进每个学生个性发展的要求。

(二) 新课程改革对人才培养提出了新的要求

随着应试教育向素质教育的转变,现代中小学数学教学更注重培养学生的学习能力和创造能力,因而教师必须转变"台上教师滔滔不绝、台下学生深恶痛绝"的传统教学模式。初中数学传统的教学设计教案,教师在备课中只设计教师上课"教"的过程,而忽视设计学生在教学活动中"学"这一重要环节,导致课堂教学脱离学生学习实际,于是便出现堂上"满堂灌"的现象,由此给学生带来许多不容忽视的问题。

《数学课程标准》指出:"数学教学要体现以学生为主体,培养学生的创新意识。"只有创新课堂教学方法——激发学生学习数学的兴趣,激励学生不断探索数学问题,培养学生获取数学知识的能力,才能在数学课堂教学中真正落实素质教育。新课程倡导的理念是解决目前课堂教学难题的一把钥匙,改变教师和学生在课堂中所处的位置,变"讲授知识"为"主动求知",从"培养方法意识"到"掌握解决某一类问题的思维方式",突出学生学习过程和方式,注重建构知识的意义。培养学生自主学习,养成终身学习的习惯,迫在眉睫。应用"学案导学"教学模式是有利于提高学生自主学习能力的教学实践。

(三) 我校在"导学案"研究上所取得的成果

我校在充分吸收和消化 SOLO 分类理论研究已有成果的基础上,根据 SOLO 分类法关于认知的五个层次水平结构,创造性地提出了"初中数学三维导学案"的概念,我们所编写的《初中数学三维导学案》既包括了预习案、学习案和反馈案三个环节,更隐含了知识与技能、过程与方法、情感态度价值观三个维度;并且在编写过程中,注意到五个结构类型的递进关系,关注学生数学能力的发展。我校数学科组在实验研究基础上提出了基于 SOLO 分类理论为指导的《三维导学案》的概念及编写的理念(见图6-9)。

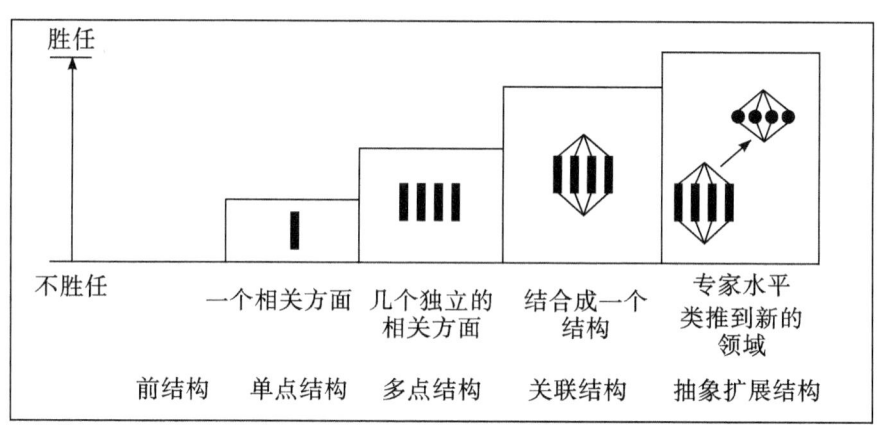

图 6-9 从不胜任到专家水平的五水平:SOLO 分类法

我校自开展并使用《三维导学案》进行教学以来,学生数学学习能力明显增强。大良街道开展的八年级数学综合能力测试中,我校共计有 8 人获得一等奖,12 人获得二等奖,15 人活动三等奖,在兄弟学校中处于领先水平。学校数学教学成绩明显提高,近两年中考成绩已由原来全区中等水平上升到前列。

学校区域影响力进一步加强,由我校数学教师自主编写的《初中数学三维导学案(北京师范大学版)》现已由广东音像教材出版社出版发行。由于使用效果明显,目前顺德、南海等地区的多所学校已经将该书作为课堂改革教材使用,均取得了较好的成效。

二、研究意义与价值

(一) 研究的意义

1. 理论意义

SOLO 分类法在数学教学中的应用,使教师获得了看待学习质量、教学质量、评价方法的不同眼光。该理论指导下的教学设计,是为了促进学习而对学习过程和学习资源进行的系统设计,关注师生意向、学生原有知识、教学分析、预设评价等方面。实施教学的过程中,通过陈述、展示等方式帮助学生外显学习过程,观察分析学生的学习质量和学习方式。反思教学现实中,过度的"刷题操练"并没有促进学生的理解,反而随着时间推移而使学生遗忘和出错。实施教学中,关注学生思维水平的发展,将数学原理的发生发展当作促进学生思维能力的重要教学活动,帮助学生自行归纳得出结论,并结合具体情境解释该数学知识的合理性,促进学生的深层思考,避免教学在简单重复、过度操练的层面进行。

本研究以《初中数学三维导学案》应用过程中存在的问题及对策进行研究,选取单一学科,可以深化研究者对导学案的认识,完善导学案在设计编写过程中的问题,拓展导学案在实施过程中的教学方法和学习方法等方面相关理论研究,通过导学案理清"教"与"学"的关系,努力为学生提供更多的提升能力的方法和机会,使师生在有限时间内关注教学目标及相关的最核心的内容。

2. 实践意义

构建适合我校的"导学案"使用模式,改变传统教和学的观念,切实增强课堂教学的有效性。同时带动科组建设,推进科组教研活动的开展。

基于以上认识,我们选择以"利用三维导学案促进初中学生数学能力发展的实践研究"作为研究课题。拟通过课题研究,充分发挥三维导学案应有的作用,从根本上改变传统教和学的观念,切实增强课堂教学的有效性。同时努力构建起一支新课程意识强,具有创新能力的现代教育科研队伍；通过课题研究，构建利用三维导学案进行课堂规范化的教学模式，提高三维导学案在学科教学中应用的有效性，同时带动科组建设，推进学校教研活动的进程。

（二）研究价值

通过对三维导学案的使用方面的研究，逐步形成一套具有我校特色的培养学生自主学习能力的教学模式，通过对学生数学能力发展的观察，不断调整和改变教学方式和手段，以形成适合绝大部分学生发展需求的教学模式，使学生在课堂中能够充分发挥其学习的主体性，提高学生自主学习能力，培养学生的创新精神和实践能力，促进教师课堂效率的提高。初中数学"三维导学案"教学模式的作用如下：

1. 有效培养学生的兴趣，提高教学的效果

初中数学中应用导学案主要起到了有效组织学生提前预习知识的作用。这一模式的教学使学生承担了部分学习任务，让学生积极主动地参与到集体的讨论与学习中，并借助于这一过程让初中学生学到更多的知识，掌握科学的学习方法。其一是学生通过自主探究获取知识，这样可以有效地激发学生的学习兴趣，通过自主学习培养了成就感与自信心；其二是针对学生不能通过讨论或自主学习解决的问题可以在教师的指导下完成任务，这样不但使学生积极主动地参与到课堂学习中，还有效地提高了课堂教学效率，大大提高了学生学习的兴趣。其三是合理地利用导学案使不同层次的学生有题练，在课堂所创设的竞争氛围中，激发学生的好胜心理，使学生对数学学习产生浓厚的兴趣，并达到良好的教学效果。

2. 帮助学生养成良好的自主学习习惯

教学中对导学案的使用，使学生能够自主了解与掌握导学案中设计的问题，所有问题基本是学生自主完成的，也可以说是由学生之间，师生之间共同合作与探讨完成的，学生通过探讨与交流培养了合作能力。在具体的实施中，学生通过自主参与、积极思考有效地提高了自主学习能力。在检测时，教师结合学生们的普遍现象有的放矢地做好分析与讲解，在师生互动、再次讲解的过程中使学生对知识的记忆与掌握有所加深。另外，因为教师设计导学案时会考虑到学生学习的不同阶段，这样就使得学生们在不同的阶段都要按照一定的学习思路进行学习与探讨，使学生们重视每一个阶段，这对学生养成良好的学习习惯是有帮助的，培养了学生们的自主学习能力，为学生自主学习打下基础。再者，导学案运用主要目的是培养

学生自主学习习惯，提高积极参与的能力。学生们的课前预习、课上巩固为学生的课后复习提供了材料，在此基础上培养学生掌握学习，学会创新，从而影响其他学科进入良性循环。故而本改革具有如下研究价值：

（1）有助于丰富和改善初中数学教学方法。

（2）有助于学生学习方式的转变，奠定学生终身发展的基础。

（3）有助于丰富和发展数学学科的教学理念和方法。

三、研究的过程与方法

（一）研究经历

多年来，我校郑锦松副校长带领数学科组的骨干教师，参与广东省教育厅的吴有昌教授的多个研究项目，取得非常丰富的研究经验，其中"初中数学'自学—抽象—深评'螺旋形教学模式的创新与实践"荣获广东省教育成果奖一等奖。

我校作为课题实验学校参与了课题的研究工作。课题组在实验研究基础上提出了基于SOLO分类理论为指导的《三维导学案》的概念及编写的理念。《三维导学案》的编写充分吸取了SOLO分类理论已有的成果。我校教师通过针对"学案导学"几年的研究、学习、编撰初稿、实践，自主编写了《初中三维导学案（北京师范大学版）》，并由广东音像出版社出版发行并在顺德、南海等地区投入使用。我校还启动了对"如何利用三维导学案促进初中学生数学能力发展的实践"研究，通过课题研究为抓手，同时在省内外开展一系列的公开课和推广活动，获得各界的好评。

（二）研究过程

五年研究（2013—2018年），经历了从理论到实践，从实践到成果凝练、推广论证完善的过程。

第一阶段（2013.1—2014.6）：理论研究。进一步细化研究计划，完善研究框架，搜集SOLO分类学研究资料；课题组负责人在汇总课题组成员各方意见的基础上，制定详细的研究提纲，并交由课题组讨论。

第二阶段（2014.6–2017.6）：实践研究。利用分类学的理论研究成果指导编写"三维导学案"，在校内外开展系统大量的教学实验，实验效果明显。

第三阶段（2017.7–2018.9）：完善研究成果，召开专家研讨会。

为进一步深入研究，让更多的中学数学教师了解、运用 SOLO 分类学，借鉴已有的研究成果，将已有成果总结、提升，分享顺德区教育规划"十二五"研究项目——利用三维导学案促进初中学生数学能力发展的实践研究（编号：SDGH2017063）的研究成果。

（三）研究方法

1. 文献研究法

利用文献研究法分析国内外应用 SOLO 分类学开展的相关研究结论。

2. 个案研究

选取部分教育评价研究者、教师和学生开展访谈，收集相关数据，初步验证评价方案的实效性。

3. 实验法

大量开展教学实验，建立学业评价内容体系，以评价内容体系指导教学方式改革，创立"核心目标循环教学模式"，使得教学与评价融合，产生良性循环。

注重全面培养学生数学学习能力，在初中阶段，为配合教学评价的实施选择有结果层次的习题，参与研究的实验学校根据该校学生学情编写具有地方特点、校本特色的《三维导学案》。

4. 课堂观察法

以具体课例开展课堂观察，了解分析学生的学习情况，通过教学录像、访谈学生并录制访谈音频、听课等方式直接或间接地从课堂情境中收集资料，并依据资料作相应研究。

（四）研究内容

1. SOLO 教学模型的探究（见图 6-10）

运用 SOLO 分类理论进行教学，基于学生的原有知识，课前教师通过与学生个别谈话或者批阅《三维导学案》，了解分析学生的自主学习情况、预习提问、对课堂学习的学习意向等。观察学生对所学知识的理解程度，及时评价，及时反馈。教师面向全体学生教学，同时也注意与个别学生及时交流指导，更有针对性地对学生进行个别诊断性教学。帮助学生发展推理能力，部分教学设计定位在比学生平均水平略高一点的层面上，帮助学生跃升到更高的思维水平上。

对于学生的学习，注意避免简单的重复。更高质量的学习是对问题结

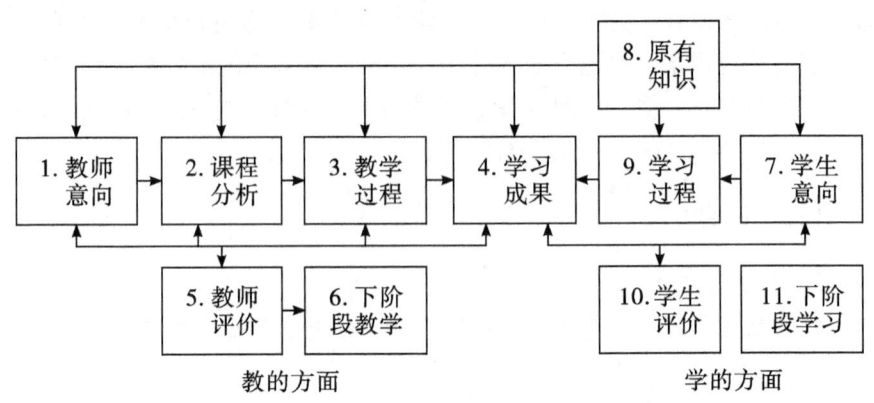

图6-10 SOLO研究采用的教学模型

构的整体把握和对问题的深层探究。内在的学习动机和良好的学习策略是实现更高质量学习的条件。鼓励学生自我激励，以兴趣驱动，根据自身的能力特点和个性特征，采用相应的学习策略，全身心地、专注地投入到学习任务之中，以形成深层式（或成就式）的学习方式，鼓励学生追根问底。

根据SOLO教学模型进行教学设计和实施课堂教学，能帮助教师更新教学理念：更充分地研究学生，研究学习素材，预设评价反馈方式，更有成效地激发学生内在的学习动机，激励学生形成深层式的学习方式。为了使学习结果"可观察"，教师需要为学生提供不同形式的展示机会，外显学生的学习成果。

通过学生对问题应答时的表现分析学生的思维水平，教师收集整理学生应答水平人数，数据能清晰地告知教师如何调整教学。教师以学习结果为起点和核心，收集学习证据、选择学习经验、安排教学内容、提供反馈、进行反思，评价完全融合在教与学的过程中，成为促进教与学的强有力的工具。

通过SOLO分类理论的运用，教师不仅关心学生"学到了什么"这一学习结果，更重视学生如何学习、学习的程度以及达到怎样的理解水平，帮助学生在认知的动态化过程中不断激励自己，激发不断的学习动机。

2. 利用三维导学案促进学生数学能力的发展

在使用三维导学案的过程中，预习案环节：学生可以利用午、晚自习时间，这期间要求学生不走动、不讲话，做到安静、专注、独立思考。学习案环节：在课堂教学过程中鼓励学生多动手、多动口、多动脑、多参与、多归纳、多总结，使得学生能力知识得到同步提升。反馈案环节：通过基础训练中典型全面的选题，能够关注全体同学的发展，也能够使得学生获得成功的喜悦。通过拓展提高，以培养学生的能力为主，培养中等生和优生。在反馈案的环节中更好检测教学目标是否完成，学生数学能力是否得到全面提升。

四、成果的主要内容

（一）SOLO 理论的实践与应用

从应用价值的层面来看，拓展了 SOLO 分类学的应用范围，为 SOLO 分类学在评价学生学业水平的有效性方面提供实践支持。在吴有昌博士的带领下，我校着重于"教—评—学"一体化的实践，效仿借鉴比格斯教授编制资源试题库，结合数学学科特性及教学实际，编制切合教学发展的本土化的、校本化的、便于做出 SOLO 评价的、有结果层次的《三维导学案》，使该教材成为落实"教—评—学"一体化的抓手。

为学生提供语言表达的机会，便于分析学生的 SOLO 应答水平。让学生形成良好的语言表达能力是提高思维能力的关键，尽量为学生创造说与写的机会，强调学生书写的规范性、表述的准确性和语言的流畅性。SOLO 理论强调发展学生的高级思维能力，鼓励学生提问。学生的提问能外显学生的所知所能、未知和疑惑。教师通过有针对性的答疑，恰到好处地解决学生疑难处的"痛点"，个别化地指导学生学习。学生在刨根问底中可以形成深层式的学习方式。

SOLO 分类理论并不能完全精确地评价学生的数学思维能力，但能在可操作的范围内，最大限度地接近学生的实际水平。该理论可以更好地分析学生的思维水平，有助于教师帮助学生在思维水平上获得跃升。

（二）构建核心循环的教学模式

核心循环教学模式是"围绕一节课核心目标编定三维导学案，通过三环五步课堂循环教学改变课堂微循环，最终达成核心目标，实现课堂教学的高效"。章建跃博士指出：课堂教学抓不住概念的核心，没有前后一致、贯穿始终的思想主线，在学生没有基本了解概念和思想方法时就进行大量解题操练，导致教学缺乏必要的根基，教学活动不得要领，在无关大局的细枝末节上耗费学生宝贵时间，课堂中效益、质量"双低下"。学生花大量时间学习,做无数的练习,但基础仍很脆弱。

通过构建"核心循环教学模式",逐步形成以"三点一心三问题"为基本架构的集体备课形式,以"同课异构"与"同人连构"为主要形式的校本教研方式,并以"三维导学案"为载体。

1. 核心循环教学模式成果的主要内容

从师本到生本的转变:一切为了学生好学。从知识传授到能力培养的转变:一切为了学生会学。从讲深、讲透、讲全面到点拨精练转变:一切为了学生学好。

核心循环教学模式重在让学生参与教学的全过程,重在培养学生的学习能力。课堂的高效主要体现在核心目标的达成度,教学过程的参与度和教学结果的有效度这三个方面。核心循环包括学生预习时尝试做基础,带着问题学习,教师上课的着力点只是点拨"重点、难点、易错点",当堂反馈检测,及时发现问题加以纠正。实现教学从以教师讲授为主转变为以学生自主学习为主,从由单向传授为主转变以交流、倾听、展示为主,从以传授知识技能为主转变为以体验知识发生发展的过程为主的教学模式转变。

2. 核心循环教学模式的操作方法

以55~65分钟为一个学习单元(课前自习10~20分钟,课内学习45分钟),不布置课外作业;明确一节课的核心目标;通过设计预习案、学习案、反馈案《三维导学案》,实行课内外预习、学习、反馈三轮循环;操作主要包括集体研讨明确"核心目标","以学定教"编制《三维导学案》,课堂教学"三环五步"(见图6-11)。

预习环节(课前进行)→ 学习环节(课堂进行)→ 反馈环节(课堂进行)

三个环节

预习尝试 → 合作评价 → 课内学习 → 当堂反馈 → 拓展提高

五个步骤

图6-11 三环五步

具体操作流程如下:

(1) 教师集体研讨,遵循"三点一心三问题"的备课架构。明确一节课的"核心目标",首先搞清楚三个问题:①本节课什么问题是学生自己可以解决的?②本节课什么问题必须由老师点拨才能解决?③本节课什么问题需要学生巩固提高?其次要分析本节课的三个点:即重点、难点、易错点。第三，在充分明了学情的基础上，根据课标的要求定出一节课的核心目标。

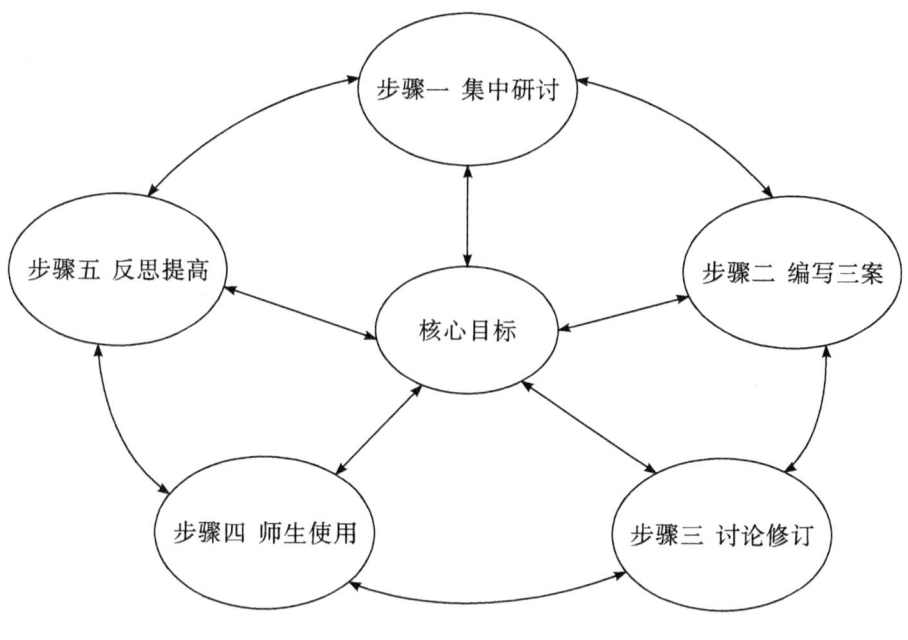

图6-12 "先研后教，以学定教"循环图

（2）编写和修改《三维导学案》。将问题设置在学生的最近发展区，引起学生的认知冲突；遵循先学后教原则，让学生多动手、多动口、多动脑、多参与。预习案：低起点、小步幅、快反馈、围绕核心；学习案：精讲精练、当堂消化；反馈案：学什么做什么，会什么做什么，不为难学生，让绝大部分学生有成就感。

（3）预习环节。老师提前一天将《三维导学案》发给学生，学生在教师的引导下，先预习要学习的课本内容，在书上将重点内容画出来，比如，概念、公式、定理等，进行必要的记忆活动。熟悉课文内容后，独立完成核心内容填空和尝试练习。然后交由合作学习小组评价，并相互纠正错误，发现自学解决不了的问题，在书上标记出来，带着问题去听教师讲课。

（4）课内学习环节。要注意把握好节奏，一般提倡高强度、快节奏的授课方式，主要采用问题串形式提问，进一步了解预习效果，在预习的基础上围绕重点难点和易错点进行点拨，采用边讲、边练、边评、边纠错的教学策略，重点使用三案的五种基本方法：追问法、展示法、合作讨论

法、导引法、点拨法，方法的使用必须围绕核心教学目标。

（5）反馈环节。反馈案一般分为基础训练部分和拓展提高部分。教师完成本节课的点拨之后，应留有足够的时间让学生完成反馈案，反馈案由学生独立完成，基础训练部分要求所有学生在规定时间内完成，拓展提高部分可由一部分优生选择完成。在学生完成反馈案的时候，教师一般在全班巡堂进行个别辅导，帮助后进生解决问题，也可以为提前完成的学生当面批改，鼓励学生学习积极性。反馈案的评价主要由教师完成。

4. 效果

该教学模式的效果显著。（1）推动了学校素质教育的全面发展。该课堂教学模式带动了学校教育质量大幅度提高。减轻了学生负担，解放了学生的时间，使得学校可以大力开展素质教育活动，促进了学生的个性发展。（2）促进了教研组的快速发展。将问题变成研究课题，教研组的教研水平上了新台阶。

核心循环教学模式重在让学生参与教学的全过程，重在培养学生的学习能力，使课堂的高效体现在三个方面：核心目标的达成度、教学过程的参与度、教学结果的有效度。一节"满堂灌"的课，学生完全通过听觉获得的知识占11%，课后24小时知识保持率是5%，一节课学习的内容，学生保留下来的知识只有$11\% \times 5\% = 0.55\%$，因此，课堂教学的改革应该从知识传授向能力培养转变，一切教学活动服务于学生"会学"，倡导自主学习。从讲深、讲透、讲全面向点拨精练转变，让学生在预习时尝试做基础、带着问题学习，教师上课的着力点是点拨"重点、难点、易错点"，当堂反馈检测，及时发现问题加以纠正。实现教学从以教师讲授为主转变为以学生自主学习为主，从单向传授为主转变为以交流、倾听、展示为主，从以传授知识技能为主转变为以体验知识发生发展的过程为主的教学模式转变。

五、实践效果与成果的影响力

（一）教师教育教学观念的改变

SOLO评价对促进教师专业发展具有积极意义，因为靠教师加重学生的学习负担或者是靠学生的死记硬背等机械学习的方式不能获得高的SOLO层次，而只能依靠教师教学质量的提高来提升学生对知识的真正理解和不断发展的思维能力。该理论对教师专业能力的提升提出了新的要求，教师需要在实践中准确识别学生回答的各个SOLO层次，从而能有效地确定学生的反应水平。比格斯教授所做的研究表明，那些喜欢熟记事实和细节并使用机械学习策略的学生在传统的测试中获得了高分，但他们却同时获得了很低的SOLO等级。教学观念的转变将引导中小学教学朝着追求教学质量而不仅仅是分数的方向迈进，将对在新课程改革中转变学生的学习方式起着重要作用。

（1）教师主动做教学准备。教师应为学生介绍知识的发生发展过程，培养学生的数学兴趣和素养。教师应直面学生的疑惑，有充足的知识储备和心理准备回应学生的提问。教师解决问题的策略应是多元的，许多时候不是学生不能理解，是教师没有为学生呈现丰富的学习素材，没有从学生能理解的角度展开释疑。

参与实验研究的教师，在"核心循环"教学模式的引领下，打破传统教学"满堂灌"的教学方式和学生被动接受的学习方式，倡导启发式、探究式、讨论式、参与式教学，真正落实学生的主体地位，强化教师的科学引领作用，使课堂教学处于教师精讲、善导、巧评，学生乐学、会学、优学，氛围活跃、和谐、愉悦的状态之中，逐步形成快乐课堂、高效课堂。

（2）主动成为专家型教师。SOLO理论在一定程度上鼓励教师成为一位对教学热忱的教师；从学生的视角看待学习，理解学生学习的起点，使学生在实现目标过程中会取得螺旋上升的进步；支持学生的针对性练习，为学生的错误方向提供反馈；使学生能够了解教师对学习材料的专业分析。教师有效的教学手段，可以在有限的课堂教学时间内，使学生在获得知识与技能的同时提高对数学的兴趣和信心，增加学生的学习成就感。SOLO理论鼓励教师成为专家型的教师，并指出专家型教师与经验型、非专家型教师的主要差异在于以下三方面：①决策教学关键问题时的态度和期望；②教师对自身教学过程和影响的理解；③对培养学生深层水平的理解。

参与课题研究的教师，形成了自觉在"研究状态下"工作的职业态度，努力在专业发展上有所建树。通过编写《三维导学案》和开展课题研究工作，促进教师的专业发展。近年来，我校数学教师论文获得省级以上奖励或发表6篇次，区级以上11篇次；教师参加各类竞赛，获得国家级奖励3人次，省级15人次，区级22人次。

（3）克服教师的职业倦怠。参与课题研究的教师，得益于专业发展上取得的成功，更多是得到领导的器重、同事的赞美、学生的认可、家长的肯定，有较高的自我效能感，有更高的热情投入到工作中，从而进一步提高专业水平。这形成了良性循环，从而消除职业倦怠感。

（二）学生学习方式的改变

SOLO 理论指导下的教学在一定程度上影响了学生的学习方式，使其更倾向于深层式或成就式的学习方式。课堂教学中，学生得到更多表达的机会，提高了学生的口头表达和书面表达的能力。这样的"有声思维"和工整书写，激发了学生的学习动机，学生表现得更为积极主动、专注，从而愿意提出问题。刨根问底式的学习能够使学生的思维水平得到提高，从而形成深层式的学习方式。尽管具有成就式的学习方式的学生，与其性格特质更为相关，这些学生更希望获得成就、荣誉和老师家长的肯定，但课堂中及时的评价反馈，提供机会让他们指导其他学生学习，更能够促进成就式学习方式的产生。

1. 改变学生传统的学习方式

传统的学习方式把学习建立在人的客体性、受动性和依赖性的基础之上，是知识单向传递的、学生被动的学习方式。课题组提倡和发展多样化的学习方式，特别是提倡自主、探索与合作的学习方式，强调培养学生的自主意识、合作意识和创新精神。在课题实验教师课堂上，学生的学习热情得到释放、主体地位得到肯定、学生活力得到激发，学习效率得到提升。

2. 学生高级思维能力得到提高

根据 SOLO 分类学对学生思维发展的水平研究表明，在抽象拓展结构水平上的回答，不是在关联结构水平上回答的简单重复，而是一种质变，教师课堂上对知识的大量机械重复并不能提高学生的抽象拓展结构水平。根据统计，参与课题实验的学生对问题的回答在抽象拓展结构水平上明显占有优势，学生高级思维能力得到提高。

3. 提升学生的学习效率

由于转变传统的"先教后学"模式为"先学后教"，突出了学生的主体地位，学生的自我系统被充分调动；过程性评价的落实，强调了教师与学生之间的对话、协商，利于教师从知识学习结果、情感态度与价值观等多维度展开评价，及时肯定和指导学生发展，调动学生的元认知系统，调整学习的目标、方式和策略，提升了学生的学习效率。

（三）对学生学习质量的提升

SOLO 理论指导数学教学比较符合初中学生的认知发展，在提高学生认知水平的同时也提高了对数学的学习兴趣以及积极性，学生的数学思维得到提升。评价功能从注重甄别与选拔转向激励、反馈与调整。通过教师对学生回答的判断能够得知学生的思维发展情况，告诉学生当前的思维水平，并提出合理的切合学生的思维提高方法，注重发展并促进学生努力发展。学生在学习的过程中，更注重自我的动机激励，在学习体验中总结学习的策略，形成刨根问底的学习习惯，主动改变自己的学习方式。当自己在学习的进步中获得赞赏后，进一步促进自己的学习，良好的学习循环更进一步促进深层式学习方式的形成。学生在课堂活动的参与中，敢于表达自己，积极参与到课堂的问答、展示、讨论、提问中，把自己掌握的知识外化，呈现在教师和同学的面前，分享好的经验和好的想法，促进同学间共同进步。

教师的评价反馈固然重要，但自我评价也很重要，自己知道自己学得如何，才能调整下一步的学习。SOLO 理论不仅引导学生解决了问题，而且在问题解决中思维能力也得到培养，训练了思维的准确性和灵活性，加强了逻辑思维的准确性和严密性，而概念整合联系的过程反过来还可以巩固概念，即巩固了多元认知结构水平，形成相互促进发展的结果。

（四）成果影响力

由我校教师编写的《三维导学案》，在省内各地广泛使用。实践结果表明，参与课题研究以来，实验班级的数学成绩明显提高，数学平均成绩普遍比非实验班高 10 分左右，实验学校学生整体成绩提升明显。

常规性地开展校内教学研讨活动，课题组成员把 SOLO 分类理论运用于教学中，取得非常显著的成效。根据 SOLO 分类法，我校帮助学生形成具有较高内在动机的自主学习方式，帮助学生在理解的层面获得数学知识，让学生在有足够的"量"的积累上，依靠教师教学质量的提高，获得"质"的飞跃，思维能力得到提高。

近几年，我校教师多次参加省市级的公开课推广活动，得到各界的一致好评。比如，2017 年 3 月 24 日，由广东教育学会组织，广东省初三数学复习课信息技术创新教学研讨会在梁开中学举行。广东省教育研究院吴有昌教授、华南师范大学况珊芸教授、苏洪雨教授，以及来自全省 250 多位初中数学教师和顺德区发展中心领导、一线教师参加了本次活动。研讨活动首先由梁开中学青年教师吴冰展示了"多边形与平行四边形复习"的示范课。吴老师采用智慧课堂的教学方式，通过微课、几何画板、focusky软件、平板电脑等信息技术与数学教学的深度融合，向来自全省的数学教师展现了一堂精彩的初三数学复习示范课，获得与会的专家、同行的高度好评。

2018年4月25日，佛山市初中数学课堂教学展示交流与研讨活动在我校举行。本次活动由佛山市教研室、顺德区发展中心主办，梁开中学承办，有佛山市教研室数学教研员孙治中、顺德区教育发展中心教研室主任张峰、惠州市博罗县教研室数学教研员殷切文、禅城区教研员赵士春、高明区教研员黄东华、顺德区教研员远勋平、大良教育局教研室主任欧阳红、全市初中数学科组长、初中数学骨干教师、一线教师等共240多人与会。梁开中学黄启勇老师为同行们上了一节高质量的展示课。整个活动过程进行网上直播，网上观看人数超过500人次。本次活动旨在为教师们搭建研讨平台，观摩三维导学教学研究课堂生态，了解三维导学的教学模式，探讨三维导学案编制的原理和方法，学习和研讨SOLO分类理论在评价工具的应用。也通过课堂教学观摩，展示教学理念、教学技能、教学艺术，实现优质教育资源共享，通过专家课堂点评与专家报告，引领教师加深对课程与教学的理解，促进教师的专业发展，提高数学课堂教学质量。

我校编写的《三维导学案》（北京师范大学出版）全6册由广东音像教材出版社出版。SOLO分类理论在指导学生获得更高层次的思维水平方面具有显著成效，此理论在培养学生的关联结构水平及抽象拓展结构水平方面作用明显。学生在各种数学竞赛活动中取得丰硕成果，获奖学生超过300人次。

六、成果的创新性

（一）核心循环教学模式的创新性

1. 改变课堂结构微循环

从心理学角度分析，学生的学习过程是一个不断循环，螺旋式上升的过程。"核心循环"教学模式最深刻改变的是一节课的微循环。将传统模式中的部分授课内容前置于课前的预习当中，而将传统教学的延时课外作业于课堂即时完成，从后置到前置，从延时到即时，微小的变化体现的是深刻的革命，由被动的"先教后学"变成了主动的"先学后教"。

2. 培养学生四个能力

（1）自学探究能力。以个性差异为出发点，让学生先学，培养会读书的能力。以预习为切入点，培养学生学习的自主性。

（2）质疑辨析能力。设置认知冲突的问题，通过教师或同学的追问让学生学会提问，使得学生产生解决问题的冲动，一步一步向前探索，从而有探究的欲望。

（3）合作学习能力。以学生的合作学习为着力点，在生生交流、小组合作中打开学生思路，从而实现学生对学习活动过程的深度参与。

（4）检查纠错能力。由于每个"三维导学案"都设置了易错点和教师课堂点拨，因此在合作学习过程中以及课堂点拨过程中，分步骤培养学生的检查纠错能力就显得十分重要。检查纠错能力有利于培养学生认识问题和解决问题的严谨性。

3. 构建善教与会学的平台

学校的教师组成多个备课小组，在备课时，同一个备课组的教师坐在一起商讨、切磋，确定核心教学目标，设置出集预习案、学习案、反馈案于一体的《三维导学案》。实现教师对国家教材的二次开发，是国家课程的校本化成果。它是教学研究的平台，在这个平台上，教师碰撞观点，探寻教法，根据学生的认知规律，依照启发式的要求，将新知识以问题串的方式设置在学生的最近发展区，从而激发学生的学习动力和探究的兴趣。这也是学生发展能力的平台，这个平台是为学生的好学而设计的，它是融教案、学案、作业训练案于一体的学习平台，学生在问题串的指引下，自主学习，互相研讨，带着问题去听课，通过当堂反馈检测学习情况，及时发现问题加以纠正。学生在学习新课前先通过自学与合作学习解决预习案的问题，课中学生带着待解决的问题听教师点拨，师生共同完成学习案。课堂上预留足够时间让学生当堂完成反馈案。

教学中，教师根据 SOLO 分类理论分析学生的应答表现和学习结果，根据学生的表现评价学生在某一具体学习任务中是否达成预设的目标，指导学生对自己的学习做出评价。教师花时间去理解学生在想什么，能进行有效的教学设计。教师倾听学生，能帮助学生更多地聚焦于意义理解而不是仅仅获得正确答案。让学生有机会展示自己的思考过程，使得教师的辅助真正建立在学生的认知上。教师提供机会，让学生展示学习成果，向同学演示习题的解答过程，既有利于诊断学生存在的问题，更有利于学生在展示中获得成就感。学生们通过主动展示，分析数学问题的各种变式，对解法进行评判，教师从中可以掌握学生不同的思考路径，这可以促进学生成为教学进程中的一个活跃成员。

（二）创新地应用分类学的观点指导教学资料编写

SOLO 分类理论为分析教学资料对学生能力、思维水平的考查等提供了一个框架，对教学资料在学生能力发展的有效性上提出了评价，为优化教学资料的编写提供了重要参考。运用分类学观点，克服了传统仅从知识难度上编写教学资料的缺陷，创新性地从学生思维能力发展水平上指导资料的编写，课题组根据研究成果确定了数学习题编写的四个层次：第一层次是基本的、单项的、模仿性的或稍有变化的练习，即思维层次上的单点结构；第二层次是变式的、对比或几个简单素材叠加的练习，即思维层次上的多点结构；第三层次是综合性的习题，即思维层次上的关联结构；第四层次是实践性的、开放性的习题，即思维层次上的抽象拓展结构。四个层次分别从侧重巩固知识、培养学生技能、注重知识的深化和关注学生思维的开放性进行编排，关注了知识难度的发展，也关注了学生思维能力的发展，使教学资料的编写更加合理有效。

七、成果的反思及进一步深化

（一）进一步开展分类学理论研究

在原有的基础上，进一步深化研究 SOLO 分类理论，为本研究提高更好的理论依据。

（二）深化教学与评价融合促进的研究

1. 进一步提升学生在课堂中的参与程度

怎样深化学生在学习中的主体地位、怎样使学生由被动参与到主动参与、怎样及时准确地捕捉学生的课堂感受从而激发学生的思维积极性等问题仍需要我们不断探索、积累案例、丰富思想。

2. 有效教学与减轻学生负担相结合

《国家中长期教育改革和发展规划纲要（2010—2020 年）》指出："学校要把减负落实到教育教学各个环节，给学生留下了解社会、深入思考、动手实践、健身娱乐的时间。提高教师业务素质，改进教学方法，增强课堂教学效果，减少作业量和考试次数。"我们深知过重的课业负担会严重损害青少年的身心健康，把减负落实到中小学教育全过程是我们努力的方向。但是，如何在保证中考传统优势的前提下，切实减轻学生课内课外作业，不是一个教学模式就能完全解决的，我们还需要通过展示课堂本身的魅力与教学方式的魅力相结合，培养学生对学科长久的学习兴趣与情感，从而让课堂表现成为学生学习生涯中不可或缺的一部分。

3. 深入改革教学管理方法

开展课题实验以来，绝大多数教师课堂上知识的生成过程都发生了深刻的变化，但有一部分落后的教师仍在用老办法管理课堂教学、评价教学过程、评价学生学习，没有走出传统教学模式的圈子，这已经成为我校课改走向深度的绊脚石。怎样在改变课堂结构的同时，改变教师传统教学管理观念，特别是让有一定教学年限的传统教师得到专业成长是我们急切要探索解决的问题。

（三）加大成果推广力度

在区内外开展研讨会等成果推广活动，加大成果推广的力度，提升学校的影响力。

▶ 案例四
基于学生核心素养培养的 "共生课堂"[①] 教学改革的探索与实践

佛山市顺德区伦教中学

一、提出背景

（一）时代发展需要

自从我国实行改革开放以来，国家经济快速发展，但教育的发展与之并不匹配。由于市场经济的引领，社会上许多不良风气也在侵蚀着教育，

---

① 本成果获 2018 年佛山市中小学教学改革成果二等奖。

我们的教育日益呈现出工具化、功利化、世俗化、庸俗化的特点，独生教育成为主流。① 独生教育破坏了人与自己、人与人、人与社会、自然与宇宙的共生关系，甚至带来了教育危机。21 世纪，人与人之间的关系逐渐由合作代替了竞争，共生共赢成为主旋律。随之而来的是，教育界提出了"共生教育"这一新的教育理念。共生教育是促进人与自己、人与人、人与社会、人与自然共同生存和发展的教育。在这一大背景下，我们必须积极探索教育管理的新途径，创新课堂教学改革的模式与策略，使课堂更加适合共生人才培养的需要。

（二）课程改革趋势

过于强调接受学习、死记硬背、机械训练的课堂教学是无法培养出具有创新精神、实践能力和适应终身学习能力的人才的。《基础教育课程改革纲要（试行）》指出："教师在教学过程中应与学生积极互动、共同发展、要处理好传授知识和培养能力关系，注重培养学生的独立性和自主性，引导学生质疑、调查、探究，在实践中学习，促进学生在教师指导下主动地、富有个性地学习。"从 2018 年开始，广东省正式进入新高考改革，统一考试、高中学业水平考试、学生综合素质评价"三位一体"的招生模式正式开启。为了适应新课程，我校从 2012 年就开始了"221"课堂改革的探索，至今已积累了丰富的经验和成果。

2014 年 3 月教育部印发的《关于全面深化课程改革落实立德树人根本任务的意见》中，"核心素养"被置于深化课程改革，落实立德树人目标的基础地位，自此中国由"知识核心时代"走向"核心素养时代"。而核心素养正是体现着共生教育思想，贯穿生命、生存和生活教育的基质，所以它是中国教育的一个进步。传统的课程模式虽然在培养学生独立性和自主性方面已经呈现出优势，但是在培养学生共生观念和核心素养方面还有所欠缺，这就要求我们的课堂改革进一步深化。

（三）学校发展的需要

数百年来，伦教地区积累了极为丰富的文化，伦常教化文化在伦教传统文化中长期处于主体地位。我校地处伦教福地，利用和传承家乡特有的

---

① 罗崇敏. 中国教育为何"富不出素质，穷不出精神"[OL]. (2016 - 08 - 15) [2018 - 06 - 15]. http://blog.sina.com.cn/s/blog_1440e517f0102wn9a.html.

"伦常教化"文化资源，形成了伦教中学特有的伦常文化。2016年我校提出的"伦常恒远多元共生"的办学理念，正是立足于培养多元共生人才的思考。"共生"就是要求全体师生不仅要遵循伦常之理，更要各自发挥各自潜能，相互促进，不仅不给别人添麻烦，更要能为他人添光彩，为社会做贡献。"共生"鼓励人相互促进、共同成长、共同发展。课堂教学是学校教育的核心，如何利用课堂这个阵地，实施"共生教育"，结合学校实际，配合国家教育的三级课程管理，即国家课程、地方课程和学校课程，形成以培养多元化人才和培学生核心素养为目的的共生课堂教学课程体系和教学管理体系，成为我校目前重大的研究课题。

二、总体目标

以课堂教学模式建构为突破口，结合学校实际，配合国家教育的三级课程管理，即国家课程、地方课程和学校课程，形成以培养多元化人才和培学生核心素养和建立师生之间和生生之间平等对话、共生共荣的新型师生关系，注重多维互动，信息共享，平等和谐为目的的共生课堂教学课程体系和教学管理体系。

三、"共生课堂"理论基础

"共生课堂"有着坚实的理论基础。

（一）共生教育

"共生"首先是生物学的一个概念，指的是不同种类的一个或更多成员间延伸的物质联系，是相互性的活体营养关系。胡守钧教授认为，共生关系存在于社会各个层面，社会有各个层面的共生系统组成，和谐共生就是在合理的度内分享资源，社会的进步体现在人类共生关系的改善。①

共生教育是某种共生性环境中促进具有共生性思维、人格品质与行为习惯人才的生成教育。② 受教育者最终即获得丰富多彩的个性品质，又获得与人为善、与自然、与他人和谐共处的共性特征，他们能够有意识地协

---

① 胡守钧. 社会共生论 [M]. 上海：复旦大学出版社，2006：3-81.
② 邱关军. 共生教育析 [J]. 教育导刊. 2010 (08)：7-10.

调内、外关系，促进整体利益的最大化。共生教育体现的是人类教育的本质，我们应该在学校教育环境中首先实施共生教育。多元共生教育的核心在于构建多元人才内部共生与外部共生及其相互间的互利共生教育关系，实现教育价值最大化。①

在课堂教学中，共生思想无处不在，教师与学生、学生与学生、主体与内容、创新与继承、素质与应试等等矛盾之间，都是一种共生关系。共生意味着在允许异质、差异、竞争的基础上，走向相互间同质性的、共同化的追求。将共生理论引入课堂教学，用来解释教学中的种种关系，协调种种矛盾，指导我们的教学行为，改善课堂教学的状态，提高教学质量，具有非同寻常的意义。

（二）核心素养

"核心素养"指学生应具备的适应终身发展和社会发展需要的必备品格和关键能力，突出强调个人修养、社会关爱、家国情怀，更加注重自主发展、合作参与、创新实践。从价值取向上看，它"反映了学生终身学习所必需的素养与国家、社会公认的价值观"。从指标选取上看，它既注重学科基础，也关注个体适应未来社会生活和个人终身发展所必备的素养，不仅反映社会发展的最新动态，同时注重本国历史文化特点和教育现状。② 经济合作与发展组织（OECO）将学生应该形成的核心素养概括为三大方向：互动的使用工具、自主行动和在社会异质集团中互动，并将这三大方向概括为三个维度：人与工具、人与自我、人与社会。

（三）教学相长

"教学相长"语出《礼记·学记》，诞生于以孔子为代表的儒家学派的教学实践活动中，是对孔子及其弟子言行的真实写照，也是对儒家教育思想的总结和升华。我们在一些文献资料中不难发现一些记录孔子及其弟子之间相互磋商、共同讨论、相互启发的故事，它们无不形象而深刻地诠释了教学相长的内涵，揭示了教与学之间相互制约、相互渗透、相互依

---

① 罗崇敏：我的共生教育观 [OL]. (2016 - 09 - 13) [2018 - 06 - 15]. http://www.china.com.cn/education/2016 - 09/13/content_39289224.htm.

② 教育部关于全面深化课程改革，落实立德树人根本任务的意见 [OL]. (2014 - 04 - 24) [2018 - 06 - 15]. http://old.moe.gov.cn//publicfiles/business/htmlfiles/moe/s7054/201404/167226.html.

存、相互促进的矛盾统一的关系,"学"因"教"而日进,"教"因"学"而益深。

(四)《普通高中课程方案和课程标准(2017年版)》的基本理念

"共生课堂"对于新课程的基本理念有非常充分的体现。

第一,"共生课堂"体现了新课程的全面学生观,将新课程对学生的培养目标作为实施的最终目标,教学管理、课程设置、教学实施、评价反思等流程的设计和操作都是围绕"进一步提升学生综合素质、着力发展学生核心素养,使学生成为有理想、有本领、有担当的时代新人""注重培养学生的学习兴趣、学习能力和探索精神,注重培养分析问题、解决问题的能力"等目标进行的。

第二,"共生课堂"的课程体系符合了新课程对课程要求所要符合的"思想性、时代性、基础性、选择性、关联性"基本原则。

第三,"共生课堂"体现了新课程大力推进教学改革的理念,"共生课堂"教学过程中要强调的"关注学生学习过程,创设与生活关联、任务导向的真实情境,促进学生自主、合作、探究地学习"也是新课程所倡导的。

第四,共生教学体现了教师发展观。既承认教师是学生学习的组织者、引导者,又承认教师是课堂学习的参与者和受益者,而又特别强调教师是学习的先行者,注重发挥教师的课程资源价值。学生的成长也有益于教师的成长,课堂中的质疑,评价,互动都是教师成长的动力。

四、"共生课堂"的内涵

"共生课堂"是在坚持以生为本的基础上,以培养学生学科核心素养为核心,以教师为引领,在互动教学中实现教师的专业提升,在"共生教育"理念的指导下,构建和完善师生"共生共荣"的共生教学模式。

"共生课堂"基本定义:"共生课堂"教学,就是运用共生理论促进教学中各种矛盾之间的协调和共生,尤其重视"师生共生""生生共生",从而促进智力因素和非智力因素互惠共生,最终实现师生"共生共荣、共同发展"。

"共生课堂"的立意:以小组学习、导学案编制、课件设计为抓手,在教学过程中按照"三环七步"教学模式进行。创造学生与教师、学生与学生、学与教的学习共同体，优化学生学习方式和教师发展方式。

"共生课堂"的特征：注重学生学习过程，创设与生活关联的、任务导向的真实情景。注重在课程内容和教学过程设计中体现学生学科核心素养的培养，利用小组学习促进学生自主、合作、探究地学习。

"共生课堂"的核心：实现学生与学生、教师与学生的"共生共长"。"生"是手段，"长"是目的。"生"即"生成"，即体验、感受、发现、创造，有教师之"生"和学生之"生"，而教师之"生"是基础；"长"，即成长，即提高、丰富、实现，有教师之"长"和学生之"长"，而学生之"长"是根本。

五、"共生课堂"阶段任务

（一）确立"以生为本，师为主导，共生共荣"的共生教学观

引导教师把"以生为本""学生是学习的主人""共生发展"等理念转化成实际的教学行为。一是注重开放和生成，努力构建师生互动，生生互动，共生共荣，共同发展的充满生命活力的课堂教学体系，让每一节课都成为不可复制的、充满激情与活力、思维与智慧碰撞出火花的过程。二是将学生看成有感情、有个性、有感情的个体，要求教学在面向全体的同时，更要注重个性的差异；通过独学、反思等培养学生自主学习和独立思考的能力；通过对学和群学、展学、评学等培养学生互相尊重，互相欣赏，求同存异，共生共荣，共同发展的"多元共生"的意识与习惯。三是在教学的准备和实施过程中注重对学生核心素养的培养。

（二）构建"共生课堂"教学模式

根据教师的个性特点，学生层次差异，不同学科、不同课型的具体情况，以有效教学和培养学生核心素养为目标，体现学生主体性原则，体现教师主导性，注重知识的生成性和知识网络的建构，聚焦学生思维能力的培养，尊重学生并激励学生自主学习，促进学生思考，积极实施合作式和探究式教学。

（三）准确定位教师角色和教学行为

课堂教学模式的探索除了自上而下的顶层设计之外，更需要教师脚踏实地的实践。教师是课改成败的关键，因此教师需要准确定位自己的角

色。改变不适合学生发展的低效的行为，努力让自己成为学生学习的促进者、教育教学的研究者、课程的建设者和开发者。更要树立"共生共荣"的共生教育观，充分相信学生，根据教学目标设计教学环节，利用合适的教学策略，培养学生的自主学习能力和团体合作能力，解放学生，尊重学生，赞赏学生，让学生在与同学的以及教师的交流互动中树立"共生共赢"的意识。教师自身也在与学生的平等对话、课程的自主建设中提升专业能力。

（四）培养学生核心素养与提升教学质量

课改的最终目的是提升学生的综合素质，特别是在培养学生核心素养的同时，更要提高学科教学质量。在课改中既要重视学科基础知识、基本技能的落实与训练，又要重视核心素养的渗透，鼓励学生主动参与，互相合作，培养学生自觉学习的良好习惯，从而形成学科发展和学生素质提升的双赢局面。

六、"共生课堂"基本特征

（一）"共生课堂"教学改革制度保障有效，监管过程得力

课改成功与否不仅与教师观念有关，更加与课改执行的力度有着莫大关系。伦教中学有着丰富的课改经验，这次"共生课堂"教学改革是过去课改的深化，也可以说是"站在巨人肩膀上"的改革，但是课改是漫长而艰巨的，同时也是一项"一直在路上"的工作，为了保证"共生课堂"教学改革的顺利实施，伦教中学充分发挥"党管校"的理念，2017年，伦教中学党支部向全校发出了《关于全面深入推进我校教学改革的决定》，这不仅体现了课改的决心，更通过详细地工作指引将课改真正落到实处。

"共生课堂"从管理机构的建立、过程的监控、评价与激励、集体备课要求、导学案编制、课堂实施、课后评价都有详细的要求和范式。并且建立了课改督导组每周随堂推门听课，行政巡查、每周课改例会等方式将课改强有力地推行下去。如今我校已经积累了丰富的过程性材料，可以说"管中窥豹，时见一斑"。

（二）多元共生课程体系注重体现新高考改革的特点，注重学生核心素养的培养

新高考政策下伦教中学多元共生课程体系充分发挥了课程在学校育人中的核心作用，注重学生核心素养的培养，促进课程教学与高考综合改革的有机衔接。面对新高考和新课改的要求，根据学校发展定位，依据"伦常恒远，多元共生"的办学理念，学校提出结合学校实际，配合国家教育的三级课程管理，即国家课程、地方课程和学校课程，形成以培养多元化人才和培学生核心素养的教学目的。通过坚持"多元共生"的理念和课程，促进学生形成人与自己、人与人、人与社会、人与自然共同生存和发展的理念，培养具有深厚人文底蕴、执着的科学精神、会学习和健康生活、有责任担当精神和实践创新能力并且有共生性思维的多元化人才（见图6-13）。

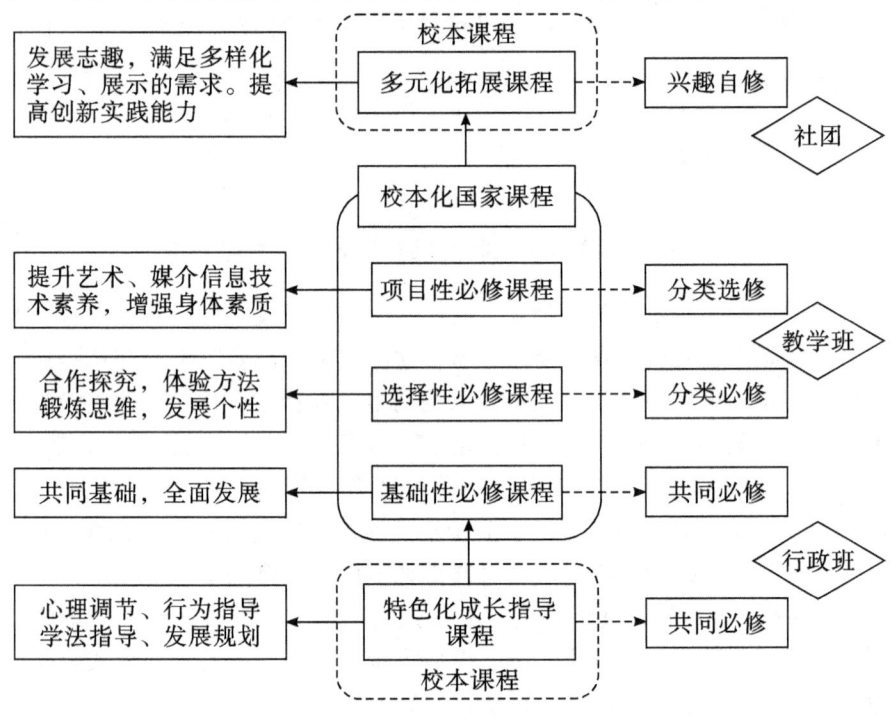

图6-13　多元共生课程体系图示

（三）"共生课堂"教学执行注重新课程理念的落实

"共生课堂"根据新高考和新课标的要求，对课堂不采用"一刀切"的形式，而是根据学生年龄层次的特点和年级授课的特点，将课堂范式分

为新授课和复习习题课,注重学生学科核心素养的培养。其中新授课设计的"三环七步"特别注重学生学习过程,注重学习能力的培养,重视学生知识的生成。复习课侧重是学生对知识的反刍吸收,特别是在思学环节利用变式训练,强化学生的理解性运用的能力。无论是新授课还是复习课,"共生课堂"所强调的创设与生活关联的、任务导向的真实情景。注重课程内容和教学过程设计中体现学生学科核心素养的培养,利用小组学习促进学生自主、合作、探究地学习,这些正是新课程所提出的。

七、操作流程及实施策略

(一)"共生课堂"教学管理模式(见图6-14)

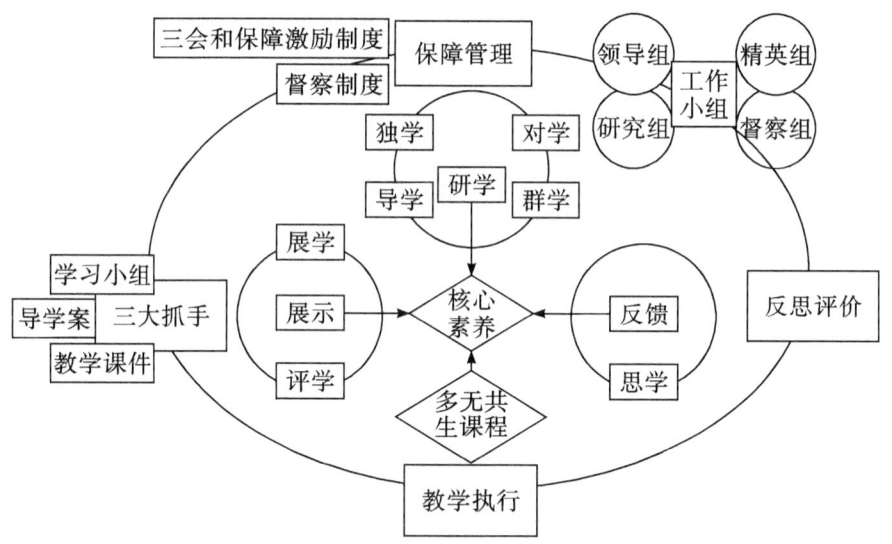

图6-14 "共生课堂"教学管理模式结构图示

(二)"共生课堂"保障管理操作及实施

第一,制定《伦教中学共生课堂教学改革实施方案》和《伦教中学深化课堂教学改革保障措施》《伦教中学教职工绩效提留部分分配方案(课改保障激励部分)》推进和保障课改的实施。

(1)"三会"制度。

课改例会:每周一次、发现亮点、反馈不足、及时总结。

教学沙龙：每月一次、主题研讨、工作总结、工作安排。

德育沙龙：每月一次、主题研讨、工作总结、工作安排。

（2）集体备课督查制度：核心督察组、学科主管行政、值日行政、教辅人员依据各自的督察职能进行不定期的督察。

（3）导学案的编写与使用督查制定：年级督察组实行定期、不定期抽查，每周以学生调查等形式进行检查。

（4）课堂教学督查制度：采取推门听课的方式对课堂教学形式、教学内容和教学效果进行全面督察。

（5）作业、试卷的布置与批改督察制度。

（6）实行"一周一课一研"课例研讨制度。

第二，建立工作小组实施全过程的保障。

（1）领导组：全面规划课改推进方案和教师课改评价方案，督促和保障课改各方面工作的顺利进行。

（2）研究组：集体备课范式、导学案编写和使用范式、课堂教学范式、作业布置及课后辅导范式以及小组建设范式。

（3）精英组：积极参与课改实践，积极参与东北师大刘晓中教授主持的智慧教学共同体活动，每月撰写课改体会并对课改提出建设性意见，每学年安排外出学习一次，每学期上一次课改公开课。

（4）督察组。

督察领导组：正副组长研究制定督察评价方案，形成督察表格；制定督察结果纳入教师教学过程评价的细则。秘书每月统计一次并用纸质和电子两种形式对评价结果进行公布，每学期计算教师的教学过程评价。正副组长督察各成员工作情况，对发现问题多、记录详细的督察员予以表彰（精神和物质奖励）、对不够认真的督察员予以批评（认定不认真履职，期末评比时予以考量），考虑撤除督察员职务，严重的可以考虑撤职（包括行政）。

核心督察组：每周不少于一次巡查集体备课（督察集体备课的流程和内容）、每周听课不少于3节（督察集体备课的流程和内容，评价其效果）。每周五下午第七、八节课与课改领导组、课改研究组一起召开会议反馈并研究课改推进情况，形成会议纪要：表扬好的、批评不足，对课改提出意见。利用下周升旗仪式宣布纪要并通传全校。

各年级督导组：组长全面统筹，各成员根据督察领导组制定的督察表格，每周听课不少于1节（督察集体备课的流程和内容，评价其效果），每月完成由组长安排的导学案、作业批改等督察任务（督察其内容，并评价其优劣）并填写督察表，秘书每月统计一次督察表，督察结果纳入教师教学过程评价。

行政督察组：组长全面统筹，各成员依行政值班安排参与集体备课（当天有集体备课的科组和备课组，督察集体备课的流程和内容）、深度课堂观察（可选择1节）并详细填写督察表，秘书每月统计一次，纳入教师教学过程评价。

教辅督察组：组长全面统筹，各成员依安排对集体备课（督察人数）、课堂教学、白天自修和晚修（督察纪律）进行巡查，每人每周一天，保证每天有一次巡查并详细填写督察表，秘书每月统计一次，督察结果纳入教师教学过程评价。

第三，修订《伦教中学教职工绩效提留部分分配方案》，将共生课堂改革列入评价范畴，完善保障激励制度，从而保障课改的顺利进行。

（三）"共生课堂"教学执行操作流程及实施

第一，集体备课。

（1）四固定。

固定地点：按照学校安排到固定场室备课。

固定时间：每周两次集体备课，由专人主持组织，遵守考勤规定。

固定内容：集体备课主要是研制导学案，围绕课程标准、考试大纲、核心素养、教材等学材、学生、教师、环境等进行分析，也可根据在学校或科组实际做好导学案工作的基础上做出相应教研安排。

固定资源：参与教师要带上备课资料（如学材、电脑等）、导学案一案或二案及备课记录等，导学案研制要用投影或每个教师用电脑共享并进行及时修改。

（2）发言流程要求。年轻成员先发言，主备人最后发言；实施"一课两备"：由主备人根据第一次集体备课的意见备第一次课，形成导学案初稿，在第二次集体备课时先征求导学案初稿意见，形成导学案正稿，再进行下一课时的第一次备课；对近期练习中的错题予以重组。

（3）集体备课任务。主持人（备课组长）提出本次集体备课任务、要求。切入集体备课主题，实施备课研究。本项目组（导学案）负责人谈设想、依据及主要问题（尤其是需大家研究的问题），组内成员发言。一般是年轻教师先发言，学科骨干教师可不时进行点评，本项目组（导学案）负责人适时做好笔记，大家研究需修改时可及时修改，也可会后再修改，最后项目组（导学案）负责人做总结并形成本次集体备课的总结定稿或初稿。主持人总结并布置下次或未来工作。

（4）集体备课（导学案、教学课件、学习小组）流程。主持人（备课组长）总结并提出本次集体备课任务→讨论本次集体备课（导学案、教学课件、学习小组）定稿的使用→讨论下次集体备课（导学案、教学课件、学习小组）初稿的情况→集中讨论已学内容易错题、遗留问题，准备滚动训练问题→集体研讨单元（章节）教学内容、学时划分，选择题目等→主持人（备课组长）总结并布置下次备课任务。

（5）集体备课的督察重点：有无人缺席、有无备教材、有无备教法、有无备学法、有无每一人发言、有无研究教学目标（将课标、考纲、核心素养落地）、有无设置研究问题、有无研究知识的建构或生成、有无研究课堂训练题及课后作业题、有无做对错题重组、主备人有无使用电脑作主题发言并编写导学案初稿。

第二，导学案的编写。

强调以问题引导学生展开探究性学习，尽可能减少知识搬移和填空形式；要有教学目标和学法指导；预习案应体现学生自主预习教材并为新课学习做知识准备；探究案应体现知识的生成性：设置问题让学生先自主独立探究，会后小组合作探究，最后由学生自主归纳整理形成知识要点和知识框架并谈学习所思所得所感，再进行课堂检测；训练案应体现对本节课主体知识的检测，要精选习题，并不超过规定的练习时间。

（1）让学生明确教学目标和学习方法；依据导学案的预习情况开展教学；设置引导学生深入学习和深入思考的问题；组织学生独立自主学习和小组合作探究；引导学生归纳知识、解题方法、构建知识框架；科学地激励学生；开展课堂检测；对重点知识和难点问题予以讲解；留白时间让学生独立思考、整理知识并谈或写学习反思；对目标生和临界生给予关注（提问及课堂辅导）。教师讲授总体时间不超过20分钟，单次讲授时间不超过15分钟。

（2）导学案内容。教学目标、学法指导、知识链接、预习自测、问题探究、课堂检测、学习总结与反思。

（3）督察重点：有无在规定的时间做好导学案（提前两周）；有无明确学习目标和学习方法；有无为课堂教学准备预习案；有无设置引导学生自主探究的问题；有无注重知识的生成；有无设置随堂训练题；训练案是

否经过精选；训练案有无批阅。

第三，课堂教学。

严格遵循教学规律，严格体现学生主体性原则，体现教师主导性，注重知识的生成和知识网络的建构，尊重学生并激励学生自主学习，促进学生思考，积极实施合作式和探究式教学。

课堂按照"三环七步"进行操作，根据课堂的特点设置环节。

三环：研学、展示、反馈。

七步：导学、独学、对学、群学、展学、评学、思学。

（1）新授课具体操作流程。

第一环节：研学。

导学：教师可以设置情景或依据导学案预习情况导入教学，设置课堂核心问题，明确教学目标和学习方法，明确以高效导学案为学习路线图，以教材为依据，以核心问题为焦点开展独学、对学、群学任务等。

独学：学生自主学习，主动学习，探究学习，回答导学案的问题，梳理知识、明确疑难。教师巡视并进行个别指导答疑。

对学：两人合作学习，听取对方对问题的见解，听取对方对自己疑难的解答，找到共同的问题和双方不能达成一致的意见。教师参与对学之中，并进行个别指导答疑。

群学：分组合作，讨论解疑。学生完成导学案训练题目后，小组长组织本组成员进行内部交流讨论，对交流学习中的收获，讨论学习中的疑惑，讨论跟踪训练中的问题，特别是要聚焦讨论核心问题，学科小组长需做好记录。教师参与群学之中，并进行个别指导答疑。

第二环节：展示。

展学：以小组为单位，展示本组学习成果、学习心得，同时也将小组共性的学习困惑提交班级讨论。展示形式可以是口头表达或书写展示（黑板板书展示或让学生写在笔记本上用投影展示），若是书写展示，则学生必须自己讲解。

评学：其他小组对别小组的展示予以点评，指出优点和不足；同时，小组或个人提出质疑，展示的小组予以解答。教师要充分融入学生的展示点评和质疑中，特别是针对核心问题，要充分发挥主导作用，要善于捕捉时机进行评价、追问、点拨，本环节是课堂引向深入，培养学生思维能力，实现高效教学的关键一环。

核心问题的内容指向本堂课教学的重点、难点；指向核心素养的培养；指向高考考点；指向学生的易错点。教师每堂课设置 1~2 个核心问题，围绕核心问题推进小组合作学习，层层递进，不断深入教学，对简单知识和问题不采取小组合作学习及展示，直接由学生独学获取和解决。

第三环节：反馈。

思学：清理过关，当堂检测。留出课堂最后 5 分钟让学生对所学内容进行总结梳理，可以以思维导图的形式呈现。教师组织当堂教学效果的检测，以达到对所学内容的巩固、深化。

新授课课堂教学的督察重点：有无让学生明确教学目标和学习方法；有无依据导学案的预习情况开展教学；有无设置引导学生深入学习和深入思考的问题；有无组织学生独立自主学习和小组合作探究；有无引导学生归纳知识、解题方法、构建知识框架；有无激励学生；课堂检测效果如何；有无对重点知识和难点问题予以讲解；有无预留时间让独立思考、学生整理知识并谈或写学习反思；有无对目标生和临界生的关注（提问及课堂辅导）。

（2）复习习题课具体操作流程。

第一环节：研学。

导学：教师依据学生习题完成情况导入教学，明确教学目标和学习方法，明确独学、对学、群学任务和要求。

独学：学生对已完成的习题中错误的题目，自主学习，探究学习，改正错误，理清思路、明确疑难。教师巡视并个别指导答疑。

对学：两人合作学习，听取对方对问题的见解，听取对方对自己疑难的解答，找到共同的问题和双方不能达成一致的意见。教师参与对学之中，并进行个别指导答疑。

群学：小组合作，讨论解疑，小组长组织本组成员内部交流讨论（对答案、研讨不同的答案），对交流学习中的收获，讨论学习中的疑惑，学科小组长做好记录。教师参与群学之中，并进行个别指导答疑。

第二环节：展示。

展学：教师将错误率较高的题目提出展示任务，以小组为单位，展示本组研究成果。展示形式，可以是口头表达或是书写展示（黑板板书展示或让学生写在笔记本上用投影展示），若是书写展示，则学生必须自己讲解。

评学：其他小组对别小组的展示予以点评，指出优点和不足；同时，小组或个人提出质疑，展示的小组予以解答。教师要充分融入学生的展示点评和质疑中，特别是针对典型错误或核心问题，要充分发挥主导作用，要善于捕捉时机进行评价、追问、点拨。同时，教师自己或组织学生开展一题多变、变式训练、多题归一教学，引导学生归纳解题规律、方法和注意细节。本环节是课堂引向深入，培养学生思维能力，实现高效教学的关键一环。

第三环节：反馈。

思学：教师组织当堂教学效果的检测，以训练案的形式对错误率较高的题予以错题重组；教师留出课堂最后 2 分钟让学生进行总结梳理。

复习课课堂教学的督察重点：有无建构知识网络，讲评试题时有无进行考点定位、有无基于核心素养审题、规范答题、一题多解、变式训练、多题归一和解题规律和注意事项总结。

第四，作业批改及课后辅导。

教师做到作业全批全改，给予学生科学的指导和鼓励，找到典型的错例并深入分析问题所在；课后有针对性地开展培优扶临工作，建立目标生和临界生知识学习跟踪表，加强辅导的有效性，对目标生和临界生进行面批面改，提高学科的贡献率和吻合率。

作业批改及课后辅导的督察重点：有无做到全批全改或不少于 20 份不同层次学生作业的批改；有无激励性评语；有无批阅记录和典型错例剖析；有无建立目标生和临界生知识学习档案；有无开展培优扶临工作。

八、"共生课堂"教学实践效果

"共生课堂"教学改革实施以来，伦教中学教育教学质量得到快速提升，基于"共生课堂"理念，我们对于学校教育教学发展有了更加清晰的思路和框架，学生的综合素质和教师的专业发展都得到了提升。学校发挥良好的示范辐射作用，加大了管理人员和教师的交流，同时以全员培训、骨干引领、课改骨干教师同课异构、跟岗培训、区内大教研组集体备课及教研等形式带动区域课改工程……校园、课堂都在悄然发生着变化，如 2018 年上半年我校就举行了两次全区性的"共生课堂"展示推广活动：2018 年 3 月举行的"共生课堂"展示周活动和同年 5 月举行了全区"特色纷呈，共生共赢"共生课堂教学开放日。

（一）学校教学质量的提升

"共生课堂"教学改革以来，学校教研气氛浓厚，学校各年级的教学成绩都有了不同程度的提升。2017学年下学期期末考试高二年级10个考试科目有9个位于全区前10，其中2个第7名，3个第8名。高一年级5个学科位于全区前10名。2018年高考伦教中学各线上线人数大幅度提升，实现了历史性突破，高分投档线上线人数58人，本科线上线437人。高分投档线（原一本线）率突破10%、本科率突破74.7%，专科上线604人，上线率100%。2人考上985院校，4人考上211院校。由于教学成绩提升迅速，伦教中学2018年9月获得了区教育局颁发的"2018年高中教学质量进步奖"。

（二）学生的发展

1. 多元共生课程体系逐步完善，有效促进学生成长

（1）特色化的成长指导课程。围绕"生涯教育"和"学科文化学习"两大内容，让学生认识自己、认识职业、认识专业、认识大学，让学生学有目标、学有动力，让学生用未来的职业规划来指导并激励现时的学习。加强学科文化教育，让学生了解学科学习的意义、方法、规范，让学生学有方法。

（2）校本化的国家课程。学校尊重学生个性差异，因材施教。一是分层分类教学；二是二次开发国家教材；三是引入信息技术与学科教学的深度融合。同时，每学期开设近50门丰富多彩的校本课程供学生自主选择，促进每一个学生个性化发展，拓宽了学生学习领域，开阔了学生知识视野，为学生学业发展打下坚实基础。

（3）多样化的特长课程。一是学校开设多种特长课程，如体艺、传媒、创客、动漫等课程，既满足学生兴趣特长需求，也为有特长的学生提供成才升学的通道；二是学校以校园电视台、广播电台、街舞社、文学社、古风社、志愿者协会等27个学生社团为基础，搭建了学生特长发展的舞台；三是学校通过六大板块的活动课程，实施了包括体艺文化节暨嘉年华活动、成人礼、伦中达人秀、诗词大会、学农综合社会实践活动、毕业礼等成体系的德育活动，培养学生良好的品行。

2. 实施"共生课堂"教学改革以来伦中学生更加阳光开朗，身心更加健康，更加尊师有礼，积极努力，自信自强，学风越来越浓厚

2017学年有70多人获得街（道）以上学科竞赛奖励，13人获得省级奖励。其中陈宏涛同学获得佛山市"优秀学生"的荣誉称号，3位传媒生在"未来金话筒"高中组播音表演新苗推优赛广东赛区成功突围，入围全

国决赛。参加 2017 年全国中小学新课程英语语言能力竞赛的宋雯等 17 人获高一年级组一等奖。包文凯获第十八届广东省中小学电脑制作活动获一等奖。王黎同学获得广东省环保演讲比赛二等奖。吴海潮等 3 位同学获广东省中学生生物学联赛二等奖。梁淑仪在佛山市中学生作文现场展示活动中获二等奖。夏祥、曾中、谭威 3 位同学在首届顺德教育创客节高中组机器人设计竞赛一等奖。第三十四届全国中学生物理竞赛共 10 人获奖，劳嘉鸿等 2 人获顺德区一等奖。2017 年全国高中数学联赛广东赛区选拔赛中罗英南等 3 人获顺德区一等奖。陈焯朗等 3 人在顺德区第三届硬笔书法大赛中获区三等奖。

（三）教师的发展

"共生课堂"教学改革实施以来，我校遵循"边培训、边实践、边总结、边提升"的原则，首先对全体教师进行了培训，如邀请刘晓中、廖飞、张健、施美彬、彭海燕、廖明生、陈文明、王怀文、钱耀周、张志勇等课改专家为教师进行课改理念培训；课改实施过程中，派教师分批到北京、上海、广东、深圳、湖南、湖北、浙江、重庆、山东、广西等地进行观摩学习，参加各类学习、交流、跟岗近 300 人次。选派骨干团队教师到省外讲课、交流经验；与市和区内兄弟学校进行同课异构；利用教学开放日搭建平台展现教师的教学风采；校内开展教师教学比赛、备课组集体备课比赛、青年教师汇报课、班主任专业能力比赛、"共生课堂"教学比赛。2017 学年我校的教学骨干为我们呈上了 36 堂精彩纷呈的"共生课堂"的好课。全区的"共生课堂"展示周和开放日邀请省市区专家和教育局领导到会场进行互动点评。这些活动的开展，有力助推了共生式课堂教学改革向纵深发展。基于学生发展的整体性，教师更重视学生认知、情感和道德的和谐发展，课堂教学和教师的教学行为在发生着变化，教师自己也因此走出学科专业的束缚，走上专业化教育工作者之路，一批课改"明星"教师悄然成长起来了。

地理科组、政治科组、历史科组在 2017 年顺德区高中教师解题大赛中分别获得学科团体二等奖。在区普通高中教师原创题比赛中，高三生物备课组获得一等奖；高二化学备课组、高二生物备课组获得二等奖；高一化学备课组、高一生物备课组获得三等奖。13 位教师获市级综合性荣誉；79 位教师获区级综合性荣誉。2017 学年有 2 位教师的论文在省级刊物发表，共有 19 位教师的论文获得区级以上的奖励，在区级教育教学比赛中共有 75 位教师获奖，其中 26 人获得一等奖以上的奖励，有 4 人获得省级奖励。在"顺德区青年教师教学能力比赛"中，我校有 13 个学科参赛，1 个学科获特等奖并代表区到省参加比赛、7 个学科获一等奖，其中综合实践科陆丽霜老师获区特等奖并代表顺德区参加省决赛，语文科汤莉莉老师获区一等奖第一名并代表区到市参赛获第二名。2018 年高中青年教师教学问题讲授核心片段展示活动中，王少媚老师荣获区一等奖，省二等奖。罗威老师参加区高中语文青年教师教学能力大赛获区第三名并代表区参加市赛。

九、"共生课堂"教学改革的努力方向

面对新高考、新课标，加强研究、学习和实践探索，要进一步创新学校管理，进一步完善"多元特色课程体系"的建设和践行，特别是积极研究探索新高考下的课程开设、优秀学科群建设、选课走班模式、教学质量监测与评价、教学日常管理以及学生综合素质评价。要进一步深化课改工作，以"共生课堂"为核心的教学改革要从范式的落实过渡到深化教学内容的落实，深入研究，聚焦学生学习能力的提升，切实提高课堂教学效果；进一步推进信息技术与学科教学的深度融合，深化研究，为学生学习视野的扩大、学习方法的改变和教学效率的提高提供支撑。

第二章
课堂教学变革的方法研究案例

▶ 案例一
"中小学数学课本素材的开发与设计" 成果报告[①]

佛山市顺德区教育发展中心　邓国强

一、问题的提出

现行的数学实验教科书提供了大量现实、有趣、富有挑战性的学习素材和数学活动线索，展现了数学知识的形成与应用过程，力求满足不同学生发展的需求，是实现《数学课程标准》中的课程目标的一个重要载体。但由于受篇幅的限制和满足全国各地师生的需求，教材不可能也没有必要呈现过多的探究过程，教材提供的是情境、话题、线索和典型的案例。教材中的内容大多数是以静态的、形式化的"学术形态"呈现出来，有很强的概括性，而各地教师的文化程度、人文环境、教育条件、教学水平都存在一定的差异，所以教材需要留给教师较大的空间，让教师结合实际用教材进行创造性的教学，即教师要根据自己的理解，结合本地区的实际情况，尤其是学生已有的知识与经验、认知水平和思维能力对课本素材进行开发与设计，以便更好地发挥课本素材的教育功能，实现《数学课程标

---

① 本成果获 2017 年广东省教育教学（基础教育）成果一等奖。

准》确立的课程目标。

从目前的实际情况看，没有吃透教材就去上课或随意地增删教学内容的教师相当普遍，不重视课本素材的研究，不重视主体内容的教学，不重视知识的发生、发展和形成过程，不能很好地落实课文主体内容的教育功能，这也是当前课堂教学效率偏低和学生负担过重的根本原因。又受某些"名人"一味从理论上讲要创造性地使用教材和大部分研讨活动示范课不使用课本素材教学的影响，使用课本素材教学也就变得无足轻重，丧失了素材原本的价值。殊不知课本素材是一个团队多年研究的成果，也是在实践中不断反复修正而得出的结晶。是教师借以向学生传递知识、培养思维能力、发展情感、激发兴趣的基本载体，是经过教学实践千锤百炼得出来的资源，其文字表述是经过反复推敲。课本素材的每一个要件：生活背景、插图、问题、习题等都具有特定的教育功能，蕴含着某些数学思想方法与策略。改造和重组教材不能改变原教材的意图和所承载的目标、育人功能，应尊重教材的基本功能与其蕴含的本质内涵和所折射出的深远意义保持相当。但是课改初到现在的课堂，师生不是借助课本这个媒介展开丰富多彩的课堂活动，获取知识技能，体验蕴藏其中的数学思想方法，享受数学中人文精神和欣赏数学的美，积累数学活动的经验的，而是满足于对课文内容的简单机械解释和知识点的记忆，情愿花时间和精力反复机械地做练习题，造成师生的付出与收获不成正比，给学生增加了较大的学习负担。

另一方面，小组合作学习是目前世界上许多国家普遍采用的一种富有创意的学习方式。由于其实效显著，被人们誉为是近十几年最重要和最成功的课堂教学改革成就。我国自2001年实行课改以来，就大力提倡这一学习方式，一线教师们也极力地在课堂上实践这一方式，因此对小组合作学习的研究比较多，报纸杂志上也常常看到这方面的文章，但把小组合作学习方式与学科教学设计联系起来的研究较少，尤其是一线教师还在沿袭旧的以教师讲授为主的教学设计，虽然有些被称为"导学案"，但也只是留一些空白给学生去填空而已，与小组合作学习方式不匹配；教师在课堂上只是不断地让学生说，自己没有参与和引导，在关键点上提不出能引发学生深入思考的问题；变教师讲为优生讲，大部分学生学习的被动性没有得到根本的改变；交流的时候，每一个学生都争着说或者只是优生在说，弱势学生并没有参与其中；没有进行独立的思考就进行交流讨论，没有展开充分的交流讨论就宣布活动结束，合作交流流于形式；合作交流的次数过多导致教学任务未完成等成为一种普遍现象；小组合作学习有形无质，不但不能促进学生学习，还会影响学习的效果和教师对学生学习情况的判断，产生两极分化。

基于上述分析，中小学数学课本素材的开发与设计的研究着重解决下面几个问题：

（1）没有吃透教材就编制或照搬他人教学设计。
（2）重视知识与技能，忽略对课文教育价值的研究与挖掘。
（3）一问一答式的设计多，大问题设计得少。
（4）教学设计与小组合作学习方式不匹配。
（5）合作学习的切入点与时机不恰当。
（6）就近入学和平衡分班造成行政班学生差异大、教学难度大。

从 2010 年 3 月开始，我先后带领两批共 18 个研究团队近 200 人进行了中小学数学课本素材的开发与设计的研究。目的是通过研究，提高我区教师教学设计的质量和专业水平，撰写出高质量的大活动、大问题或与小组合作学习相匹配的教学设计，着实提高学生学习的参与度，落实课文素材的教育价值，发展学生的数学素养，提升课堂教学效率，从而大面积地提高教学质量。

二、解决问题的过程与方法

（一）过程

2010 年 3 月，为了促进教师深入研读教材，提高教学设计质量，我校向顺德区教育科研办申报了"义务教育阶段数学课本素材的再次开发与设计研究"课题，被批准为"十一五"规划课题，2011 年 5 月升格为广东省"十二五"教学研究规划课题，下设九个分课题。2013 年 6 月通过结题鉴定，同年 7 月和 11 月分别获得区、省结题证书。2013 年由全国百佳节图书出版单位接力出版社出版了《中小学数学课本素材的开发与设计》和《中小学数学课本素材的开发与设计（二）》两本课题著作，是目前国内唯一的片段素材开发与设计的著作，由 24 篇课题论文和 220 多个片段素材开发与教学设计构成，在全区进行推广应用。

为了解决就近入学、平衡分班造成行政班学生差异性大、教学难度大的问题，我向顺德区教育科研办申报了"小组合作学习方式下的数学教学设计研究"课题，2014 年 10 月立项，课题批准号为 SDJK2014001，2015

年1月升格为佛山市"十二五"课堂教学改革重点规划课题，课题批准号为2014ktggz008，下设八年分课题。第一个课题是第二个课题的延续。2016年12月顺利通过会议结题鉴定并获得区、市结题证书。2015年和2016年由新世纪出版社分别出版了《合作学习教学与设计的法和例》和《合作学习教学与设计的法和例（二）》两部课题著作，该书是首部把教学设计与小组合作学习教学整合的著作，填补了教学设计与小组合作学习整合研究的空白。著作分两部分，第一部分构建了开展小组合作学习的理论体系，共有以下五章内容：第一章小组合作学习概况，第二章合作型学习小组的构建与激励，第三章教学设计撰写与教学方法介绍，第四章合作学习内容的选择，第五章各类课型教学的合作交流设计策略。这五章内容着重解决了学校及其教师在开展小组合作学习教学中存在的十大困惑（问题）：①为什么要开展小组合作学习？②哪些内容适合开展小组合作学习？③如何开展小组合作学习？④教师、学生在小组合作学习中有些什么作用？⑤如何构建学习型小组？⑥怎样对学习小组进行评价？⑦小组长的作用是什么？⑧如何选拔与培训小组长？⑨如何训练学生的语言表达能力？⑩各种课型教学合作交流的设计有哪些策略？形成了"独立学习—合作交流—自我修正—展示汇报—教师追问—深化理解"的基本设计模式，引导教师由小问题串的设计转向大问题设计，由过分关注知识与技能设计转向实现课文价值的大活动设计。第二部分约300个涉及一至九年级四大领域内容的教学设计示例，把文本的静态素材变成"活动"的、能凸显思想方法和教育功能并与小组合作学习方式相结合的教育形态或学习形态的实践（校本）课程，改变了教与学的方式、方法，提升了教学质量，减轻了学习负担。引导教师从本原上进行数学教学，让学生学习讲理的数学。

（二）方法

（1）构建了两类课本素材开发与设计的基本要素。第一个课题从知识与技能、教育功能、前后联系、素材分析和教学设计五个要素去研究教材备好课，也就是：①确立知识与技能，防止知识扩大化；②研究素材的教育功能，即找出素材中所蕴含的数学思想方法、数学美和育人价值，弄清楚哪些是值得"教"和值得"学"的东西；③找出素材的前后联系，打通知识与方法的联系通道，为新知识的学习找到起始点或切入点，为继续学习留下必要的接口；④通过素材分析，确立素材所处的地位，明确学习的重难点；⑤设计知识与方法的发生、发展和形成过程的相关活动，把静态文本素材变成"动态"的、能凸显思想方法和教育功能的教与学的课程，形成有意义的且着眼大活动、大问题的教学设计，让学生学习讲理的数学。

第二个课题从学习目标、合作理由和教学设计三个基本要素去研究教材备好课，也就是：①针对每个活动确定学习目标要求，防止目标泛化；②给出合作理由，突出重点，破解难点，把握契机，控制次数；③按"独立学习—合作交流—自我修正—展示汇报—教师追问—深化理解"的基本模式撰写与小组合作学习方式相匹配的教学设计，让学生真实学、主动学、连贯学和互助学，使每一个学生在课堂上感受到学习的快乐和成长的幸福。

（2）先后把四部课题著作共 9 000 多册书分发到全区各初中和小学，其中开发的 500 多个教学设计示例既可作为教材校本化的参考，也可供教师学习、研讨与实践，从示例中获得感悟，认识到研究教材备好课的重要性。教师直接按照教学设计授课，就能改变教与学的方式，突出知识的发生、发展、形成的过程，充分显露学生的思维活动，从过去的教师"一言堂"走向学生自主学习、师生交流互动，从知识碎片化走向大问题教学，从知识讲授型走向思维能力型课堂，还能较快地提高学生的学习兴趣和能力，发展学生的数学思维，培养学生的数学素养，帮助学生积累丰富的数学活动经验，实现数学的教育价值。四部课题著作还可以作为教师专业培训课程和教学参考用书。

备课要符合上述两种教学设计的基本要素，只有教师在深入研读教材和了解学情的基础上才能做到，这样既能促进教师的专业发展，做一个研究型教师，也有效地杜绝抄袭教案的不良风气。通过备课质量的提高，进而提升教学质量，促进学生更好地发展。

（3）利用主题教研、专题报告、示范研讨与成果推介等活动进行成果的推广应用，让教师认识课本素材开发与设计的意义，突出数学本质，改变教师的教学观、学生观、学习观和质量观。

（4）对陈村镇和大良实验小学、凤翔小学、聚胜小学开展为期 1~2 年的教师专业提升培训试验，采取"专题报告＋教学实践＋交流研讨＋汇报展示＋总结验收"的方式进行，每学期一个专题。通过这种培训，教师理解和实践成果的能力得到明显的提升。

（5）为使教师能更好地理解成果的应用价值，自觉地进行实践，我到校为教师上示范课，具体情况见表 6-8。

表6-8　示范课授课点

小学	初中
西山小学、大良实验小学、嘉信西山小学、一中附小、容桂小学、南环小学、上佳市小学、容山小学、伦教羊额小学、培教小学、陈村中心小学、谭村小学、乐从小学、龙江实验学校、勒流新城小学、均安中心小学、均安富教小学、均安星槎小学、杏坛中心小学、杏坛昌教小学	一中大良学校、南江中学、梁开中学、兴华中学、文华中学、容桂中学、容里中学、伦教周君令中学、伦教汇贤中学、伦教翁祐中学2次、北滘莘村中学、陈村镇中学、乐从大墩中学、乐从桂凤中学、勒流育贤实验学校初中部、富安中学、梁季彝中学、建安中学、江义中学

三、成果的主要内容

"中小学数学课本素材的开发与设计"既是顺德区教育科学"十一五"暨广东省教育厅"十二五"规划课题"义务教育阶段数学课本素材的再次开发与设计研究"的研究成果，也是顺德区教育科学"十二五"暨佛山市教育局"十二五"规划重点课题"在小组合作学习方式下的数学教学设计研究"的研究成果。旨在把文本静态的学术形态课本素材变成"动态"的、能凸显思想方法和教育功能的"教育或学习形态"的实践（校本）课程，形成有意义的大问题、大活动且突出数学本质、落实素材教育价值的设计。通过提高设计的质量去提升课堂效率、大幅度提高教学质量。后者还与小组合作学习方式相结合，改变教与学的方式、方法，解决就近入学、平衡分班、教学难度大的问题。成果包括两个课题的四部著作。

第一个课题的两本著作《中小学数学课本素材的开发与设计》和《中小学数学课本素材的开发与设计（二）》，由28篇课题论文（14篇在期刊上发表）和200多个一至九年级四个领域的片段素材开发与教学设计两部分构成；第二个课题的两本著作《合作学习教学与设计的法和例》与《合作学习教学与设计的法和例（二）》，前五章构建了开展小组合作学习的理论体系，着重解决开展小组合作学习的十大问题，给出了七种课型小组合作学习设计的策略，形成"独立学习—合作交流—自我修正—展示汇报—教师追问—深化理解"的基本设计模式。其他为一至九年级四个领域内容的约 300 个教学设计示例。到目前为止，两个课题组的主持人和成员还在《小学数学教育》《中学数学研究》和全国中文核心期刊《小学教学参考》《江西教育》等杂志上发表论文 37 篇。

四、效果与反思

从 2010 年 3 月以来，利用课本素材的开发与设计的研究成果指导中青年教师参加省、全国优质课评比，共有 30 人次获奖，其中全国特等奖 5 人，全国一等奖 7 人，省特等奖 5 人，省一等奖 13 人。具体获奖情况见表 6-9。

表 6-9 获奖情况

时间	学校	姓名	获奖名称	等级
2010 年 5 月	乐从小学	江鲁华	广东省第五届小学数学教师说课比赛	省一等奖
2010 年 6 月	乐从小学	江鲁华	第九届新世纪小学数学课程与教学系列研讨会	全国一等奖
2010 年 5 月	陈村碧桂花城学校	孙瑞	广东省初中青年数学教师优质课评比	省特等奖
2010 年 5 月	乐从大墩中学	彭晓妹	广东省初中青年数学教师优质课评比	省一等奖
2010 年 10 月	一中附小新德业学校	齐云	第四届新世纪小学数学基地教学设计与课堂展示	全国一等奖
2011 年 3 月	大良实验小学	施发政	广东省第七届小学数学优质课评比	省一等奖
2011 年 5 月	龙江实验学校	雷冬生	第五届新世纪小学数学基地教学设计与课堂展示	全国特等奖

续上表

时间	学校	姓名	获奖名称	等级
2011年10月	顺德一中德胜学校	张玮	广东省北师大版初中数学优质课评比现场说课评比	省一等奖
2011年10月	顺德一中德胜学校	张玮	第三届全国新世纪杯初中数学优质课现场说课评比	全国一等奖
2012年3月	一中附小新德业学校	牛欢	广东省第六届小学数学教师说课比赛	省一等奖
2012年5月	顺德一中德胜学校	曾靓	广东省初中青年数学教师优质课评比	省特等奖
2012年5月	广东实验中学顺德学校	陈琳	广东省初中青年数学教师优质课评比	省特等奖
2012年5月	乐从镇沙滘初级中学	郑春明	广东省初中青年数学教师优质课评比	省一等奖
2012年5月	北滘镇莘村中学	张芳	广东省初中青年数学教师优质课评比	省一等奖
2012年6月	伦教小学	何雅洁	第六届新世纪小学数学教学设计与课堂展示大赛	全国特等奖
2013年4月	大良实验小学	胡武华	广东省第八届小学数学优质课评比	省一等奖
2013年12月	容桂容山小学	张丽雪	第七届新世纪小学数学教学设计与课堂展示大赛	全国特等奖
2014年4月	均安天连小学	欧阳艳兰	广东省第七届小学数学教师说课评比	省一等奖

续上表

时间	学校	姓名	获奖名称	等级
2014年5月	北滘中心小学	黄碧梅	第八届新世纪小学数学教学设计与课堂展示大赛	全国特等奖
2014年5月	一中附小新德业学校	齐云	第十三届全国新世纪小学数学课程与教学系列研讨会	全国一等奖
2014年5月	顺德一中德胜学校	蔡谊太	广东省初中青年数学教师优质课评比	省一等奖
2014年5月	顺德区北滘碧江中学	杨建梅	广东省初中青年数学教师优质课评比	省一等奖
2015年5月	容桂幸福陈占梅小学	肖红	第九届全国教学设计与课堂展示大赛	全国特等奖
2015年10月	容桂容山小学	张丽雪	第十四届全国新世纪小学数学课程与教学系列研讨会	全国一等奖
2015年12月	顺德德胜小学	张契	广东省小学数学录像课例评选	省一等奖
2016年4月	大良实验小学	申鸿雁	广东省第八届省小学数学教师说课比赛	省一等奖
2016年5月	广东顺德德胜学校	周方燕	省中学青年教师数学核心片段讲授评比	省特等奖
2016年5月	北滘莘村中学	刘俊	省中学青年教师数学核心片段讲授评比	省特等奖
2016年10月	北滘莘村中学	刘俊	第六届全国新世纪初中数学优质课说课	全国一等奖
2016年10月	容桂上佳市小学	黄素娟	第十届全国教学设计与课堂展示大赛	全国一等奖

两个课题共带领十七个分课题团队和顺德区邓国强教师工作室成员近200位教师开展课题的研究，不但分别由全国百佳出版单位接力出版社和新世纪出版社出版了四部课题成果著作，第一个课题还于2014年获得顺德区第六届教育科研成果评比一等奖、广东省中小学教育创新成果一等奖，分课题"三年级数学课本素材的再次开发与设计研究"获得顺德区第六届教育科研成果评比二等奖，"一年级数学课本素材的再次开发与设计研究"获佛山市教育科研成果评比三等奖；第二个课题于2017年获得顺德区第九届教育科研成果评比一等奖，分课题获得顺德区第九届教育科研成果评比一等奖1个、二等奖2个、三等奖2个。通过课题研究成长了一批课题组成员，有的成为省、市、区、镇、校的骨干教师，不少教师还走上了领导岗位，提升了专业水平，晋升了职称，撰写的37篇教学论文在全国中文核心期刊《小学数学教学》《江西教育》《小学数学教育》《中学数学研究》等期刊上发表。具体情况见表6-10。

表6-10 论文刊登情况

杂志名称	论文名称、发表时间及作者姓名
江西教育	数学课堂应突出数学"味"（2014/10，邓国强）
小学教学参考	构建自悟学习策略，促进学生素质提升（2010/4，刘兴顺）；小学数学教学怎样研读教材文本（2011/3，刘兴顺）；在研究中读懂，在读懂中创新（2012/2，邓国强）；合理整合教材，渗透数学思想（2013/5，冯思权 朱萍）；小学数学计算教学四部曲（2016/4，张丽雪 邓国强）；研究教材编写意图，实现数学教育价值（2017/5，邓国强）
小学数学教师	从"圆周率是祖冲之发明的"谈起（2011/5，齐云）
小学数学教育	"东南西北"教学的实践研究（2011/3，齐云）；教与学不可知其然而不知其所以然（2013/7，邓国强）；命制数学试题应当凸现课标理念（2013/12，郭利锋 邓国强）；读懂教材了吗（2014/10，邓国强）；从两个案例谈估算教学（2015/6，张丽雪）；类比在小学数学教学中的应用（2015/12，张丽雪）；例谈小学数学小组合作学习的问题设计（2016/4，张丽雪）；研读小学数学教材的方法与途径（2016/6，邓国强）；有效实施教材素材的再开发（2016/11，齐云）；"图形中的规律"教学实践与思考（2016/12，邓国强 齐云）；培养问题意识，发展数学素养（2017/4，邓国强 张丽雪）

续上表

杂志名称	论文名称、发表时间及作者姓名
新世纪小学数学	新世纪小学数学教材的挖掘使用（2010/4，雷冬生）；尊重教材，读懂教材是创造性使用教材的前提（2010/7，吴向阳）；这样的竖式更贴近人的思维（2010/9，植秀盛）；谁的方法简便又正确（2010/11，吴向阳）；我们也是学习者（2011/1，袁晓波）；深入研究课本素材，提升教育教学效果（2011/2，邓国强）；老师我建议改教材（2011/3，植秀盛）；有效练习，从学生学习和发展的需要出发（2013/2，胡武华）；由"数图形中的学问"素材分析和教学设计想到的（2011/3，袁晓波）；"授人以渔"而非"授人以鱼"（2013/3，衣博）；让练习发挥最大的功效（2013/2，石光群）；用教材，从读懂做起（2014/1，张丽雪）
数学学习与研究	读懂素材，利用素材，合理创造（2012/12，张丽雪）
广东教育	课堂上的"甜味剂"（吴向阳）；增加还是减少，这不是问题（2011/4，吴向阳）
现代阅读	读懂学生的错误——实施有效课堂教学（2013/1，张丽雪）
广东教学研究	采用新教法，走进新课程（2012/6，邓国强）
中学数学研究	深入研究课本素材，创新概念教学方法（2012/10，邓国强）

中小学数学课本素材的开发与设计成果在全区进行了多次的推广应用，其中陈村镇的大良实验小学、凤翔小学、聚胜小学等单位还以"专题报告＋教学实践＋交流研讨＋汇报展示＋总结验收"形式开展了为期1～2年的教师专业提升专项培训，经过培训，教师应用成果进行实践的水平和效果明显提高。另外，我校教师还受到广东省教育研究院、教育部北京师范大学基础教育课程研究中心、珠海市教研室等单位的邀请，到珠海市、湛江市五市县、茂名市、云浮市、惠州市、河源市紫荆县、韶关市、佛山市高明区等地的学校为老师作专题报告、上示范课，推广研究成果，受到当地领导与教师的充分肯定与热烈欢迎。

从近几年的推广应用情况看，区、镇、校三级联动紧密，效果好。与举办大型的成果展示和推介活动相比，通过逐个专题或板块过关式的培训方式进行推广应用效果会更好。接下来，计划再利用两年的时间选择一些实验点（镇或学校）采取"专题报告＋教学实践＋交流研讨＋汇报展示＋总结验收"的方式进行四个板块的过关式培训，使成果的推广应用落到实处。再以点带面，借助研讨会、报告会、师生论坛、示范课、现场指导等多种形式继续扩大成果推广应用的范围。积累、总结成果推广经验，使成果发挥更大的辐射作用。

▶ 案例二
"'问题导学'教学模式的构建与实践"①
成果报告

佛山市顺德区乐从镇东平小学

一、问题的提出

在传统的课堂教学模式中，教师以讲解教材知识为主，学生参与课堂的主要方式是倾听。从教育心理学的角度来讲，学生建构知识的过程和其参与课堂的程度息息相关。依据此观点来看传统教学模式，可以发现传统教学存在以下问题：

（一）重知识轻能力，重标准轻个性

课堂上，盲目追求知识掌握，把课堂当作知识产出的"工厂"，把学生当作知识接受的容器，教师为考试而教，学生为考试而学，严重违背了教育的本质规律，"标准化""程式化""功利化""填鸭式"等问题就随之而来。传统课堂上缺少尊重意识和服务意识，教师不尊重学生的个别差异和选择权等权利。学生们在课堂上得不到平等，得不到对话，得不到表现自我的机会。当然，知识很重要，认知目标的达成是课堂教学的重要任务，但在人本的思想理念下，必须要将学生个性的发展摆在重要位置，不能为考试、知识而忽视了学生情感、态度、价值观。

（二）重教法轻学法，重预设轻生成

传统教学中，重视教法，重视教师备课的"预设"，而轻视了学生在

---

① 本成果获2018年佛山市中小学教学改革成果三等奖。

课堂中的学法、预设，教师"教什么"，学生就"学什么"，教学就是教师对学生单向的"培养"活动。教学关系就是：我讲，你听；我问，你答；我写，你抄；我给，你收。在这样的课堂上，"双边活动"变成了"单边活动"，教代替了学。教师不是"用教科书教"，而只是"教教科书"，师生只围绕课本进行问答，缺少了学生的个性发展、探索研究，教师教得累，学生学得乏，课堂失去了应有的灵性。

（三）重个体轻群体，重当下轻发展

重视每一个学生的学习，特别是成绩，而忽略了小组的发展，这是传统教学中存在的一大弊端，特别对于传统秧田式的大班教学来说。团结、合作、分享，本应在学习中贯穿，但我们却很难在传统教学中渗透这些。考什么，学什么，成了一线教师的必然选择。注重了当下眼前的成绩取得，轻视了学生的终生发展需要，这是传统教学为人诟病的根源所在。

二、过程与方法

按照"目标引领—全员探究—阶段提炼—整体推进—深化研究"的改革思路，全面推进课堂教学改革，具体分为五个阶段：

（一）目标引领阶段（2014年8月—9月）

（1）学校成立课堂改革领导小组，谢立清校长任第一责任人。教务处分别组织科长、骨干教师以及全体教师开展自下而上的反复讨论，听取教师课改观点。

（2）9月底，语文组与省外教师交流培训班开展同课异构活动。优化语文课流程，以此为契机，推动其他学科的研究。

（3）各科组开展专题教研活动，梳理年段目标体系。

（4）9月，完成相关方案和评价制度的修订。

（5）蔡遥炘局长到学校进行课改工作调研活动，引领学校课改方向。

（二）全员探究阶段（2014年10月—12月）

（1）10月初，开展"问题导学"教学模式的培训。科组研究和制定课堂规范，通过骨干引领，典型的示范，问题研讨，课例分析等系列活动推进课改，实实在在立足课堂，研究课堂。

（2）各学科要以优化课堂流程，以"问题导学"为切入点，改变学生学习方式为切入点，逐渐形成支撑自主学习的课堂教学流程，进一步提高课堂教学的实效。

（3）第7周，举行骨干教师示范课活动，探讨小组合作学习的课堂组织。

（4）第8周，进行实验教师使用导学案的过关课验收。

（5）第9周，年级进行"智慧小组"风采展示活动，验收小组建设效果。

（6）第10周，进行一次实验年级学科知识多样性期中检测；举行实验班级小组合作建设经验分享。

（7）第15周，进行实验教师优秀课评比。

（8）第18周，举行实验教师课改经验交流会。

（三）阶段提炼阶段（2015年1月）

（1）年级以课堂展示、小组风采展示等形式进行阶段的提炼，总结经验，为第二学期的研究制定修订策略。

（2）第18周，举行实验教师课改经验交流会。

（3）学期末，进行实验班级质量监测分析。

（4）放假前，举行一次面向全体教师的实验年级跨学科课改分享与反思论坛。

（四）整体推进阶段（2015年2月—7月）

（1）2014学年第二学期，2015学年为整体推进阶段。认真总结第一学期课堂教学改革经验，提炼科组开展教学研究的流程，矫正教学行为，有效指导学生自主学习。

（2）2015年6月，计划《以校本培训为依托，促进教师专业成长的实验研究》课题结题。

（3）总结完善阶段，进行课改的全面总结。

（五）深入研究阶段（2016年9月—7月）

（1）深入研究"定模"之后各学科在不同课型的模式变式，从追求形式到重视课堂上学生的学习。

（2）对教学模式进行理论探索，撰写相关研究文章，并与兄弟学校进行交流。

（3）借助各个交流会，推广问题导学教学模式，进一步深化研究其模式的普适性。

为了充分研究问题导学教学模式，实践"问题生成—问题探究—问题解决"的基本流程，我们采取的研究方法如下：

（1）在教学实践中贯穿"先学后导""以学生为主体"的理念。在教学中，以问题为主线，以"问题解决"为终点，使学生在发现、生成、解决问题的过程中掌握知识，学生先学、教师后导，从而形成自主学习能力。学生自主合作、探究，在具有竞争活力的学习情境中主动学习，成为学习的主体。

（2）在编制"导学案"与课堂实践中关注学法、重视生成。教师提前两周自备研读教材和研究学生情况，而后进行集体结构化备课，围绕"问题导学"课堂教学模式确定教与学的目标，选择导与学的方法，设计课堂导学流程，分析学生情况等，最后分工备课。在课堂实践中，学生围绕问题开展"三学"，学生的生成在"三学"中均有体现，教师随时关注着学生生成情况，以便及时地"导"。

（3）在三学行进中构建富有个性的课堂学习共同体。在"问题导学"模式中，利用小组的合作探究实现大班教学小班化。研究中，不断加强技能培训，建立多元的评价体系，充分调动学生热情，鼓励教师参与小组探究中，给孩子和教师一个最好的成长舞台。学习共同体建立后，教师引导学生如何进行独学、对学、群学，在合作探究中，提升自主学习的能力。这样的自主学习，确保每一位学生都能独立思考，为后来的小组讨论、班级展示交流奠定基础。学生的个性并未因小组而消磨，反而因小组而出彩。小组在"三学"过程中，成了课堂学习的单元所在，是随着"问题行进""学习发生"的共同体。

三、成果内容

"问题导学"教学模式，是指教师在课堂教学中以问题为载体，通过引导学生生成问题、质疑问题、解决问题、再生问题，从而达到以学生发展为根本目的的教学模式。

"问题导学"教学模式，遵循"先学后导""师生共学"的策略，以"问题"为核心，以"导学"为着力点，以"四单编制、小组运营、问题行进、学习发生"16字核心语词，旨在打破"师讲生听"的传统课堂形态，塑造"知礼、阳光、大气、自信"的师生形象，促进东平小学的内涵发展。

（一）理论基础

1. 建构主义学习理论

建构主义认为，知识不是通过教师传授得到，而是学习者在一定的情境下，借助他人和学习材料的帮助，通过自我建构的方式而活动。

布鲁纳认为，学习和了解一般的原理原则固然重要，但尤其重要的是发展一种态度，即探索新情境的态度，做出假设，推测关系，应用自己的能力，以解决新问题或发现新事物的态度。因此，学习应强调过程，强调直觉思维、内在动机以及信息提取的能力。

"问题导学"就是以建构主义为理论基础，强调问题的生成、质疑、解决、再生，以小组合作学习为主要形式，让教师在充分了解学生基础与能力的前提下，从学生的学习经验出发，引导鼓励学生借助互学、共学、展评等多种形式来解决自我知识建构中遇到的种种疑难困惑。

2. 传统启发式教学理论

《礼记·学记》中对启发式教学作了深刻的论述："道而弗牵，强而弗抑，开而弗达。道而弗牵则和；强而弗抑则易；开而弗达则思。和易以思，可谓善喻矣。"

孔子在《论语·述之》中，对实施启发式教学提出了一个重要的原则："不愤不启，不悱不发。"孟子在《孟子·尽心上》中指出："君子引而不发，跃如也。中道而之，能者从之。"

按照以上这种教学思想，"问题导学"教学模式的构建，突出围绕着以"问题"来引导学生的"开动脑筋"这一特征。

（二）基本特征

东平小学"问题导学"教学模式以学习小组为单位进行，充分发挥教师的主导作业，激发学生的积极性和创造力，其基本特征可以概括为："小组""双主""四单""四疑"。

1. 小组

在"问题导学"的课堂上，学生是以小组合作学习的方式来进行学习的。小组合作学习不是目的，而是手段，最终还是回归到学生个体的学习中。

2. 双主

课堂上，突出学生的主体地位和教师的主导作用。学生是课堂学习的主人，给予足够的时间、空间、辅助，教师的主导重在引导自我及小组的学习流程上，重在观察、点拨、激励上。

3. 四单

为了更好地帮助学生自主学习、主动学习，我们开发了"四单"——"预学单""共学单""评学单""延学单"。

4. 四疑

一切问题的提出都是为了最终的解决，没有问题的解决，提出问题便再没了价值。为了步步推进问题的解决，我们根据实践推出了课堂的基本流程：生疑—质疑—解疑—再疑。

（三）操作流程

东平小学课堂教学改革的目标是建立"生疑—质疑—解疑—再疑"（简称"四疑"）的基本流程。与"四疑"流程匹配，东平小学研发了"问题导学"的"四单"（"预学单""共学单""评学单""延学单"）作为课堂教学的有力支撑，对应"四疑"结构，让课堂在"问题"中行进，让学习在"问题"中发生。

1. "生疑"和预学单

"生疑"，即问题的生成。在教师的引导下，学生阅读文本，感知内容，体验意义，发现问题，为自身提供丰富的学习资源。对那些发现有价值问题，教师及时给予鼓励，从而培养学生发现问题的能力。

预学则是教师有目的地让学生对将要学习的内容做的适当学习准备和探测，学生凭借预学单对学习内容进行提前酝酿与预探。"生疑"对应的预学单，是为了激发学生在预学中产生问题而设计的。学生对文本亲近的姿态直接影响着对文本的深入理解。因此，预学单设计对学习问题的提出起到了定向作用（见表6-11）。

表6-11　四年级语文下册《21 搭石》预学单

一、我会画

（1）搭石是什么？人们为什么要摆搭石？我在文中画出了相关句子。

（2）课文中有很多地方都使我们感受到"美"。我在文中画出了让我感受到"美"的句子，圈出关键词，想象画面，并在句子旁边写下了批注。

二、我会问

读了这篇文章，我的疑问是：

预学单中的"我会画"环节,指引和训练学生切入理解的方法,让学生初步体会文章的感情。"搭石是什么?人们为什么要摆搭石?"这两个问题是为了帮助学生整体感知文本内容,学会寻找信息点的方法。通过对课文"美点"的追踪,想象美的画面,写出自己感受,既是对个性阅读理解的尊重,也是鼓励学生去拓宽思维。"我会问"环节意在鼓励学生养成善于提问的习惯,并逐步提升问题的生成质量。

2. "质疑""解疑"和共学单

合作学习建立在个体需求的基础上,只有学生独立思考,有了交流的需要,合作学习才会有成效。"质疑"和"解疑"是小组合作学习的重要环节。学生围绕问题进行自主学习后,在小组内交流。如讨论前,小组成员先独立思考,把想法写下来,再分别说出自己的想法,然后再讨论、补充、调整,形成集体意见,进而对问题进行归纳和科学探究,在学生广泛占有学习资源的前提下和充分合作探究的基础上对问题进行有效解决和评价。

五年级数学"有多少名观众"的"共学单"紧扣"主问题"——"如何借助乘法,用不同的方法对生活中较大的数量进行估计"设计(见表6-12)。

表6-12 五年级数学上册"有多少名观众"共学单

估算看台的人数。
(1) 我会选看台。
(2) 我会用分一分、画一画或数一数的方法,估算这个看台有多少名观众。

学生在完成这份共学单的同时,不再只估算一部分的人数大约是多少,再乘以3,然后估算整个看台的人数。他们可以大胆地质疑:这个看台的人数那么多,我怎么估算比较方便呢?这个看台的人数分几份比较合适？……这些问题自然生成，因为数学的学习就是这样有趣而富于探索性；这些问题的解决激发了学生兴趣，因为问题是学生自发的形成，解决它们成了学生由内生发的渴望。

学生在不断产生新的问题，并通过适当的方式解决问题的过程中，提高了问题意识与解决问题的能力。

3. "评疑"和评学单

解疑后需要有一个对知识的梳理过程，这就是我们提出的"评疑"。"评学单"是对解决的问题再次进行系统归纳，对主要问题进行多元化训练，在规定时间内让学生完成检测，指导学生有效记忆、习得知识、提升学习能力的过程。例如，在二年级《水变成了什么》评学单中，教师设计了"我给自己评星"部分，通过学习过程的自我评价，激发学生学习动机，改善学习状态，提高学习能力，培养合作探究精神。"我来画一画"是为了完成学习成果的评估，及时反馈本课关于水的不同形态变化的掌握情况。评学单力求体现"知识和能力、过程和方法、情感态度和价值观"三维目标，培养学生的综合素养。

4. "再疑"和延学单

"再疑"就是让学生不仅带着问题进课堂，还要带着问题出课堂。根据不同的课型，"延学单"主要设计"拓展"和"延伸"两方面的内容（见表 6-13）。

表 6-13　六年级英语上册 U5　B. Let's learn "延学单"

1. Dream time（放飞梦想，"畅所欲言"）
   What do you want to be in 15 years and why?
   （15 年后，你想做什么职业，为什么呢？）
2. Try to know more（上网搜搜，"见多识广"）
   What funny jobs in the world?
   （搜集世界上有趣、特别或者神秘等职业，并分享。）

延学单的第一个内容，让学生搜索自己感兴趣的职业，交流想成为"teacher, makeupgirl, boss, lawyer, pilot…"以及古灵精怪的原因，播下了"梦想的种子"。第二个内容，让学生了解到除了理想职业，还有很多有趣、特别或者神秘的职业。学生们通过相互交流，增长见闻，而且利用学过的发音规律、同伴互助、查阅字典、上网搜索等多种方法解决新搜集回来的词汇和各种表达，远远超出了教材所学。

课堂中多了许多提问、答疑、质疑、反驳的声音，学生各抒己见，以理服人，以情动人。以问题为主线，培养了学生不断发问的思维品质，这是生生之间一种心智的沟通与升华，更是师生之间年代的错落与情感的通达。

（四）实施策略

在这所"有问题"的校园，"有问题"的老师致力打造"有问题"的课堂，培养"有问题"的学生，让"问题"在课堂无处不在。

1. 全力打造"问题课堂"

（1）自主提出问题。发现问题并主动寻找解决方案，这才是思维的起点。没有问题的思维是肤浅的思维、被动的思维。李玉红老师教《杨氏之子》时，让每个学生在预学单上自主提出了两个有价值的问题。有的学生关注词语的意思，有的学生重视句子的理解，还有的学生能抓住引领全文的字词进行提问。如果教师围绕学生提出的问题展开教学，定会事半功倍。问题是创造的起点，如果缺失了这种问题意识，课堂就缺乏了自主性、创造性。

（2）共同筛选问题。课堂上，每个学生从自己的问题中选出一个问题与组内成员交流。组长组织小组成员共同讨论，从个人所提问题中选出一个问题，作为小组共同关注的问题。教师巡视，逐一记录。合作筛选，梳理出共同研究的问题，有利于学生自主探究活动的开展，理解和感悟就更加深刻。学生自主发现的问题远比教师主观设计大大小小的问题更能激发学习的主动性和积极性，从根本上消除了学生学习的依赖心理，调动学生学习潜力的发挥。

（3）合作解决问题。解决问题是问题行进中的重要驿站，学生在这一过程汲取知识的精华，获得探究能力的提升。学生自主解决问题时，要引导学生把握知识之间的联系。通过讨论交流、合作学习，体验知识转化策略，理解数量关系，学会各种转化方法，培养学生应用知识解决问题的策略性、灵活性，提高自主解决问题的能力。

（4）巧妙转化问题。问题课堂的打造，引导自主学习，就经常出现学生提出教师预设之外的问题。在课堂改革中，教师需要智慧和机敏，对学生的问题加以分析并合理运用，因势利导地把学生的疑问转化成教学的问题，这也正是课堂的生成。

音乐老师王玥在执教一年级音乐《动物说话》一课时，带领学生通过聆听、发现歌曲所描写的动物以及他们的声音。但是，一个学生突然提出这样的问题："老师，动物说话时是什么样子的？"针对问题，王玥老师反问："你心中的小鸡说话是什么样子的呢？"随着问题的提出，学生一下子打开了思维，纷纷思考、讨论，并模仿小鸡身体的各种特征……模仿展示过后，王玥老师的问题又来了："如果把这些小鸡的动作加入到歌曲中，那放在歌曲的什么位置更合适呢？"

在这节课中，王玥老师巧妙地利用了戏剧模仿表现的手法，从肢体的模仿又回归到了音乐当中，把它变成了一个音乐问题。带着问题，打开学生的形象思维，在思维中找形象，在形象中找表现，丰富了学生的肢体语言，同时也提升了学生的音乐表现力。

（5）适度延伸问题。周其涛老师在执教五年级科学《昼夜的交替是怎样产生的》一课时，学生在自学和互学的基础上提出了想要探究的问题：地球上的昼夜交替变化是怎样产生的呢？学生依据太阳照射地球仪的模拟实验观察、争论，形成共识，提出疑问，并把发现与其他同学分享与交流。临近下课，一个小组的学生还有疑问："老师，观察刚才的实验，我发现地球仪的两极好像没有光照。那么，太阳能照到南极和北极吗？地球南北两极也有昼夜交替的现象吗？"另一小组的学生马上说："《地理百科》中提到过，在地球的南、北极圈上，有时候会出现连续几十天甚至于几个月是白天或者是黑夜的现象"。真相到底如何？延学问题就这样产生了。生命课堂，因发现而精彩，因问题得以延续。

2. 构建新型学习共同体

在"问题导学"课堂中，如何构建适合新课型的学习共同体？动态的水才能鲜活，东平小学学习共同体的建立，最大的特点就是它的流动性。

（1）因角色变化而重组。通过"科学分组、构建愿景、建立公约、多元评价"来形成常规的合作小组之后，小组成员的组合、成员的角色定位都可以呈现动态变化，这需要教师在教学过程中了解学生的个性差异，定期进行合作小组的调整，逐渐过渡到自发地形成各种学习小组、兴趣小组、研究小组，让团队意识与合作意识自然强化。

陶喆喆老师在执教四年级 Unit 3　Weather Part B 会话课时，有这样一个小组灵活运营的情形：

学生们观看教学视频后（视频内容为 Mark 和 Chenjie 电话聊天，互相询问对方天气情况），提出疑问：

What's the weather like in Guangzhou?（广州的天气呢？）

How about Shenzhen?（深圳的天气呢？）

How can we know? (我们通过什么方式可以得知另外一个城市的天气?)

小组成员带着全班汇总的问题，根据本节课核心词汇和句型，糅合以前所学知识，自创情境、自定角色、自主创编。有趣的是，课本剧创编中的小组合作，学生们的分工悄然发生了变化，每个学生根据自己的特长转型为导演、编剧、演员、道具师、化妆师；根据不同的情境，自由增删角色，还可申请外援。课堂因不同的组合而精彩，学生的成长因随机发生的合作而温暖。

(2) 因任务梯度而流动。五年级的郑宇莎老师充分利用校园条件，带着学生玩转数学课堂。本课要学习的内容是长方体和正方体的认识。学生按照原有的小组分工合作，带上提前准备好的软尺、笔、记录卡等等，迫不及待地来到校园里。

小组的形态经历了三次变化。首先是常规小组根据要求，找到了校园里的长文体和正方体；接着几个常规小组组成大组，解决了量度过程中尺子不够长的问题；最后，为了解决柱子太高无法量度的问题，形成了由多个组长组成的"超级小组"。本课因学习任务梯度的不同，小组发生了三次形态变化，在完成"长方体和正方体的认识"任务的基础上，学生还探索出"测量出每一个小格子的长度再乘以格子总数求得出柱子的高度"的学习结果，这已经超出了这节课的学习目标。

3. 培育教师发展共同体

学校课改，教师第一。东平小学的教师成长理念是：不让一个教师掉队，构建"胜任—优秀—卓越"的梯队。核心价值观是：一样的理念、一样的声音、一样的优秀。一样的理念是让"大教无痕·小学有成"随风潜入夜，内化为每位教师的教育行为出发点、归宿点；一样的声音是凝聚力的表现，是团队力量的体现，是东平教育发展的历史承载；一样的优秀是同伴互助、智慧同行的结晶，是互相欣赏的魅力，是和谐发展的动力。

(1) 培育思想共同体。教师要做个"大教师"，进而成为名师、大师。"大教师"就要有大胸怀、大气魄，有大学问、大魅力，有大课堂、大世界，这样的教育才是现代的、开放的、包容的。全体教师有了比较一致的精神、思想和意志状态，才能互相砥砺，朝着共同的愿景前进。

(2) 培育教学共同体。通过学科教学的交流、经验的分享，集体备课的互补，探索"学科教师团队""青年教师团队""中年教师团队""老年教师团队"等教学共同体建设。东平小学可以没有一流的个体，但一定要拥有一流的群体。

（3）培育研究共同体。以行动研究为媒，以案例研究为点，以小课题运作为主，提倡小组合作，形成不同类型的研究共同体。由点连线，由线织面，推动学校在研究中前行，教师在研究中发展。

（4）培育读书共同体。这既是书香校园建设的需要，也是教师内在发展的需要。通过阅读更新理念、亲近大师、拥有思想、厚积底蕴、直抵精神、塑造灵魂。全体教师共读《第五项修炼》《第56号教室的奇迹》《课堂观察》等书籍，围绕教师书吧、举办读书报告会、好书交换站、开设读书论坛、编辑阅读刊物来建设读书共同体。

四、创新与价值

（一）创新之处

1. 注重学生个体学习能力的培养，奠定了学生终身学习的基础

在问题导学教学模式中，学生从提出问题到解决问题，再到提出新的问题，学习能力在不断的反复训练中得以提升。爱因斯坦说过，提出问题比解决问题更重要。问题导学教学模式，不仅关注解决问题，还关注提出问题。以问促导，就给学习指明了方向，明确了方向，学习更有针对性。终身学习，需要的恰恰是这些。

2. 强调学生学法的指导，促进了学生思维的发展

学生的学习，是从具体到抽象，所以学生很难从一般认识上升到方法。这是小学阶段学生思维发展的特点所在。可在问题导学教学模式中，我们特别强调在学生自学、共学时，给予学法指导。学法指导主要体现在明确学生的学习要求，让学生明白何时该做何事，何事如何解决，如何倾听、如何表达、如何分工等，从而让学生在展学时能够发挥个性，突破认知与思维局限。

3. 培育新型共同体，适应现代生活的需要

当今社会，是需要合作的社会，是团体作战的社会。在问题导学教学模式中，我们重视学生小组的培养，令其成为学习共同体。学生在不断的合作交流中，逐渐学会如何去分工协作、尊重差异、共赢发展。这是由课堂生成又走出课堂的一种能力。学生不仅在学习上学会了小组合作，在参加其他课外活动时也自然而然地形成小组的形式，齐心协力，献计献策，共同完成任务。这种团队合作意识的养成比解决一个问题更有意义。不仅学生成形成了学习共同体，教师也加入了学习共同体，在学生的学习过程中，教师也经常走下讲台，进入到小组，扮演学生角色，从学生的角度出发与学生共同讨论问题，促进问题的生成和解决。此外，教师队伍也因问题导学而形成了发展共同体，大家共同教研、磨课，在智慧的交融、思维的碰撞中，同行共进，共同提升。

（二）研究价值

1. 理论价值

本课题依据建构主义、启发教学等理论，借助问题导学模式的牵引，通过意义建构的方式而获得知识。激发学生的创新意识，培养学生的创新能力，推动新课改理念在课堂教学中进一步落实，丰富和发展我国教学模式理论体系，创建一种简洁、实用、易操作的课堂教学模式。

2. 实践价值

（1）创建培养学生终身学习能力的新课堂。让教师围绕"导"这一中心，寓教育科研于课堂，寓教育研究于日常，发挥学生"学"这一核心能力，构建学习程序、自主合作学习结构化操作，着力凸显对学生问题意识、自主意识和创新精神的培养，引导学生会学习，建构终身学习能力。

（2）构建学生个性化激励评价体系。构建适合师生的"导、学"评价标准和评价体系，发挥师生的内驱力，保持课堂的"新鲜度"，让师生参与到多维度个性化的评价体系中，不断激发师导生学的兴趣，保持激励评价的活力和生命力。

五、实践与反思

在"问题导学"课堂模式中，学生想问、敢问、会问、勤问，在"问题"中成长起来。今天的东平学生，能眉飞色舞地描绘，可以面红耳赤地争论，在课堂中能随心所欲地写写画画，具有发散性和批判性的思维，具有沟通协作能力及创造思考能力。

（一）从问题出发观察生活

在"问题导学"教学模式下，学生学会从现实生活中发现问题，在交流合作中寻找解决问题的方法和途径。谭少贤教师与"数学日记实验班"的学生们正努力朝这个方向前进。在《认识人民币》的练习课中，她通过两个购物活动，让同学们在问题探究中经历使用人民币的过程。

活动一：贰元和贰角有什么区别呢？在课前，预先派发每个小组3张标有价钱的图片，然后学生利用自己手中的学习币去购买。此活动旨在让学生们更清楚地认识人民币的面额。

活动二：买一样物品应该怎样付钱和找零？黑板上陈列着7样物品，每个小组挑一样，然后每位学生必须在小组内说说出付钱的过程。

学生热爱生活，学会用一双慧眼去发现生活中处处充满数学，用课堂上学到的数学知识解决生活中遇到的问题，"问题"与"生活"在课堂上灵活切换。

（二）从问题出发认识世界

经过长期的"问题导学"课堂模式实践，师生共同拓展了知识的深度和广度，扩宽了学生对世界的认识。汤诗艺教师在一年（6）班所上的一节绘本整合课——《春天精灵的苏醒》中，围绕"怎么建一个国家？"这个主问题组织讨论。

这不是一堂传统意义上的语文课，是学生围绕主问题逐步建立世界观的成长旅程。在这里，有他们生活中熟悉的客观事物，也有藏在他们心中的童话王国。从提出问题，到解决问题，学生提问的深度与广度超出了常规的文本学习，问题的性质也在发生改变。

（三）从问题出发感悟生命

学生带着问题去寻找和发现，与之相伴的是对生命的深切感悟。与儿童一起感悟生命的神奇力量，源于"种子发芽需要哪些外界条件？"这一问。

东平小学四（4）班的林桢教师让学生带着问题写种子发芽的观察日记。四人小组分工实验，合作观察，五花八门的观察日记出笼了。一个星期之后，四人小组把数据和记录共享，合作完成"关于种子萌发所需要的外部条件的实验报告"。教师还与学生一起阅读绘本《安的种子》，除了客观的外界条件，爱与呵护可以让生命更灿烂。学生们感悟着和种子一起成长的生命旅程。

就这样，学生的学习从教室延伸到了家里，从语文的学习延伸到了科学、美术、数学……学生们自主发现问题，合作交流，主动探究，综合运用所学知识解决问题，这正是我们所需要的核心素养。

尽管在实践中，问题导学教学模式取得了较好的应用效果，但是我们还是发现本成果存在的一些不足之处：

1. 教师的理论水平限制了研究的深度与广度

由于我们进行的是实践研究，研究者也都是来自一线的教师，因此，我们很难从认知学、学习学等专业角度对研究作进一步的探索，这就导致研究的深度与广度不足。

2. 我们对小组的合作机理研究还停留在表面

问题导学教学模式下的小组合作学习，是细分的合作学习内容，其具体的合作机理研究需要较高的专业水平，而这恰恰是一线教师的欠缺，我们的实践研究还是停留在常态的观察、评价中。

▶ 案例三
"小组合作下 '三导' 课堂模式的构建与实践"成果报告[①]

佛山市顺德区勒流新球初级中学

一、提出背景

（一）教学存在的问题

当前科学技术飞速发展，学习型社会的特征日趋明显，因此需要着重培养学生自主学习的能力。但是，在传统"教师讲、学生听"的教学模式下，教师主宰了整个课堂，他们把学生看作是容器，通过单一的讲授把知识灌输到学生的头脑里；作为学习主体的学生，只能通过听教师讲来获取知识，脑、口、手被严重束缚着，很少有机会进行主动学习、自主探究和合作交流，学习的自觉性和积极性都得不到充分发挥。这种"教师讲、学生听"的教学模式不利于学生潜能的开发，使相当多学生失去了学习的热情，已越来越不能适应新时代的要求。

积极推行课堂教学改革，摆脱传统教学模式的束缚，切实转变教的方式和学的方式，成为时代的呼声，成为刻不容缓的大事。

---

① 本成果获 2018 年佛山市中小学教学改革成果三等奖。

（二）主要解决的问题

新课程标准明确指出"学生是学习的主人"，"积极倡导自主、合作、探究的学习方式"。小组合作学习就是以合作学习小组为基本单位，系统利用教学中动态因素之间的互动，促进学生的学习，以团体的成绩为主要评价标准，共同达成教学目标的教学活动。

实施小组合作教学主要解决以下问题：

（1）变革传统的"教师讲、学生听"的满堂灌模式；

（2）解放学生的脑、口、手，创设民主课堂，让学生进行主动学习、自主探究和合作交流；

（3）充分体现学生是课堂的"主人"地位，增加学生在课堂的学习空间和时间。

（4）构建一种比较有效的课堂教学模式，提升课堂效率，从而促进教学质量的提升。

（三）教学模式改革的意义

小组合作教学作为一种被教育界普遍接受和运用的教学形式，无论在理论上还是在实践中都取得许多成果。新球中学从2012年11月开始启动小组合作教学改革，试图在小组合作教学组织形式和课堂构建理论之间寻找一个契合点，探索构建"小组合作下三导课堂模式"，从而提升薄弱学校的课堂教学效益，进而提升学生的学习力。在历经宣传动员、试点实验、全面铺开以及整改提升阶段四个阶段后，新球中学逐步构建富有学校特色的小组合作下"三导"课堂模式，并且取得明显成效，开始发挥比较好的辐射作用。

二、模式内涵

小组合作下的"三导"模式，是指以学生学习小组作为重要教学组织形式，学生在教师的指导下，围绕学习目标，在系列活动中主动参与、主动探索、主动思考、主动实践，从而达到特定的教学任务的教学形式。

"小组合作下的'三导'"这一概念中包含着两个关键词："小组合作学习"和"三导"。

小组合作学习，是指在班级授课制背景下，以学生学习小组为重要教学组织形式，通过教师指导小组成员展开合作，发挥群体的积极功能，提高个体的学习动力和能力，达到完成特定的教学任务的目的的学习活动。

"三导",是指教学过程中"目标导向—活动导学—评估导结"这三个主要环节。

三、理论基础

(一)建构主义学习理论

建构主义学习理论是合作学习的重要理论基础。该理论认为:学习过程不是学习者被动地接受知识,而是积极地建构知识的过程;学习不单是知识由外向内的转移和传递,更是学习者主动建构自己的知识经验的过程。学生们在教师的组织和引导下一起讨论和交流,共同建立起学习群体并成为其中一员。

(二)马斯洛的"需要"理论

在教育理论界,人们提出教育的交往起源说和交往的本质论认为"交往是人与人之间共同活动中的需要,在交往中得到发展"。我国古代教学理论中也指出"独学而无友,则孤陋而寡闻"等,这都说明相互合作、交流在学习中的重要作用。特别是在现代科学技术高速发展的今天,任何一项发明创造除了个人钻研,还需要集体合作和协调,因此,不管是学习还是工作,"合作"在其中起着重要的作用,是事物发展的主要动力。教学中应当充分体现这一特点,顺应发展规律和社会发展的要求,使学生在"学会学习","学会生存"的同时,"学会合作"。

(三)"群体动力"理论

在一个合作性的集体中,具有不同智慧水平、不同知识结构、不同思维方式的成员可以相互启发,相互补充,在交流的撞击中,产生新的认识,上升到创新的水平,用集体的力量共同完成学习任务。合作学习正是在充分借鉴集体动力理论的前提下,形成和发展了学生自己的理论思想。

(四)活动理论

活动理论源于康德与黑格尔的德国古典哲学、马克思的辩证唯物主义和维果茨基、列昂节夫、鲁利亚等人的关于人的发展的社会文化历史学说,他们认为活动是主体运用工具和符号作用于客体的过程。其结构系统见图 6-15。

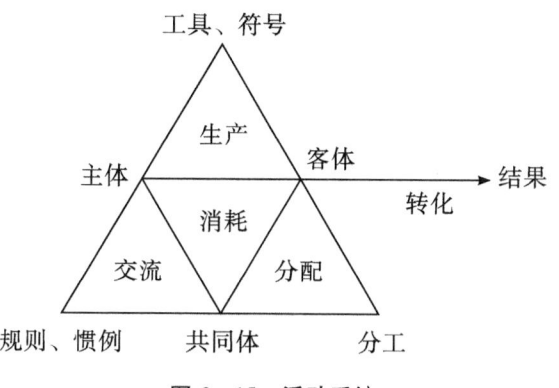

图 6-15 活动系统

这一系统包括生产、消耗、交流、分配等要素。所谓生产便是主体在目标、意图的引导下以工具和符号为中介，将客观转换为主体所期望的结果。主体并非单个人，活动系统是群体性的建构过程，不能简化为个体行动。群体性的建构活动必然要求按一定规则、惯例，组成共同体，作一定的分工、交流，协同行动，并伴随着必要的能量和资源的消耗。同时，活动主体通常需借助一定的工具、符号系统作用于客体。工具、符号成了活动所必需的手段，它改变着活动的性质、效率；同时又不断被人的活动改造。活动理论强调活动不仅是人的基本生存方式，也是人的发展的必要方式。

四、基本特征

所谓"三导"，就是指教学过程中"目标导向—活动导学—评估导结"这三个主要环节。

目标导向：这是教师的一种预设。教师根据教学内容、学生实情和需要，制定出具有针对性、可操作性、可检测性的目标，并以此作为课堂教学的出发点和归宿点。

活动导学：活动，主要是指学校教育教学过程中学生自主参与的，以学生学习兴趣和内在需要为基础，以主动探索、变革、改造活动对象为特征，以实现学生主体能力综合发展为目的的主体实践活动。活动导学，是指教师根据教学要求和学生获取知识的过程，为学生提供适当的教学情境，根据学生身心发展的程度和特点，在教学过程中建构具有教育性、创造性、实践性、操作性的学生主体活动，引导或指导学生主动参与、主动探索、主动思考、主动实践，以实现学生多方面能力综合发展、促进学生整体素质全面提高的教学形式和过程。

评估导结：这是课堂教学的结束环节。它包括两种情况：一是检测反馈。教师通过书面制卷或者口头问答了解学生的习得情况；二是归纳总结。在教师的引导下，学生梳理知识，提炼方法，总结规律，拓展延伸。

五、操作流程

（一）小组合作下的"三导"模式的操作程序（见图6-16）

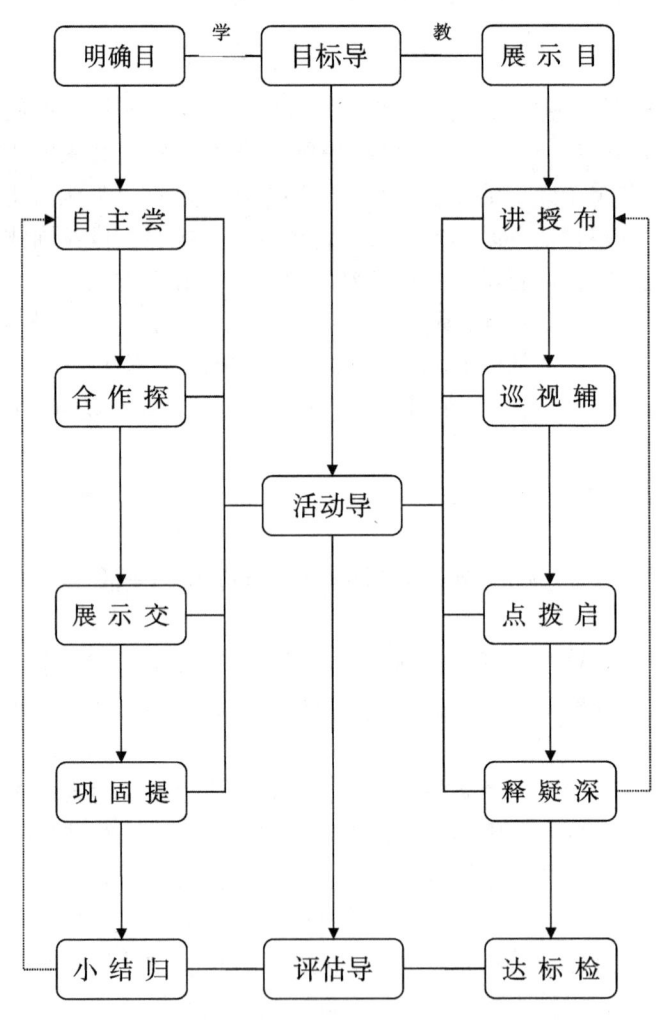

图6-16 小组合作下的"三导"模式操作程式

（二）小组合作下的"三导"模式的操作环节

1. 目标导向（本环节时间约 3 分钟）

教师导入之后，开始时向学生展示和讲解本堂课的教学目标。整个教学过程始终以教学目标来导向和规范。

2. 活动导学（本环节时间约 35~38 分钟）

首先，教师向学生出示本节课的学习提纲，帮助学生明确主要学习任务，并提出要求，帮助学生明确方法。学生在任务驱动下按照要求参与活动，尝试自学。或者，教师先将本节关键的知识向给学生讲授清楚，然后学生学以致用，自己去解决问题。

接着，各小组讨论与研究，学生尽量把在尝试自学中碰到的疑点、难点和自己认为的重点提出来，在小组合作学习中解决。

然后进行展示，既可以展示组内解决得特别好的地方，和其他小组分享解决问题的思路和问题的结果，或者是其他成果、作品等；也可以暴露自己组内存在的不足，提出疑问，请求其他组和教师的帮助。对共性或者学生难以掌握的问题可先由小组讨论、研究，若仍不能解决则拿到班内集体解决。

在生生互动、组组互动中，互相启发、互相碰撞、互相补充、互相更正、互相鼓励，教师在这个过程中可适时点拨，恰当评价。之后，教师可以引导学生做阶段性小结，提炼方法，总结规律，反思不足。

3. 评估导结（本环节时间约 4~7 分钟）

本环节的主要任务是对整节课的反思和总结，对预设的学习目标的达成度进行检测、评估。

评估：往往通过当堂练习，检测学生对课堂教学内容的掌握水平和运用能力。形式可采用口答、书面、电教手段辅助等。教师要有针对性地指导学生进行练习，并根据学生掌握和运用的情况，强调重点，强化难点。评估所用练习，不管是口头的，还是书面的，都要紧扣学习目标，精心选择，突出重点，具有典型性、层次性和针对性。

导结：在教师的引导下，学生对教学内容进行梳理，建构知识结构，提炼方法，总结规律，查摆错误。在形式上，可以是问答式，也可以绘制知识树、表格、思维导图等。

由于知识有不同种类，教学过程的安排和教学方法的选择自然也有不同。下面的程式可以供参考：

陈述性知识（是什么）：教师讲解重要概念、定理、推论等—布置练习—学生尝试运用所学概念、定理、推论—小组合作，纠错巩固—展示交流—归纳总结。

程序性知识（为什么）：教师布置任务—学生自学尝试—互动交流、展示质疑—梳理知识，提炼方法，总结规律—变式练习，巩固提高—教师评价反馈。

六、实施策略

（一）整体推进

我校作为初级中学，规模较大，班级较多，日常管理主要采取分层管理，年级和科组是日常管理中担当最重的层级。因此，我校实施课改仍然采取分层责任制，学校整体推进，年级具体实施，科组全面配合。具体安排见图6-17。

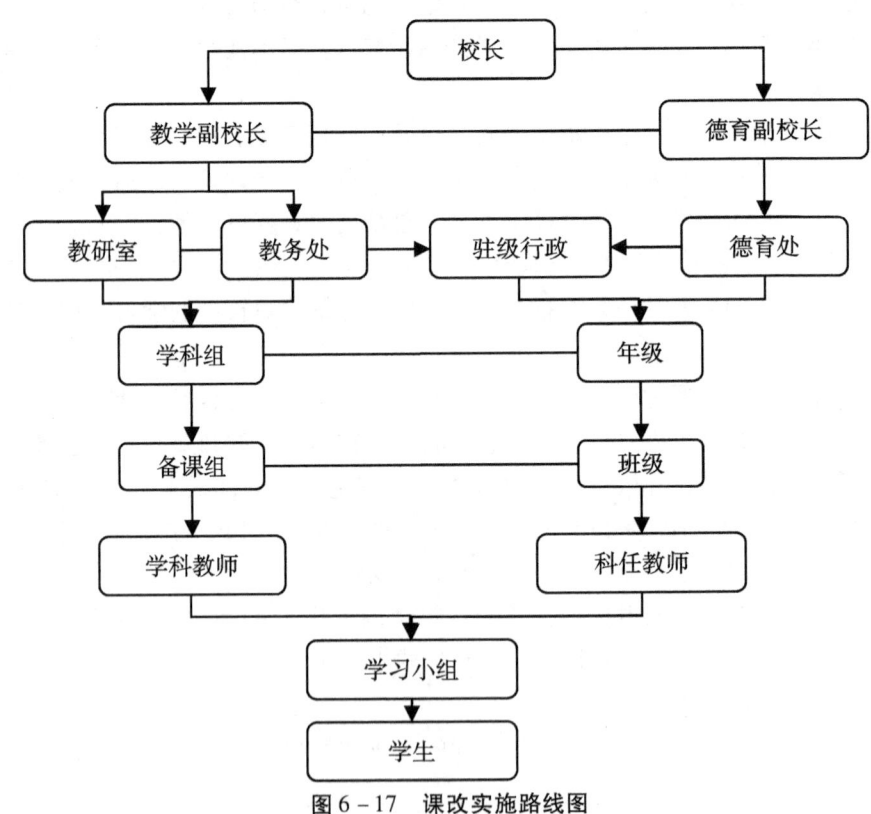

图6-17 课改实施路线图

所谓整体推进，就是在课改实施中，各部门协调配合，全体教师和学生共同参与。

校长室：是课改践模的指挥所和策划中心，负责总体规划和协调管理。

教学线：要在教学副校长的带领下，建构"小组合作下的'三导'教学模式"，对模式的理论构建、师生培训、备课、日常践模、课堂评价等作深入的研究，建立基本操作模式和有学科特色的灵活变式，要建立健全集体备课制度，建立合适的课堂评价方案，各阶段的教学研讨活动要做到计划周全、实施有力、总结及时，要及时总结课改经验，形成文字材料和音像材料。

德育线：要在德育副校长的带领下，组织各年级健全小组合作评价机制，创新班级文化建设，围绕"小组建设"召开主题班会和班主任工作研讨会。

办公室：主动配合做好课改践模的宣传工作。利用宣传栏、学校和上级的网站课改践模的人和事；配合各年级做好班级文化建设；每学期出两期《新球课改动态》。

总务处：做好课改的物质保障工作。

年级实施，是指年级在实施过程中负责课改践模的日常管理，抓好教师和学生培训工作，落实小组合作评价方案，指导各班创建积极进取、合作互助的班级文化，组织班主任和年级教师进行问题式研讨，及时联系学校，汇报课改践模工作，提出合理建议。

科组配合，是指科组在实施过程中要做好日常备课，为课改践模在课堂教学中有实效地实施提供高质量的教学设计；根据学科特点构建灵活变式；配合组织各类教学研讨活动；适时组织科组教师培训，引领教师更新教育教学观念，提升教育教学技能，解除工作困惑。

（二）问题研讨

任何研究都始于"问题"（以及由问题而发生的疑义）。问题式研讨是基于教师在实际教育教学中遇到的问题而开展的一种研讨模式，即教师在工作中遇到某种"问题"，通过集体的智慧想方设法在"行动"中解决问题，且不断回头"反思"解决问题的效果。

首先，要敏于发现问题。在课改践模中，肯定碰到各种各样的问题，有些问题一时不知道如何解决，有些问题的解决办法有若干种却难以抉择。这种情况我们往往可以提出来集体研讨。这些问题有的关乎班级管理，有的关乎教学方面，如教学设计、教学实施、教学评价等，这类问题建议在科长会、科组教研活动时研讨。关乎班级管理的，如小组评价、小组管理等，建议在级长会、班主任会（班主任之间）或者班会课（生生之间、师生之间）研讨。有些问题还可能牵涉到每个教师，那么可以利用年级教师会议组织研讨。

其次，要敢于聚焦问题。不管是教研活动，还是班主任会议，在进行问题式研讨时，都要敢于亮出问题，要敢于抓住主要问题、重点问题、急需解决的问题，暂时忽略次要问题、一般问题，每次研讨的问题要精而准，不能散而乱。这样，研讨自然就深入精准，容易形成有针对性的行动计划或策略。

第三，要善于解决问题。通过集体研讨，针对问题制订出切实可行的行动计划和策略后，最关键的就是按照方案"行动"。在实施过程中，要一边做，一边看（看效果、看问题），一边想（想为什么、想对策）。不要想一蹴而就，而要积极面对各种挑战。"不为失败找借口，要为成功找办法。"要明确方向，理清思路，坚定信心。

最后，要及时反思。反思是一种有益的思维和再学习活动，通过反思能不断地丰富和完善自我。叶澜教授说过："一个教师写一辈子教案不一定成为名师，但如果一个教师写三年反思却可能成为名师。"问题式研讨一般包括"问题—计划—行动—反思"等环节，反思是必不可少的。

进行问题式研讨，还要对问题的提出、解决办法、行动过程、行动效果等做好记录，以便形成值得推广的经验总结。

（三）校本教研

1. 校本教研的管理及职责

（1）管理。

校级领导—教研室/教务处—学科组—备课组。

（2）职责。

校长：亲自抓校本教研，指导制订校本教研计划，发动全体教师积极参与校本教研，督促和评价学校校本教研。

副校长：带头学习理论并参与教学研究，争取每学年能举办专题讲座，能充分挖掘校内教育资源，整合和指导所属部门开展校本教研。

教研室：负责校本教研的具体策划和组织，抓细、抓实学校的课堂教学研究。

教务处：跟进集体备课和评选优秀教学设计。

教师：积极参加各类教研活动，如理论学习、集体备课、课改教学研讨、专题研讨等。

2. 集体备课

和传统教学相比较，我校提出的"小组合作下的'三导'模式"更注重学生的"学"，教师主要扮演组织者、指导者、合作者的角色。因此，集体备课不但要像传统教学时的备课一样备教材、备学生、备教法，更重要的是要在此基础上精心设计活动，让学生在实践活动中阅读、思考、练习、交流、质疑、归纳、演绎、推理，从而习得知识、提高能力、拓展思维。备课过程中，要充分考虑把时间和空间交还给学生，设计好小组合作的内容、次数、时机、方式，以及学生质疑、展示、探究等环节。

学校教务处进一步健全和完善集体备课制度。各科组落实优秀教学设计评选制度，科长每周从本科组挑选出一个优秀教学设计，把该设计的电子文档发给教务员。优秀教学设计将作为评选课改积极分子、课例研究的重要材料。

3. 课堂教学研究

课改践模的主要阵地在课堂。要让新的教学理念、新的教学模式落地生根、开花结果，最好的方式当然是在课堂教学中去使用和完善。因此，每学期学校要推出系列研讨课：行政、科长和级长要带头上尝试课，骨干教师上示范课，优秀教师上观摩课，科组内要上过关课，不过关的教师要上改进课，通过一段时间的实践后学校要组织汇报课和竞赛课。尝试课意在启动和鼓动，示范课侧重于导向和规范，观摩课重在研究，过关课侧重于诊断，改进课意在提升和巩固。全部教师每个学期都要按照要求上研讨课、听课和评课，通过研讨、听课和评课理解学校模式的内涵和价值，了解教学设计思路、教学环节、教学技巧等。学科组内开展互听、互评活动，找出亮点，指出不足，互帮互助共同提高。各年级的课改评议小组和行政要坚持"推门听课"，及时发现典型，树立先进，帮扶暂时落后的教师。鼓励教师之间自发地互相听课和研讨。

（1）示范课。一般在课改初期或者是学期初上。示范课具有一定的导向作用，授课者往往是学校骨干教师、科长、备课组长。

（2）观摩课。由学校教研室组织，各科组推选1~2个课改践模比较有心得的教师授课。科长配合组织好授课、听课、评课、研讨的每个环节，要填写好评课记录表，授课教师要填写好教学反思表，所有观摩课要录像保存。教学设计、PPT、评课记录表、教学反思表、课堂录像要上传至学校指定的教学资源库保存。

（3）过关课。在课改践模开始阶段，每个教师都要承担至少1节过关课。过关课一般在备课组内上，年级课改评议小组可以参与听课、评课。备课组长要配合组织好授课、听课、评课、研讨的每个环节。

（4）改进课。被备课组或者课改评议小组认定为践模不过关的教师，学生调查或者学生、家长投诉课堂教学问题较多的教师，以及在学校课堂教学检查中问题比较突出的教师，要上改进课。学校相关行政参与听课、评课。不合格者继续上改进课，一直到过关为止。

（5）汇报课。分为两类：一是课改践模到一定阶段，各科组推荐1~2个教师上汇报课，展示科组课改阶段性成效。二是新教师在进入我校的第一个学期的期中考试以后上，目的是促进新教师尽快融入学校课堂教学改革的环境中。

（6）竞赛优质课。在全校教师过关后，学校每学年举行一次校级优质课比赛活动。

（四）校本培训

1. 通识培训

通识培训以构建新的课堂教学理念、提高教育理论水平、把握国内外教学动向以及总结反思教学中带共性的问题为主要目标，是一种全校教师参与，以专题报告为主的培训形式。培训者主要是本校行政或者教师，也可以根据需要邀请校外专家、学者来校做报告。

2. 外出学习

选派骨干教师、课改积极分子、科长、备课组长、级长等去课改成效显著的兄弟学校或者名校参观学习，了解它们的办学理念、课改思路、教学模式和方法以及学校管理经验。

3. 课例研究

主要由科组以某堂课为例，通过听课、评课、交流、研讨，在思维碰撞中，理解学校课改精神，落实模式倡导的教学方法和手段，扫除课改践模中的困惑和误解。

4. 科长大讲堂

每周利用科长会议举办科长大讲堂，围绕课改学习相关理论、研究课例和商讨课改践模中的实际问题。

（五）文化建设

1. 小组文化

每个小组集体商讨具有个性特征的小组名称；根据小组名称确定与之相符的、能催人奋进的小组口号；设计小组集体展示时可行的小组标志性动作；根据以上几点设计小组 logo（组徽）；制定小组公约。

2. 班级文化

经常有针对性地对小组长和小组骨干进行培训；张贴与课改有关的口号、标语；定期举办课改主题的墙报；定期召开课改主题的班会课，经常、及时地总结课改经验，表彰在课改中表现优秀或有进步的学生、学习小组；利用班会课不定期开展经验交流活动、"夸一夸我的伙伴"活动、"我是'智多星'"活动等；定期公示学习小组在课改中的表现或者评价。

3. 校园文化

利用宣传栏、黑板报、国旗下讲话、校内广播等宣传课改、发动课改、汇报课改、展示课改；编辑《新球课改动态》，记录课改过程、总结课改经验、展示课改成果。

七、实践效果

新球中学的课堂教学改革实施七年多来，得到了专家的深入指导和上级领导的高度肯定，也引起了同行的高度关注和认可，取得了明显成效。

（一）专家高度肯定

广东省人民政府督学、华南师范大学张俊洪教授评价：新球中学的课改明显做过顶层设计。起点高，比较规范，比较整齐。

广东省人民政府督学、华南师范大学梁永丰教授评价：新球中学的教改思路非常清晰，可操性强，很有推广的价值，可以作为公办初中推行课改的一个样板。

广东省特级教师、顺德教育学会冯毅会长评价：起步晚，起点高，设计巧，效果显。

（二）课堂生态明显改善

我校把课堂教学改革作为一盘棋来抓，全体教师、全部学科、全体学生都参与进来。在全体师生的共同努力，课堂生态发生了明显变化，可以概括为三句话：课堂真正活起来，学生真正动起来，教师真正笑起来。

（三）学业成绩显著提升

我校实施小组合作教学改革以来，学生的合作能力和学习能力有了明显提升，学业成绩也不断突破，尤其是优生培养不断取得新突破，近三年中考600分以上高分人数连续三年翻番。

2015年中考捷报：24人达600分以上，比2014年增加20人，创历史新高；63人达到区属重点高中录取分数线，比去年增加14人，首次突破60大关；350人达到勒流中学录取分数线，上线率达70.7%，创历史新高。无论是区属重点高中上线人数还是普通高中上线人数，都双双创下历史新高。

2016年中考成绩再创辉煌，全国机器人大赛冠军罗凌峰同学以669分夺得学校中考冠军，成为名副其实的"双料冠军"，并且进入街道中考前十名；600分人数与去年比增47人，达71人；总分平均分564.1分，总分合格率达99.30%，总分优秀率达42.7%，三项指标均创历史新高。

2017年中考取得历史性突破，再创新辉煌：600分以上人数高达103人，历史性突破100人大关，比2016年净增32人；总分优秀人数166人，优秀率和优秀人数都居勒流街道同类学校首位；达到华侨高中分数线以上人数达80人，创历史新高；提前批录取人数，多达26人，创历史性新纪录。

（四）相关课题顺利结题

郭怀财副校长主持的顺德区"十二五"规划课题"小组合作学习方式下的数学教学设计研究"于2017年3月21日结题。

（五）辐射效应逐步显现

（1）从2012年11月起，黄宏欣校长被华南师范师范大学文学院聘为"国培"和"省培"讲课专家。2012年11月为重庆国培班授课；2013—2016年连续4年受华南师范大学文学院邀请为广东省初中语文置换项目教师做培训。主讲内容是小组合作教学及三导课堂模式的实施，反响非常好，赢得学员的高度好评。

（2）2015年1月3日，黄宏欣校长受聘担任华南师范大学文学院与顺德特级教师工作站联合培养教育硕士研究生实践教学指导教师。

（3）2015年12月1日，黄宏欣校长为华南师范大学文学院教育硕士专业导师考察团主讲课改专题讲座"小组合作下三导模式的构建与实践研究"，反响良好，赢得导师团成员的高度评价。

（4）2015年12月1日，我校接受华南师范大学文学院教育硕士专业指导组考察访问，介绍学校小组合作式课堂教学改革情况并展示课例。

（5）2016年11月18日，应韶关学院的邀请，黄宏欣校长为广东省英语骨干教师培训班学员主讲专题讲座"小组合作下三导模式的构建与实践研究"，反响良好，赢得校方和学员的一致肯定。

（6）近几年前来新球中学进行小组合作教学交流的深圳、中山、江门、珠海、韶关、揭阳等教育界的同行，超过一千人。

（7）阳江送课：2012年11月22日，应阳江一中刘正才特级教师工作室的邀请，黄宏欣校长代表冯毅特级教师工作室作专题讲座，取得良好效果。

（8）韶关送课：2013年11月29日，黄宏欣校长、杨清教师应邀到韶关仁化送课，黄宏欣校长作小组合作专题讲座，杨清教师承担一节全县语文观摩课，效果良好，得到仁化教育局的高度肯定。

（9）深圳送课：2014年5月7日，应深圳康桥书院的邀请，黄宏欣校长带领祝小波、萧细华和程为侠教师一起去送课。黄宏欣校长开设小组合作教学专题讲座，萧细华教师承担一节数学观摩课，程为侠教师承担一节语文观摩课。送课效果良好，得到康桥书院韩冀校长的高度肯定。

（10）阳江、海陵岛送课：2015年4月16—17日，应阳江教育局和海陵岛教育局的邀请，黄宏欣校长代表特级冯毅工作室分别给两地的教育局干部、学校行政、教师做课改专题讲座，效果良好。

（11）中山送课：2015年11月20日，应中山市教育局教育事务指导中心的邀请，祝小波主任和庞瑜婧教师到中山送课，祝主任面向中山市全体生物学科教师开设小组合作专题讲座，庞瑜婧教师为全体生物学科上观摩课。效果良好，赢得中山同行的高度赞赏。

（12）揭阳送课：2016年5月12日，应揭阳惠来锡溪学校的邀请，祝小波主任携汪志伟、钟翠明、杨清三位教师前往送课，与该校进行小组合作教学"同课异构"活动，效果很好，得到该校李校长的高度肯定。

（13）向西藏送去新模式：2017年9月—12月，新球中学祝小波主任受勒流街道教育委派，到西藏墨脱县进行援藏工作，主要工作是协助墨脱县文体教育局郭振华副局长做好墨脱中学的课改工作，在新球中学课改方案的基础上和三导模式的基础上，制定《墨脱中学课堂教学改革方案》和

《"236"自主互助式教学模式》。新球课改之花,第一次绽放在青藏高原上。

八、典型案例

黄聪老师:《大道之行也》(八年级上册语文)

(一)教师介绍

黄聪,初中语文一级教师,从教16年,担任多年初三年级的语文教学工作,教育教学成绩优异。她积极参与学校的课改,多次承担校内外的研讨课、展示课,从2013学年至2016学年,分别在三个年级承担了《观潮》文言复习课、《小圣施威降大圣》《故宫博物院》《大道之行也》等多节公开课。课堂突出了学生的主体地位,体现了自主、合作、探究的学习理念,培养和发展了学生的问题意识和创新精神。课堂所展示的"小组合作下三导模式的课堂"效果深受学生和听课教师的好评。黄老师曾获得"课改积极分子""最受欢迎教师"等多项荣誉。

(二)教学设计(见表6-14)

表6-14 教学设计

备课时间 2016.9.6　　　　　　备课教师:黄聪

课题	大道之行也	课型	文言新授
教学目标	1. 通过自由读、范读、齐读等方式,能正确流利响亮地朗读,并尝试背诵全文。 2. 结合课下注释,通过组词、联系旧知、猜读等方法,能较准确地翻译全文。 3. 通过归纳概括、对比,理解"大同"的含义		
教学重点	1. 能正确流利响亮地朗读,并背诵全文。 2. 能较准确地翻译全文		
教学难点	理解"大同"的含义		
教学准备	PPT		

续上表

教学过程	教师	学生	理论依据或设计意图
一、目标导向	在百度地图上就有两百多个以"大同"命名的地方	联系生活，思考"大同"的含义	联系生活实际，拉近课本与生活的距离，激发学生的学习兴趣
二、活动导学	活动一：初读正音 1. 自由试读全文，可以求助于组员。 2. 指定个别学生范读，其他同学指正，明确读音 3. 小组齐读，做到准确、整齐、响亮。 4. 全班齐读	1. 大声朗读，标记疑难处，组员间互助。 2. 组内反复齐读，查正个别同学的错误读音	通过多种朗读方式，反复地朗读课文，做到正确、流利地朗读
	活动二：再读译文 1. 布置小组在组内讨论全文的翻译。 2. 随机指定小组内某一同学板书指定句子的翻译。 3. 补充同学的更正，明确译文	1. 在组长的安排下，指定从某一同学开始，轮流逐句地翻译全文，其他组员更正补充。 2. 教师指定的同学在后黑板完成指定句子的翻译。 3. 全班指正板书的错误	1. 通过生生互助，组内先解决一部分翻译的问题。 2. 通过板书，发现并解决组内未能解决的问题
	活动三：三读品诵 1. 理想的社会是怎样的？（用自己的话概括） 2. 说说"我心中的理想社会"	1. 自主思考。 2. 小组讨论。 3. 小组代表展示答案	通过提炼"大同"的社会特征，联系《桃花源记》，理解"大同"的含义
三、评价导结	出示译文，要求对照译文背诵原文	自由背诵	熟读成诵，培养文言语感

（三）评价

"三导"课堂模式构建以来，我校教师的教学观念发生很大变化。他们在课堂上主动让位，把时间和空间尽可能多地还给学生，既培养了学生自主、合作、探究的学习习惯，也极大地提升了课堂效率，得到了广大师生的支持，得到了上级主管部门的认同，得到了业界同行的肯定，现在开始进入整改提升和辐射推广阶段。

案例四
高效辅导初中生开展乡土地理研究性学习的行动研究

顺德区伦教汇贤初级中学　李艳敏

一、课题研究背景

1. 新课标要求

为适应全球化背景下的人才需求和国内外教育发展的新趋势，国家新一轮基础教育改革应时而起。"坚持以人为本、推进素质教育"成为教育改革发展的战略主题，培养学生勇于探索的创新精神、善于解决问题的实践能力和为国家服务、为人民服务的社会责任感成为教育改革的总目标。2011年，教育部颁布的《义务教育地理课程标准》明确指出：学习对生活有用的地理，学习对终身发展有用的地理，构建开放的地理课程。地理新课程明确要求课程的设置必须着眼于学生的全面发展和终身发展；努力创设一种以区域地理和乡土地理作为学习载体的地理课程，培养学生的地理实践能力和探究意识，激发学生学习地理的兴趣和爱国主义情感，使学生树立正确的人口观、资源观、环境观以及可持续发展观念。促进学生学会合作、学会交流、学会倾听、学会批判和反思，从而为学生品格的形成打下坚实的基础。中学乡土地理研究的区域是本市或本县地理，其教学内容具有实践性和时代性，教学方法的灵活多样性。因而，乡土地理教学是在新课程理念指导下进行素质教育的重要渠道，是其他地理课程无法取代的。乡土地理教学是达成这一目标的重要途径之一，它是以乡土地域环境和文化为背景，以认识家乡、热爱家乡、建设家乡为目的开展的具有较强实践性的教育活动，强调从学生自身生活的环境中发现、研究并解决问题，提倡地理实践能力的培养，注重爱国、爱乡的情感教育，使学生正确看待人地关系，为地理教学提供最具直观性和实践性的课程资源。

2. 地理会考要求

2003 年，顺德区教育教学研究中心编写并统一发放了初中《顺德地理》课本，并将乡土地理纳入到初中地理结业考试的范围，初二学生要进行地理毕业会考，地理毕业会考的方式是笔试加乡土地理研究性学习，其中乡土地理研究性学习占 15 分，开展乡土地理研究性学习是每个学生必须参加的。这一改变使乡土地理在地理学科中的地位日益突显。因此，在进行乡土地理课堂教学时，必须针对《顺德地理》研究一套行之有效的、科学的课堂教学策略，与乡土地理实践教学有效配合，在有限的教学时间内达成乡土地理教学目标。

3. 我校学生特点

可是在现实中，绝大部分学生从来都没有开展过野外调查，很多学生听到要进行野外考察既兴奋，又害怕，他们害怕写调查报告，也不知道如何开展调查。并且镇级的学生水平有限，研究性学习与撰写报告的能力不强。如果没有教师的有效指导，学生做出的调查通常存在选取的题目过大、过泛，抓不住重点，缺乏乡土性，没有创新或者文不切题，落入俗套，又或者从网上直接下载别人的作品等问题，这样就丢失了乡土地理研究性学习的意义。学生平时的学习任务重，只能利用周末空闲时间进行野外考察，时间紧迫，但又需要高效完成，这就需要教师的指导。

二、课题研究意义

1. 认识家乡的地理环境

乡土地理以学生所在的熟悉的家乡为基础来开展。一方面，乡土地理的学习能够使学生亲身感受到家乡伴随自己成长而发生的变化。以这些变化着的生动的事实、形象为素材，学生能够感受到地理知识与生活息息相关，远胜于一般地理教学中那些只有文字的描述。另一方面，乡土地理从学生熟悉的生活环境中提炼出地理知识，与以往的抽象的书本知识相比，学生更容易接受，这能够帮助学生在学习的过程中建立成就感。同时，家乡的故土情结，可以激发学生树立改造家乡、建设家乡的崇高志向，这就有助于促进学生将爱家乡，爱祖国的情感付诸实践。

2. 学习知识回归生活、作用于生活

乡土地理的学习有效地促进课本知识与实践活动的联系主要体现在其可以紧密地联系当地社会和经济建设的实践。九年义务教育地理教学中所涉及的内容包括区域地理位置的评价、合理开发利用自然资源、分析影响区域农业或工业生产的地理因素、保护自然环境和生态环境、防灾减灾等地理基础知识，同时还包括了绘制地图、地理野外考察和社会调查等地理基本技能，学生可紧密结合乡土地理的学习，将其应用于地理实践。

3. 培养学生探究性学习

乡土地理课程通过组织学生从生活中发现问题并设计研究方法进行实地考察，大大地培养学生探究性学习能力。乡土地理教学以创新的、开放性的课堂教学模式，使学生真正融入自然、走进社会，通过自由选择家乡地理环境中一个或某几个要素来开展综合或专题研究，这对培养学生的探究学习能力无疑是极为有益的。

4. 培养学生树立可持续发展的观念

可持续发展观念，是人们在反思人类改造、利用自然的实践中形成的。因此，只通过从书本到书本，从理论到理论，是难以真正确立的。只有通过对乡土地理的学习，结合观察、考察、调查等综合实践活动，分析自然条件对家乡的社会、经济、环境、生态、文化、生活等诸方面的影响，以及当地人民的生活、生产等事件对家乡自然环境的影响，在理论联系实际中才能逐步确立。可持续发展观念的确立具有很强的实践性，而《顺德地理》的学习就能很好地体现这种实践性。

三、课题研究理论依据

1. 马克思主义实践理

马克思主义实践观认为，人类的实践创造了和创造着自然界的外部世界和人的内部世界，而生活实践是人类首要的和最基本的实践形式。傅维利教授认为，与社会实践相结合的教育符合青少年学生成长的基本规律，这样的教育利于学生以亲身体验的方式掌握社会价值观念，使学生解决问题的能力和创造能力得到发展。"乡土"为学生的生活提供真实可得的实践空间，乡土地理为学生提供最现实的实践载体，而乡土地理研究性学习的开展过程是生活实践的过程。在乡土地理研究性学习中，通过学生亲身实践获取直接经验，培养其发现问题、研究问题的能力；养成科学精神和科学态度，掌握基本的科学研究方法，提高综合运用的所学知识解决实际问题的能力；培养和增强了学生的学习能力；通过考察、调查等实践，培养学生的探索精神、创新精神和实践能力。

2. 建构主义学习理论

建构主义学习理论是以皮亚杰、维果斯基等人的思想为基础提出的。建构主义认为，学习不是对学习对象简单的认知，而是学习者主动利用已有的知识、经验基础、认知结构和认知策略，在内部主动学习构建关于事物及其过程的心理表征的过程。该理论强调学生是学习活动的参与者和建构者，倡导学生主动去选择、发现、思考、探究、应答、构建、加工、质疑。在乡土地理研究性学习中，学生借助已有的对乡土地理的认识，采用文献法、调查访问、实地观察等方法学习，大幅度地降低学习新知识的难度，有效地建构和完善自身的认知结构和认知策略。

3. 多元智能理论

美国心理学家加德纳提出了的多元智能理论，这是一种关于智力及其性质和结构的新理论。加德纳认为，智力是解决实践中的问题的能力，个体身上存在着的相对独立八种智力：语言智力、音乐智力、逻辑数理智力、视觉空间智力、身体运动智力、自我认识智力、人际智力和自然观察智力；每种智力都与特定的认知领域或知识范畴相联系；个体是由以不同方式、不同程度组合在一起的多种智力构成的；受环境和教育的影响，个体的智力各具特点，且都呈现出智力的强项和弱项。地理科学研究的对象是一个复杂的综合系统，它由各种自然现象和人文现象有机组合而成的。因此，地理教学应在遵守因材施教的教学原则前提下，充分调动学生的智力强项，促成多种智力的全面发展。乡土地理研究性学习是以小组合作的方式进行的，在分工的时候教师要引导学生根据每位同学的特长进行合理分工，组内形成优势互补的智力格局。在评价主体上，采取多元化评价包括自我评价、小组内互评、教师评价等不同的评价方式，注重形成性评价，通过多元化的评价提高学生参与活动的积极性与活动效果。

四、课题研究目标

（1）探索出辅导学生开展乡土地理研究性学习的高效措施，提高学生乡土地理研究性学习的能力，培养学生对家乡的深厚感情，树立可持续发展观念。

（2）通过理论与实践结合的研究，发表一些有价值的关于如何高效辅导学生开展研究性学习的行动研究的论文。

（3）通过教师高效的辅导，学生能快速掌握乡土地理研究性学习技能，高质量完成乡土地理调查报告。

（4）通过研究总结出辅导学生乡土地理研究性学习的有效措施，以此为契机，逐步在各学科推广这些有效方法，让各学科都能开展课外调查活动，从而提升学生的综合素质。

五、课题研究主要内容

（1）调研顺德区范围内可研究利用的自然和人文资源，确定一些乡土地理研究性学习的课题以供学生参考或选择。

（2）研究学生开展乡土地理研究性学习所采用的有效方法。

（3）研究乡土地理研究性学习的有效评价方式。

（4）研究乡土地理研究性学习成果的展示方式。

六、课题研究方法

1. 文献资料法

通过搜集、鉴别、整理有关"乡土地理课堂教学策略""乡土地理教学"等的网页、专业学术期刊、专著等文献，收集国内外、市内外有关乡土地理教学的最新研究成果和相关资料，形成对乡土地理课堂教学策略的科学认识，并对有理论支持或实践价值的信息进行引用，为课题研究提供基础。

2. 行动研究法

遵循"计划—行动—考察—反思—调节"的程序，在实践中不断反思、改进、归纳，总结出教育的规律。

3. 经验总结法

遵循"实践—认识—再实践—再认识"的客观规律，对研究过程中所出现、经历过的事物、现象进行深入、系统的归纳、综合、分析、提炼，寻找出研究的工作规律性的东西，即经验，并以此预测、指导今后的研究工作，改善工作质量，提高工作效率。

七、课题研究主要过程

（一）准备阶段（2015年11月—2016年2月）

本阶段确立课题，成立课题组、确定成员，探讨、制定课题研究实施方案，明确分工任务和协作方式，进行理论学习、文献研究。在此阶段，本课题组举办了主题为"以理论为指导，在行动中探索"的交流会。通过学习马克思主义实践观、建构主义学习理论，多元智能理论等理论，使本课题组的教师了解高效辅导学生开展乡土地理研究性学习的理论依据。其次，本课题组教师还参加了区的学术研讨会和科研培训会议，以提高理论水平，把握课题开展的方向和目标。

（二）实施阶段（2016年3月—2018年8月）

1. 第一阶段（2016年3月—2016年8月）

这一阶段，本课题组首先以本地的自然地理和人文地理两个系统的相关内容为基本的研究对象，确定了学生开展乡土地理的研究性课题，这些专题为学生开展乡土地理研究性学习提供了研究方向。

其次，为了确保乡土地理研究性学习既有序又有效推进，本课题组教师设计了一份学生开展乡土地理研究性学习的详尽方案，一般包括以下内容：①课题背景，即课题的来源。包括课题提出的原因，课题内涵的界定，研究预期的目的与意义，回答"为什么选择这个课题？""研究这个课题有什么意义？"等问题。②研究方法。针对乡土地理研究性学习具有实践性、综合性的特点以及学生实情，一般建议把文献法、实地考察法和问卷调查法作为主要研究方法。③研究计划。具体到日期、周次、活动项目、负责人等内容。④研究成果，即研究报告。⑤交流与评价。将研究结果以报告、论文等形式展示，达到研讨交流、思维碰撞、成果分享、情感提升等实效。

最后，为了确保乡土地理研究性学习的有效进行，本课题组设计了一份科学合理的评价量规表。把学生在学习中的综合表现及实践成果，如调研报告、电子杂志、微视频、规划设想等予以客观定性或定量的评价，真正做到有效指导。

2. 第二阶段（2016 年 9 月—2018 年 8 月）

为了顺利地开展好启动工作，为今后的研究工作的开展打下良好的基础，经研究决定由黄书刚老师执教，上一堂《高效指导学生开展乡土地理研究性学习》的研讨课。本节课的重难点是如何在短短的 45 分钟内让每一个小组制定出《乡土地理研究性学习小组研讨展示卡》，即学会乡土地理野外考察的具体操作及形成实施方案，实施方案包括"选定的课题""课题选择意义""小组成员分工""具体实施计划""作品预设呈现形式""困难预测"以及"小组宣言（口号）"。根据任务分析，采取案例分享、合作研讨、小组展示的教学方法高效指导学生做好乡土地理研究性学生的开端。

李琳老师还上了一堂《生命之源卫士——水质鉴定》的专题课，课程以"如何辨别一杯能喝的水"为新奇点子，通过"学生身边的河流——伦教大涌河段的水质检测方案设计"活动，通过实验操作、观察现象的方法让学生亲身体验水质检测的基本方法与原理，让学生了解河流水质检测方案设置的基本步骤与水质检测点、处理点选取的基本原则。促使学生主动积极地参加社会和服务社会，增进对社会的了解与认识，增强社会实践能力，并形成社会责任感和义务感。

在此阶段，本课题组还进行了阶段检查和总结，不断总结经验，积累乡土地理研究性学习案例，分析存在问题，适时调整研究实施方案，改进下阶段研究工作。

（三）总结阶段（2018 年 9 月—2018 年 12 月）

整理汇编研究成果，课题研究总结。这个阶段主要是收集和整理学生的研究性学习成果，主要包括学生的调查报告、电子杂志、微视频等作品。其次收集教师撰写的有关乡土地理的论文以及课程教材等成果。

八、课题研究主要成果

（一）学生案例作品集——《我们的实践，我们的成果》

乡土地理学习特别强调学习方式的转变，其突出特点就是乡土地理研究性学习。自 2003 学年顺德实施乡土地理课程以来，我校学生乡土地理研究性作品数量日益增多，学生的乡土地理研究性作品的质量日益提高。本书主要收集的是 2015 学年、2016 学年、2017 学年的部分优秀学生作品。这些作品在每年的乡土地理作品评比当中均获奖，其中黄书刚老师辅导的优秀案例《"绿野仙踪"——伦教绿道和公共自行车的发展现状研究》获顺德区综合实践评比一等奖，李艳敏老师辅导的《家乡美——伦教一日游路线设计研究》获顺德区青少年科技创新大赛二等奖，《伦教羊额烧鹅的现状调查》《伦教花卉园林之谜》获顺德区青少年科技创新大赛二等奖、佛山市青少年科技创新大赛三等奖。学生乡土地理研究性学习作品的内容十分丰富，来源于顺德乡土地理，但又超越顺德乡土地理；研究的方法主要包括文献资料法、问卷调查法和访谈法、实地考察法等；研究的过程从研究课题的确定到设计研究方案，包括课题背景即课题的来源，课题提出的原因，课题内涵的界定，研究预期的目的与意义，回答"为什么选择这个课题？""研究这个课题有什么意义？"研究计划具体到日期、周次、活动项目、负责人等内容。从实施调查研究到撰写研究报告，从成果交流到总结评价严谨而有序：研究的成果表现形式多样，有调查报告，有电子杂志、微电影、幻灯片多媒体展示。对这些作品的选用，原则上没有进行修改，只是限于篇幅，对一些优秀学生作品进行了部分节选，还省略了很多学生在活动调查中的精美相片等；同时，由于媒介不同，案例集中的作品没有选取学生的电子杂志、微电影、幻灯片等电子作品，这些作品做得也相当优秀，很有影响力。

　　学生乡土地理研究性学习作品反映了学生了解并亲身体验乡土地理研究学习的一般过程，掌握了开展乡土地理研究学习的一般方法，在整个研究性活动过程中提高了自身的综合实践能力和创新能力；反映了学生了解开展乡土地理研究性学习的基本知识和基本能力，如设计调查问卷、数据整理、数据分析等技能，以及在调查的过程中善于发现问题、分析问题、回答问题等能力；反映了学生对乡土地理是感兴趣的，他们乐于参与，在活动中秉持着追求和坚持真理的科学态度，公正客观地分析问题、实事求是提出解决方案，养成了刻苦钻研、勇于尝试、独立思考的精神；反映了学生在探究的过程中学会与同伴合作和在问卷访问过程中与人交往的能力，在发现问题提出解决方案中形成了正确的人地协调观、可持续发展观，具有关心家乡的环境与发展、热爱家乡、服务家乡，热爱祖国的情感。本案例集为以后的学生开展乡土地理研究性学习提供了参考，让学生借鉴以前的同学对某个课题研究的角度与程度，寻找新的研究点。

（二）教师成果论文集——《反思与成长——乡土地理研究性学习探索者的足迹》

学生乡土地理研究性学习能顺利并高效开展的关键在于教师。自本课题开题以来，本课题组的地理教师不断提升如何高效开展乡土地理研究性学习的探究水平和应用水平。积极投身于顺德的自然地理和经济地理的考察和调查研究当中，不断提高开展乡土地理研究的能力；积极开展乡土地理教育、教学研究，为乡土地理的实施提供方法上的指导和理论上的研究；大胆进行乡土地理教学方式上的改革，在研究的过程中不断地发现、调整、总结和积累教学经验与成果，形成各自的教学风格。本教师成果集反映了教师们在实施乡土地理教学中的所作、所为、所想、所感。能密切联系实际，文体结构灵活多变，中心突出，结构较严谨，层次较分明，论据较充足，重研究视角和思路，具有一定深度或有所创见，对实际工作有一定的指导意义。

（三）课程教材——《我们的课程，身边的地理》

顺德区初中地理教学的改革随着中国第八次课程改革的步伐不断深入，不断创新。顺德积极推行乡土地理进入课程，在教学内容上组织开发，在课程内容上制定教学制度，从考核评价上规范路径。本专著即从乡土地理学习方法与研究课题的设计等方面汇集了近年来学校地理教师和学生的智慧成果。从一般的地理知识到乡土知识，是一个大的转型。地理学科教学中，追寻更多地从脚下和眼见开始。从学生生活的家乡环境中学习地理，感悟一方水土的民俗、风物和文化，从乡土知识到乡土情感，是知识建构和价值建构的转换，是一种学习方式的变革。让学生走进田野，走入社区，无论在家庭，还是在学校，都让知识"在场"，把课堂"静态"的知识学习，转变成"动态"的知识构建。多年来，教师带领学生到田野、社区、企业、工厂、家庭、学校开展乡土地理研究性学习实践活动，在一个个真实的问题情景中建立他们对"脚下"和"环境"的认知、体验和思考。每年都有上百份学生的研究报告、电子杂志、微视频等产生，所涉及的领域广泛，所思考的问题也见锋芒。这本案例集将近年来研究作品中有代表性的成果集结起来，希望能发出学生们的一点点声音。

九、课题研究存在问题及设想

（一）理论方面较为缺乏

国内外从不同的角度提出了多样性、创造性的乡土地理教学策略。但这些策略多数来源于教育学，具有很强的普遍性，对广义上的地理学课堂教学策略研究较多。就乡土地理的教学策略而言，国内外学者提出了大量具有创造性和可行性的方案，但这些策略对乡土地理教学的研究多注重乡土地理的实践研究，有针对性地对乡土地理课堂教学策略进行深入研究的理论论述较少。而本课题组的教师能力的不足，相关的理论论述较少。今后应进一步大力加强高效辅导学生开展乡土地理研究性学习的理论研究，不断丰富和完善相关理论，用理论指导实践，用实践检验理论并推动理论向前发展。

（二）对学生的作品评价未能做到公平、公正

对学生评价的目的是为了激励学生的学习，了解学生在探究中的进度和变化情况，促进学生更好地发展。同时也有利加强对学生的管理，不断完善学生课外调查实施方案，地理课程标准提出："地理学习的评价，既要关注学习结果，也要关注学习过程以及情感、态度、行为的变化……创设一种'发现闪光点''鼓励自信心'的激励性机制。"这种注重学习结果与学习过程并重的评价机制的建立，使我们在审视评价学生探究作品时，不单关注学生所写的作品，更重视学生的调查过程，学生在调查研究中的体验、收获，即社会实践研究的全过程每阶段均纳入评价的范畴之内。另外，学生在调查研究时主要以小组合作的方式进行，因此在评价时应首先以小组成绩为基础，然后兼顾个人表现，通过自评和互评，获得个人成绩，尽管在课题研究中课题组成员对学生社会调查评价有了一定认识，但科学合理的评价模式仍未形成，这一问题只能在以后课题研究中加以解决。

（三）如何获得社会和家长对学生探究性活动的大力支持

本课题研究了高效的指导方法，但学生在开展乡土地理研究性学习的过程中采访别人时经常遇到社会人士的不配合，甚至冷嘲热讽。这种情况的发生，主要是因为部分社会人士会对学生的调查、访问表示怀疑，不知

道学生的调查最终的用处。其次，认为学生的调查和访问影响了他们的工作。这表明目前全社会支持教育、服务学生、培养学生的良好氛围还没有最终形成。

对部分学生家长而言，他们认为孩子是到学校来学习知识的，不是到外面去实践考察，只要在学校好好读书，考取高分就是完成任务。并且认为社会考察还会遇到危险，因此目前还是有部分家长还是不赞同学生到社区里开展乡土地理研究性学习。这些都表明目前的实践活动的开展存在诸多困难，但这并不能阻碍社会实践的开展。当然要解决这些问题单靠教师个人努力可是不够的，需要社会舆论的大力宣传，需要教育行政部门为学校课程的开设和改善创造出一些必要的条件。

▶ 案例五
"小学英语自然拼读法教学研究" 课题结题报告

佛山市顺德区环城小学　梁肖班

一、课题研究背景

在学生漫长的英语学习过程中，记忆单词成为衡量英语基础的基本要素。但在多年的英语教学实践中发现学生记忆单词比较低效，学生学了十几年英语依然还是"哑巴"英语和"聋子"英语，单词掌握量很少，基本无法阅读英语原版读物。

我们对本校学生通过问卷及访谈等方式进行调查，了解到单词的认读和拼写对英语初学者难度非常大，特别是对于那些没有语音意识的学生，英文字母对他们来说就像乱码一样，学生在记忆单词的过程中，往往消耗大量的时间和精力，机械性地记忆单词的字母构成及其顺序，纯粹属于死记硬背，效果往往是"事倍功半"，不仅达不到预期效果，而且很多学生学习英语的大部分精力用来记忆单词，无法真正体会到英语的内涵，更谈不上享受学习过程中的乐趣。为了改变这种现状，在英语教学中，我们应该尽早帮助学生学习和掌握英语单词拼读与拼写之间的对应关系，通过掌握拼读与拼写规律扩展学生的词汇量，进一步提高学生的英语阅读能力，从而提高学生英语学习的综合运用能力。自然拼音法就是让学生直接学习26个字母及字母组合在单词中的发音规则，从而建立起字母及字母组合与发音的语感，让学生在轻松愉快的氛围中达到"见词能读，听音能写"的目标的一种教学方法。

大多数以英语为母语国家的孩子，都使用自然拼读教学法，特别是在英国和美国。自然拼读更是以英语为第二语言的英语初学者学习发音规则与拼读技巧的教学方法。这种教学法简单高效，符合小孩学习语言的规律。很多教师有这样的疑问，为什么我教得很辛苦，但效果却不理想？一些好的教学方法为什么我在课堂里却无法实施？这牵涉到一个自然拼读法的实施策略方面的问题。不管整体教学还是文本重构，所有的教学方法都必须在课堂里整合资源来运用，而自然拼读教学也不例外。现在国家从上至下都在提倡给学生"减负"，"减负"不是说让学生不去学习，而是让学生学得更高效，自然拼读就是这样一种能让学生高效学习英语的教学方法。

（一）概念界定

"自然拼读法"是指在没有掌握和不借助国际音标的前提下，利用英语字母和字母组合的发音规律，直接把单词拼读出来，以培养学生"见词能读，听音能写"的自学能力的一种方法。传统的英语教学是先学字母名称，按字母名称拼读和硬记单词。但是字母名称的读音与其在单词中的发音并不一致，这种音形不一致正是学生学习英语的一大障碍。而自然拼读法首先让学生认识字母的读音（不是字母名称的音和音标），进而拼读单词。从小学低年级开始，利用自然拼读法进行语音和单词教学，教会学生掌握代表英语44个基本音的字母和字母组合，可以大大提高单词拼读的准确率，为学生以后学习英语、牢记单词打下良好的基础，让学生加快阅读的步伐，提前进入英语的自主阅读。

（二）国内外研究现状

自然拼读法（phonics）是以英语为母语的所有国家都使用并全力推广的一种单词拼读法。自然拼读属于所有英语母语国家学校"阅读"课程的预备和基础，大约要学习2~3年的时间，国内很多也叫作"直拼教学法"或者"自然发音法"。在英国、美国、加拿大等英语为母语的国家和新加坡等英语为非母语的国家，自然拼读法犹如我国的拼音一样，都是小学课程的必修内容。长期以来，自然拼读法一直是国外培养和提高学生英语阅读能力普遍使用的方法。在美国小学低年级英语教学的初始阶段，最基本的阅读能力是从讲授自然拼读法开始的。美国教师始终认为，自然拼读法是培养学生阅读能力的最佳途径；在教学过程中，他们不向学生讲授国际音标，主要向学生讲授拼音与拼写关系的基本规则，让学生可以看到一个英语单词就能拼读出来，或者想到一个英语单词就能拼写出来，通过学习和掌握单词的基本拼读规则，不断扩大词汇量。安妮鲜花在她的《不能错过的英语启蒙》一书中也提到，加拿大孩子学习英语的理念和方法，也是以自然拼读为主线，在小学教育的最初三年（从一年级至三年级）通过大量阅读来培养阅读习惯、训练阅读能力。

在国内，越来越多的专业人士认为，自然拼读教学是解决学生英语读音问题的最佳途径。此外，自然拼读教学不仅可以大大提高学生认读单词的能力，而且能够提高学生记忆单词的速度和准确度，同时提升学生的阅读潜能。自然拼读作为少儿英语学习的突破口，应在我国基础英语教育的舞台上占有一席之地，应该大力推广。

二、课题研究意义

通过教学理论学习与英语教学实际相结合，分析研究词汇及其读音的特点，利用自然拼读教学法优化词汇教学。通过课题的研究，教师在实践中利用自然拼读法提高英语单词教学方法，提高教师的单词教学效率。

研究学生的记忆特点，教授学生利用自然拼读法有效记忆英语单词，帮助学生学习和掌握英语单词拼读与拼写之间的对应关系，改变以前死记硬背的学习方式，提高学生学习兴趣，扩展学生的词汇量，进一步提高学生的英语阅读能力，从而提高学生的语言综合运用能力。

通过课题研究，提高课题组成员的教育理论水平和研究能力，提高教师开发和拓展英语教学资源的能力。教师通过校内与校外的开课观摩、经验交流、课例分析、汇报展示等教学实践活动，不断总结获取经验，进一步升华、完善自然拼读法的课堂教学模式，形成自然拼读法的课堂教学的范式，并将之加以推广，打破教师在语音教学上普遍遭遇"瓶颈"困局，走出一条语音教学轻负高效的新路径。

三、课题研究理论依据

《义务教育英语课程标准（2011年版）》（以下简称《标准》）指出："语音教学是语言教学的重要内容之一。自然规范的语音、语调能为有效的口语交际打下良好的基础。"在《标准》中，有关拼读的教学要参照相应级别的语音知识目标进行。比如小学阶段二级标准关于拼读的要求是：了解简单的拼读规律，要求学生能够根据拼读规则来拼读单词。

自然拼读法教学专家Blevins认为，自然拼读法包含了字母音和形之间的关系，它向学生讲授英语中最普遍的音形关系，使学生能够解读或拼读单词。这种解读单词的能力是阅读成功的关键因素。

在英国、美国、加拿大等英语为母语的国家和新加坡等英语为非母语的国家，自然拼读法犹如我国的拼音一样，都是小学课程的必修内容。

在国内专业人士认为，自然拼读教学是解决学生英语读音问题的最佳途径。

四、研究的目标、内容

（一）总体目标

自然拼读法的核心是建立英语字母或字母组合与语音之间的对应关系，它是一种兼具学习拼读、拼写及阅读的英语教学法。鉴于《标准》中对语音教学的要求，该课题研究希望教师们在小学英语学习中实施自然拼读法教学，以提高学生的语音意识和正确拼读单词的能力，从而提高学生英语阅读能力和自主学习能力。

（二）具体目标

一、二年级：结合教材重点教学26个字母的发音，建立字母及其读音直接的自然联系。

三、四年级：认识并掌握元音Aa，Ee，Ii，Oo，Uu的发音，以及元音字在单词中的拼读，树立"元音+辅音"或"辅音+元音"的拼读意识。

五年级：掌握元音字母组合的发音规则，学会拼读元音组合单词，初步做到听音能写，见词能读。

六年级：学会拼读辅音连缀词，做到听音能写，见词能读；掌握自然拼读技能，能自主阅读简短英语文章。

（三）研究内容

（1）单词的音与形的对应和读写结合的研究。
（2）广东音像教材出版社《小学英语拼读教程》、*Oxford Phonics World* 等自然拼读法教材与现用小学英语 PEP 教材教学内容的整合。
（3）自然拼读法课堂教学模式研究，形成我校自然拼读法的课堂教学的范式。

五、研究的方法

本课题研究的思路本着"理论—实践—理论"的原则。课题组定期召开研究会议工作，通过阶段小结和评价，对实施过程进行调控，促使课题着实有效地开展。主要采用以下六种研究方法：

（一）文献研究法

利用网上丰富资源，对文献进行查阅、分析、整理，从而筛选有价值的信息。

（二）问卷调查法

通过设计面向学生问卷调查，及时了解和掌握自然拼读法在英语拼读学习中实施的实际情况，为课题研究教学各要素提供依据。

（三）教学实验法

采用观察法，通过实施自然拼读教学，反复观察学生学习词汇的效率，求证自然拼读法是否有利于学生拼读和记忆单词及提高学生的阅读能力和自主学习能力。

（四）案例研究法

以一个年级为例，采用观察、面谈、测试、问卷、图片、影片或录像资料等方法，对学生的学习情况进行记录跟踪，从而研究学生学习能力变化的全过程，写出个案报告。

（五）经验总结法

及时总结实践经验和教训，修改、补充和完善操作措施，力争从研究过程中总结提升，最终转化成理论予以推广。

六、课题研究主要过程

学校英语科组于 2016 年 5 月开展"小学英语自然拼读法教学研究"课题研究，于 2018 年 12 月结束，历时 2 年。在研究过程中也作了一些小调整，总体上能按照方案最初的设想有序进行。

（一）准备阶段（2016 年 5 月—10 月）

（1）确立研究组成员名单。课题主持人：梁肖班。核心成员：陈静仪、陈霭雯、廖雪梅、黄赘、钟洪仙、陈淑芬。搜集与"自然拼读"相关的文献资料，学习自然拼读法相关书籍，提出实施方案，明确本研究目的、意义、内容方法及操作步骤。

（2）组织课题组成员设计问卷调查内容，对 10 个班进行摸底问卷调查，根据所得数据撰写调查报告。

（3）专家引领指导课题的开展，外出观摩学习自然拼读法的教学方法。

（二）实施阶段（2016 年 11 月—2018 年 8 月）

1. 修改完善各级学习的进度和要求

概括说来，自然拼读法有以下六个阶段：

第一阶：建立字母与字母自然发音之间的直接联系。

第二阶：能够成功拼读"元音+辅音"。

第三阶：能够成功拼读"辅音+元音+辅音"。

第四阶：能够成功拼读双音节或多音节单词。

第五阶：能够听音辨字，即听到单词读音就能拼出该单词。

第六阶：单词量大量扩充，能够阅读英语文章。

根据阶段的划分，结合我校学生英语学习的实际情况，在我校二至六年级铺开自然拼读法的教学研究，根据教学进度表和目标要求，每周每班开设一节自然拼读课。

2. 自然拼读法教材与现有教材教学内容的整合研究

在研究过程中我们使用了两种教材，五、六年级使用广东音像教材出版社《小学英语拼读教程》；二、三、四年级使用 Oxford Phonics World 自然拼读法教材。为了结合现有小学英语 PEP 教材的相关教学内容，我们要求在平时英语教学中进行自然拼读的教学渗透，如每单元 Let's learn 词汇教学和 Let's spell 语音教学都要求使用自然拼读法进行教学。基于学校英语教学实际情况，为了使课题研究最大化地为实际英语教学服务，以研促教，在华东师范大学刘侃博士的指导下，课题组把 PEP 教材三至五年级的语音教学部分与自然拼读法有机结合，完成六册书里每个单元语音教学部分的教学设计，通过实际的教学研究，多次调整之后，把每个教学内容制作成 5~10 分钟的微课，变成可以重复使用的教学资源。

3. 自然拼读法的课堂教学模式研究

自然拼读法的课堂教学模式研究方面，我们主要分两个方面：第一方面是自然拼读法在单词、语音教学中的运用，以二、三、四年级为主要研究对象，主要针对现有 PEP 小学英语教材的每个单元 Let's learn 和 Let's spell 中的单词和语音，整合自然拼读的教材和资源，开展自然拼读法的课堂研究。第二方面是自然拼读法在词汇和绘本阅读教学中的课堂教学研究。以五、六年级为主要研究对象，通过教材的整合，自编语音绘本故事，以故事和情境贯穿整个课堂，将抽象、枯燥的语音学习转化为形象、有趣的动态绘本故事。再通过多样的游戏、歌谣、竞赛，合作巩固学习语音知识，调动学生学习的积极性和学习兴趣，让抽象的语音知识变得灵动。通过自然拼读法和绘本阅读教学相结合，培养学生良好的英语阅读能力和自主学习能力。

全体英语教师共同参与，在教学实践中，全方位开展自然拼读法的课堂教学研究，制定和落实研究制度，开展互相听课互相评课活动，促进大家共同进步，实施过程和做法如下：

（1）推选示范班和示范教师。每个级推选一个示范班和示范教师，以点带面推进自然拼读的课堂教学研究。

（2）实行互相听课制度，促进教师之间的交流学习，要求课题主持人、科组长和备课组长每学期听 15 节课，听课后要立即向上课教师进行评课反馈。

（3）举办以"自然拼读法"研究为主题的教学论文、教学设计、教学微课设计、教学案例评比等活动，有效地推动自然拼读法教学研究和实践的深入。

（4）举办自然拼读法教学研究的课堂展示活动和经验交流会。我校被评为华南师范大学中小学英语学科发展国际化共建平台 PRT 项目示范学校，借助 PRT 项目组的庞大自然拼读教学资源和专家团队。每学期举行两次的自然拼读法教学课例展示，每次都邀请专家亲临评课，并指导课题的研究工作。如 2018 年 4 月 18 日上午，我校举办"自然拼读"教学研讨暨顺德区小学英语新教师培训活动，何佩盈老师为全区的小学英语新教师做了课例展示，通过绘本故事 What's going on 学习短元音 o 的发音，整节课气氛活跃，教学效果显著。课题主持人梁肖班主任为新教师们做了关于"小学英语自然拼读法教学研究"讲座等等。

（5）参加自然拼读法教学研究的课堂展示活动和经验交流会。2016 年受云浮市新兴县教育局的邀请，我们课题组队参加了云浮市新兴县教育局举办的"深化课堂教学改革，培养学科核心素养"小学英语改革现场会。我校陈静仪老师为全县 350 多名小学英语教师送上了一节精彩的自然拼读法教学示范课 PEP BOOK6 Unit 3 Let's spell。2017 学年课题主持人梁肖班指导顺德区英语新教师杨帅在云浮市教育局举办的小学英语专题教研活动中，现场上语音教学示范研究课，受到一致好评。

4．进行自然拼读法的学习效果的检测

连续两年跟踪一个年级的学生的学习情况，每年通过举行口语嘉年华活动，采用面谈、测试、比赛活动等形式，检测学生学习自然拼读法之前与之后拼读能力和朗读能力变化，收集数据，进行分析总结。

（三）总结阶段（2018 年 9 月—12 月）

课题组成员归类和整理各类材料，内容包括：课题申报书、开题报告、立项通知书、每学期课题研究活动记录、问卷及调查报告、对外交流函件、活动照片、录像视频、单元备课设计及微课制作、论文发表等。并对课题研究材料进行分析总结，撰写课题研究报告，系统做好结题验收工作。

七、课题的研究成果

（一）构建了小学英语自然拼读法的"三导四任务"课堂教学的范式

通过两年的教学实践研究，我们课题组不停反思、修改、总结出小学英语自然拼读法的"三导四任务"课堂教学模式。（课堂教学案例）"三导"就是指：一导——通过自然拼读绘本故事导出学习内容；二导——引导学生找出发音规律；三导——导练，通过拼读规律指导学生进行发音练习。"四任务"就是指：任务一——听音辨词，听音选出所读单词；任务二——见词能读，通过自然拼读法的规律拼读新单词；任务三——听音能写，小组合作拼写出所听单词；任务四——自主阅读，运用自然拼读规律拼读单词，提升朗读和阅读能力（见表6-15）。

表6-15　环城小学英语自然拼读"三导四任务"课堂教学模式解读

基于学习英语自然拼读法的最终目的就是培养学生见词能读、听音能写的单词拼写拼读能力，从而提高学生的阅读能力和自主学习能力。根据英语自然拼读法的特点和目的，我们构建了自然拼读"三导四任务"的课堂教学模式。

一、模式结构

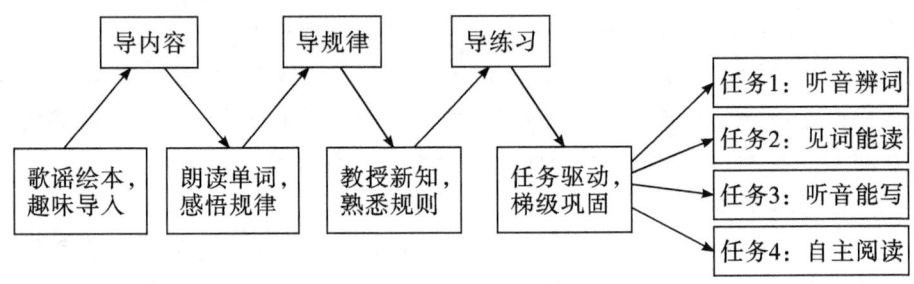

二、模式说明

（一）"三导"的实施

1. 导内容：课前导入是英语教学课堂的重要环节，高效的导入能有效营造浓厚的学习氛围。通过生动有趣的自然拼读绘本故事或朗朗上口的歌谣导出学习内容，大大提高了学生的学习兴趣，并直接趣味地呈现教学内容。

2. 导规律：在学生全面感知故事或歌谣内容基础上，教师引导学生朗读关键单词。先通过朗读关键单词，让学生初步感知发音规律。接着教师教授新知识，总结发音规则。

3. 导练习：操练环节是英语课堂的核心环节，在学生掌握发音规则后及时进行练习巩固，通过四种梯度的操练逐渐把语言知识转化为语言技能。

（二）"四任务"的实施

1. 任务一：听音辨词，自然拼读帮助学生建立起字母与发音的直接语感。通过听录音，让学生选出所听录音单词，巩固听音辨词能力。

续上表

2. 任务二：见词能读，利用字母翻板等教学工具引导学生运用字母或字母组合的音形对应规则正确拼读出单词，进一步掌握拼读方法，获取见词能读语言技能。

3. 任务三：听音能写，在前两个梯度操练中学生已熟悉掌握自然拼读的规律。听音能写操练环节是让学生根据所听录音正确拼写出单词，进一步巩固学生对字母或字母组合的音形对应规则能力，实现自然拼读听说能力到读写能力的过渡。

4. 任务四：自主阅读，自然拼读的最终目标是帮助孩子自主阅读，提高学生阅读流畅度。借助图片以及文本语篇，把单词的音义形结合起来，巧妙运用自然拼读方法帮助阅读，达到最终目标。

（二）研究效果

研究初期，课题组对我校还没开展自然拼读教学的二年级四个班的全体学生进行了拼读能力和朗读能力的摸底测试。在2018年12月，课题组对已经进行自然拼读学习一年后的该级4个班的学生进行了第二次拼读能力和朗读能力的测试。将实验前、实验中、实验后的数据分析对比，发现学生在拼读学习上有了可喜的变化，排除多种教学影响以及学生年龄和知识的增长复杂因素影响，得出以下结论：

1. 自然拼读法激发了小学生学习单词拼读的兴趣

根据前测与后测数据对比，学生在词汇学习方法和策略上的训练，进行了其对词汇音节发音、拼写结构和词义间联系的思考，不再是机械死记硬背地去记忆单词。此方法运用的良好效果和给学生带来的成就感，激发了学生词汇学习的兴趣和信心。因此自然拼读法是一种符合小学生的认知特点和心理特点的课堂教学方法。

2. 自然拼读法可以帮助学生提高学习英语单词的能力

根据前测与后测数据对比，实践证明学生通过使用自然拼读法来进行英语学习，拼读能力提高了。在没学自然拼读法之前，学生独立拼读或拼写新单词的能力并不是很好。学习自然拼读法后，学生能借助拼读规律掌握单词的发音，借助读音和拼写之间的练习，提高了单词拼读和拼写的正确率。学生们运用自然拼读法去记忆单词，可以减轻学生学习的压力，提高效率，为今后综合语言运用和学习奠定基础。

3. 自然拼读法可以有效促进学生英语朗读流利度和阅读能力提升

自然拼读法帮助学生记忆单词，扩大了学生的词汇量，为学生在高年级的英语词汇与阅读的学习打下了良好的基础。学生学会自然拼读法，理论上就能拼读80%的英文词汇，这保证了朗读的流畅，从而把更多的注意力转移到理解文章本身，从而提高阅读能力。

（三）实践成果

本课题在2017年顺德区教育科研课题研究中期检查活动中获优秀奖。开展课题研究后，英语科组的教师在课堂教学实践中大胆探索自然拼读法的"三导四任务"的教学模式，示范班的陈静仪老师的微型课题申报成省级立项课题（课题编号：QNJSKT00841）。同时，在课堂研究中加以总结与反思，撰写相关教学论文、教学案例，积极参加各类教研活动和教学技能评比。据统计，在该课题研究期间，我校英语科组（共9位教师），获得科组的省级集体荣誉3次，发表论文4篇，获奖论文6篇，举行大型教研活动10次，教师设计的自然拼读法教学微课获奖10人次，学生参加英语能力方面的比赛获奖10人次。具体情况如下：

1. 提高了英语科组的教学教研综合实力

（1）我校英语科组在2016学年、2017学年连续两年在广东省教育研究院举办的中小学英语3A课堂教学范式资源征集活动中获得"优秀资源征集组织奖"称号。

（2）2017学年被评为华南师范大学中小学英语学科发展国际化共建平台PRT项目示范学校。

2. 提升了教师的理论水平

在本课题的研究期间，我校英语科组的教师有多篇论文发表在省级以上的教育杂志，多篇论文获得区级以上一、二等奖。

（1）梁肖班老师撰写本课题的相关论文《小学英语自然拼读法的课堂教学研究》发表在《科教导刊》（2019年3月）。

（2）陈霭雯老师撰写学科论文《学起于思，思源于疑——浅谈英语阅读教学中的思维导图的运用》发表在《校园英语》（2018年5月）。

（3）陈静仪老师撰写学科论文《以思促教，以图导学》发表在《读与写》（2019年2月）。

（4）梁肖班老师撰写的与课题相关的论文《发挥好学生主体地位，全身心投入英语学习》发表在《顺德教育》总八十七期。

（5）梁肖班老师撰写的运用英语自然拼读教单词的教学案例《Months教学案例》获得2016年度顺德区教育学会教育教学论文及案例评比一

等奖。

（6）陈淑芬老师撰写的运用自然拼读法提高学生朗读流利度的相关论文《活学活用，练就流利英语口语》在顺德区教育学会2017年度英语学科教学论文评比中荣获一等奖。

（7）陈静仪老师撰写的自然拼读法在绘本故事教学中运用的相关论文《巧编故事，活学英语》获得2016年度顺德区教育学会教育教学论文及案例评比二等奖。

（8）廖雪梅老师撰写自然拼读法的教学论文《小学英语教学中的"呈现"》获得2016学年顺德区教育学会教育教学论文及案例评比二等奖。

（9）陈静仪老师撰写的课题相关论文《循序渐进，实现自然拼读思想的有效渗透》获得2017年度顺德区教育学会教育教学论文及案例评比三等奖。

（10）林敏婷老师撰写课题相关论文《结合绘本及自然拼读提高学生英语学习的效果》获得2017年度顺德区教育学会教育教学论文及案例评比三等奖。

3. 促进了教师专业能力的提升

在本课题的研究期间，我校的英语教师制作的自然拼读教学微课，获得喜人的成绩：

（1）陈静仪老师制作的自然拼读教学微课在广东省教育研究院主办的2016—2017年广东省中小学英语3A课堂教学范式资源征集活动中荣获"资源展示奖"。

（2）陈静仪、梁肖班老师制作的自然拼读教学微课《字母ch的发音》荣获佛山市发展小学生视觉素养的英语微课设计比赛一等奖。

（3）黄赟老师制作的自然拼读教学微课 Unit 3 Let's spell phonics learning of short vowel "i" 荣获佛山市发展小学生视觉素养的英语微课设计比赛一等奖。

（4）陈静仪老师制作的教学案例 Unit 4 When is Easter? A Let's talk 在顺德区2016学年小学英语语音和会话教学优秀案例活动中荣获一等奖。

（5）陈静仪、梁肖班老师制作的自然拼读教学微课《字母ch的发音》在2018年大良街道计算机教育软件评审活动中荣获三等奖。

（6）林敏婷老师制作的自然拼读微课 Unit 4 Let's spell 字母o的短元音发音》和课件 Unit 3 Look at me 分别在2018年大良街道计算机教育软件评审活动中荣获三等奖。

（7）黄赟老师制作的自然拼读微课 Phonics learning of short vowel "i" 在 2018 年大良街道计算机教育软件评审活动中荣获三等奖。

（8）陈霭雯老师制作的自然拼读微课 Phonics recycle for "er, ir, ur, ar, al, or, le" 在 2018 年大良街道计算机教育软件评审活动中荣获三等奖。

（9）陈静仪、梁肖班、陈淑芬老师制作的自然拼读微课《字母组合 le 的发音》微课在 2018 年大良街道计算机教育软件评审活动中荣获三等奖。

4. 逐步提高养学生的英语听说能力

（1）苏欣璇同学参加 2016 中国移动"和教育"中英文魅力说大赛获得一等奖。

（2）苏欣璇同学在顺德区第二届"中行杯"英语口语大赛中荣获"最佳创意奖"。

（3）苏欣璇同学在 2016 全国基础教育英语综合能力竞赛中获得二等奖。

（4）费越同学在 2017 全国基础教育英语综合能力竞赛中获得二等奖。

（5）李沛钊同学在 2017 全国基础教育英语综合能力竞赛中获得二等奖。

（6）李绮琳同学在 2017 全国基础教育英语综合能力竞赛中获得三等奖。

（7）张欣童同学在 2017 全国基础教育英语综合能力竞赛中获得三等奖。

（8）周瑞翔同学在 2017 全国基础教育英语综合能力竞赛中获得三等奖。

（9）梁洛斌同学在 2018 年"和教育－口语易杯"顺德区大良街道中小学生在线英语听说展评活动中荣获二等奖。

（10）张文馨同学在 2018 年"和教育－口语易杯"顺德区大良街道中小学生在线英语听说展评活动中荣获三等奖。

（11）潘焯倪同学在 2018 年"和教育－口语易杯"顺德区大良街道中小学生在线英语听说展评活动中荣获三等奖。

八、成果推广与课题研究的反思

（一）课题成果推广

课题的研究期间，我们得到广东省教育研究院英语教研员郭植梅老师、佛山市英语教研员林美芳老师、顺德区英语教研员王萍老师和大良街道英语教师工作室主持人郭庆彤副校长多次亲临指导，我校研究自然拼读法课堂教学模式受到区域内外兄弟学校的关注和好评。

（1）2016—2017学年我校的小学英语自然拼读法"三导四任务"课堂教学的范式，连续两年荣获广东省教育研究院举办的中小学英语3A课堂教学范式资源征集活动的"优秀资源征集集体奖"称号，连续两年被邀参加广东省中小学信息化与英语学科深度融合研讨交流会，梁肖班主任课题论文和陈静仪老师微课分别荣获"资源展示个人奖"。

（2）2016年4月27日，受云浮市新兴县教育局的邀请，课题组成员参加了云浮市新兴县教育局举办的"深化课堂教学改革，培养学科核心素养"小学英语改革现场会，陈静仪老师为全县350多名小学英语教师送上了一节精彩的五年级语音教学示范课。

（3）2016年5月13日，清远市阳山县市大崀小学教师团队齐聚我校，观摩了霍柳青老师二年级英语自然拼读法课堂教学展示，对我校的自然拼读法"三导四任务"课堂教学的模式给予充分的肯定。

（4）2017年11月10日，课题主持人梁肖班主任接受大良街道英语教师工作室工作任务，亲自指导青年教师杨帅老师为云浮市各镇英语教师近400人送出了一节充满生趣的四年级语音示范课，得到了大良英语工作室和云浮市教研室主任等领导的一致好评。

（5）2018年4月18日，课题主持人梁肖班主任受顺德区中小学教师培训中心的邀请，为顺德区小学英语新教师作了"小学英语自然拼读法教学研究"的专题讲座。

（二）课题研究的反思

虽然自然拼读法在小学英语学习中具有一定的促进作用，在教学中具有不可估量的价值。但自然拼读法不可能完全解决小学生学习英语单词的问题。我们的研究还存在各种各样的疑惑，具体如下：

（1）如何更加有效地实现语音教学？自然拼读法虽然一定程度上可以实现英语词汇语音学习的迁移，音标始终在英语教学中具有价值。我们采用自然拼读法只是在一定程度上减轻了语音教学的压力，减少了障碍，但问题始终还是存在的。由于英语不是学生的第一语言，在进行英语阅读时，学生学习自然拼读法之后单词会读了，但词义还是不懂，需要图文并茂才能帮助学生理解其中的意思。

（2）自然拼读法需要教师整合教材和教学资源，这对教师整合教材能力有着更高的要求。但每一种教材都各具特色，需要教师合理利用，才可以更大程度上提高教学效率。如何整合应用教材呢？这是英语教师需要思考的问题。

（3）如何培养学生持之以恒的学习兴趣，如何进一步培养学生见词读音，听音写词的能力，如何帮助他们不断提高听、说、读、写综合运用英语的能力仍是摆在我们面前的重要课题。

总之，自然拼读法能够利用英语字母或字母组合的规律，让孩子们能够单见其形，知其音；听其音，知其形，这确实是一个有效的学习方法。But there is no short cut to succeed in the world. You should practice more and more. There is a saying goes：Practice makes perfect. 好的学习方法，也需要我们学会有效地去利用它。

▶ 案例六
小组学习—合作探究课堂教学模式的实践困境与对策[①]

罗定邦中学　张欢

"教无定法"是一个众所周知的教育学常识。所以，我们得先回归这个最基本的常识。从这个常识出发，笔者认为，没有所谓最优质的教学模式可以"放之四海而皆准"。所以我们不能够完全否定传统课堂教学模式，

---

① 本成果获 2013 年顺德区教学论文一等奖，并入选《中国教师发展基金会"全国教师队伍建设研究"科研成果集（广东卷）》（2013 年）获 2018 年佛山市中小学教学改革成果三等奖。

而对小组学习—合作探究模式大唱赞歌；反之，也不能够因面临某些实践困境而极力反对新的课改和新的教学模式的探索，一味固守传统课堂教学模式。

客观地说，传统课堂教学模式也经常会运用合作探究和展示点评等环节，小组学习—合作探究模式也不能完全摈弃教师的讲授环节。我们应该坚持科学的观点，从教学实际出发，因时制宜地安排好教学环节与策略，以达到尽可能优质的教学效果。

本文试图从教育教学的实际情况出发，结合小组学习—合作探究模式的实践，对这种教学模式的实践困境予以分析并提出一系列对策。

一、实践困境之一：实验班、重点班和平行班使用同一份导学案？

困境分析：一般来说，导学案的编制主要考虑两大因素：课程标准或高考考纲、对应班级学生的学情。实际上，大多数学校都按照学生的成绩将全年级划分出两到三个层级的班级，以便有针对性地出色地完成学校的教育教学目标。另一方面，以备课组为单位进行编制导学案，全年级各班级又都是完全一样的。这里就遇到一个明显的困境，导学案的编制到底是依据哪个层面的学情来进行？

对策之一：不同层次班级仍可保持同一份导学案，在小组合作探究题目和检测题目的设计上做一些适当标注，大致对应不同层面的学生。这样有利于从学情出发，循序渐进，有利于课堂教学效果的提升，也有利于部分同学对比不同难度的题目，为他们提供了更多的思考和练习空间。

对策之二：按照课程标准和考纲，对不同层面学情的班级使用不同难度的导学案。这种做法会增加教学的针对性，完全照顾到教学目标和切合到学生的学习状况，从而循序渐进，从新课学习到复习课，效果逐步体现出来。

二、实践困境之二：学习小组课堂展示采用"轮流坐庄"还是优生包办？

困境分析：我们知道，成功而有效的"小组学习、合作探究"模式不是一朝一夕就能形成的，这还需要我们根据不同层面学情的实际不断去实践、去探索，在小组合作方面加强建设，按照精心准备的导学案组织实施，不断反思和改进。通过小组合作学习，学生获得的不仅是知识的积累，更重要的是在展示和点评环节中，学生的能力、意志、情感均得到了全面的提高和发展。这里就遇到一个明显的困境，展示环节该采用"轮流坐庄"还是让优生全部包办呢？

对策之一：可以采取优生包办展示，不过要有前提。比如，以小组为单位开展学习评比活动，创设一种只有小组成员才能达到个人目标的情境。即优生不仅要实现个人的学习目标，更要帮助小组其他成员尤其是学困生实现目标，通过相互合作，小组成员共同达到预期目标，然后再进行小组成果展示。同时，教师的评价不仅面向优生，更注重对小组集体成就的肯定，让小组成员尤其是学困生在激励中感受集体智慧，增强集体荣誉感。

对策之二：轮流坐庄展示，但是也要有前提。这就要求教师根据实际教学内容，有意识地策划好课堂某个环节的展示环节。比如，要求各学习小组就某个问题进行充分准备和探究之后，提议某个小组的成员进行展示的过程中，体现出集体智慧，包括介绍各个成员的有益贡献。这就兼顾了个别展示和集体参与的热情积极性，避免流于形式。

三、实践困境之三：是导学案还是题海案？

困境分析：目前的这种小组学习—合作探究课堂教学模式大多采用编制导学案的教学手段，导学案的编制工作也做得十分扎实和到位，全部落实课程标准和考纲要求。各学科的导学案编制风格各异，内容丰富多彩。不过，我们也可以发现，大量的导学案存在一个很大的弊病，这就是导学案实际上变成了习题案甚至题海案。问答题、填空题、选择题、材料题、解析题充满了导学案。笔者的意思当然不是说导学案不能没有习题，而是说习题的比重太大，完全暴露了应试教育的痕迹，暴露了极大的功利倾向性，也严重阻碍了学生宏观知识体系的建构，让学生深陷题海，难以自拔！

对策：分别编制导学案和习题案。编制导学案侧重结合每课时、单元内容指出学习方法和思路，有学生自主归纳知识体系、完成基础知识梳理和公式定理的掌握和整理。习题案则侧重相应的各种习题，覆盖全部知识点和公式定理的运用。同时，新授课的习题案和复习课的习题案在难度方面要保持一定差异。比如，新授课的习题案可以比课程标准和考纲要求保持一定的距离。复习课的习题案则要紧扣课程标准和考纲要求。

四、实践困境之四：课堂流程是小而全还是大而全？

困境分析：我们平时在观摩一些优质课或示范课时，常常可以发现，目前的这种小组学习—合作探究课堂教学模式往往具有完整的环节或流程。现在请思考一下：在我们实际的教学中，有没有必要，是不是需要每节课都要保持完整的课堂流程呢？

对策之一：从基本学情出发，再结合实际教学内容，充分备课的同时要思考这节课是否需要是否必要落实完整的这个课堂流程，如果是完全有必要的，那么我们就要计划好和分配好时间，准备好落实全部流程，以实现该课时教学效果的最高化，即所谓"小而全"。当然，在实际教学流程的操作中，要根据教学互动情况，对各个教学必要环节的时间长短进行适时的调控。

对策之二：在实际教学过程中，我们也常常发现，每堂课都进行这种小组学习—合作探究课堂教学模式的各个流程会使课堂显得十分僵化，就如带着镣铐跳舞。那么，我们能否就此否定掉小组学习—合作探究课堂这种教学模式呢？显然，我们更多的是应该领悟这种教学模式的思想精髓，在形式上可以灵活运用。比如，我们在高三一轮和二轮复习课的教学中，常常要引导学生站在某专题或某单元的高度，将宏观掌握与微观巩固结合起来。这样的话，就要求我们编制导学案时，把三五节课整个统筹起来，即"套课"。我们在实际教学操作过程中，可以把这种小组学习—合作探究课堂教学模式的各种流程有机分散到连续多个课时中。即所谓"大而全"。这显然也贯彻了这种教学模式的思想精髓。

五、实践困境之五：导学案的质量怎么样？

困境分析：导学案的编制是小组学习—合作探究课堂教学模式的重要前提。导学案更是这种教学模式实践的关键载体。显而易见，导学案的质量就在很大程度上决定了该教学模式的实践成败。那么，导学案的质量怎么样呢？怎样保证我们编制的导学案高效实用呢？

对策之一：编制导学案是一项艰辛而复杂的工作，这就要求各备课组必须充分发挥集体智慧，而不是简单分工、轮流作业。在学期初，备课组乃至整个学科组要召开会议,既要畅所欲言,又要严肃争辩,制定好导学案编制的各项要求和规范,注意兼顾不同学情、新课教学、复习课等各种情况。

对策之二:导学案的编写是否必须保持完整独立性呢?其实,我们在使用导学案时,往往还配有其他习题资料,或者我们教师往往手头也储备有丰富的教辅资料。那么,我们在编制导学案搜寻资料时,可以将质量高的教辅资料直接拿来使用,这样还可以大大减少印制导学案的成本。

六、实践困境之六:编制导学案能否一劳永逸?

困境分析:目前,全国都在强势推行小组学习—合作探究课堂教学模式,其中就有一种思想认为我们在各年级全体教师辛勤编制导学案(包括教师的配套课件)以后,可以长期保存下来,以后就很轻松地拿来套用就行了。产生这种想法是很自然的。但是,笔者认为,我们必须保持高度的警惕,一劳永逸的思路是不是把问题看得太简单了?我们这个时代的节奏之快是有目共睹的,尤其文科的知识方法和内容总是常变常新,更何况学情也是一直在变更的。

对策:要摒弃一劳永逸的思路,但也要做好导学案、习题案、配套课件的保存和整理工作。在此工作的前提下,每学期在使用导学案和课件之前都要再次充分集体备课和讨论,对其进行不断地修订和完善,适时而变,才能与时俱进,跟上学情的变化和学科知识的变化。

七、实践困境之七:自主学习还是被动填鸭?

困境分析:前文已经提到,我们目前的大量导学案要么变成题海案,要么就是由教师包办,代替学生学习和归纳总结。这样的话,就不是自主学习,不是自主探究了。

对策:结合学生实际情况,从学生的实际起点为起点,参照课程标准和考纲要求,循序渐进地编制导学案。新授课的导学案和复习课的导学案应当有所差异。新授课的导学案应该减少习题所占比重,更加突出基础知识,对学生学习教材、使用教辅资料予以点拨引导,多提供思路方法,引导学生自主学习和自主建构,而不是由教师包办一切,在导学案上梳理好基础知识、知识体系、公式定理等,否则的话就不是自主学习和探究了。

八、实践困境之八：是面向终生还是面向考试？

困境分析：我们知道，当前使用小组学习—合作探究课堂教学模式的学校都会大赞这种教学模式落实了教育部的相关文件精神，大大加强了素质教育的含金量，有利于学生的全面发展、终生发展等。客观地说，这样的标榜更多是基于真正高效合理地使用了这种小组学习—合作探究课堂教学模式后得到的观点。这也就点出了这样一种教学模式的科学理念和先进理念。我们则更应该将其贯彻至平时的教育教学过程中，并且善始善终。不过，在实践的过程中，我们发现很多时候对此理念有所偏离。比如，我们在毕业班复习备考的过程中，将导学案偷换成了习题案甚至题海案，尤其是忽略了情感态度价值观的重要性。

对策：转变全体师生的教学理念，用先进的素质教育理念指导教学工作。虽然真正高效的小组学习—合作探究课堂教学模式的运用不是一朝一夕就能成功的，但是我们应该坚定信念，相信这种教育教学模式的长期推行，终能够促使我们的教育教学是面对终生的，能够全面提升我们每一个人的心理素质、人格素质和知识修养，与此同时，也能够从容面对考试，兼顾考试和整个人生的发展进步！

我国改革开放和现代化的总设计师邓小平先生曾经深刻地指出，教育要面向现代化、面向世界、面向未来。我们国家的教育也正在进行深刻地变革当中。小组学习—合作探究课堂教学模式已然成为举国上下争相推行的有效教学模式之一。虽然这种模式不是十全十美，尤其在实践过程中我们也面临着远不止以上八个方面的困境（如课堂点评与总结环节遇到的现实困境），但是我们有理由相信，通过这种小组学习—合作探究，全体学生获得的不仅是知识的积累，更重要的是在合作过程中自身能力、意志、情感均得到了全面的提升和发展。同时，我们也有理由相信，在教育教学面向全体学生、面向现代化、面向世界、面向未来的科学理念已经成为共识的前提下，通过我们的艰辛探索和努力，这种教学模式在实践中会变得越来越高效并逐步得到完善。

第七篇

信息技术与网络教育

信息技术在网络教育中的应用，是当前一个世界性的热点。面对信息时代知识经济的崛起，无论发达国家还是发展中国家，都在积极探索利用现代信息技术改革教育，以适应未来社会发展的需要。信息技术与网络教育在"疫情"期间更新达到了前所未有的普及与应用。

顺德区信息技术应用于教育有 20 多年的历史了，近年来随着"互联网＋教育"概念普及，网络教育进入课堂促进了课堂教学方式方法的改变，创新了传统的课堂教学思维方式。顺德区中小学在信息技术应用于课堂教学的研究一直是课题研究的热点和难点问题。

▶ 案例一
智慧校园环境下指导学生深度阅读的实践研究[①]

佛山市顺德区勒流中心小学

一、问题的提出

信息技术飞速发展，为现代教育注入了许多新元素，也为教育改革带来了更多可能性。尤其是当今互联网的普及应用，使教育教学全面走向"互联网＋"的新时代。

学校积极参与教育部的"三通两平台"计划，我们拥有百兆光纤的局域网和学校独立的服务器，已实现了宽带网络校校通，能随时链接到本地区的教育资源公共服务平台和教育管理公共服务平台。学校图书馆能与市里各大图书馆网络对接，方便查找各种资源。我们有公共无线局域网，每个班级配有多媒体教学平台，部分班级还安装了一体化的电子白板，每位教师都有高配的办公电脑及智能手机。我们借助"学乐"云教学平台去实现优质资源班班通，网络学习空间人人通，智慧校园环境已显雏形。

在智慧校园环境下，如何用好网络资源，提升教育品质？我们看到阅读对学生的终身影响是巨大的，而学校能培养好学生们的阅读品质是功德无量的。现代的学生无论是阅读的途径还是阅读的方式都比以往的年代丰

[①] 本研究获 2018 年佛山市中小学教学改革成果一等奖。

富得多，他们随时随处都可以便捷地获取阅读资源。可是，他们的阅读兴趣、阅读习惯、阅读方法、阅读能力、阅读品味并没有相应提高，反而越来越趋向于浅阅读、碎片化阅读。

其实，现在的学生才是网络时代的原住民，他们天生就展现出对电子产品的好奇与热爱，比较容易掌握信息技术。如果通过适当的指导，教会他们用好信息技术，使自己更有效提高阅读效能，以最大的优势学习最需要提升的能力，岂不美哉！同时，语文教师也系统思考指导阅读的方法，充分利用信息技术，扩大阅读指导的途径与方法，突破时空的限制。

因此，我们就如何在智慧校园环境下去指导学生深度阅读，使学生更喜欢阅读，更愿意边阅读边动脑，把书读深读透等问题做了深入研究。

二、过程与方法

为了让研究更科学更有效，我们把"智慧校园下指导学生深度阅读"项目列作课题的形式进行研究。我们成功申请到中央电化教育馆立项课题，以专项管理的方法开展深入研究，其过程如下：

（一）做好文献综述

刚开始课题研究时，我们对深度阅读的认识比较含糊，到底小学阶段的深度阅读是怎样的？深度阅读有哪些内容？怎样进行指导？怎样与智慧校园挂钩？于是，我们决定先进行文献综述，通过中国知网，搜索与深度阅读、智慧校园相关的资料。我们找到了一个相似度较高的课题研究——北京师范大学袁华莉博士"课堂网络环境下语文阅读教学层级模型及深度阅读教学策略研究——以小学中高年级为例"，结合其他专家、学者的研究观点，总体归纳如下：

（1）"深度阅读是指个体在阅读文本中，能够潜心会文，对阅读材料有更深层次意义的理解，即能对文本加以个性化的、合理的感受、理解。"深度阅读指深层次的、个性化的理解，关键词是"理解"。

（2）"深度阅读指在语文学习中，学生在理解文本基本内容的前提下，能潜心会文，对阅读材料有更深层次意义的理解，即能对文本加进个性化的、合理的理解、感受或推测。在阅读实践中学会独立思考，能够走出文本，深悟、深思教材背后所隐藏的意义，进而更加有效地阅读感知。"深度阅读不仅是理解，还包含对文本（阅读材料）的外延拓伸，即延伸阅读。

（3）"网络环境下课堂阅读教学层级的发展包括认知（字词、文意、结构、主题）、审美（妙笔、蕴意、感悟、风格）和应用（迁移性阅读、创造性表达）三个逐层递进的阶段和若干个语篇要素……网络环境下的深度阅读教学就是以课堂阅读教学层级模型为指导，利用网络和信息技术来营建理想的阅读对话环境和全新的阅读对话方式，全面拓展课堂的广度、深度和参与度，从而实现在相同的课时容量下学生对课文的深度审美和创造性应用。"深度阅读包含对文本的认知、审美和应用，这丰富了对"深度阅读"的定义。

结合我校学生实际的阅读能力与阅读需求，根据教师在教学中所积累的经验，我们提出深度阅读就是要培养学生边阅读边思考的阅读习惯，通过自读自悟，产生探究的欲望，读出自己个人体会。

深度阅读应包含三重要求，即理解文本、写法赏析、个人体会。其中，理解文本是基本要求，让学生们通过教师的引导或按照教师的方法在阅读中层层深入思考，抓住关键词句，获取文本信息，把握主要内容。写法赏析是附加要求，是体现读写结合的阅读要求。我们培养学生每次读书都有意识留意文章的写法，欣赏写得好、写的妙的地方，自觉把优美的词句积累下来。而个人体会是终极目标，深度阅读就是通过思考，读别人的文章，引起自己的共鸣，以阅读丰富精神的滋养。因此，我们指导学生读书要有自己的体会。

我们认为，深度阅读应该有以下特点：

①深度阅读是"不动笔墨不读书"的阅读。学生要养成读书写批注的阅读习惯。

②深度阅读是既有琅琅书声的热闹、又有默默沉思的宁静的阅读。给学生充分的默读与思考的时间与空间。

③深度阅读是有对话与交流的阅读过程。课堂上有师生对话、生生对话，在对话交流中加深阅读理解。

④深度阅读是有延伸的阅读。学生遇到感兴趣之处随时进行延伸阅读。

⑤深度阅读教学中有练习运用语言的环节。在每一篇课文的指导深度阅读教学中都会设计一个语用的环节，提高学生的语文素养。

⑥深度阅读提倡学生读书有自己的体会，能与自己的生活产生共鸣。我们切合学生的认知水平，指导学生利用已有的生活经验想象画面，想象

情境，让文本与学生的体验拉近距离，产生共鸣，从而使学生得到人文情怀的熏陶。

展现学生深度阅读结果的最好方式是读书批注。本研究借助校园已有的网络资源和条件，发挥学乐人人通云教学平台强大的交互功能，指导学生一边阅读一边思考，写出有质量的读书批注，表达自己独特的读书收获。

（二）设立子课题研究

为了能更深入地研究，我们在学校层面设立了四个子课题研究，分别是：

（1）"在深度阅读中指导学生理解词语的行动研究"，研究如何利用学乐云平台指导学生捕捉关键词，以多种方式理解词语，把握整段话的重要信息。

（2）"在深度阅读中指导学生赏析句子的行动研究"，以句子为单位，研究如何从意义、写法、作用、感受等角度赏析句子，提高文学审美能力。

（3）"小学生语文深度阅读中互文运用的研究"，研究如何借用学乐云平台与外网互联的功能，为学生的阅读提供相关资料，以文读文，扩充阅读容量，把书读厚。

（4）"小学生深度阅读能力评价的实践研究"，研究如何建立一套检验深度阅读能力的评价系统，以评价方式、评价内容带动学生自主阅读、自能阅读。

以上四个小课题就是从理解词语、赏析句子、拓展阅读、阅读评价四个维度研究深度阅读，挖掘深度阅读的内容，在实践中积累指导深度阅读的经验、方法。在做小课题研究的过程中，我们不仅对课题的细节部分聚焦研究，发现了更多值得关注与思考的问题，同时也提高了课题组教师的问题意识，提升了教师的科研水平和专业发展。

（三）有效利用平台资源

在开展课题研究的同时，我们也在努力引进信息技术资源，拓宽信息技术应用渠道，完善智慧校园环境。如2014年，我们与杭州博世数据网络有限公司合作，应用其产品——学乐云平台（这是一个针对K12阶段教育及教育资源研究开发的云平台），进行课堂上深度阅读指导以及课前、课后的阅读交流指导，既便捷又及时。电子白板的使用则增强了课堂上师生学习的交互性，对做生成性的语段分析、示范写读书批注等都起到很好的效果。我们还会通过微信群、QQ群等形式展开在线深度阅读对话，训练阅读的深度与广度。

（四）研究出指导学生深度阅读的年级要求

刚开始研究时，我们把研究对象定在高年级学生，可随着研究的深入，我们认识到学生深度阅读能力的形成离不开系统地阶段性指导，应该从一年级就开始。因此，我们研究新课标对阅读能力培养的要求，结合教师的教学经验，拟定出一至六年级深度阅读训练要求，清晰各年级的训练重点，年级间有过渡。从而使深度阅读涵盖整个小学阶段，深度阅读指导铺向全校。

（五）设计出检验学生阅读效果的评价机制

为了检验学生的深度阅读的效果，我们设计出具有校本特色的深度阅读读书笔记，从"优美词句、主要内容、作者观点、我的评价、我的问题、相关链接"等方面，检验学生的读书情况。我们也注重学生的读书批注检查，制定检查制度、评价制度，以制度促进学生更好读书。

（六）开展各类研讨

1. 开展常规性的研讨交流

我们定期组织课题组成员的研讨交流，每一期拟定一个主题（问题），或进行理论学习，或进行案例分析，或进行问题头脑风暴，或交流使用信息技术资源的做法等。通过讨论形成共识，使指导深度阅读的研究日臻完善。我们还会每学期举办一个讲座，如"走进深度阅读""智慧校园环境下指导学生深度阅读研究报告"等，把研究的最新情况向全体语文老师汇报，使大家也来了解深度阅读，学习如何指导学生深度阅读。

2. 开展研讨性的教学活动

我们有专题的研讨课，如研究如何利用学乐云平台指导学生深入理解词语、赏析句子、文本拓展阅读等。近几年，教师的年度评估课都加入了对指导学生深度阅读的展示、研究，在评课时有针对性地展开讨论，突破想法。

3. 开展汇报性的展示活动

我们利用一年一度的"乐晓杯"课堂教学大赛以及对外课堂交流的机

会，汇报展示我们对深度阅读指导的研究。如与连南教育局交流活动中，韩志勇老师上的《难忘的启蒙》，层层挖掘启蒙的意义。参加全国思维训练课堂展示活动中，温暖春主任上的《彩色的非洲》，以丰富的补充资料，让学生们领略非洲的异国风情。参加区语文教学录像课比赛中，赖红英老师上的《桂林山水》，用图、音、像、文相结合的方式，重组桂林的奇丽。还有参加广东省"一师一优课，一课一名师"评比的韩志勇老师的《鱼游到了纸》，抓关键语句品读青年的专注；黄艳芬主任的群文阅读《刷子李》，以文读文，读出更多的奇人异事等，这些课都以指导学生深度阅读为课例，充分展示出我们对深度阅读的思考，获得同行的好评。

（七）邀请专家指导

研究期间，我们邀请华南师范大学教授、广东省人民政府督学张俊洪教授和梁永丰教授给研究把脉，也得到了顺德区教育发展中心的张英华主任、杨涵伟主任的莅临指导。从专家的指导中得到了我们很多宝贵的意见，这也让我们的研究更规范、更科学。

（八）制作出老师研究的论文集和案例实录

经过多年的研究和积累，教师们对深度阅读指导的方法越来越熟悉，心得体会越来越深刻，写出了不少论文、案例。其中公开发表的文章有5篇，获奖的论文有2篇。发表的论文见表7-1。

表7-1 研究成果

公开发表论文（著作）名称	刊物或出版社名称
《激发思维深度，品读名著魅力——以＜穷人＞教学设计为例谈深度阅读指导》	《中学课程辅导》
《论互联网时代下的深度阅读》	《教育现代化》
《深而有度，趣而有效——浅谈运用信息技术指导小学生深度阅读策略》	《教育现代化》
《智慧校园环境下小学语文阅读"生成性资源"探究》	《文化研究》
《激发思维深度，品读名著魅力——以＜穷人＞教学设计为例谈深度阅读指导》	《顺德教育》

这些成果都收编到《智慧校园环境下指导学生深度阅读的实践研究论文（案例）集》中。

（九）整理研究成果

到了研究的后面阶段，课题组开始整理研究成果，如编制教师的论文案例集，编制学生使用的深度阅读拓展训练手册，收集学生深度阅读作品（读书笔记、读书批注、读后感等），撰写结题报告。

（十）顺利通过结题

2018年7月，课题组举办了结题报告，接受专家的验证指导。在报告会上，著名专家韩东才教授、教育发展中心张英华主任、杨涵伟主任、信息技术名师彭海胜老师等对本课题的研究都给予了充分肯定，夸赞研究的全面与深入，很有实效性。

在研究的过程中，我们分别用到以下方法：

（1）文献研究法：搜集并归纳同行对深度阅读的研究，寻找对本课题研究有启发性的资料和理论依据。

（2）行动研究法：以五、六年级学生为研究对象，开展深度阅读指导活动，创新做法，总结经验，实践验证。

（3）经验总结法：以案例研讨、定期讨论等活动，及时总结指导深度阅读的做法、体会、反思，形成经验。

三、成果内容

（一）总结出指导学生深度阅读的策略思路

实践证明，我们把指导学生深度阅读分两条主线进行：

1. 课内—课外

在课堂上，我们利用学乐云教学平台上的电子课本，实现直观的读书批注指导，抓住文本，深入读透课文，提炼、拓展更丰富的文本信息。堂上训练的内容分为"指导理解文本""指导赏析写法""指导读出体会"。然后由课内的学习迁移至课外，教师至平台上发布阅读材料，布置阅读要求，学生能在线阅读，共同交流。

2. 课前—课中—课后

课前—课中—课后策略是指深度阅读指导前布置预习，课堂上现场指导，课后完成交流和拓展。这些环节都可以借用学乐云平台、电子白板、在线交流工具等完成，打破了教师只能在课堂上面授和用纸质材料练习的时空局限。

（二）提炼出指导学生深度阅读的主要做法

1. 指导理解文本方法

（1）提问质疑。从三年级起，我们就教学生用"是什么""为什么""怎么样"的形式提问题。读到某个自然段，教师在学乐平台出示文段，就让学生读一读，想想自己有什么疑问，并把问题写下来，写在书本上。有了这些问题，就有了探究课文内容的引子，学生的阅读兴趣有了，思考的动力也有了。

经过训练，学生提问题的范围从段到篇，从课内到课外。老师布置预习课文，学生可以利用学乐平台上传自己的问题，还能与其他同学一起讨论。教师收集主要问题，生成课堂学习的资源，重点解决学生的困惑。

（2）抓关键词句。抓关键词句，理解课文，这是我们从事语文教学长期以来的一种讲读方法。课堂上，教师指导学生把阅读的关注点聚焦在某些词句上。教师利用学乐平台的批注功能，现场把学生找到的词句圈画出来，然后领着学生品读、理解。

（3）联系上下文。阅读理解有时不能仅盯着眼前的文段，读书要瞻前顾后，在前后文段寻找联系，以文解词，以文解句。教师可以提示学生看看前面的内容，或翻翻后面的段落，找出能帮助理解的信息。这就是联系上下文。

与传统的教学相比，学乐平台提供快速提取电子课本功能，与学生同步翻阅上下文的内容，方便了教学。再配合批注功能，完全做到了很直观地、手把手地教学生如何联系上下文理解的方法。

（4）有感情朗读。读书百遍，其义自见。理解文本有时候就是要多读，有感情地读。教师调用学乐平台的音频资源听朗读，用随机点名的方式抽同学读（随机点名是学乐平台的一种功能，能每次随机抽1~5名学生），学生学习兴趣盎然。在有感情地朗读的同时如果再问问学生为什么要这样读，或者研究一下怎样读，能对加深文本的理解起到绝妙的作用。课前课后，还可以布置学生在家练习有感情地朗读，把读书的情境拍成音频或视频上传到学乐平台，大家比赛读书（此方法更适合低年级学生）。

（5）补充资料。适当地补充一些资料（如事件背景、人物信息等）有助于深入理解文本，立体理解文本。在课堂上，因根据学生提出的疑问、感兴趣的内容，利用课室的平台上网搜索，现场教学如何抓住关键词搜索，如何筛选想要的信息。课前课后也可以利用学乐平台的翻转作业，布置学生查找资料并上传，实现资料共享。教师还可以推荐阅读，由一篇文章延伸阅读其他文章，或加深对主题的理解，或使学生对作者思想的理解更全面。

（6）画面补白。对于爱阅读的学生，特别是高年级同学，当读到文章的某些段落、某个语句时，停下来想一想，想象一下画面，补充一些情境，咀嚼一下味道，是深度阅读的最美写照。学乐平台不能帮助学生补白画面，但可以实现交流。教师设计某些地方引导学生给画面补白，写在旁边的空白处或便签纸上。教师边巡视边用随堂反馈功能，用手机拍下学生写的内容，上传并生成图片，当堂交流、评议。课上不够时间分享的，学生登录平台同样可以翻看。学生利用点赞、评论等功能，达到思维碰撞，互相受启发的效果。

（7）写读书批注。有了以上的系统训练，高年级的学生可以独立写读书批注。教师以作业或比赛的形式，让学生写读书批注，展示读书批注，分享读书心得。可以写在书本上拍成照片，可以用电子文档写，利用QQ、微信等软件编辑和发布。每一种形式，最终都可以到学乐平台上展示，可以得到教师的表扬。能看到自己的读书成果得到展示，是对学生深度阅读的最大鼓励。

2. 指导写法赏析方法

（1）积累写法。阅读文章的同时，能吸收文章的写法，做到读写迁移，是我们给深度阅读的一个内涵拓展。读与写从来都没有分家，都是每篇文章所包含的信息。但在小学阶段要让学生有习得写法的意识比较难，因此我们先从积累写法开始。

每讲一篇课文，教师都会渗透课文的写法，如介绍课文用到的写作顺序、修辞方法、布局方法等，让学生潜移默化地积累这些写法。我们也会在学乐平台放上写作方法的资料、微课视频，方便学生浏览。

（2）分析写法。学生只停留在认识的层面是不够的，还需要通过实践来加深认识。在课堂上，教师预留时间，引导学生就刚学习的课文分析其用了哪些写作方法。让学生自己去发现，去研究，去交流。有时还可以让学生说说为什么要这样设计，这样的写法有什么好处。这样阅读就不只停留在认识的层面上，还往深处挖了一挖，领略到了各种的妙处。

（3）运用写法。学以致用，有了上面的学习铺垫，有了各种写法的概念，就到了迁移的阶段。因课文的体裁、写法设计不同，教师从句式、结构、构思、表现手法挑选其中一种，让学生模仿着写，从模仿到变化，再到完全属于自己的想法，让写的概念得到强化。把学生写得有特点的作品发布到微信公众号，利用网络的力量给予传播、宣扬。

3. 指导读出体会方法

（1）提炼观点。读书要读出自己的东西，这是我们对深度阅读的追求。在理解文本的基础上，经过反复思考，得出自己的体会，发现字里行间所流露的情感，这是读书的另一种境界。对于小学生，这些能力需要教师有意识地去培养，首先教学生提炼观点。教师教学生初步认识思维导图这个思维工具，在已学会抓住关键词的基础上进行聚焦，提炼出一种直观的观点。随着年级的增长，我们不满足于一种观点，还教学生从中心点进行发散，往多个方向、多个角度思考，比赛谁发掘出的观点多。

周末的学乐作业，由教师布置一篇课外文章，让学生说说自己能从文章里提出几种观点，并利用平台上交。教师定期公布作业评比结果，学生间就可以互相比较，互受启发，而思维的广度与深度都可得到锻炼。

（2）联系生活。读一本书不仅是在跟一个人对话，也是在跟自己的心灵对话。书中的经历，书中的情境如果能与自己的生活联系起来，就能产生共鸣，产生感同身受的感觉。让学生写读后感是一种很好的训练方式。班里可以举办共读一篇文章或共读一本书的活动，教师发布读书题目，学生上网搜索文章或利用公共服务平台登录图书馆的网站，查找藏书借阅。读完书之后写成读后感，再进行展览、朗诵和读书分享。每学期都举行两三次，促进了学生读书的热情。

（3）提出异议。"尽信书则不如无书"，读书时应该加以分析，不能盲目地迷信书本，应当辩证地去看问题。我们从小培养孩子读书时要让其带着怀疑精神，敢于提出跟作者不相同的想法，这样才能从书中跳出来看这本书，而不是永远跟着书中的思想走。教师举行辩论会，以书中的某个话题展开辩论，深入探讨书中的思想。更好玩的是约定一个时间进行QQ讨论，根据辩论话题跟帖，学生各抒己见，热闹极了。

（三）研究出指导学生深度阅读的教学模式

在研究与实践中，我们总结出指导学生深度阅读的五种教学模式。

1. 挖掘式深度阅读

挖掘文章主题思想，挖掘文章矛盾之处。以聚焦和深挖为方式，研读文本，直接探究文本，对话文本，自读自悟思想主题。

2. 鉴赏式深度阅读

品析优美词句，欣赏文章表达（语言）之美。捕捉文本的语言美、结构美、构思美、风格美，在鉴赏上学习如何表达，体会大语文的魅力。

3. 重组式深度阅读

以情节为主线，抓住主要人物、主要事件，通过想象、补充，重组文中人物形象，建构故事情节奇妙，使人物的形象更鲜明、更深刻。例如学习《桥》，通过重组村书记的形象，感受共产党员的先人后己，把人民利益放在首位的伟大光辉。

4. 比较式深度阅读

一种是对同一主题文章横向比较，寻找类似的文章比较异同，加深对主题的理解。另一种是对同一作者不同作品纵向对比，通过对比，加深对作者的精神思想的全面理解。例如，学习《刷子李》的同时利用平台引入《苏七块》的阅读，通过两课内容比较，深刻体会作者对人物形象细腻刻画的功力。

5. 交流式深度阅读

探究阅读时的疑难困惑，深入探讨由文章引出的主题思想，让学生把自己的读书体会畅所欲言。如学习《去年的树》，教师提出题目为什么叫"去年的树"的讨论，让学生在交流对话中体会更深层的主题。

四、创新与价值

（1）本研究清晰地界定了小学生深度阅读的定义，即阅读个体通过阅读与思考，对文本内容有更深入、更全面的认识，使阅读的理解、分析、鉴赏、表达等能力的训练有机结合，提高阅读效果。小学生的深度阅读应包含三重要求，即理解文本、写法赏析、读出个人体会。这样，我们开展深度阅读的指导就有了方向，有了抓手，为系统开展指导教学奠定了理论基础。

（2）本研究确立了指导深度阅读的主要策略，即"课内—课外"和"课前—课中—课后"两条主线进行，使指导学生深度阅读的思路更清晰。

（3）本研究明确了深度阅读指导的具体内容，概括出指导深度阅读的意义见图7-1。

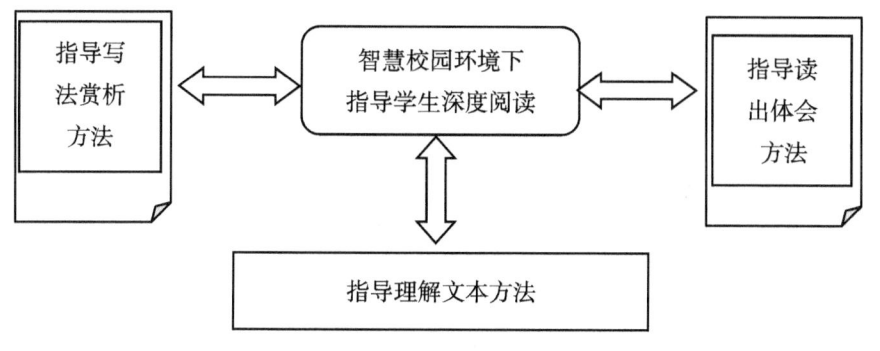

图7-1 指导深度阅读的意义

（4）一至六年级分配了指导阅读的任务，从低年级开始有梯度地指导渗透深度阅读的方法，循序渐进。

（5）总结了指导学生深度阅读的五大类课型及教学模式，使阅读指导更有效。

（6）引入多种信息技术辅助开展阅读指导，如学乐云平台、QQ通信等，增强指导阅读的直观性和交互性。

五、实践与反思

在推广应用深度阅读指导的同时，我们也发现了许多不足之处，如：

（1）推广学乐平台的使用需要家校联动，要消除家长的疑虑，争取得到家长的支持，孩子们才能更好地利用信息资源把学习延伸到课外。

（2）对学乐平台功能的应用还有很多创新性的开发空间，需要教师们发挥主观能动性，让智慧校园更好地服务于对学生学习的指导。

（3）教师们所撰写的论文发表的渠道比较狭窄，能向报刊投稿发表的文章相对较少，因此课题研究的成果影响力不够大。

（4）整个课题的研究还要持之以恒，以时间的积累换取习惯的养成。如何做好各年级的阅读衔接，如何让新入职教师也能迅速投入到深度阅读指导的工作中，这需要完善的制度来保障。

(5) 课题还要考虑如何指导学困生的阅读问题,让不同层次的学生也能开展深度阅读,使他们都能培养起良好的读书习惯。

智慧校园环境下指导学生深度阅读是项整体工程,关乎全校学生的终身发展,需要全体语文教师的积极参与。课题研究有结题,但研究之路永远无尽头。我们始终以为学生负责的热忱,爱读书,爱研究,巧用信息技术资源,让指导学生深度阅读的方法更有效,更高效。

▶ 案例二
基于教育云平台下童话故事的创客教育模式研究

佛山市顺德区北滘镇承德小学

一、简介部分

(一) 序言

基于教育云平台下童话故事的创客教育模式研究,2016 年 6 月通过评审立项。自立项后,课题组成员围绕课题的研究目标,刻苦钻研,大胆实践,充分利用各种有利因素,努力探索,经过课题组成员近三年的研究和实践,积累了一定经验,获得了一些启示,引发了一些思考。

(二) 摘要

我校是广东省首批现代教育技术实验学校。2012 年率先被评为"顺德区书香校园",生均藏书量达 25.64 册。近两年来,我校语文科组对童话故事的阅读教学进行积极探索,在本课题的引领下,课题组成员与我校语文科、信息科合作,坚持运用先进的信息技术设备和资源丰富的网络平台武装课堂,实现教育云平台和创客教育模式的初步探索。在课题组的努力下,我校开始探索一条让学生在读中学,在读中快乐的创客模式。

(三) 内容结构图

根据本课题研究的内容,我们课题组制定了以下的内容结构图,希望能够引领我们课题继续前进（见图7-2）。

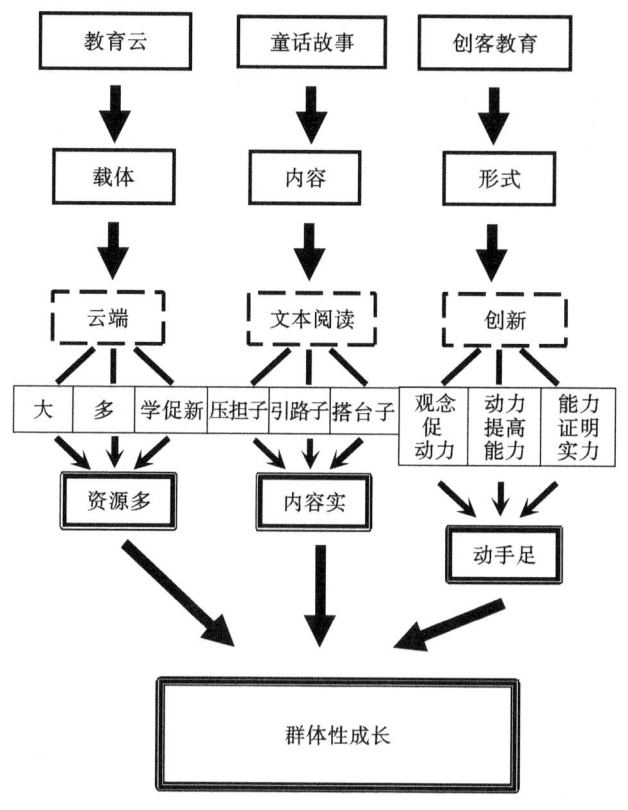

图7-2 内容结构图

二、主体部分

（一）研究问题

1. 研究目的

本课题以"十三五"教育技术专项课题——"互联网+儿童文学阅读"资源应用研究的精神为指导，结合"一起阅读"网上阅读平台推动全校师生进行个性化、多样化的童话故事阅读，试图在童话故事阅读的过程中摸索一套指导学生能创造性地读、创造性地说和创造性地写的教学方法，最终达到培养学生课外阅读的思维能力，提高学生语文素养的效果，为达到以下目标而展开研究。

（1）结合"一起阅读"网上阅读平台，推动全校师生自主化、个性化进行童话阅读。

（2）探索一套教育云环境下引导学生如何创新地读童话的教学模式。

（3）童话故事阅读教学模式运用到教学中，培养学生课外阅读的兴趣，提高思维能力、语言组织能力及表达能力，做到"听、说、读、学"全方位发展。

（4）提高学生的语文阅读素养，巩固我校书香校园的办学特色。

2. 研究意义

近年来，顺德以区域整体推进教育信息化。在此时代背景下，童话故事也渐渐被纳入我校教学活动之中。利用教育云平台，在创客模式下，引导学生"在创造中学"，提高学生对童话故事学习的兴趣。教育云平台为童话故事教学提供了丰富的信息资源，创客教育模式革新了传统童话故事教学的固有模式，让学生在创造中学，在创造中快乐，三者之间相辅相成、相互促进。

其次，研究基于云教育环境下童话故事创客教育模式有着十分重要的时代和实践意义。

（1）开发整合教学内容。教育云平台提供了教学资源，例如使用"一起阅读"网站，可以把教学过程中合理的童话故事内容，二度开发教材，以达到最佳的效果。可以增加学生课外童话故事的阅读量，积累语文素养。

（2）营造和谐的课堂氛围。将童话故事以创客教育模式呈现在课堂上，结合"一起阅读"网站平台，学生可以自主选择阅读的内容，进行阅读和检测，打破了传统的填鸭式语文阅读教学模式，提高了学生阅读的积极性，增加了学生的阅读兴趣，从而拓宽了学生的阅读知识面。

（3）转变学生的学习方式。创客模式打破了传统课堂的教学模式，在教育云平台下，童话故事教学可以变得更加有趣，结合各类创造性的教学活动，激发孩子阅读童话的兴趣，从而让学生学习方式转变成自主探究式学习。

（4）转变教师的教学方式。利用教育云平台的创客教学模式，摆脱了过去传统的"填鸭式"的教学方法，转变为实践探究操作的教学方法，教师从一名教导者转变为引导者，教育云平台和创客教育模式为进一步促进童话故事阅读指导能力的提升提供支持，这是儿童故事教学需要创新课堂的突破之处。

3. 研究假设

（1）基于教育云平台下，利用"一起阅读网"，了解我校学生在童话故事学习和阅读情况，掌握学生童话阅读的频率、效率、兴趣导向，从而增加学生的童话知识量，引导他们灵活掌握童话故事的阅读技巧。

（2）创客教育模式下的童话故事课堂，打破传统的语文阅读课堂的束缚，旨在"在读中学""在动手中快乐"。整个课堂注重营造阅读童话的氛围，通过"一起阅读网"、3D打印机、超轻黏土、模具等载体，设计精彩纷呈的教学活动，激发学生的学习兴趣，提高学生的创新能力，在培养学生阅读鉴赏能力的同时，使学生在快乐的课堂中形成不同的情感体验。

（3）建构基于教育云平台下童话故事的创客教育模式，既拓宽了童话阅读教学的路子，注重了学生阅读体验的个性化、多样化的培养，是学生语文综合能力的体现。

4. 核心概念

（1）"教育云"溯源。"教育云"是"教育"与"云计算技术"的合称。"云"就是一个巨大的虚拟的资源池，为我们提供巨大的动态资源。当"云"与"教育"整合在一起时，就是黎加厚教授在《低碳型教育与云计算辅助教学》一文所提到的"云计算辅助教学"。"云计算辅助教学"是指学校和教师利用"云计算"提供的服务，构建个性化教学的信息化环境，支持教师的教学和学生的学习，提高教学质量。

（2）"童话故事"溯源。"童话故事"一词在《现代汉语词典》中的解释是"儿童文学的一种体裁，通过丰富的想象、幻想和夸张来编写适合于儿童欣赏的故事"。

（3）"创客教育模式"溯源。"创客教育"是"创客"理念融合教育学的一次新尝试，是一种结合现代化技术，秉承"开放创新、探究体验"教育理念，以"创造中学"为主要学习方式和以培养各类创新型人才为目的的新型教育模式。

（4）我校"教育云"环境下童话故事的创客教育模式的发展背景。我校是广东省首批现代教育技术实验学校。2012年率先被评为"顺德区书香校园"，生均藏书量达25.64册。其次，我校读书氛围浓厚，曾组织形式多样的读书活动，如新生开笔礼、读后感分享会、晒书活动、流动书吧等。

(二) 课题研究的背景和文献综述

1. 理论基础

近年，语文科组对儿童文学中重要一员——"童话故事"的阅读教学进行积极探索，希望通过课题引领，论文撰写，优秀课例等资源的开发一系列行动，探索出一条让学生"在读中学""在读中快乐"的"创客"模式，在"童话故事"中闯出一片新天地。

2. 相关研究成果

课题组在学校领导的大力支持下，结合我校学生实际、一起阅读网络资源平台，扎实开展工作，取得了显著的成效。

（1）"基于教育云平台下童话故事的创客教育模式"的成型。作为广东省首批现代化教育技术实验学校，北滘镇承德小学给予了课题组研究以强大的支撑。在教育云平台的大环境下，课题组成员以现代信息技术为主要工具，以承德小学创客室为主要基地，在童话故事的教学课堂上融合科学、艺术、音乐等多学科，跨学科知识，通过童话故事的创意、设计和实施的完整过程，实现培养学生想象力、创造力和动手解决问题能力的教学活动。

基于教育云平台下童话故事的创客教育模式，一般是采用"情景式教学"来引导学生在具体场景中解决问题，包括：先确定童话故事中需要探究的一个问题，然后引导多学科知识的融合，通过动手操作将创意转化为具体模型，最后制作出来。例如设定一个场景：《巨人的花园》中巨人的形象是怎样的？通过理解课文，品读句子，学生设计出巨人形象的3D模型后进行打印，从而引导学生从解决问题的角度去创新、创造。具体模式见图7-3。

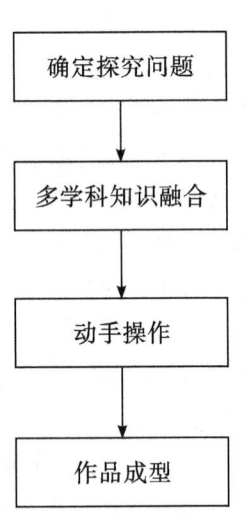

图7-3 基于教育云平台下童话故事的创客教育模式图示

探索中，我们发现实验班的教师通过整合复杂设计过程的项目来为学生创设挑战性任务，通过循环迭代的探究过程，驱动学生去创造能够反映主题、概念和标准的有形学习制品，从而在一个互动的环境中学习知识和技能，在问题解决中促进信息的回忆和再利用，在制作中学习创造逻辑联系；在展示和分享作品过程中，进行类比和反思，并在最高水平上进行批判性思考。与传统的"教师教学，学生听讲"的教育模式相比，实验班的学生能力提升尤为明显。

但实践中亦有其局限性：由于创客教育模式对室场、设备的要求较高，对学生的动手能力要求较高，对于小学低年级的童话教学开展有一定难度，教学活动的选择变少。但是，童话故事在小学低年级的分量比重较大，因此需要教师找出适合低年级学生的活动项目。

（2）"基于教育云平台下童话故事的创客教育模式"的实践成效。为了直观地得出基于教育云平台下童话故事的创客教育模式的实际成效，课题组成员将普通班三7班与实验班三8班的三次期末测试成绩进行对比，具体内容见图7－4。

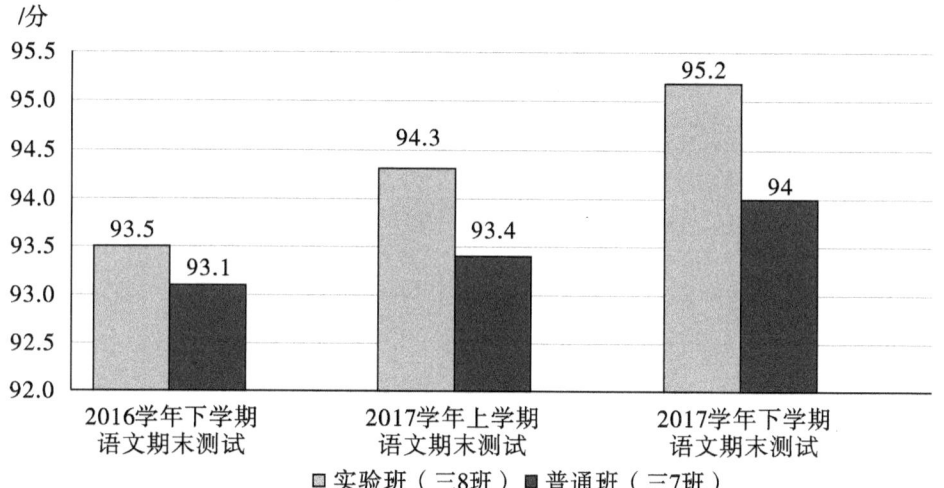

图7－4　基于教育云平台下童话故事的创客教育模式实验班与普通班成绩对比柱形图

从图7－4看出，在2016学年下学期语文期末测试成绩对比时，实验班和普通班的水平相当。但是实验班经过一年多教学模式改革的实践，两班学生的成绩已拉开了一定的差距，呈现出明显的进步。由此可见，此模式促进学生语文成绩的提高。

此外，结合"一起阅读网"和教育云平台资源的运用，实验班教师要求学生定期进行阅读测试，结合知识闯关游戏，让学生理解、体会童话的语言文字，引导其体验作者的语言文字，唤起学习童话语言的情趣，积极地投入到学习品味感悟语言之中。利用一起阅读网引导学生多阅读经典名家名作，这也使实验班学生的书籍阅读量比普通班多。

综上所述，课题组通过对比，发现教育云平台下的童话故事创客教育模式值得继续实践下去。

(3)“基于教育云平台下童话故事的创客教育模式”的实践成果及学校教学模式的改革。开题之初，课题组利用网络调查问卷，对全校语文教师和学生进行了关于童话故事的调查。调查问卷发现：全校大部分学生都非常喜爱童话故事；对于教师的教学满意度并不是非常高；教师对于童话故事的教学大多停留在传统模式上，有待革新。

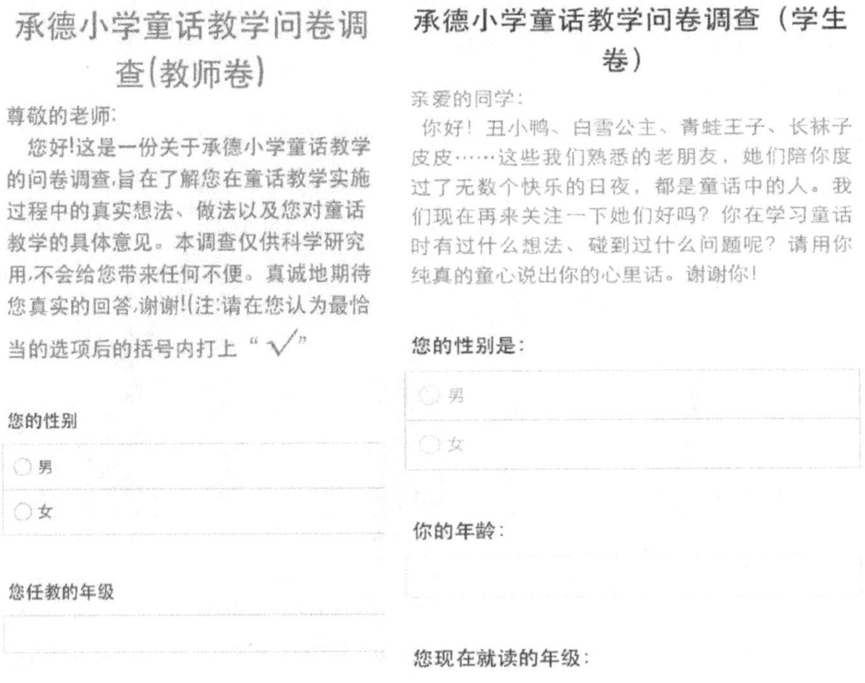

承德小学童话教学问卷调查(教师卷)

尊敬的老师:

您好!这是一份关于承德小学童话教学的问卷调查,旨在了解您在童话教学实施过程中的真实想法、做法以及您对童话教学的具体意见。本调查仅供科学研究用,不会给您带来任何不便。真诚地期待您真实的回答,谢谢!(注:请在您认为最恰当的选项后的括号内打上“√”

您的性别

男

女

您任教的年级

承德小学童话教学问卷调查（学生卷）

亲爱的同学:

你好！丑小鸭、白雪公主、青蛙王子、长袜子皮皮……这些我们熟悉的老朋友，她们陪你度过了无数个快乐的日夜，都是童话中的人。我们现在再来关注一下她们好吗？你在学习童话时有过什么想法、碰到过什么问题呢？请用你纯真的童心说出你的心里话。谢谢你！

您的性别是:

男

女

你的年龄:

您现在就读的年级:

图7-5　教学问卷调查

为此，主持人带领课题组成员在课题研究的几年里，付出了不少的努力，做出了一系列的成果，并希望能够把课题成果推广出去。

①以学校语文公开课作为契机，普及全校。主持人曾琳琳教师亦是承德小学语文科组长，她率先尝试把课题研究的内容以公开课《巨人的花园》的形式呈现，以点带面地将“基于教育云平台下童话故事的创客教育模式”在全校语文科组推广（见图7-6）。她把实践的心得撰写论文《“玩转”童话课堂，放飞童心妙想——基于教育云平台下创客教育在小学童话阅读教学之初探》，并在国家级刊物《新作文》上发表。

图 7-6 曾琳琳老师公开课《巨人的花园》现场

②课题组根据实验班成效，形成课题成果。课题组成员根据所带领的实验班得出的成效，撰写了相关论文及教学设计，形成了课题成果。如廖曼宏教师撰写了论文《小学童话故事教学中创客教育的应用探究》，在国

家级刊物《读写算》中发表。郭炜欣教师撰写了《改革即立异——小学语文课堂教学的华丽蜕变》获区学科论文三等奖。

③精心组织丰富的以童话故事为主题的活动,辐射影响力。身为科组长的课题主持人曾琳琳教师,结合我校的实际情况,课题组在校内开展了关于此课题的活动,如邀请了台湾著名儿童文学作家、"童书皇后"管家琪女士分享童话写作经验;组织班级"漂数"活动、班级童话故事分享会、校级童话故事创作大赛、校级淘书节活动等,在活动中激发全体学生对童话故事的阅读热情,提高全体语文教师对童话教学的重视。

通过课题引领,课题组成员用实际行动慢慢变革着学校的传统童话教学的模式,承德小学将在课题组成员的努力下,探索出"童话故事创客教育模式"的一片新天地!课题组成员相关成果记录见表7-2。

表7-2 课题组成员相关成果记录

具体研究成果名称	形式	承担人	获奖情况(发表刊物)
《"玩转"童话课堂,放飞童心妙想——基于教育云平台下创客教育在小学童话阅读教学之初探》	论文	曾琳琳	发表于国家级刊物《新作文》
《小学童话故事教学中创客教育的应用探究》	论文	廖曼宏	发表于国家级刊物《读写算》
《童趣横生,为科普说明文添活力》	论文	曾琳琳	发表于刊物《北滘教育》,获得顺德区语文论文评选一等奖
《信息技术与小学低年级识字教学整合的探讨》	论文	曾琳琳	广东省教育技术论文三等奖
《恐龙的灭绝》	教学案例	曾琳琳	广东省教育技术论文评选二等奖
《祖父的园子》	教学案例	曾琳琳	顺德区语文教学案例评选一等奖
《微课体验 趣沫横生》	论文	廖曼宏 吴秀泳	顺德区教学论文评选区二等奖
《小学低年级学生写话能力提高》	论文	吴秀泳	第七届佛山市教师校本行动研究评比三等奖

续上表

具体研究成果名称	形式	承担人	获奖情况（发表刊物）
《让学业评价指引孩子走向更好的发展》	论文	吴秀泳	广东省"义务教育阶段学生综合素质评价"征文活动二等奖
《花钟》获得全国第十八届教育教学信息化全国赛二等奖	课例	曾琳琳	中央电化教育馆
《有趣的冷知识》获全国第二十届教育教学信息化微课第二十届教育教学信息化全国赛一等奖	微课	齐 吉 曾琳琳	中央电化教育馆
《恐龙的灭绝（第一课时）》佛山市优秀微课征微课集优秀奖	微课	曾琳琳	佛山市教育局
《微课体验 趣味横生》	论文	廖曼宏 吴秀泳	顺德区教学论文评选区二等奖
《小学低年级学生写话能力提高》	论文	吴秀泳	第四届广佛肇校本教师行动研究暨第七届佛山市教师校本行动研究评比三等奖
《让学业评价指引孩子走向更好的发展》	论文	吴秀泳	广东省"义务教育阶段学生综合素质评价"征文活动二等奖

（三）研究程序

1. 研究设计

准备阶段：（1）学校有了社会技术的支持。开展了电子书包的学习使用培训；举行了学乐网——人人通、云教学网站应用培训。（2）确定目标制定方案。

研究阶段：（1）完成开题任务。（2）组织课题成员探索童话故事资源。（3）开设实验班级。（4）组织教师进课堂，进行观摩教学广泛听取意见。

实施阶段：（1）资源开发。（2）组织全校教师进行专题研评。（3）资源整合，资料的整理。（4）出版论文集。

总结阶段：（1）做好结题报告。（2）教学交流会。（3）成果展示课。（4）资料的搜集、整理、积累。

2．研究对象

（1）佛山市顺德区北滘镇承德小学全体语文教师。课题引导教师进行研究性阅读，深入了解童话故事的实质，挖掘其中的多种教育元素，开展创意的教学活动设计，营造民主和谐的课堂氛围。

（2）佛山市顺德区北滘镇承德小学课题组实验班的学生。我校开设四个实验班级。实验班级学生结合一起阅读网络资源平台，教育云环境下进行儿童绘本阅读，学生进行有计划的阅读，滋润学生们童心。

（3）佛山市顺德区北滘镇承德小学全校学生。课题组以点带面，同步推进。通过实验班，推动学校其他班级一起进行阅读，营造一个自在、有趣、而且丰富的阅读情境。通过集体教学、利用"一起阅读"平台举行图书漂流、环境互动、亲子阅读等活动来激发学生阅读的兴趣，养成良好的阅读习惯，发展学生的多元智能。

3．研究方法

首先是立足于理论的学习，在浩如烟海的文献中进行资料的搜索、整理和学习。

其次进行教育云视野下创客教育模式实践。运用问卷调查方法、随机走访的访谈法和实际教学观摩法等，掌握当前"教育云+童话故事阅读"的第一手资料。

然后，在真实的第一手资料的基础上，对当前顺德区北滘镇小学"教育云+童话故事阅读"现状的调查结果进行分析，从而总结出适应我校的教育云视野下童话故事的创客教育模式。

最后，在全面分析和总结中，针对学校"教育云+童话故事阅读"所存在的问题提出解决之道——创客教育模式，分析运用该模式进行"教育云+童话故事阅读"的可行性。

4．技术路线

选取童话故事作为主阵地，通过数字化的图文阅读方式，便捷、高效整合传统童话故事资源于教育云平台，如"一起阅读"网站资源。在此基础上，探讨儿童故事的创新教育模式，将"互联网+儿童文学阅读"资源应用于学生学习和教师专业发展的有效方法和途径上。

技术路线：前期调研—制定方案—课题申报—探索资源—设实验班—实践探索—资源开发—反思调试—收集资料—总结分析—形成报告—推广应用。

（四）研究发现或结论

1. 理论创新

本课题将"教育云""童话故事""创客教育"三大元素整合起来，形成了新的研究发现。"基于教育云平台下童话故事的创客教育模式"指在教育云平台的大环境下，以"一起阅读网"为主要阅读资源，以承德小学创客室为主要基地，在童话故事的教学课堂上融合艺术、音乐、科学等多学科，跨学科知识，通过童话故事的创意、设计和实施的完整过程，实现培养学生想象力、创造力和动手解决问题能力的教学活动。

2. 实践创新

翻查小学一至六年级课本，童话故事有以下的篇目见表7-3。

表7-3 童话故事篇目

年级（课文篇数）	童话故事课文	课文比重/%
一年级（35课）	《雪地里的小画家》《四季》《青蛙写诗》《雨点儿》《小蜗牛》《雪孩子》	17.14
二年级（57课）	《小蝌蚪找妈妈》《植物妈妈有办法》《狐狸分奶酪》《纸船和风筝》《从现在开始》《称赞》《丑小鸭》	12.28
三年级（64课）	《陶罐和铁罐》《狮子和鹿》	3.12
四年级（64课）	《巨人的花园》《去年的树》《小木偶的故事》《七颗钻石》《小鹿的玫瑰花》	7.81
五年级（56课）	无	0
六年级（49课）	《卖火柴的小女孩》	2.04

从表 7-3 可见，童话故事在小学低年级学段的比重较大，尤其是一、二年级。但从三年级开始，童话故事的比重成倍下降。因此，童话故事的教学出现以下尴尬局面：（1）由于低年级学段童话故事比重大，教师在教学时较为重视，高年级学段则反之；（2）低年级学段的学生喜欢童话故事，但是高年级学段的学生认为其内容幼稚，忽视了童话故事的阅读；（3）低年级学段从童话故事中被培养的想象力，在中高年级学段白白流失等。

针对小学童话故事阅读教学的困境，课题组成员选取了低中高学段各一个实验班，进行了课题的研究和实践。通过课题组成员的努力，发现运用了"基于教育云平台下童话故事的创客教育模式"的实验班，测试成绩反馈及学生能力培养方面，有显著提升。

在此，我们引用网络资源中关于创客教育与应试教育的对比图片说明两者的差异见图 7-7。

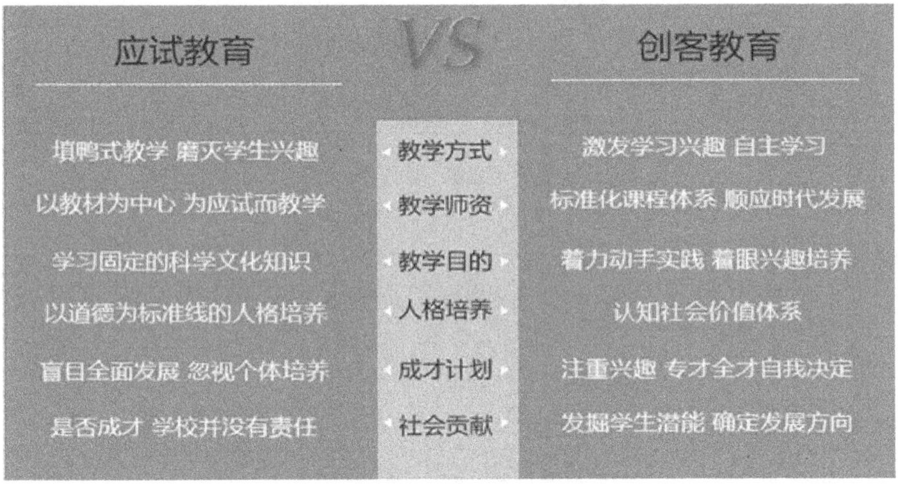

图 7-7 创客教育与应试教育对比

综上所述，基于教育云平台下，创客教育在小学的童话教学应用中具有实践意义，对于提高低年级学段的学生的动手操作能力，激发中高年级学段的学生学习童话故事的兴趣，提高语文教师童话故事阅读教学的质量有明显的帮助。

（五）分析和讨论

1. 课题分析

作为北滘镇教育局课程改革的先锋学校，我校积极开展课题的研究工作，现将课题研究情况分析如下：

课题实验以来所做的工作。

①成立了课题研究小组。我校成立实验工作小组，及时组织课题实验小组全体成员深入研究，根据《镇小学语文中心教研组工作计划》文件精神，结合我校的实际情况，结合课题《基于教育云平台下童话故事的创客教育模式研究》的推进，为了让更多的教师参与阅读教学研究，唤起教师对阅读教学的深入思考，交流课堂教学经验和策略，我校举行了全校范围内的说课活动，展示了教师的教学智慧，交流了阅读教学经验。

②落实课题研究小组的业务培训。这几年来，为了转变观念和及时领会时代教育改革的精髓，我校多次派领导、骨干教师参加省、市级、区级素质教育和以课程改革为主要内容的培训和学术研讨会，外出学习的领导和教师先后在校内举办培训讲座，帮助全校教师了解社会教育改革的最新动态、及时更新教育观念，推动了全校教师学习现代教育理论和探索教育改革实践的热潮。观念的转变，为新一轮课程改革在我校的实施提供了良好的条件。

如 2016 年 6 月 2—3 日，在广州美术学院举行了"互联网 + 儿童文学阅读"资源应用研究立项课题集中开题及培训会议，"基于教育云平台下童话故事的创客教育模式研究"课题成功立项并开题。出席本次集中开题及培训会议的领导有周励群常务副理事长兼秘书长、唐连章主任等。我校的课题组负责人曾琳琳教师和成员代表郭炜欣教师、吴秀泳教师参加了此次活动，听了关于"互联网 + 儿童文学阅读"相关讲座，对于课题开展有了很大的启示。

再如 2016 年 12 月份，我校杨立新校长组织学校课题组成员，赴湖南师范大学进行学习考察。这是我校为了开拓教育视野、汲取改革智慧而组成的"长沙学习"研修班，重点考察了长沙名校的课堂育人模式、家校建设与管理、教师团队建设等方面。

2017 年 11 月 20 日，课题组成员梁尚明教师参加"互联网 + 儿童文学阅读"资源应用研究结题培训会，有效指导了课题结题的工作。

表 7－4 是课题成员外出学习一览表。

表7-4 课题成员外出学习一览表

培训时间	培训人	交流研讨、培训内容	级别
2016.6	曾琳琳 吴秀泳 郭炜欣	"互联网+儿童文学阅读"资源应用研究立项课题集中开题及培训会议	省级
	课题组全体成员	"课改名家进北滘"第二次教研活动	镇级
2016.7	曾琳琳 齐吉	广东省第二师范学校李季教授莅临承德小学指导工作,其中包括对该课题的指导	校级
2016.10	课题组全体成员	中心小学、承德小学课改、教研工作交流会	校级
	课题组全体成员	亲近书香,润泽童心——台湾著名儿童文学作家管家琪莅临讲座	校级
2016.11	课题组全体成员	率先为范,助力远航——承德小学课改研讨课活动	校级
2016.12	郭炜欣 吴秀泳 梁尚明	赴湖南长沙跟岗学习	校级
2017.1	梁尚明	观摩广东省中小学生创客大赛	省级
2017.3	课题组全体成员	三月春风抚细柳,承小课改正当时——承德小学课改研讨活动	校级
2017.5	课题组全体成员	"淘书会友共享阅读"漂书及淘书活动	校级
	课题组全体成员	"淘书会友共享阅读"优秀读书心得展示	校级
2017.9	课题组全体成员	2017学年课改研讨课活动	校级

③广邀名家前来指导。课题实施是一项创造性工程。课题实验的顺利实施，靠自身单打独斗是不行的，我们还要多听名家意见。因此，我校实施"走出去、引进来"政策，在实施过程中坚持全员培训的原则，制订周密的培训计划，将各参与者的培训协调统一。

2016年3月30日上午，我校邀请到顺德区教研员林雪玲教师莅临我校指导语文科课改研讨活动的开展。林雪玲教师为全校语文教师带来了实用性、指导性极强的讲座"阅读教学要凸显'语用'这个核心"，通过挖掘语文学科的本质，凸显"语用"的重要性，利用具体教学例子讲解"语用"在语文阅读课堂教学中的实践与运用。与会教师们纷纷表示受益匪浅，明确了阅读教学的方向，也更坚定了深化课堂教学改革的信心。

2018年4月10日，我校语文科组邀请专家进校园。当天，詹火滥教师通过听课评课，指导了张智锋教师的课，为新教师成长做出了引领。而后，詹老师还为我们带来了"文本解读促有效教学"专题讲座，课题组成员受益匪浅。

④集众人智慧，上好示范课。自从课题实验以来，参加实验的教师为了有效研究该课题，通过网络、报刊学习相关理论，向领导咨询课堂提问有效性研究的其他事项，掌握了大量教育新理念。课题组成员对自己的课堂提问进行深刻反思，对课堂提问的有效性进行多次讨论、研究。

课题负责人曾琳琳教师率先尝试把"基于教育云平台下童话故事的创客教育模式"，以公开课《巨人的花园》的形式呈现，以点带面地在全校语文科组推广，获得学校领导和全体语文教师的好评。

为了提高课题组成员的阅读教学水平，课题组齐吉教师、曾琳琳教师参加了顺德区第二届中小学教师微课设计大赛，她们的优质微课《有趣的汉语"冷知识"》从众多参赛作品中脱颖而出，获得金奖（一等奖）。齐吉教师、曾琳琳教师也参加了在区发展中心举办的微课大赛分享会。分享会上，齐吉教师对该作品进行了展示分享，并代表全体获奖教师发表了参赛感言，接受了多家媒体的采访。通过积极参与此次微课设计大赛，我校以点带面，进一步推动了课改工作，更好地引领广大教师更新和提升教学理念，积累制作数字化教学资源的经验，提升教育教学水平。

从2016学年开始，我校开设实验班级：以点带面，同步推进。核心组员在每周教研活动中研究对这几个实验班学生的童话阅读情况分析、创客教育模式、教育云平台下童话故事阅读走向、学生反馈评价等方面摸索、探究，形成初步认知。实验班级结合"一起阅读"网络资源平台，班级学生进行有计划的阅读，滋润学生们的童心。

⑤专家进校园，营造书香校园。作家进驻承德小学，指导学生们读书和写作的活动作为我校打造书香校园特色、深入推进素质教育、素养教育的重要举措之一。2015年11月11日上午，承德小学电教室内座无虚席，做讲座的专家是最先登上南极大陆的少数几个中国人之一，为中国自然科学事业做出突出贡献的科学家——位梦华，讲座的主题是"南极北极与人类未来"。位梦华教师出版专著70余部，长篇科幻小说3部，电视专题片2部，荣获中国图书奖、全国优秀少儿读物一等奖、冰心儿童文学奖大奖、第八届全国优秀儿童文学奖、台湾好书大家读等多个奖项。

在2016年10月20日下午，我校邀请了台湾著名儿童文学作家、"童书皇后"管家琪女士，与六年级的同学们面对面交流在阅读、写作方面的经验。通过与作家的零距离接触，学生们开阔了视野，学习了写作的知识，并激发了阅读和写作的热情，为学生们的成长埋下了希望的种子。

2. 课题讨论

"基于教育云平台下童话故事的创客教育模式"的成型过程。

①发现问题，确立课题。课题负责人曾琳琳教师发现童话故事的教学在我校出现"低年级学段童话故事比重大，教师教学重视，高年级学段则反之"的现象。于是，为了摸清问题，课题负责人制作了《承德小学童话教学问卷调查（学生卷）》和《承德小学童话教学问卷调查（教师卷）》以网络问卷调查的形式，访问了全校1 089名学生，以及60名语文教师。得出以下结论（见图7-8和图7-9）。

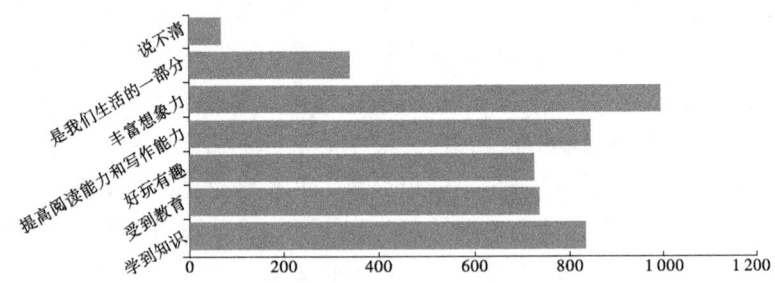

(a) 您喜欢童话的原因是什么？（可多选）

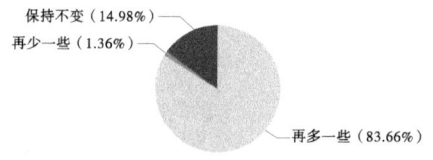
(b) 您希望教材中的童话编目怎样?

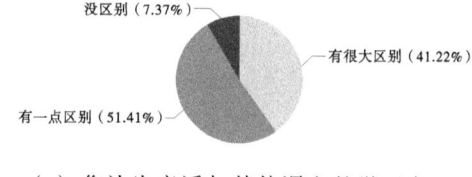
(c) 您认为童话与其他课文的学习方式有区别吗?

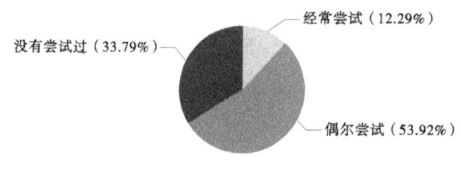
(d) 您尝试过童话日记或作文吗?

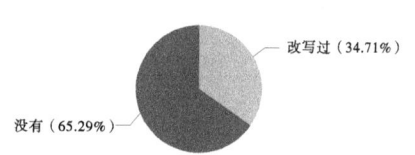
(e) 您或您的同学改写或改编过课本上学过的童话吗?

图7-8 承德小学童话教学问卷调查（学生卷）

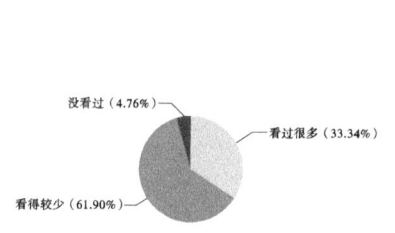
(a) 您看过有关童话理论的书吗?

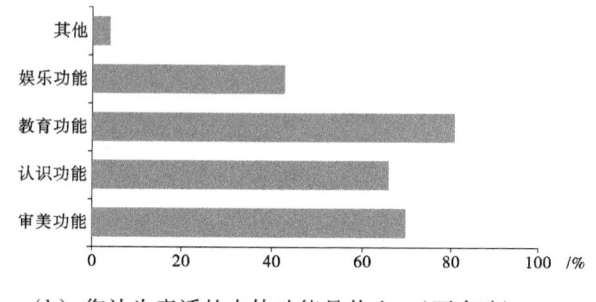
(b) 您认为童话的本体功能是什么?（可多选）

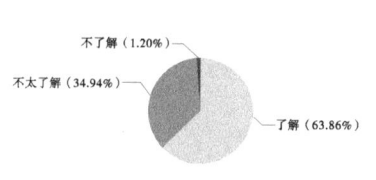
(c) 您是否了解儿童阅读心理及儿童的精神世界?

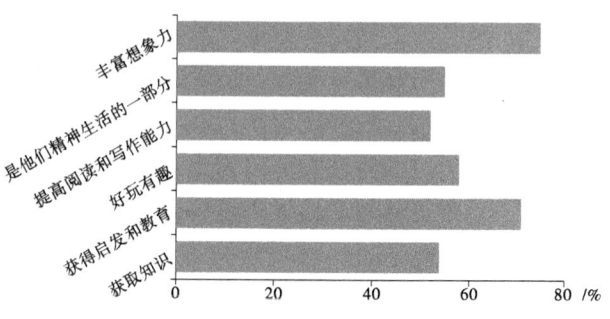
(d) 您认为您的学生对童话感兴趣的原因是什么?（可多选）

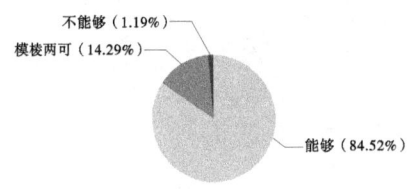

（e）您能准确分清哪些课文是童话吗？

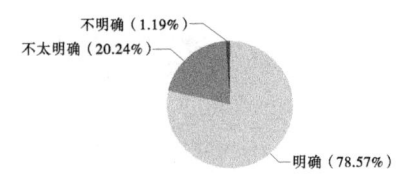

（f）对童话作品教学的基本目标您是否十分明确？

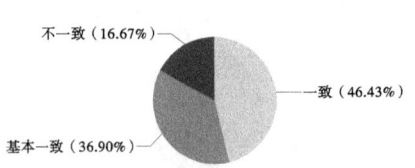

（g）您认为童话教学的思路是否与其他作品教学思路一致？

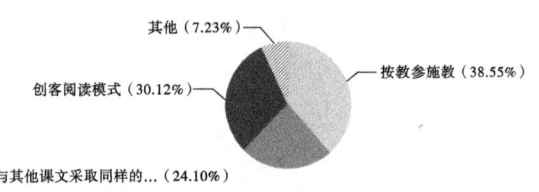

（h）您在实际教学中如何施教童话课文？

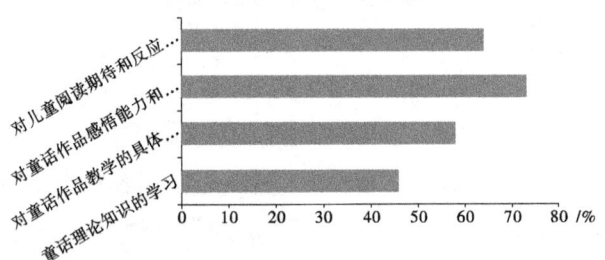

（i）您认为当前童话教学中还迫切需要加强的是什么（可多选…）

图 7-9　承德小学童话教学问卷调查（教师卷）

从学生的问卷调查可以看出，童话故事是学生喜闻乐见的文学体裁，大部分学生都愿意学习。但是，由于学生兴趣未被培养，导致童话故事未被重视。

从教师问卷调查可以看出，教师对童话的教学比较其他文体教学，仍不够重视，其教学模式仍然停留在过去传统的教学模式上，应该多接受先进教学理念。

②搜集资料，确定模式。有了调查问卷的摸底后，课题组成员开始翻查大量资料，发现关于"教育云平台""创客教育模式"以及"童话故事的教学"的资源丰富，但是关于结合"教育云平台"和"创客教育模式"的童话故事的教学资料少之又少。经过反复讨论，课题组成员最终确立了

"基于教育云平台下童话故事的创客教育模式"这一课题。

确立课题后,课题组成员经过多次"头脑风暴",结合我校的实际情况,确定了"基于教育云平台下童话故事的创客教育模式"的定义,采用"情景式教学",引导学生在具体问题场景中解决问题,包括:先确定童话故事中需要探究的一个问题,然后引导多学科知识融合,通过动手操作将创意转化为具体模型,最后制作出来。

③实践出真知。确立了教学模式后,课题组成员确定了课题最终的实践方案,即以"一起阅读网"和教育云平台为主要载体,以承德小学创客室为主要基地,在学校的低中高年级学段中开设三个实验班。实验班在进行童话故事的教学时,融合科学、艺术、音乐等多学科,跨学科知识,通过童话故事的创意、设计和实施的完整过程,实现培养学生想象力、创造力和动手解决问题的能力。实践发现,实验班的学生学习成绩有了较大的提升,特别是阅读能力和动手操作能力有了很大的提高。

④及时推广,问卷反馈。有了第一次问卷调查的基础,结题阶段,课题组再次对承德小学的学生进行了《承德小学童话教学问卷调查》,同样的内容,有了不一样的结果(见图7-10)。

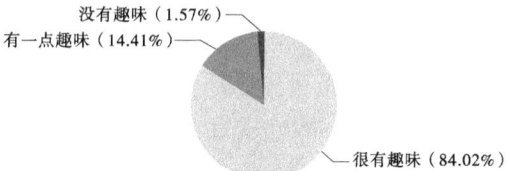

(a) 您认为您的老师教童话课言语教得有趣味吗?

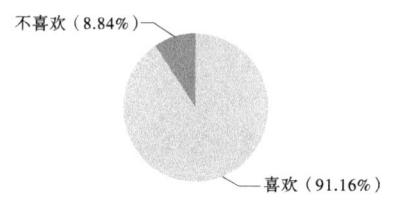

(b) 您喜欢老师采用云平台和创客模式进行童话教学吗?

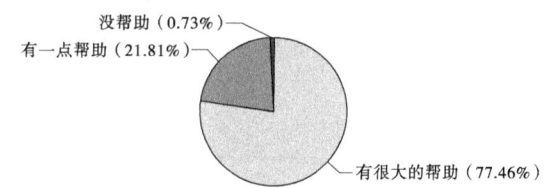

(c) 您认为课外阅读童话对课内学习有帮助吗?

图7-10 承德小学童话教学问卷调查

从问卷调查可以看出，学生在教育云平台和创客教育模式下对童话故事课堂更感兴趣了，童话故事对学生的影响在逐渐加深。结题阶段，课题组成员通过实验班的实践，通过课题成果的推广，对带动全校的童话教学和童话阅读氛围有正向影响。这让我们感到欣慰！

（六）建议

1. 存在的问题

课题组成员以科学务实的态度，广泛听取了实验教师的意见，努力缩小理想与现实的差距，在不断完善"基于教育云平台下童话故事的创客教育模式研究"的基础上，使课题实验走向深入。随着课题研究的不断深入，我们在总结前一阶段研究成果的同时，深刻地认识到研究工作才刚刚开始，所以我们对本课题存在的问题进行了思考：

①理论素养不够丰富，"创客"是一个新颖的理念，而新颖的理念导致了可引用的参考的资料相当缺乏。虽然课题组成员在专家的指导下，阅读了一些与课题研究有关的书籍，丰富了自身的理论素养，但随着课题研究的不断深入，课题组成员越来越感觉到理论知识的缺乏。虽然教育的形式多样、手段丰富，但如何在创新、实践和分享的定义上再进一步明确创客教育的模式，体现创客教育的模式，成为课题研究的重点问题。

②在本课题中，童话故事的阅读是重点，但受应试教育的影响，语文教学依然存在重课内轻课外的现象。无论是教师还是学生，都很难全身心地投入到课外阅读的实践中。缺乏实践和精力的保障，是难以把课题内容钻研透彻的。

③如何在教学中有效地因材施教。在摸索和实验教育模式的过程中发现，在运用相同的教学手段和教学形式的情况下得出的教学成果不尽相同。

④学校教师年轻化，经验不足，缺乏专家的引领，教师研究积极性有待进一步加强。

2. 获得的启示

①对于"创客教育"如何助益于儿童阅读论述略显不足。可以对"创客教育"的经验进行提炼与总结，通过实际操作，对学生阅读素养的提升有一个效果的呈现。

②研究目标比较笼统。研究目标应该更加细化一点，更加贴近我们的

教学活动，最好既能促进学生阅读素质的提高，也能促进教师的专业发展。

③"阅读教育模式""创客教育模式"等各种"模式"固然显得有新意而有高度，也有规律性和可操作性，但同时也要注意阅读教学的个性化、多样化。

▶ 案例三
基于跨省联盟的职校会计专业课程资源库建设与应用研究

顺德区陈登职业技术学校

"基于跨省联盟的职校会计专业课程资源库建设与应用研究"课题，是以顺德区陈登职业技术学校作为牵头学校，与顺德区陈村职业技术学校和顺德区北滘职业技术学校组成三校联盟，以及北京市商务科技学校、北京财贸职业学院、北京市经济管理学校、天津市物资贸易学校、重庆市经贸中等专业学校、郑州财税金融职业学院、河南省商务学校、河南省财经学校、台山联合职业技术学校、梅州农业学校与南京司书软件系统有限公司、乐从会计中介行业协会等13所跨省职业院校与1间企业、1个行业协会共同参与的课题研究。课题完成了预期的任务，形成了具有一定理论价值和实践价值的成果，产生了良好的实践效益和示范效应。

一、问题的提出

（一）研究背景

《国家中长期教育改革和发展规划纲要（2010—2020年）》指出："信息技术对教育发展具有革命性影响，必须予以高度重视""加快教育信息化进程""加快教育信息基础设施建设""加强优质教育资源开发与应用"等，为我国教育信息化建设与发展明确了方向。《全国教育信息技术研究"十二五"规划》提出：深化教育信息技术的基础理论和教学应用，为推进课程改革，促进学校、教师和学生的发展提供支持。充分发挥教育信息技术研究的基础性、前瞻性、创新性和服务性作用，推进我国教育信息化快速与健康发展。

以校际联盟方式进行课题研究，在国际已开先河。比如，美国社区学院校际之间的联盟就相对较为成熟，既强调联盟伙伴彼此向对方学习，优势互补，又强调资源的整合以提升彼此的竞争优势。从合作模式上看，包括三种模式，即垂直式合作模式、水平式合作模式、混合式合作模式。学校之间在彼此信任、鼓励与支持的基础上，基于平等互惠的原则，实现资源共享、理念共享、文化共享、学习共享、经验与知识共享、成果共享等。而我国对校际联盟方式进行课题研究则起步较晚，跨省联盟式的合作进行课题研究更是刚刚起步。

国内外有很多学习资源库，如国家基础教育资源库、K12资源库、上海市的精品课程建设等。这些资源库虽然资源丰富，但无法同时满足教、学、管理三者的要求。部分重视网络教学的中职学校，已先期自行建设了资源库管理平台，多家教育机构或者资源库开发商，也参与了中职资源库的开发和建设，但目前开发的资源库无法细致考虑到中职学校办学特色和具体管理需要。众所周知，中职学校有自己的特点与要求，已开发的资源库，大多是一些简单的资源整合，不适合中职学校的个性化教学，有的已经过时，难以与中职学校的专业课程教学实际相结合，资源的适用性不强，使用率不高。而基于教、学、做、考、评一体化的会计专业资源库更是少之又少。

在资源建设与应用方面，职业学校大部分是在校内开展，学校间的横向联系不通畅、不深入，有的甚至故意互相保密，未形成稳固的共建共享"联盟"方式，更未形成"跨省联盟"的模式。

（二）文献综述

笔者检索了2005—2016年（截至2016年6月30日）中国知网上收录的国内关于行动导向的研究论文。包括期刊论文、硕博士论文和会议论文。检索方法按篇（题）名"资源库"进行检索（结果见表7-5），按"会计专业"并含"资源库"检索（结果见表7-6），按篇（题）名"基础会计"并含"资源库"进行检索（结果见表7-7），按篇（题）名"财务会计"并含"资源库"进行检索（结果见表7-8），按篇（题）名"出纳实务"并含"资源库"进行检索（结果见表7-9），按篇（题）名

"税务会计"并含"资源库"进行检索(结果见表7-10),按篇(题)名"商业会计"并含"资源库"进行检索(结果见表7-11),和按篇(题)名"跨省联盟"并含"会计专业""资源库"检索(结果见表7-12)。

表7-5 (2006—2016年)CNKI关于"资源库"检索的论文来源及数目统计

年份	文献总数	期刊论文	硕博士论文	会议论文
2006	209	122	28	12
2007	267	166	21	8
2008	272	177	27	8
2009	310	188	29	8
2010	302	191	15	11
2011	371	223	27	5
2012	380	284	19	9
2013	473	338	22	6
2014	556	364	24	8
2015	599	436	15	1
2016	375	272	3	4
总计	4 114	2 761	230	80

表7-6 (2006—2016年)CNKI关于"会计专业"并含"资源库"的论文来源及数目统计

年份	2006	2007	2008	2009	2010	2011	2012	2013	2014	2015	2016	总计
文献总数	0	1	0	1	6	1	2	3	8	8	2	32
期刊论文	0	1	0	1	6	1	2	3	8	8	2	32
硕博士论文	0	0	0	0	0	0	0	0	0	0	0	0
会议论文	0	0	0	0	0	0	0	0	0	0	0	0

表7-7 (2006—2016年) CNKI关于"基础会计"并含"资源库"的论文来源及数目统计

年份	2006	2007	2008	2009	2010	2011	2012	2013	2014	2015	2016	总计
文献总数	0	0	0	0	0	0	1	1	0	1	0	3
期刊论文	0	0	0	0	0	0	1	1	0	1	0	3
硕博士论文	0	0	0	0	0	0	0	0	0	0	0	0
会议论文	0	0	0	0	0	0	0	0	0	0	0	0

表7-8 (2006—2016年) CNKI关于"财务会计"并含"资源库"的论文来源及数目统计

年份	2006	2007	2008	2009	2010	2011	2012	2013	2014	2015	2016	总计
文献总数	0	0	0	0	0	0	0	1	0	0	0	1
期刊论文	0	0	0	0	0	0	0	1	0	0	0	1
硕博士论文	0	0	0	0	0	0	0	0	0	0	0	0
会议论文	0	0	0	0	0	0	0	0	0	0	0	0

表7-9 (2006—2016年) CNKI关于"出纳实务"并含"资源库"的论文来源及数目统计

年份	2006	2007	2008	2009	2010	2011	2012	2013	2014	2015	2016	总计
文献总数	0	0	0	0	0	0	0	0	0	0	0	0
期刊论文	0	0	0	0	0	0	0	0	0	0	0	0

续上表

年份	2006	2007	2008	2009	2010	2011	2012	2013	2014	2015	2016	总计
硕博士论文	0	0	0	0	0	0	0	0	0	0	0	0
会议论文	0	0	0	0	0	0	0	0	0	0	0	0

表7-10 （2006—2016年）CNKI关于"税务会计"并含"资源库"的论文来源及数目统计

年份	2006	2007	2008	2009	2010	2011	2012	2013	2014	2015	2016	总计
文献总数	0	0	0	0	0	0	0	0	0	0	0	0
期刊论文	0	0	0	0	0	0	0	0	0	0	0	0
硕博士论文	0	0	0	0	0	0	0	0	0	0	0	0
会议论文	0	0	0	0	0	0	0	0	0	0	0	0

表7-11 （2006—2016年）CNKI关于"商业会计"并含"资源库"的论文来源及数目统计

年份	2006	2007	2008	2009	2010	2011	2012	2013	2014	2015	2016	总计
文献总数	0	0	0	0	0	0	0	0	0	0	0	0
期刊论文	0	0	0	0	0	0	0	0	0	0	0	0
硕博士论文	0	0	0	0	0	0	0	0	0	0	0	0
会议论文	0	0	0	0	0	0	0	0	0	0	0	0

表 7-12 （2006—2016 年）CNKI 关于"跨省联盟"并含"会计专业""资源库"的论文来源及数目统计

年份	2006	2007	2008	2009	2010	2011	2012	2013	2014	2015	2016	总计
文献总数	0	0	0	0	0	0	0	0	0	0	0	0
期刊论文	0	0	0	0	0	0	0	0	0	0	0	0
硕博士论文	0	0	0	0	0	0	0	0	0	0	0	0
会议论文	0	0	0	0	0	0	0	0	0	0	0	0

由表 7-5 可以看出，2006—2016 年中国知网上收录的国内关于"资源库"研究的相关文献中，2006—2008 年，每年 200 多篇，2009—2012 年，每年 300 多篇，2013 年超过 400 篇，2014 年和 2015 年，都超过了 500 篇（2016 年还未有全年数据）。可见，资源库的建设和应用已经成为研究的热点。

由表 7-6 至表 7-11 可以看出，会计专业资源库相关研究并不多，根据 2006 年至 2016 年（截至 2016 年 6 月 30 日）研究文献统计，论文总数只有 32 篇。对于会计专业相关课程资源库的研究也不多，只有"基础会计"（3 篇）和"财务会计"（1 篇）有相关的研究论文，而且数量很少。

从表 7-12 中可以看出，基于"跨省联盟"的会计课程资源库的建设目前还是空白。从 2005 年 1 月 1 日至 2016 年 6 月 30 日，中国知网上收录的国内关于资源库的研究论文共计 4 114 篇，按学科类别来分，排名前五的是计算机软件及计算机应用 960 篇，教育理论与教育管理 925 篇，职业教育 653 篇，中等教育 276 篇，图书情报与数字图书馆 242 篇，由此可见，资源库建设及应用在职业教育领域有着良好的前景。

（三）课题研究的意义

1. 理论意义

（1）跨省的会计专业资源库建设及应用，是国家促进教育均衡发展思路的很好范本。

促进教育均衡发展是推动教育改革发展的战略性任务。佛山市顺德区三所国家级重点学校（顺德区陈登职校、顺德陈村职校、顺德区北滘职校）以及北京市商务科技学校等13所职业院校及企业进行跨省联盟式合作，会计专业课程专业资源共建及共享，是国家促进教育均衡发展思路的很好范本。

（2）行校企合作开展跨省的会计专业资源库建设及应用，展现中职教学改革的新方向、新理念、新思路。职业学校的发展必须紧跟市场的需求和社会产业调整的变化，中职学校的会计专业教学内容、教学目标也势必处于不断的发展变化之中，与行业企业合作，探索和寻求会计专业数字化资源建设的创新之路，展现中职教学改革的新方向、新理念、新思路。

（3）会计专业资源库建设及应用，体现了差异化教学理念。利用会计专业资源库，学生可以在任何有网络的场所，登录资源库，选取自己的课程，进行个性化的学习；学生可以进行随机测试，阶段测试；可以根据自身的能力，选取适当难度的学习内容。

2. 实践意义

（1）此会计专业课程资源库建设，以顺德区陈登职校、陈村职校、北滘职校三校联盟为核心，与北京市商务科技学校等13所职业院校及行业企业进行合作开发。跨省联盟学校在资源库建设中，互相合作，利用现有政策和资源，集中各校优质师资，共同完成资源库的建设，并在资源库的建设和使用中，加强交流学习和资源共享，推动学校、教师的共同成长，为中职学校之间的交流合作，提供有益的借鉴。

（2）此课题所构建的会计专业资源库平台，分为四大模块，即后台管理模块、精品课程模块、微资源模块、个性化学习模块，在教、学、做、考、评等五个方面实现了个性化服务。依托专业课程的资源服务，为教师开展网络辅助教学提供资源基础。学生可以在任何有网络的场所，登录网络资源库，选取自己的课程，进行个性化的学习；学生可以进行随机测试、阶段测试；可以根据自身的能力，选取适当难度的学习内容；可以利用资源库的成绩分析系统，随时掌握自己的学习情况；可以随时进行提问，解决学习中的疑问。

（3）通过资源库的建设及应用，与软件公司、企业进行深度合作，实现了产教结合，学校、企业共赢。在教学方式上，通过校企合作平台，实践"做中教，做中学，学中做"的教法创新，按照企业及行业标准以仿真的工作环境进行实践教学。

在师资培养上，通过专业课资源库的建设，学校教师参与企业的项目，促进教师的成长。

在学生培养上，学生按照企业行业的标准进行实训，按照自己的特点进行自我提升，提升了就业的竞争力。

在教学产品合作开发上，根据学校教学要求和发展规划开发资源库，使人才的培养更有针对性，促进教学质量的提升。

在成果的推广上，学校享有资源库的专利，既可以进行实际的教与学，同时可以申请专利，将实践成果转化为技术成果，进行成果的推广，提升学校的竞争力，形成示范效应。

（四）课题的界定

（1）跨省联盟指的是以广东省佛山市顺德区陈登职业技术学校作为牵头学校，与广东省内的顺德区陈村职业技术学校、顺德区北滘职业技术学校、北京市商务科技学校、北京财贸职业学院、北京市经济管理学校、郑州财税金融职业学院、河南省商务学校、河南省财经学校、台山联合职业技术学校、梅州农业学校与南京司书软件系统有限公司、乐从会计中介行业协会等13所跨省职业院校与1家企业、1个行业协会结盟，共同进行资源库建设。

（2）职校是指职业教育系统的中职学校和中高职一体的职业学院。

（3）会计专业课程是指会计专业中的《基础会计》《财务会计》《纳税实务》《出纳实务》《商业会计》5门主干课程。

（4）资源库指一个教与学的平台，可以在教、学、做、考、评五个方面实现个性化服务。

（5）建设与应用研究指的是研究分为两个研究方向，一是开展建设的研究，二是开展应用的研究，资源库重点在建设，在建设过程中进行应用探索。

二、研究设计

（一）研究目标

（1）构建与岗位能力要求对接的会计专业课程体系。

（2）提炼中职会计专业课程资源库建设方向及原则。

（3）构建跨省联盟合作共建、共享资源库模式。
（4）形成以资源库建设和应用促进教育均衡发展的有效途径。
（5）构建利用资源库提升课堂教学效果的模式。
（6）构建利用资源库提升学生课外学习效果的模式。

（二）研究内容

1. 基于资源整合理论的中职会计专业资源库建设的研究

探索利用资源整合理论作为课题研究的支撑，对不同来源、不同层次、不同结构、不同内容的资源进行识别与选择、汲取与配置、激活与有机融合，形成有中职特色的会计专业课程资源库。

2. 中职会计资源库建设方向及原则的研究

探索中职会计专业课程资源库建设的方向和原则，使资源库能符合中职学生的知识结构、学习能力、学习特点。

3. 中职会计课程资源库优质资源建设的研究

探索基于跨省联盟的优质资源建设机制，保障资源库建设"优质、高效"的进行。

4. 会计课程建设与岗位要求对接的研究

探索会计专业各岗位的工作项目、工作任务、职业能力及关键能力，形成会计专业人才的培养目标和培养规格，进行课程体系的重建。

5. 以资源库建设和应用促进教育均衡发展的研究

探索以资源库建设和应用促进教育的均衡发展的途径。

6. 利用资源库提升课堂教学效果的研究

探索将资源库应用的课堂中，提升课堂教学质量的方式、方法。

7. 基于资源库的进行课外在线学习的研究

探索将资源库应用于学生的课外在线学习，提升人才培养质量的方式、方法。

（三）研究对象

会计专业课程资源库。

（四）研究方法

1. 文献法

根据研究目标搜集国内外已有的相关研究，鉴别、分析和整理相关资料，了解相关研究理论，形成对事实科学的认识，为本课题研究提供科学的论证依据。

2. 调查法

进行行业企业、毕业生问卷调查，了解企业岗位设置及对人才结构类型的要求、岗位对知识技能的要求。进行家长、在校生问卷调查，了解学生的学习需求。通过访谈师生，了解师生在整个资源建设与应用过程中的变化情况。

3. 对比实验法

通过对比应用资源库教学前后学生在专业学习中所取得的变化，对比利用资源库所取得的成绩。

4. 行动研究法

以行动为导向，边探索，边实践，在资源库建设的实践及应用中，发现实践中所取得的成绩和存在的不足，针对不足，不断进行修正。

5. 总结归纳法

课题承担者不断积累经验，相互交流，并通过论文撰写等方式积累资料。

（五）技术路线

查找相关文献—找出存在问题的方向—搜集用人单位对人才需求信息—课程体系重建—跨省联盟共建课程资源库—应用资源库进行教学实践—应用效果分析—完成。

（六）研究过程

1. 课题申报阶段（2013年4月—2013年5月）

填写课题申报评审书，积极申报课题，完成课题立项。

根据《中央电化教育馆关于组织开展全国教育信息技术研究"十二五"规划2013年度课题申报工作的通知》，召开课题申报研讨会，并邀请顺德区电教中心相关领导到校进行课题申报指导，确定课题的名称及研究的主要内容，邀请北京两所职业院校的资深教授共同参与，形成跨省联盟。

2. 研究方案确立阶段（2013年5月—2013年9月）

课题申报后，学校着手进行课题研究具体方案的制定。

2013年5月—6月，进行行业、企业、毕业生、在校生以及在校生家长等五个类别的问卷调查和访谈。

举行会计专业职业能力分析会,邀请行业、企业专家到校,共同研讨会计岗位的能力标准,较全面地归纳和概括了会计专业各岗位的工作项目、工作任务、职业能力及关键能力,整理后,形成职业能力分析表。

进行课程体系重建。学校邀请了会计专业的名师及骨干教师,组成课程建构教育专家研究团队,结合前期的调研结果和职业能力分析报告,研讨会计专业人才培养目标和培养规格,进行课程体系重建。

3. 课题研究阶段（2013年9月—2016年7月）

开展开题报告会。邀请中央电教馆、广东省职教专家组成专家组,对课题进行指导。

与南京司书软件公司签订合作协议,由司书公司提供技术支持,校企合作,共同完成资源库的建设。开展多次研讨,就资源库的详细架构、精品课的呈现、考试系统的构想、评价系统的构想等,进行深入沟通。

2013年11月至2013年12月,课题组共同制定《跨省联盟共建共享中职会计课程资源库合作书》,明确各联盟学校的权利和义务,为课题的顺利推进提供良好的保障。

2013年12月至2015年9月,邀请北京市经济管理学校、天津市物资贸易学校、重庆市经贸中等专业学校等职业院校加入课题组,共建会计资源库资源,共享资源库建设成果。

2015年9月,开展课题的中期汇报会。邀请职教专家组成专家组,对课题进行研究指导。

2015年10月,完成课题中期评估的网上提交。

2016年2月前,完成构建会计专业课程资源库的四大系统:精品课系统、考核系统、评价系统、后台管理系统,并进行初步试用。

2016年3月至4月,联盟学校之间进行关于资源库建设的沟通,促进会计专业课程资源库课题的深入开展,为课题的结题做好准备。

4. 结题阶段（2016年7月—2016年9月）

在此阶段,课题组密切联系,一是完成数据资料的处理,二是完成课题组成员的研究成果的梳理,三是邀请专家对课题结题进行指导,四是整理完成课题的工作报告、研究报告、成果公告等系列材料。

三、研究的结论

(一) 基于资源整合理论的中职会计专业资源库建设研究

资源整合理论源于企业经营管理理论,是指对不同来源、不同层次、不同结构、不同内容的资源进行识别与选择、汲取与配置、激活与有机融合,使其具有较强的柔性、条理性、系统性和价值性,并创造出新的资源的一个复杂的动态过程。

经过研究,课题组认为,资源整合理论引入到中职教学资源库建设中有其重要意义。企业通过资源整合,实现整合资源大于部分资源之和的目的。中职教学资源库建设也可合理借鉴,通过资源整合,达到中职教学资源库建设整合资源大于部分资源之和的目的。

在会计专业课程资源库建设中,课题组将政策资源、信息资源、人力资源等方面资源进行了有效配置与整合,资源整合示意图(见图7-11)。

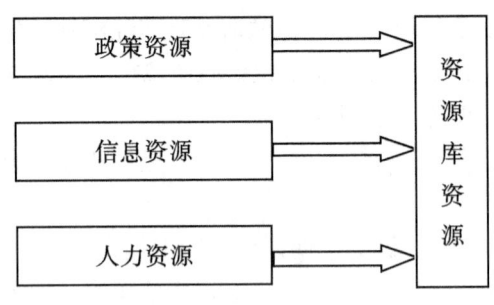

图7-11 资源整合示意图

整合政策资源:会计专业课程资源库建设应充分整合政策资源,寻求政策支持,如《国务院关于加快发展现代职业教育的决定》《现代职业教育体系建设规划(2014—2020年)》《国家中长期教育改革和发展规划纲要(2010—2020年)》《教育部关于推进中等和高等职业教育协调发展的指导意见》等,依据政策制定规划,从指导方针、总体部署到人才队伍建设的主要目标,从体制机制的创新到组织实施的过程等方面都应制定相应的、细致的规划,以使会计专业课程资源库建设在国家政策指导下落到实处。

整合信息资源:会计专业课程资源库建设充分整合信息资源,根据经济发展、产业升级和技术进步需要等信息及时调整课程,使课程的设置符合岗位职业能力的需要,使课程的内容体现工学结合的要求,解决课程内容简单堆砌和后期维护不周的问题。首先，在信息采集阶段，通过文献及调研掌握国内外会计专业发展情况、课程开发情况等信息。其次，筛选相关信息，通过召开职业能力分析会，课程建构会等，在采集信息的基础上，根据岗位职业能力的需要调整课程设置。使信息成为资源库建设的重要指导因素，使资源库建设适应社会发展的要求。

整合人力资源：会计专业课程资源库建设充分整合人力资源，发挥优秀教师，行业企业优秀人才和资源库建设专门技术人才的强大作用，为不同层次、不同要求的学生提供具有差异性的课程学习平台。首先，资源库建设整合优秀教师资源。资源库的建设结合优秀教师的经验，取其所长，将教师对知识广度与深度的不同理解程度融入资源库建设中。其次，资源库整合行业企业资源，使资源库的内容符合社会发展的要求。再次，资源库还整合专门技术人才资源，其结合教师和行业企业提供的教学内容和要求，不断更新资源库，使资源库处于动态发展的良好状态。

通过资源的有效整合，会计专业课程资源库建设充分利用国家提供的政策资源、跨省联盟的人力资源以及不断更新的信息资源，在政策、人力和信息等方面充分发挥资源整合的作用，发挥了整合资源大于部分资源之和的作用，促进了资源库共建共享，推动了职业教育均衡发展。

（二）中职会计资源库建设方向及原则的研究

对于中职资源库的建设，国家没有明确的标准，在建设过程中，形式不一。有的资源库只是试题、教师教案、教学课件等的简单收集，资源虽多，但缺少统一规范和统一的标准，内容杂乱，复杂难用；有的由专业介绍、精品课程、电子教案、名师介绍、名师视频、优秀学生介绍、校企合作介绍等内容组成，虽然标准统一，但宣传的效果大于实际的应用效果。

课题组通过社会调研、专家指引、组内研讨，认为中职会计课程资源库应根据社会对中职学生能力要求，中职学生的知识结构、学习能力、学习特点进行综合考虑。最后，课题组总结出"实用、好用、乐用"的中职会计课程资源库的建设原则。

实用原则：中职学校的资源库，归根结底是一个学生学习的平台，是一个让学生通过网络信息获取知识，提升技能的平台，同时也是教师借助信息化手段，进行辅助教学的平台。会计课程资源库在建设中，对于学生，提供"学—练—评—问"的学习平台，学生进入资源库后，可以自主学习，可以自主练习，可以查看系统的实时评价，可以在网上对自己的疑问与同学和教师进行交流；对于教师，提供"教—考—评—馈"的教学平台，教师可以利用资源库平台进行辅助教学，可以分发试卷，对学生进行测试，可以对学生进行实时的评价，可以对学生的疑问进行实时反馈。资源库平台使用示意图（见图7-12）。

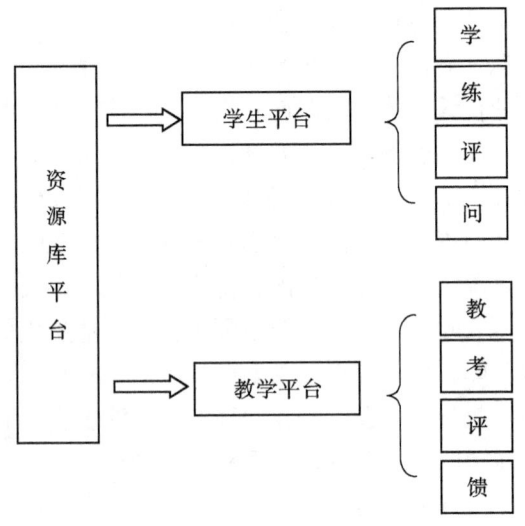

图7-12 资源库平台使用示意图

易用原则：部分资源库，层次多，体系庞大，软件兼容性差，学生学习和教师辅助教学操作不便。会计专业课程资源为达到"易用"的原则，采取了简化学习和教学流程等方面的举措，学生用自己的账号和密码登录后，选择对应的课程，即可进入学习、测试、评价和交流平台，一站式的设计，方便了学生的"学"。教师用自己的账号和密码登录后，选择对应的课程，即可进行教学、测试、评价、反馈，方便了教师的"教"。学习流程（见图7-13），教学流程图（见图7-14）。

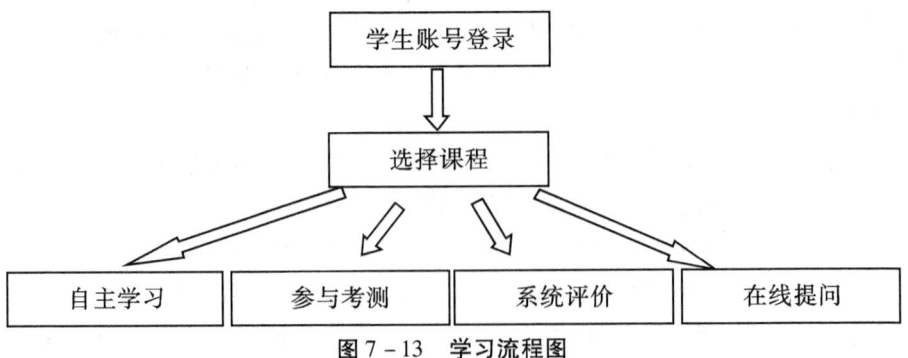

图7-13 学习流程图

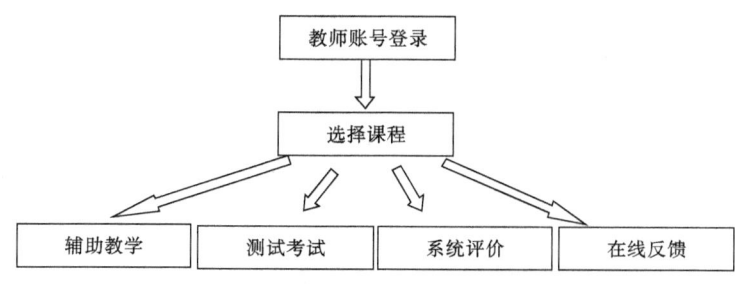

图 7－14　教学流程图

乐用原则：兴趣是最好的老师，课题组采用了两种途径，一是打造优质、丰富、生动的资源；二是会计课程资源库采用了"星级管理系统"，将学生登录次数和时长、学生的模块考试成绩、学生综合考试成绩按一定的比例，折合成学习之"星"，评选三星学习之星、四星学习之星、五星学习之星，以此调动学生的学习兴趣。调动学生学习兴趣示意图（见图7－15）。

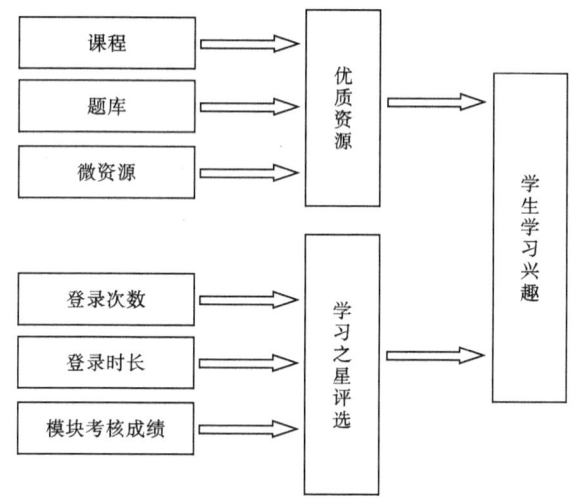

图 7－15　调动学生学习兴趣示意图

（三）中职会计课程资源库优质资源建设的研究

会计资源库的核心在于优质的资源。课题组采取"三校联盟为核心、行业指导、软件企业技术支持、联盟学校共建"的思路，构建了"3＋1＋1＋N"优质资源建设机制，也是跨省联盟合作机制。并形成了"三元三环"的技术开发路线。

跨省联盟合作机制中的"3"指佛山市顺德区三校联盟。第一个"1"指佛山市顺德区乐从镇会计中介行业协会。第二个"1"指南京司书软件系统有限公司。"N"指跨省联盟中的其他中高职院校。

顺德区三校联盟负责会计专业课程资源库的核心资源的建设，乐从镇会计中介行业协会负责精品课程及题库建设的指导，南京司书软件系统有限公司负责资源库软件的开发，跨省联盟中的其他中高职院校负责部分会计专业课程资源库的资源的建设。合作机制的示意图（见图7-16）。

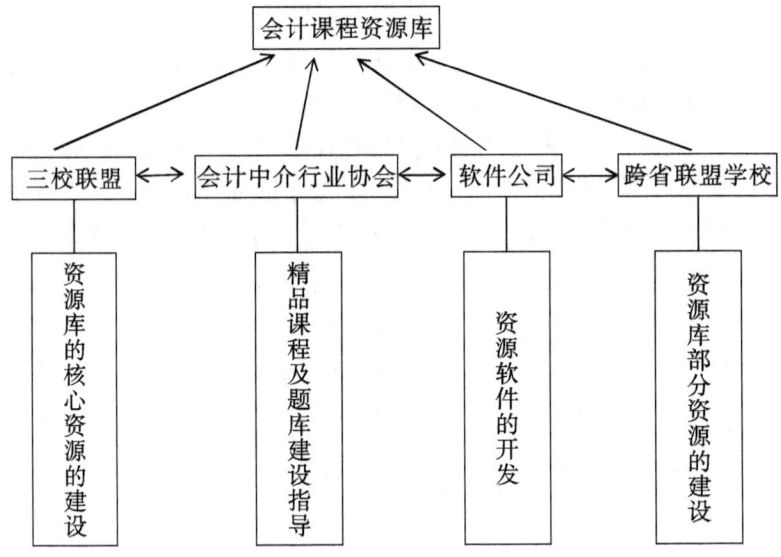

图7-16 合作机制的示意图

"三元三环"的技术开发路线（见图7-17）。

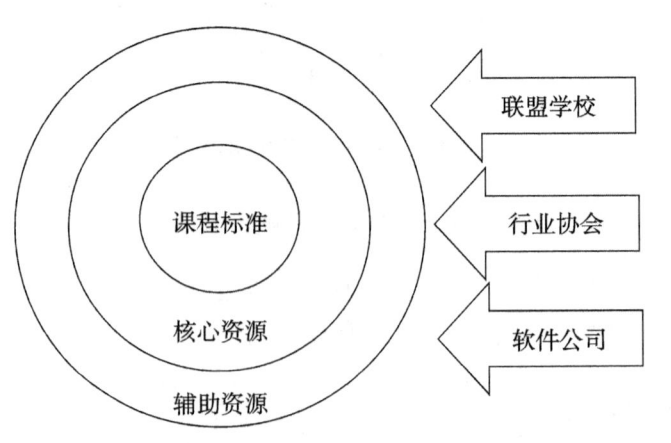

图7-17 "三元三环"技术开发路线

（四）会计课程建设与岗位要求对接的研究

1. 开展社会调研，了解人才需求

2013年5月—6月，进行了行业、企业、毕业生、在校生以及在校生家长等五个类别的问卷调查和访谈，调查了会计专业2010、2011、2012届毕业生共288人，收回问卷195份，其中有效问卷185份，调查和访谈了200家企业，其中收回有效问卷186份。

2. 开展职业能力分析会

2013年8月24日，在陈登职校举行了会计专业职业能力分析会，邀请了祥和税务师事务所有限公司乐从分公司谭焯文经理、金鼎财会咨询有限公司乐从分公司吴广彬经理、乐从镇供销集团庞卫英经理、乐从中介行业协会何笑群副秘书长等行业专家到校，共同研讨会计岗位的能力标准，较全面地归纳和概括了会计专业各岗位的工作项目、工作任务、职业能力及关键能力，整理后，形成职业能力分析表。

3. 开展专业课程体系建构会

学校邀请了广东教育研究院杜怡萍教研员、广东省职教学会财经指委会专家（广州市财经职业学校的倪穗华校长、谢丽萍主任，广东省财政职业技术学校的黄莉主任等）以及广州市、顺德区部分中职学校会计专业名师和骨干教师，组成课程建构教育专家研究团队，结合前期的调研结果和职业能力分析报告，研讨会计专业的人才培养目标和培养规格，进行课程体系重建。会计岗位的职业能力框架见表7-13。

表7-13 会计专业职业能力框架

会计专业职业能力	职业素养	职业道德素养、职业情感素养、劳动技能素养
	职业知识体系	会计基础、出纳知识、税务知识、财经法规、会计电算化、成本核算、会计实务
	专项职业技能	会计基本技能、出纳技能、纳税申报技能、会计核算技能、财务软件操作技能

会计专业职业能力分析表主要包括26个工作项目，85项工作任务，共253项职业能力点。内容方面包括填制审核凭证、建账登账、编制报表、纳税申报、核算财产物资、核算职工薪酬、核算成本、核算财务成果、核算筹集资金、核算往来款项、保管会计档案等会计岗位工作项目，

包括办理现金收付、办理银行结算、办理外币业务、管理发票、整理单据等出纳岗位工作项目，包括接待及接听电话、会议工作、管理文件、物品购入与发放、办公环境维护、社保申报等文员岗位工作项目，以及收发物资、账卡管理、盘点物资、保管物资等仓管岗位工作项目，涵盖了会计、出纳、文员、仓管等四个岗位的基本工作任务和工作过程。具体岗位的项目数分布见表7-14。

表7-14 会计专业岗位群及职业能力分布汇总表

会计岗位		出纳岗位		文员岗位		仓管岗位	
项目数	任务数及能力点	项目数	任务数及能力点	项目数	任务数及能力点	项目数	任务数及能力点
11个	33个任务；102个能力点	5个	21个任务；67个能力点	6个	20个任务；54个能力点	4个	11个任务；30个能力点

另外，会计专业的职业能力分析把学生的综合素质排在26项工作任务之后，把其归为沟通交流、数字应用、自主学习、团队合作、解决问题、信息处理、责任意识、外语应用、职业精神等9个方面，共25项基本要求点。

职业能力分析表见表7-15（局部，完整职业能力分析表见附录）。

表7-15 会计专业职业能力分析表

工作项目/职业素养	工作任务/职业素养分类		职业能力	
01 填制审核凭证	01-01	审核原始凭证	01-01-01	能正确审查原始凭证
			01-01-02	能准确判断原始凭证错误并执行正确的更正方法
	01-02	填制记账凭证	01-02-01	能根据正确原始凭证判断经济业务
			01-02-02	能准确填制记账凭证
	01-03	审核记账凭证	01-02-03	能正确粘贴附件
			01-03-01	能审核记账凭证的完整性

续上表

工作项目/ 职业素养	工作任务/ 职业素养分类		职业能力	
01 填制审核凭证			01-03-02	能审核记账凭证的准确性
	01-04	编制试算平衡表或科目汇总表	01-04-01	能根据记账凭证汇总各会计科目的本期发生额
			01-04-02	能准确编制试算平衡表或科目汇总表
02 建账登账	02-01	建账	02-01-01	能根据企业实际情况设置账簿
			02-01-02	能启用账簿，正确粘贴印花税票
	02-02	登账	02-02-01	能根据会计凭证逐笔登记明细账
			02-02-02	能按规定登记总账
	02-03	对账	02-03-01	能核对总账与所属明细账的发生额及余额
			02-03-02	能应用错账更正法更正错账
	02-04	结账	02-04-01	能准确计算明细账、总账的发生额及余额
			02-04-02	能及时进行月末或年末结账
03 编制报表	03-01	编制会计报表	03-01-01	能准确编制利润表
			03-01-02	能准确编制资产负债表
			03-01-03	能准确编制现金流量表
04 纳税申报	04-01	核算税费	04-01-01	能正确核算各种税款
			04-01-02	能核算社会保险费、教育费附加、堤围保护费等
	04-02	网上报税	04-02-01	能申报教育费附加
			04-02-02	能申报堤围保护费
			04-02-03	能申报个人所得税
			04-02-04	能申报企业所得税
			04-02-05	能申报增值税

续上表

工作项目/ 职业素养		工作任务/ 职业素养分类	职业能力	
04	纳税申报	04-03 编制纳税申报表	04-03-01	能准确编制广东省地方税收纳税申报表
			04-03-02	能准确编制企业所得税预缴纳税申报表
			04-03-03	能准确编制扣缴个人所得税汇总报告表
			04-03-04	能准确编制增值税纳税申报表
05	核算财产物资	05-01 核算存货	05-01-01	能应用加权平均法、先进先出法核算材料收入、发出、结存
			05-01-02	能应用加权平均法、先进先出法核算核算周转材料收入、发出、结存
			05-01-03	能应用加权平均法、先进先出法核算核算库存商品收入、发出、结存
			05-01-04	能分析和处理存货盘盈盘亏
		05-02 核算固定资产	05-02-01	能核算固定资产的取得
			05-02-02	能核算固定资产的折旧
			05-02-03	能核算固定资产的后续支出
			05-02-04	能核算固定资产的租赁
			05-02-05	能核算固定资产的处置
			05-02-06	能分析和处理固定资产盘盈盘亏

注：编码按顺序编制。

（五）基于岗位能力要求的会计专业课程"模块（项目）—任务"构建的研究

通过职业能力分析会计专业课程体系建构会，课题组完成了5门会计专业核心课程的"模块（项目）—任务"构建。

1. 《出纳实务》"模块（项目）—任务"的构建（见表7-16）

表7-16 《出纳实务》课程

模块	项目	任务
模块一 出纳基本技能	项目一 会计书写	任务 会计书法书写的基本技能
	项目二 点钞技术	任务一 伪钞鉴别
		任务二 票币整点
	项目三 翻打传票	任务一 计算器翻打传票
		任务二 爱丁数码机翻打传票
模块二 出纳工作流程	项目一 出纳岗位工作职责	任务 出纳岗位工作职责
	项目二 出纳工作日程	任务 出纳工作日程
	项目三 出纳账务处理程序	任务 出纳账务处理程序
模块三 出纳实务保管	项目一 现金保管	任务一 现金管理现行条例
		任务二 现金保管制度
	项目二 票据保管	任务一 常见票据
		任务二 票据保管
	项目二 印鉴保管	任务一 常见印鉴
		任务二 印鉴保管制度
模块四 现金业务核算	项目一 现金收入	任务 现金收入处理程序
	项目二 现金支出	任务 现金支出处理程序
	项目三 现金清查	任务一 现金清查方法
		任务二 账务处理
	项目四 库存现金账务处理	任务 登记现金日记账

续上表

模块	项目	任务
模块五 银行存款管理	项目一 银行账户的管理	任务一 银行结算账户类型
		任务二 银行结算账户开立
		任务三 银行结算账户使用及管理
	项目二 银行存款清查	任务一 银行存款清查方法
		任务二 银行存款余额调节表的编制
	项目三 银行存款日记账	任务一 银行存款日记账的设置
		任务二 建账、登账和结账
模块六 国内票据结算	项目一 支付结算概述	任务 支付结算概述
	项目二 支票结算	任务一 转账支票处理程序
		任务二 密码器的使用
	项目三 银行汇票结算	任务一 银行汇票业务处理程序
		任务二 银行汇票申请书填写
		任务三 银行汇票相关业务的票务
	项目四 银行本票结算	任务一 银行本票业务处理程序
		任务二 银行本票申请书填写
		任务三 银行本票相关业务的票务
	项目五 商业汇票结算	任务一 商业汇票业务处理程序
		任务二 商业汇票填写方式
模块七 国内支付结算	项目一 委托收款	任务一 委托收款概述
		任务二 委托收款业务结算流程
		任务三 账务处理
	项目二 信用卡	任务一 信用卡概述
		任务二 信用卡业务结算流程
		任务三 账务处理

续上表

模块	项目	任务
模块八 网银管理	项目一 网上购物	任务一 网上购物流程
		任务二 网上购物注意事项
	项目二 网上支付	任务一 网上支付流程
		任务二 网上支付注意事项
	项目三 兴业银行网银操作流程	任务 兴业网盾的使用
模块九 财经法规及职业道德	项目一 爱岗敬业	任务一 案例分析
		任务二 法律规定
	项目二 廉洁自律	任务一 案例分析
		任务二 法律规定
	项目三 工作交接	任务一 案例分析
		任务二 法律法规

2.《基础会计》"模块（项目）—任务"的构建（见表7-17）

表7-17 《基础会计》课程

模块	任务
模块一 初识会计	任务一 认知企业
	任务二 了解会计工作
	任务三 谨记会计职业道德
	任务四 规划会计人生
模块二 掌握会计记账方法	任务一 会计要素
	任务二 会计等式
	任务三 会计科目
	任务四 会计账户
	任务五 借贷记账法
	任务六 会计分录

续上表

模块	任务
模块三 核算主要经济业务	任务一 核算筹资业务
	任务二 核算采购业务
	任务三 核算生产业务
	任务四 核算销售业务
	任务五 核算经营成果
模块四 建账	任务一 认识账簿
	任务二 期初建账
模块五 日常处理—填制凭证	任务一 认识会计凭证
	任务二 填制与审核原始凭证
	任务三 填制和审核记账凭证
模块六 日常处理—登记账簿	任务一 认识账簿登记
	任务二 登记日记账
	任务三 登记明细账
	任务四 登记总分类账
	任务五 平行、明细分类账户
	任务六 更正错账
模块七 期末处理	任务一 期末对账
	任务二 期末结账
	任务三 整理会计档案
模块八 编制财务报表	任务一 认识财务报表
	任务二 编制资产负债表
	任务三 编制利润表
模块九 了解会计基本理论	任务一 会计核算的基本前提
	任务二 会计核算的原则

3. 《财务会计》的"模块(项目)—任务"的构建(见表7-18)

表7-18 《财务会计》课程

模块	任务	
模块一 筹集资金的核算	任务一	接受投资
	任务二	短期借款
	任务三	长期借款
模块二 出纳业务的核算	任务一	库存现金
	任务二	银行存款
	任务三	其他货币资金
模块三 往来款项的核算	任务一	应收账款
	任务二	其他应收款
	任务三	预付账款及预收账款
	任务四	应付账款及其他应付款
	任务五	应收票据和应付票据
模块四 工资的核算	任务一	工资构成
	任务二	工资结算
	任务三	工资附加费核算
	任务四	项目实训
模块五 税费核算	任务一	认识增值税
	任务二	营业税
	任务三	城建税及教育费附加
模块六 存货的核算	任务一	概述
	任务二	实际成本法
	任务三	计划成本法
	任务四	低值易耗品的核算
	任务五	包装物的核算
	任务六	库存商品
	任务七	存货清查

续上表

模块	任务	
模块七 固定资产的核算	任务一	概述
	任务二	外购固定值产的核算
	任务三	自行建造
	任务四	折旧
	任务五	清理
	任务六	清查
模块八 无形资产的核算	任务一	概述
	任务二	取得无形资产
	任务三	无形资产摊销
	任务四	无形资产处置
	任务五	项目实训
模块九 财务成果的核算	任务一	主营业务的核算
	任务二	其他业务的核算
	任务三	期间费用的核算
	任务四	利得和损失的核算
	任务五	本年利润的核算
	任务六	所得税费用的核算
	任务七	利润分配的核算
模块十 财务会计报告	任务一	资产负债表
	任务二	利润表

4. 《纳税实务》的"模块（项目）——任务"的构建（见表7-19）

表7-19 《纳税实务》课程

模块	项目	任务
模块一 办税规程业务	项目一 税务登记	任务一 办理开业税务登记
		任务二 增值税纳税人申请
		任务三 变更税务登记
		任务四 税务登记验证换证
	项目二 发票管理	任务一 发票领购
		任务二 发票作废和缴销
	模块三 纳税申报	任务 纳税申报
模块二 增值税	项目一 增值税基础知识	任务一 征税范围纳税义务
		任务二 税率与征收率
	项目二 增值税应纳税额	任务一 纳税人应纳税额
		任务二 小规模纳税人
		任务三 进口货物纳税
		任务四 增值税税收优惠
	项目三 增值税应纳税额	任务 增值税应纳税额
	模块四 增值税相关规定	任务 增值税相关规定
	项目五 实训平台	任务一 模拟实训一
		任务二 模拟实训二
		任务三 模拟实训三
		任务四 模拟实训四
模块三 消费税	项目一 增值税基础知识	任务一 征税范围纳税义务
		任务二 税目与税率
		任务三 计税依据
	项目二 纳税额计算申报	任务一 增税范围纳税义务
		任务二 消费税纳税申报
	项目三 纳税申报内容	任务一 模拟实训一
		任务二 模拟实训二
		任务三 模拟实训三

续上表

模块	项目	任务
模块四 城建税、教育费附件	项目一 增值税基础知识	任务一 征税范围纳税义务
		任务二 税目与税率
		任务三 计税依据
	项目二 应纳税计算申报	任务一 计算实际缴纳的增值税
		任务二 城建税、教育费申报
	项目三 纳税申报内容	任务一 应纳税额的计算
		任务二 城建税、教育费附件
		任务三 特殊规定的减免和
模块五 企业所得税	项目一 所得税基础知识	任务 纳税义务人
	项目二 所得税计算申报	任务一 应纳税的计算
		任务二 所得税额计算
		任务三 企业纳税申报
	项目三 模拟实训	任务一 模拟实训一
		任务二 模拟实训二
		任务三 模拟实训三
模块六 个人所得税	项目一 个人所得税基础知识	任务一 纳税人与征税对象
		任务二 税率及减免税优惠
	项目二 应纳税额计算申报	任务一 应纳税额的计算
		任务二 应纳税额的申报
	项目三 模拟实训	任务一 模拟实训一
		任务二 模拟实训二
		任务三 模拟实训三

5.《商业会计》"模块（项目）——任务"的构建（见表7-20）

表7-20 《商业会计》课程

模块	任务
模块一 熟悉商品流通企业	任务 熟悉商品流通企业

续上表

模块	任务
模块二 批发商品流通	任务一　批发商品流转的核算
	任务二　批发商品销售的核算
	任务三　批发商品储存的核算
模块三 零售商品流转	任务一　零售商品购进的核算
	任务二　零售商品销售的核算
	任务三　零售商品储存的核算
	任务四　已销商品进销差价
模块四 电商模式	任务　电商模式下商品流转
模块五 连锁经营模式	任务一　连锁经营模式
模块六 费用、税金和利润	任务一　商品流通费的核算
	任务二　税费的核算
	任务三　利润的核算
模块七 编制财务报表	任务一　编制资产负债表
	任务二　编制利润表

(六) 以资源库建设和应用促进教育均衡发展的研究

职业教育，不同地区之间存在着很大差异：东部较西部发展得快一些；南方较北方发展得快一些。会计专业，顺德区陈登职校名气响亮一些，师资队伍的整体水平也更高一些。

跨省联盟的会计专业课程资源库建设，以陈登职校为核心，以顺德三校联盟为主体，全国范围内的其他学校为辅助，联盟学校涵盖了华南、华中、华北地区不同层次的学校。

在共建中互相合作，提升各学校师资水平；在共享中互相交流，提升各学校人才培养质量。课题参与学校包括：北京商务科技学校、广东省梅州农业学校、北京财贸职业学院、北京市经济管理学校、郑州财税金融职业学院、重庆市经贸中等专业学校、河南省商务学校、台山市联合职业技术学校、天津物资贸易学校、佛山市顺德区陈村职业技术学校、河南省财经学校、佛山市顺德区北滘职业技术学校、佛山市顺德区陈登职业技术学校。

为发挥会计专业优质学校的优势，会计资源库建设，以"433"为原则，其中，作为课题主持学校的陈登职校，完成了五门课程中40%内容的建设，顺德区三校联盟的陈村职校、北滘职校完成五门课程中的30%内容的建设，其他联盟学校完成其余30%内容的建设。"433"的建设原则，不仅促进了资源库的共建共享，同时也巩固了跨省联盟。"433"建设原则（见图7-18）。

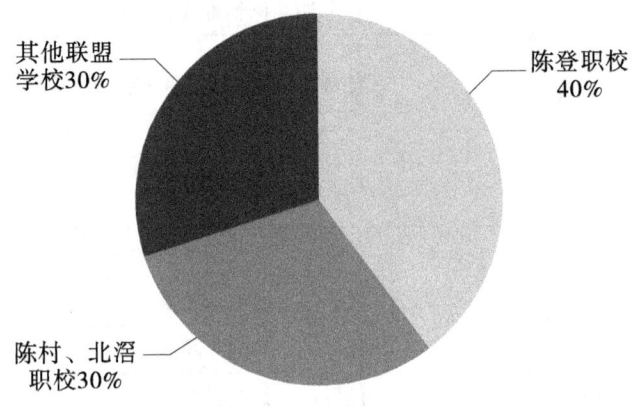

图7-18 "433"建设原则示意图

（七）利用资源库提升课堂教学效果的研究

1. 基于资源库的教学的特征分析

（1）以学生为中心。现代课堂是充分挖掘学生学习潜力，以学生为中心，教师为主导，自主探究，小组合作，协同进步，做学结合的课堂，是充满活力、充满研究、充满实践的课堂。基于资源库的课堂，教师根据学生的学习需求，设计对应的任务，资源库为学生的知识建构提供支持，帮助个体进行学习。

（2）以"合作小组"为学习组织。教学是一个循环往复、不断完善的动态生成过程。资源库的应用，拓展了学生的学习时空。学生之间以"合作小组"为学习组织，借助资源库丰富的资源，可以更加深入地讨论和交流，在同学和教师的指点之下，思维受到启发，能更加全身心地投入教学活动当中，不断调整学习策略，促进学生学习效率的提升。

2. 基于资源库的"六段式"课堂教学模式

该六段式教学，第一段是明确任务，教师根据企业岗位的要求确定教学项目，在项目中设定一个或多个工作任务，工作任务设定既要考虑企业对员工的要求，也要考虑到学生的实际，符合学生的学习特点，便于学生对知识的掌握和促进技能的提升。第二段是获取信息，学生按工作任务的要求，合理的分成多个小组，制订计划，并利用资源库获取信息。第三段是组织实施，学生以小组为单位，根据小组商定的计划，对计划实施。计划实施采取小组合作，按步骤进行的方式。在进行的过程中，小组之间的学生互相协助，共同完成工作任务。第四段是过程检查，学生小组合作完成任务后，先进行小组自己的检查。如有要求，可以同其他小组进行互查。第五段是归纳总结，工作完成后，各小组选出代表或小组全体成员一起，展示小组的工作成果，进行汇报。各组进行小组内的自评和小组间互评。最后由教师根据课堂的情况，对整个项目完成的过程和结果进行小结。第六段是拓展延伸，教师将内容加以深化，布置相关拓展任务，引导学生进一步提高（见图 7-19）。

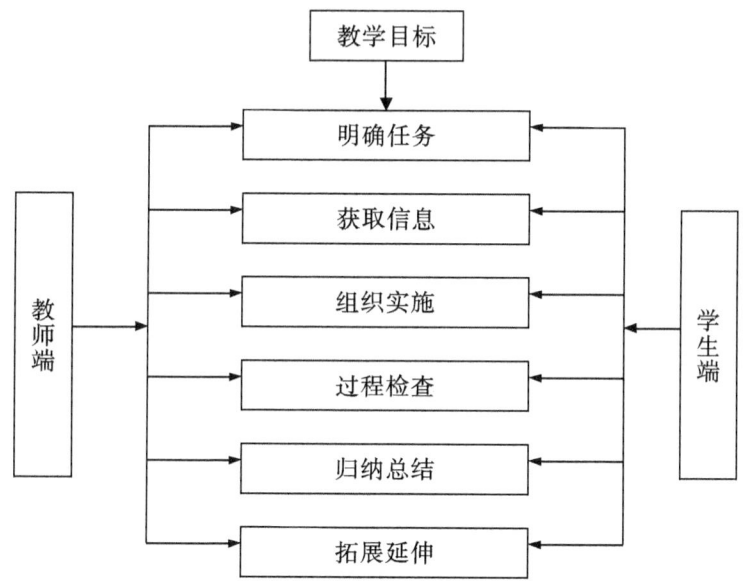

图 7-19 基于资源库的"六段式"课堂教学模式

（八）基于资源库的进行课外在线学习的研究

基于资源库的"三段互动"课外在线学习模式（见图 7-20）。

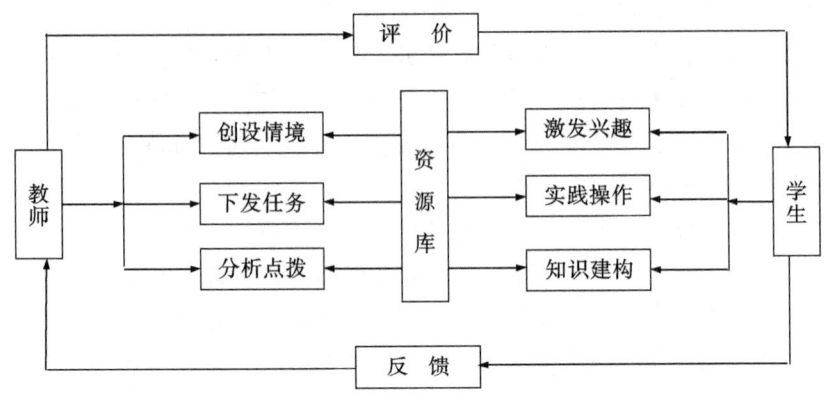

图 7-20 基于资源库的"三段互动"课外在线学习模式

基于资源库的课外在线学习模式分成三段,第一段是创设情境,教师根据学生的学习目标,设计探究问题(或实训题),引导学生进入到特定情境中,激发学生的学习兴趣。第二段是下发任务,教师将学习任务下发给学生,学生根据任务对获得的信息进行分析、讨论、归纳及总结,形成自己的学习成果。第三段是分析点拨,教师在网络上对学生的学习成果进行分析,总结优点,点出不足,使学生加深理解,形成知识建构。在三段学习过程中,师生利用资源库平台,进行实时互动、交流。

(九)其他研究成果

1. 论文成果统计

(1) 论文发表统计(见表7-21)。

表 7-21 论文发表统计

名称	承担人	发表时间	杂志名称
基于资源整合理论的中职教学资源库建设探究	廉捷	2016年10月	《职教论坛》
现代职教体系构建中的学校实践与探索	廉捷	2013年4月	《职教通讯》
提高中职会计电算化教学质量的思考与实践	朱琼华	2013年7月	《广东教育·职业教育》

续上表

名称	承担人	发表时间	杂志名称
中职院校会计专业建设探析	黄丽贤	2013年10月	《广东教育·职业教育》
翻转课堂教学模式在中职会计电算化教学中的实践探索	李 博	2014年8月	《广东教育·职业教育》
中等职业学校会计专业课程改革探析	寇恩华	2015年1月	《中小企业管理与科技》
"就业为导向，实践为重点"视域下会计专业人才培养模式探索	寇恩华	2015年1月	《中小企业管理与科技》
中等职业学校精品课程建设理念与实施初探	寇恩华	2015年1月	《中小企业管理与科技》
会计职业资格证书如何与会计专业教学融合	周运国	2015年1月	《中小企业管理与科技》
基于工作领域的会计工作任务和职业能力分析（上）	寇恩华	2015年3月	《中小企业管理与科技》
基于工作领域的会计工作任务和职业能力分析（中）	寇恩华	2015年4月	《中小企业管理与科技》
基于工作领域的会计工作任务和职业能力分析（下）	寇恩华	2015年4月	《中小企业管理与科技》
企业会计政策的选择	令狐云龙	2015年4月	《中小企业管理与科技》
中职会计专业课程设置研究与实践	周运国	2015年4月	《中小企业管理与科技》
基于"3+1+N"模式下的职校会计专业课程资源库建设的实践与思考	廉 捷	2016年3月	《广东教育·职教》
共享型资源库应用于中职出纳实务课堂的教学探讨	黄莉萍	2016年5月	《广东教育·职教》

续上表

名称	承担人	发表时间	杂志名称
中职会计专业课程改革的思考	谭素梅	2014年3月	《广东教育·职业教育》
如何上好中职学校的会计电算化	吴银燕	2014年3月	《广东教育·职业教育》
中职会计基本技能教学改革的思考	黄仲仪	2014年4月	《广东教育》
当前中职会计专业课程设置存在的问题及对策	谢伟华	2013年12月	《职业教育》
中职会计电算化一体化教学模式分析	周文君	2015年8月	《时代经贸》
基于会计技能大赛视角下会计手工比赛得分要点与操作技巧探析	王家申	2015年第16期	《教育教学论坛》
职业素质"冰山理论"对中职学校财会技能训练的启示	王家申	2013年第11期	《职业教育》
浅谈中专财会教学中的素质教育	尤文利	2014年20期	《赤子（上中旬）》
上好财会"三课"培养"三会"人才	尤文利	2013年03期	《河南教育（职成教版）》
会计信息失真及其治理措施	尤文利	2015年01期	《合作经济与科技》
论中职会计教育中的能力培养问题	李运金	2015年11月	《财会学习》
大赛引领完善会计综合实训教材与课程建设	孙莲香	2013年20期	《中国管理信息化》
会计信息资源的特性分析	孙莲香	2013年19期	《中国管理信息化》
以工作过程为导向的农村职业教育课程改革探讨	刘宇辉	2013年08期	职业教育（下旬刊）

(2) 论文获奖统计（见表7-22）。

表7-22　论文获奖统计

名称	承担人	获奖时间	颁奖部门	等次
中职会计岗位一体化教学模式创新研究	谢伟华	2014年1月	顺德区教育局	一等奖
浅谈微课在中职会计电算化教学中的设计及应用	谢伟华	2014年1月	顺德区教育局	二等奖
职业学校加强教研组建设的实践与成效	廉　捷	2014年3月	广东省职业技术教育学会	二等奖
政行企校联盟共育专业人才	黄丽贤	2014年3月	广东省职业技术教育学会	二等奖
注重五项训练　提高学生传票翻打技能水平	张金菊	2014年3月	顺德区教育局	一等奖
对提升中职会计专业教学水平的认识	潘炎建	2014年3月	顺德区教育局	二等奖
在《基础会计模拟实训》课上把"对话"进行到底	彭　娟	2014年10月	中国职业教育学会	二等奖
翻转课堂教学模式在中职会计电算化教学中的实践探索	刘礼菊	2015年1月	顺德区教育局	一等奖
校内测评定级模式在职校会计技能课中的实践与研究	李　博	2015年1月	顺德区教育局	三等奖
中职《基础会计》精品课程建设	朱琼华	2016年9月	顺德区教育局	二等奖
基于工作过程导向的中职商品流通企业会计校本教材开发实践探索	李　博	2016年9月	顺德区教育局	二等奖

续上表

名称	承担人	获奖时间	颁奖部门	等次
中职会计专业教学资源库在《出纳实务》课程中的应用研究	彭娟	2016年9月	顺德区教育局	二等奖
中职《财务会计》资源库建设问题及策略	廉捷 李玉波	2016年9月	顺德区教育局	二等奖
台山职校校企合作模式创新校外实习管理模式的研究	吴银燕	2014年3月	广东省职业技术教育学会教学管理工作指导委员会	三等奖
信息技术环境下中职学生自主学习能力的培养	赵娜	2015年6月	台山市教育学会	三等奖
中职会计专业课程改革的思考	谭素梅	2015年6月	台山市教育学会	一等奖
依法执教，提高教学质量	赵娜	2016年5	广东教育学会	二等奖
依法践行课堂教学改革的创新实践，走向魅力课堂教学	吴银燕	2016年5月	广东教育学会	二等奖
基于教师企业实践对中职会计教学的思考	赵娜	2016年10月	广东省职业与成人教育学会	一等奖
浅谈项目教学法在会计实践教学中的应用	黄仲仪	2016年10月	广东省职业与成人教育学会	二等奖
会计手工操作程序及比赛得分技巧	王家申	2014年11月	中国职业教育学会商科专业委员会	三等奖
职业素质"冰山理论"对中职学校财会技能训练的启示	王家申	2013年11月	中国职业教育学会商科专业委员会	二等奖
以工作过程为导向的农村职业教育课程改革探讨	刘宇辉 曾小凡 刘涛	2014年8月	中国职业技术教育学会职教期刊专业编辑委员会	三等奖

2. 视频资源获奖统计（见表7-23）

表7-23　视频资源获奖统计

比赛名称	承担人	获奖时间	颁奖部门	等次
全国第一届微课比赛《如何选择记账凭证》	谢伟华	2014年	教育部教育管理信息中心	二等奖
第四届全国基于网络的教师实践社区COP学术研讨会的微课评比《如何使用"用友软件"填制记账凭证》	谢伟华	2014年	中央电化教育馆	三等奖
佛山市第三届中小学微课作品评选《如何使用"用友软件"填制记账凭证》	谢伟华	2014年	佛山教育局	二等奖
佛山市第三届中小学微课作品评选《本年利润的核算》	潘炎建	2014年	佛山市教育局	二等奖
佛山市第三届中小学微课作品评选《所得税的计算》	潘炎建	2014年	佛山市教育局	二等奖
佛山市第三届中小学微课作品评选《如何选择记账凭证》	谢伟华	2014年	佛山教育局	三等奖
2016年广东省中职学校教师信息化教学大赛《现金支票旅行记》	李博	2016年	广东省教育厅	二等奖

3. 课件获奖统计（见表7-24）

表7-24　课件获奖统计

名称	承担人	获奖时间	颁奖部门	等次
原始凭证的填制	李燕	2013年12月	广东省教育技术中心	二等奖
原始凭证的填制	李燕	2014年1月	梅州市教育局	一等奖
财务人员的一天	彭娟	2015年1月	顺德区教育局	二等奖
银行支票结算一体化	邓永红	2015年1月	顺德区教育局	二等奖

4. 课题研究成果被三本专著收录

（1）成果《会计专业标准体系建设调研报告》被顺德区教育局、广东省教育研究院主编的《现代职业教育改革新起点：顺德区中等职业教育专业标准体系建设调研报告》收录（广东高等教育出版社，2014）。

（2）成果《会计专业职业能力分析报告》被顺德区教育局、广东省教育研究院主编的《现代职业教育改革新起点：顺德区中等职业教育专业标准体系建设职业能力分析》收录（广东高等教育出版社，2014）。

（3）成果《会计专业教学标准》被顺德区教育局、广东省教育研究院主编的《现代职业教育改革新起点：顺德区中等职业教育专业教学标准》收录（广东高等教育出版社，2015）。

5. 联盟共建资源，提升了教师教学能力，多位教师在技能大赛中获奖（见表7-25）

表7-25 教师在技能大赛中获奖统计

序号	技能大赛名称	获奖者	获奖时间	颁奖部门	等次
1	2013年广东省中等职业学校教师会计技能竞赛	张金菊	2013年11月	广东省职教学会财经专业指导委员会	特等奖
2	2013年广东省中等职业学校教师会计技能竞赛	黄莉萍	2013年11月	广东省职教学会财经专业指导委员会	特等奖
3	2013年广东省中等职业学校教师会计技能竞赛	李玉波	2013年11月	广东省职教学会财经专业指导委员会	一等奖
4	2013年广东省中等职业学校教师会计技能竞赛	龚淑芳	2013年11月	广东省职教学会财经专业指导委员会	二等奖
5	2014年广东省中职学校技能大赛手工会计（教师组）	黄莉萍	2014年4月	广东省教育厅	一等奖

续上表

序号	技能大赛名称	获奖者	获奖时间	颁奖部门	等次
6	2015年广东省中职学校技能大赛电算化会计（教师组）	张金菊	2015年5月	广东省教育厅	一等奖
7	2014年广东省中职学校技能大赛手工会计（教师组）	李 博	2014年2月	广东省教育厅	二等奖
8	2014年广东省中职学校技能大赛电算化会计（教师组）	朱琼华	2014年2月	广东省教育厅	二等奖
9	2015年广东省中职学校技能大赛手工会计（教师组）	李玉波	2015年5月	广东省教育厅	二等奖
10	2014年广东省中职学校技能大赛电算化会计（教师组）	麦晓敏	2014年2月	广东省教育厅	三等奖
11	2015年广东省中职学校技能大赛电算化会计（教师组）	朱伟生	2015年5月	广东省教育厅	三等奖
12	2014年顺德区中职学校技能竞赛电算化会计（教师组）	刘礼菊	2014年2月	顺德区教育局	二等奖
13	2014年顺德区中职学校技能竞赛手工会计（教师组）	陈珠娟	2014年2月	顺德区教育局	二等奖
14	2014年顺德区中职学校技能竞赛电算化会计（教师组）	周亚君	2014年2月	顺德区教育局	三等奖

续上表

序号	技能大赛名称	获奖者	获奖时间	颁奖部门	等次
15	2016年广东省中等职业学校技能大赛手工会计（教师组）项目指导教师	黄莉萍	2016年3月	广东省教育厅	一等奖
16	2016年广东省中等职业学校技能大赛会计电算化项目指导教师	张金菊	2016年3月	广东省教育厅	一等奖
17	2016年广东省中等职业学校技能大赛会计手工（学生组）项目指导教师	王智莲	2016年3月	广东省教育厅	一等奖
18	2016年广东省中等职业学校技能大赛手工会计（学生组）项目指导教师	黄莉萍	2016年3月	广东省教育厅	一等奖
19	2016年广东省中等职业学校技能大赛会计电算化（学生组）项目指导教师	龚淑芳	2016年3月	广东省教育厅	二等奖
20	2016年广东省中等职业学校技能大赛会计电算化（学生组）项目指导教师	全仙云	2016年3月	广东省教育厅	一等奖
21	2016年广东省中等职业学校技能大赛手工会计（教师组）项目指导教师	彭娟	2016年3月	广东省教育厅	一等奖

四、创新与特色

（1）将资源整合理论引入到中职会计专业课程教学资源库建设中，为职校资源库的建设提供了理论支撑。

（2）构建了"3+1+1+N"优质资源建设机制，也是跨省联盟合作机制，资源实现共建、共享，联盟学校共同提升，为职校联盟合作、促进教育均衡发展提供了有效的范本。

（3）构建了基于岗位能力要求的会计专业核心课程，为职校课程建构提供了有益的借鉴。

（4）提炼出了基于资源库的"六段式"课堂教学模式，"三段互动"课外在线学习模式以及对学生的学习情况进行层次性星级评价的策略，为职校资源库的应用提供了有益的借鉴。

五、价值与社会影响

1. 促进了牵头学校顺德区陈登职校会计专业品牌影响力提升

（1）20多所省内外职业院校先后到陈登职校参观交流。内蒙古经贸学校、临安市中等职业技术学校、杭州市财经职业学校、广西南宁第六职业技术学校、广西玉林财经学校、海南文昌市中等职业技术学校、梅州农业学校、江门市新会冈州职业技术学校、佛山市财经学校、广东省商业学校、顺德中专学校、三水工业中专学校、沙溪理工学校、台山市联合职业技术学校、东莞理工学校、东莞市电子科技学校、东莞市经济贸易学校、中山市第一中等职业技术学校、珠海市第一中等职业技术学校、深圳市第一职业技术学校、中山市南朗理工学校等省内外知名职校先后到校参观交流。同时有7所省内学校有加入资源库后期资源的建设及应用资源库进行教学的意愿。

（2）陈登职校会计专业在顺德区专业办学质量排名中位列全区第一名，并被评为顺德区十大品牌专业。2015年，顺德区教育局组织对全区各职校会计专业进行专业办学质量评估，指标包括师资队伍建设、校内外实习实训与校企合作、教育教学管理、专业建设、教学资源建设、人才培养质量、就业跟踪、示范作用、社会服务等，经过第三方的评估考核，学校会计专业在顺德区专业办学质量排名中位列全区第一名。2016年，学校会计专业被评为顺德区十佳品牌专业。

(3) 学校得到广东省教育厅认可，连续四年承办广东省技能大赛。学校会计专业的办学成果得到广东省教育厅的认可，先后承办了2014年、2015年、2016年、2017年广东省技能大赛会计项目师生竞赛，并获得广东省技能大赛特殊贡献奖。

(4) 资源库建设项目得到广东省财政厅20万元的经费支持。依托会计课程资源库及会计专业实训场室建设，陈登职校申报了"中等职业教育信息化资源开发建设（学习系统）"项目，获得广东省财政厅20万元经费的支持。

2. 促进联盟学校信息化的发展

课题研究有力地促进了联盟学校会计专业教学信息化的发展。截至2016年5月，13所联盟学校全部建立了学校信息中心，建成了30多个会计专业信息化实训场室。资源库投入试用以来，联盟学校共有3 000多名学生登录资源库进行学习。

3. 促进了全国范围内的交流以及优质资源的共享

课题开题时，仅有顺德区陈登职校、陈村职校、北滘职校以及北京市商务科技学校、北京财贸职业学院5所职业院校进行跨省合作。随着课题的开展，更多的学校如天津物资贸易学校、梅州农业学校等加入进来，共有13所学校和1家企业参与到课题当中。更多学校加入联盟，促进了校与校之间的交流，促进了优质资源的共享。

4. 促进了联盟学校会计专业教学质量的提升

联盟学校之间的合作交流以及优质资源的共享，促进了联盟学校教学质量的提升。联盟学校师生普遍认为资源库课程内容丰富，与行业企业联系紧密，集教、学、练、考、评一体，实用性强，对提高专业教学质量有很大帮助。

5. 应用资源库开展会计证培训和会计继续教育培训，取得了良好的社会效益

陈登职业技术学校自课题开展以来，利用会计资源库资源进行会计从业资格证培训累计792人次，利用会计资源库资源进行会计继续教育人员培训累计2 334人次。

六、今后的设想

(1) 继续充实资源库的资源，如加入微课、微视频等。"实用、好

用、乐用"是中职会计课程资源库的建设原则，只有积累大量新颖、实用资源，才能充分调动学生的学习兴趣，而微课、微视频顺应了学生的要求。虽然课题组已完成了部分微课和微视频，但仍远远不够，课题组还将进一步丰富资源库的微课及微视频资源，营造"微教学环境"，促进教师的专业成长，提高学生专业能力。

（2）继续深入开展应用会计专业课程资源库提升育人质量的研究。在专业课教师和学生中进行调查研究，广泛征求师生的意见，加强教学方法的改革，让学生在信息化的环境中充分进行"思考—分析—讨论"，教师在课堂上以组织者、促进者、参与者等身份参与教学中，真正实现"以学生为中心"，利用信息化手段提升育人质量。

（3）继续发展扩大联盟，发展新的联盟学校，增强资源库的影响力，提高更多学校的人才培养质量。目前，只有13所职校参与到资源库的建设和应用当中，相对于全国1万多所职业学校，这个数字还相当小。今后，课题组还将进一步加强资源库的推广，让更多的学校参与进来，使更多的学生受益。

▶ 案例四
信息技术深度融合的 "1＋1主体建构" 课堂教学改革的实践创新研究

佛山市顺德区罗定邦中学

顺德区罗定邦中学信息技术深度融合的"1＋1主体建构"课堂教学改革始于2010年。

2010年9月，学校学习山东昌乐二中，全面进行小组合作教学改革；2012年9月，在小组合作基础上，充分借鉴山西新绛中学自主学习经验，大力倡导自主学习，形成自主学习课与展示交流课两大课型；2013年5月，课堂教学改革正式命名为"1＋1主体建构"课堂教学模式。

2016年10月，为进一步拓展学生学习的广度与深度，提升教学效能，学校着力推进信息化建设，积极探寻信息技术与课堂教学改革的契合点，构建信息技术深度融合的"1＋1主体建构"课堂教学模式，推动课堂教学改革纵深发展。

一、"1+1主体建构"课堂教学模式的成功打造

(一)直面挑战,顺势而为

自2004年基础教育新课程改革启动以来,罗定邦中学作为一所传统的镇街高中,教学质量与办学效益一直未有明显提升。当时,激烈的生源竞争、新教师的大量引入、传统"填鸭式"的教学方式,成为制约学校教学质量稳定提升的诸多因素,也限制了学生学业水平与综合素养的提升。学生在教学中的主体地位未得到应有体现,其诉求未得到充分重视,处于被动的地位。学生学习的内在动力未得到充分调动,学习效能相对低下。课堂教学的生态环境亟待改进,学生呼唤更加自主、奋进的课堂。

2010年9月,时任校长张毅决定启动学校课堂教学改革,全面推行小组合作教学,既是顺应新课程改革的要求,亦是为了解决学校发展面临的困境,促进学校、教师、学生的共同发展。

(二)顶层设计,精密部署

在严峻的形势下,学校立足于教育教学客观规律与校情,敏锐捕捉到山东昌乐二中的"271"高效课堂可能为我所借鉴。校长室组织行政班子、学科组长、骨干教师等人员进行实地调研论证,统一思想,确定了小组合作教学的课改方向。

课堂改革之初,对于学习前置,放手发动学生在课堂上讨论、展示、点评,很多教师不放心、不认可,甚至排斥抗拒。在推行的过程中,又出现了学生预习时间不够、效能不高,学科"打架",学生疲于应付等问题,对教学产生了较大的冲击。为此,学校组织考察各地教改情况,在实地考察学习、实践探索中,教师们逐渐转变思路,解放思想。学校决定借鉴山西新绛中学自主学习的教改经验,结合学校小组合作学习的实际,创设自主学习课与展示交流课两种课型的课堂教学模式,化解了这一难题。此后,学校改革的步子越迈越大,越走越实。

(三)自主合作,效能突出

学校课堂教学改革主要解决的问题包括:学生学习方式的深刻转变,

由过去相对封闭的个人作战转变为小组合作学习。不断健全学习小组建设、评价机制，打造自主管理、合作学习的堡垒。教学材料的深刻更新，由过去单纯依靠教材、教辅资料转变为依托课程标准与考试说明自编的导学案教学，实现课标教材的校本化。并在实践中，逐渐形成了自主预习案、合作探究案、巩固训练案的"三案并举"的结构形式。

课堂教学环节的深刻革新，由过去单一的教师主讲转变为自主预习、合作探究、展示点评为核心的教学三环节。以上问题的解决，深刻体现了教师主导、学生主体的课堂教学改革的本质要求。

（四）课改命名，谱写新篇

2013 年 5 月，全校教师群策群力，课改最终命名为"1+1 主体建构"课堂教学模式。

实施课改以来，学校教学质量显著提升。相较于课改前 2012 年高考 19 人重点本科上线，本科上线率 60%，课改实施后的首届高三，也即 2013 年高考重点本科上线跃升至 46 人，本科率达 70%。至 2018 年高考，重点本科上线已达 176 人，本科上线率 92.75%。

二、"1+1 主体建构"课堂教学模式的内涵

（一）理论基础

"1+1 主体建构"课堂教学模式有两大理论基础，分别是主体认识论和建构主义。

1. 主体认识论

所谓主体论，就是承认并重视主体的能动性及其在实践和认识活动中的地位。而认识论的本质在于内在地追求智慧。教师和学生是课堂教学活动中具有主观能动性的两大主体，共同参与课堂教学活动，教与学及其相互关系直接制约着课堂教学效率的高低。主体认识论在课堂教学中强调以下两点：

（1）强调学生的主动性、能动性和独立性。学生自主地、能动地去认识外部世界及其联系。发挥了学生的主体性，激发了学生的学习兴趣与学习热情，减轻了学生的课业负担和心理压力，提高了教学效果。

（2）强调教师的科学"主导"作用。引导、指导、辅导学生在实践

中动脑,参与以探索为中心的学习,激发每个学生的内在潜能,真正取得实效,让"轻负担"和"高质量"不再矛盾。

2. 建构主义

"建构"是指学生自主地、能动地、有意识地构建自己的知识结构和能力结构。

建构主义提倡在教师指导下,以学习者为中心的学习,既强调学生的认知主体作用,又不忽视教师的指导作用。教师是意义建构的帮助者、促进者,而不是知识的传授者与灌输者。学生是信息加工的主体、是意义的主动建构者,而不是外部刺激的被动接受者和被灌输的对象。

(二) 模式特征

1. 教学理论"1+1":建构主义+主体认识论

该模式完全符合建构主义学习理论,尊重认知发展是一个建构的过程。通过自主学习、协作学习和意义建构,充分尊重、发挥学生的主体性与能动性,让学生成为学习的主人,而不是被动的接受者。同时,突出教师的主导作用,学生学什么,怎么学,应在教师的指导下有序进行。此外,教师还应对学生的成果展示做出点评与补充,对重难点突破提供必要的引导、帮助。充分体现以学定教,以学评教。

2. 课型模式"1+1":自主学习课+展示交流课

自主学习课在前,展示交流课在后,二者有机统一,合为一个完整的教学过程。自主学习课上,学生在导学案"自主预习案"的引导下初步完成知识体系的建构。基础知识点基本掌握,核心知识点做到心中有数,疑难知识点充分暴露。这为展示交流课的高效性打下了坚实的基础,为教师的针对性教学提供了精准的学情参考。

展示交流课上,既包含预习成果的展示交流,更蕴含对核心知识点、重难点的讨论、质疑,充分体现了合作学习的效能。学生的思维得以碰撞、升华,口头表述、书面板书能力得到极大提升。广大学生不仅自己在学习,同时也在相互启发激励,从而形成了师生、生生之间的有机结合,真正将课堂还给了学生。学生的综合素养在潜移默化中得以不断提升。

3. 教学内容"1+1":课标教材+导学案

课标教材是极佳的学习资料,但不是唯一的,将课标教材"校本化",唯如此,才能更好地服务于教学。而导学案是以课程标准为依托,对教材的二次解读。课标教材与导学案二者相辅相成，相互配合，共同促升教学质量。自主预习案、合作探究案、巩固训练案等"三案并举"的结构形式符合学生学习的认知规律，并将自主学习与合作学习的精神蕴含其中，实现了自主学习课与展示交流课的完美融合。

4. 学习方式"1+1"：个体自主+小组合作

"1+1主体建构"课堂教学模式实现了学生学习理念、方式的深刻转变，即由过去相对封闭的个人作战转变为小组合作学习，学习的主动性、协作性、创造性得以加强。以"组内异质、组间同质"为原则组建的学习小组，成为学生自主管理与合作学习的堡垒。组内凸显合作，组间充满竞争，学生的集体意识、责任意识、合作意识得到不断发展。这既为学业水平的提升保驾护航，更为学生终生发展奠基。

三、信息技术深度融合"1+1主体建构"课堂教学改革的积极探索

（一）勇立潮头，开启信息化之路

课堂教学改革持续多年，并最终形成"1+1主体建构"课堂教学模式后，近年来又面临着发展上升瓶颈。集中表现在学生学习的广度、深度不够，课堂教学的有效性有待进一步提升，重点本科上线率缺乏显著性提升。

故此，学校自2016学年，借创建顺德区信息特色化学校之东风，大力引入信息化教学手段，学生平板电脑进课堂，打造"定邦"教育云平台，积极探索信息技术与课堂教学改革的契合点，以进一步提升课堂教学效能。核心在于提升展示交流课的效率、自主学习课的效能，革新教学的思维与方式，为学生创设个性化、差异化的学习平台。

（二）自主研发，构建"定邦"教育云平台

"定邦"教育云平台创建以智慧校园为标杆，对学校信息化基础设施和业务平台进行统一规划建设，为师生提供完善的智慧教育应用服务支撑，实现信息技术与教育业务的有机融合。具体指标包括：建设云教学课程资源平台，促进优质资源共建共享；搭建教师专业发展平台，包括评教系统、在线培训系统、微课平台、智能备课系统、互动空间等，利用大数据记录教师成长轨迹，促进教师专业性发展；搭建学生自主发展云平台，记录学生生涯的成长记录，通过大数据系统全面反映学生综合素质发展的

真实情况。

(三) 深度融合，优化教学环节

目前，信息技术深度融合的"1+1主体建构"课堂教学模式的基本特征及操作流程主要包括以下几点：

1. 备课组集体教研，编制"云学案"，并上传云平台

所谓云学案，或称为"基于云技术的学案"，是指在新课标背景下，在教学的过程中，充分利用云技术和云平台，有机导入高清图片（包括动图）、微视频、微课、文字材料、电子书、Flash、各种习题、学术前沿等教学资源的学案，它具有素材多元、发布迅速、更新及时、有机融合、快捷批阅、高效反馈等优点。当下，"云学案"的核心还是学生自主学习时使用的导学案。在导学案的编制中，尤其注重"自主预习案"中背景材料的选用，以供学生阅读思考。教师将导学案上传至教育云平台，以任务的形式引导、驱动学生开展自主学习。学习任务分为必做、选做两部分，为不同层次的学生提供个性化选择。

2. 学生登录云平台，开展自主学习，并即时反馈

自主学习课上，学生利用平板电脑登录平台，在任务单的引导下开展自主学习，完成教师上传的学习任务。利用云平台开展自主学习，有以下四大优点：

（1）学生提交自主学习作业后，即可获知参考答案或解题思路，并加以订正，提升自主学习的获得感。

（2）教师预设丰富的学科背景材料与核心知识点微课讲解，为学生自主学习提供有力支撑。

（3）学生可将学习心得、疑惑通过平台及时反馈给老师，增进师生互动，为教师精准备课提供素材。

（4）云平台系统会自动记录、留存学生自主学习过程，提供客观的数据统计和分析。

总而言之，通过云平台开展自主学习，能帮助学生提升自主学习效能，达成知识体系的初次建构。

3. 教师精准获取学情，完成二次备课

通过云平台教师端，任课教师实时查看学生自主学习完成情况，进一步了解学情。提炼共性、个性问题，掌握学生的兴趣点、关注点、疑难点，生成更契合实际的教学目标。在此基础上，教师二次备课，教学设计

更具针对性。

4. 展示交流课上合作探究、展示点评

学生通过自主学习课完成知识体系的初次建构，教师精准获取学情后调整教学设计，为展示交流课的顺利进行打下坚实基础。核心在于教师解答学生自主学习中遇到的困惑，指导学生开展小组讨论，对合作探究案中的重难点问题（多以探究题形式呈现）进行研讨、展示（口头展示与黑板展示相结合，或利用阅课系统直接投屏至电子白板）、点评（多以他评的方式进行）、质疑、点评。此外，在展示交流课上，教师充分利用阅课投屏等功能，可将学生合作探究成果即时、多维度展现，直观便利。如此，学生的思维得以碰撞，进而激发学生的求知欲、集体荣誉感，提升思辨能力与团队协作能力。

5. 巩固提升，总结评价

学习是基础知识与基本技能的有机结合，经过上述教学环节，学生已不同程度掌握了基础知识，再通过典型习题加以巩固提升，达成知识体系的最终建构。在当堂巩固环节，多以客观题加以呈现。学生提交答案后，系统即时生成统计数据，为教师精讲提供第一手资料。授课结束后，教师或学生代表及时对整节课的知识内容、课堂表现进行总结评价，其目的主要在于引导学生学会总结、学会反思，提高自我认知能力，建立足够的学术自信。此外，学校正积极探索利用云平台，以小组为单位，开展师生互评，作为综合考核的参考数据。

6. 自主规划，个性学习

教学云平台可根据学生学习情况，自动归类生成个人错题集、典型习题集等个性化学习资料，供学生学习提升。此外，学生还可以借助平台自主规划学习内容、学习节奏。同时，教师根据平台数据，结合学生的知识水平与学习能力，制定不同的学习方案，并根据学情适时进行调整，满足学生的需要和促成他们的个性化学习。

（四）教科研多管齐下，共促信息化课堂

信息技术深度融合课堂教学改革的实践探索，除却云平台建设，还需要多个抓手，以点带面，做真做实。在实践中，学校逐渐打造了"周研课""长短课"这两大教研组织形式，再辅之以课题研究，有力推动了信息化课堂建设。

"周研课"，即一周一课一研，以学科组为单位，每周展示一节高质量

的信息技术深度融合观摩课。这一教研形式，对促进教师更新教学观念，掌握信息化教学手段起到了十分重要的推动作用。"长短课"，即根据教学需求的不同，设置时长不一的课时，短课40分钟，长课55分钟。长短课，尤其是在长课的教学组织中，给教师教学设计留下足够的空间，学生平板电脑的使用、教学云平台的应用，会更加得心应手。此外，针对信息技术深度融合课堂教学改革的实践探索，学校积极倡导课题研究引领，在实践中反思领悟提升。如熊文华校长主持的省级课题"基于'1+1主体建构'教学模式的微课应用实践研究"，即选取了信息化课堂建设中微课应用这一切入点开展研究，并成功申报顺德区教育发展中心实验基地研究项目，效果突出（见图7-21）。

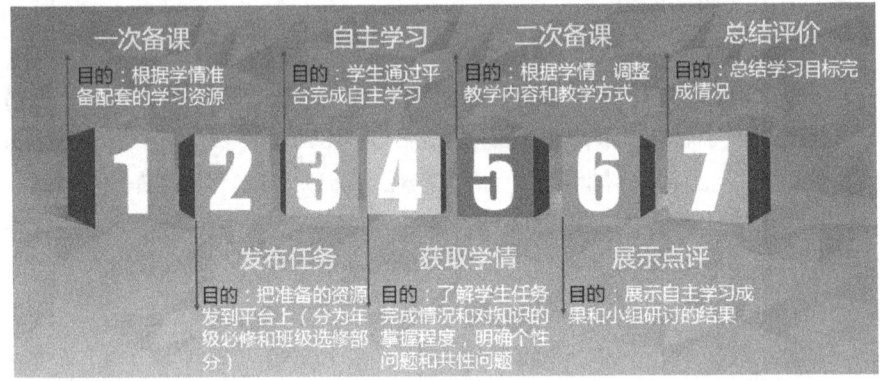

图7-21 信息技术深度融合的"1+1主体建构"课堂教学流程图

四、信息技术深度融合的"1+1主体建构"课堂教学改革实践效果

在全体罗中人的共同努力下，学校课堂教学改革持续深入，成效显著，推动着学校、教师、学生的共同发展。

（一）教学质量连年攀升，屡获嘉奖

扎实有效的教改，有力提升学校教学质量，高考成绩一年一个台阶，持续高位增长（见表7-26）。

表 7-26 成绩持续高位增长

对比	年份	报考人数	重点人数	本科上线人数	本科上线率/%	总上线人数	总上线率/%
课改前	2010	520	24	290	55.80	504	96.92
	2011	598	29	381	63.70	591	98.83
	2012	700	19	425	60.70	697	99.57
课改后	2013	744	46	525	70.56	742	99.73
	2014	847	49	689	81.30	843	99.53
	2015	834	99	707	84.67	832	99.64
	2016	833	129	748	89.69	833	100
	2017	936	158	840	89.79	936	100
	2018	906	176	838	92.49	906	100

凭借出色的高考、统考成绩，学校屡获上级部门嘉奖。近年来，先后荣获佛山市 2017 年普通高中教学质量综合评价优秀奖、顺德区普通高中办学绩效 A 类学校、顺德区先进学校、顺德区高考优秀奖、顺德区教育发展中心实验基地学校等多项重量级荣誉。

（二）提升学生综合素养，促进学生全面发展

经历"1+1 主体建构"课堂教学三年的洗礼，学生综合素养明显提升。小组合作学习的方式增强了学生的责任感与团队协作能力。自主学习课培养了学生热爱学习、善于学习、敢于学习的能力。展示交流课上，学生敢于展现自我，理性思考的逻辑思辨能力、发现和解决问题的能力大为增强。在很大程度上，这些品质与能力，远比考试分数珍贵。所以，课堂教学改革促进了学生综合素养的全面提升，实现了竞争激烈的考学与素质教育有机结合，为学生成长保驾护航。

（三）推动教师的专业成长，科研兴教之风渐浓

课堂教学改革的实践，促使教师重新思考教育教学的理念、方式等核心问题，推动着广大教师由"教书匠"向学习型、研究型教师转变。科研兴教、科研兴校之风兴起，教科研工作明显提升。在较繁重的教学工作

中，广大教师开始做课题、写论文，不断提升自我。近年来我校有国家级课题2个、省级课题4个、区级课题10余个、校级课题近40个。

2016年以来，学校教师在信息化建设相关比赛中斩获多项殊荣，仅以教育部2016—2017年度"一师一优课、一课一名师"活动而言，孙琼、何妹才、罗泳欣等教师荣获国家级优课，林秀珠、洪生锋、尚文祥、李海燕、尚志等教师荣获省级优课。在2017年佛山市"一师一优课、一课一名师"活动中，龙宇、李锦雅等数十位教师获奖，学校更荣膺最佳组织奖。

（四）区域影响不断增强，社会声誉显著提升

教学改革促成优良的教学质量，培养大批优秀的学生。学校社会声誉不断提升，优质生源不断涌入。近几年，大批专家学者、学界同行来校观摩学习。区外单位即有湖北武汉汉阳一中、汉阳二中、蔡甸区实验高中、广州八十六中、云浮中学、佛山二中、高明一中等校多次莅校观摩。

此外，在中央电教馆组织的2017年全国新技术支持下个性化学习高峰研讨和应用成果展活动中，我校信息技术深度融合的"1+1主体建构"课堂教学改革荣获全国二等奖，同年获顺德区课改优秀成果评比一等奖。同年，广西壮族自治区电化教育馆组织市、县（区）级电教站负责人莅临我校现场观摩学习。2018年佛山市"互联网+"课堂学与教变革研讨会由我校承办；同年顺德区中小学深化课堂教学改革研讨暨成果推介会议落户我校等，这既是对学校课改的肯定，更是鞭策。

五、信息技术深度融合的"1+1主体建构"课堂教学改革的思考与展望

信息技术深度融合的"1+1主体建构"课堂教学改革的实践探索，是我校师生遵循教育规律，立足校情，勇于开拓创新，扎实推进课堂教学改革之举。当下，更应主动融入"教育信息2.0"时代，深入推进信息化建设。在现有课改成果基础之上，拟在以下四个方面有所突破。

（一）进一步更新师生观念，提升"信息意识"

大力开展信息化课堂建设，与中国学生发展核心素养中"学会学习"之"信息意识"不谋而合。所谓信息意识，包括能自觉、有效地获取、评

估、鉴别、使用信息；具有数字化生存能力，主动适应"互联网＋"等社会信息化发展趋势；具有网络伦理道德与信息安全意识等。

提升"信息意识"，不仅在于学生，更包括教师。只有进一步革新观念，勇于实践，才能真正打造有效的信息化课堂，真正让学会学习、自主发展落地生根。

（二）进一步提升学校整体信息技术应用水平

1. 从课堂模式打造转入学科特色建设

信息化改革探索起步伊始，会有相对固化的教学组织形式，即所谓"模式"之说。如同2010年的推动课堂教学改革，也是严格实施自主预习、合作探究、展示点评、课后巩固等教学环节，但待时机成熟后，要逐渐融入学科特色，去"模式化"。

当下，绝大多数教师已然能熟练运用教学云平台，组织教学活动。下一阶段，自是进一步探索具有学科特色的信息化课堂，必须实现信息技术与学科教学的深层次整合，充分发挥其作为资料来源、学习工具与交流平台的巨大作用，在整体优化的基础上变革传统课堂教学模式，以达到培养学生创新精神与实践能力的目的。真正将信息化与学科素养紧密结合，成为助推学生成长的利器。

2. 以信息化课堂建设为基石，创新学生个性化培养举措

教学云平台的创建，信息化课堂的打造，本质上就是为学生开启了更具个性化的学习之路。与传统课堂不同，信息化课堂的即时反馈，数据支撑为学生自我定向、自我适应、自我修正、自我规划与自我监控提供了路径，为学生找到更加适合自己学习、发展的个性化道路提供了可能性。学校会以此为基础，充分发掘学生潜能，创新学生个性化培养举措。例如伴随着学校信息化课堂建设发展起来的机器人社团，从无到有，从有到优。培养了一批有兴趣、有能力的学生，在各级各类比赛中成绩优异，为学生开启了另一条成长成才之路，影响深远。

3. 信息技术应用从课堂教学领域拓宽到教育教学管理

目前，立足于课堂教学的"定邦"教学云平台已较为成熟，学校将进一步拓宽信息技术的应用范畴，打造涵盖学生综合素质评价体系、教师专业发展评价体系、学校常规管理体系等三位一体的"定邦"云平台，进一步提升学校教育教学管理的效能。

同时，面对"教育信息2.0"时代、新课标新高考改革的机遇与挑

战，学校将着力挖掘信息技术在选课走班、课程编排、学生生涯规划等方面的应用与提升。

（三）进一步完善数字化校园文化体系

信息技术深度融合课堂教学改革，需要整体的数字化校园文化体系作为支撑，这样才有持续力、生命力。

在数字化校园文化体系建设中，以定邦广场LED屏、电子班牌、创客中心、录播室、新闻中心、360度校园全景漫游等为载体的数字化显性文化已初步构建，但还要充分挖掘数字化校园文化的内涵，扩大效能。

一方面，以"身边人，身边事，身边的榜样"为学校文化建设理念，利用电子班牌等设备，分主题进行宣传，大力传递正能量。此外，充分扩大学校"六境文化"的影响力。所谓"六境文化"，其核心内涵为：敬则德、净则美、静则慧、竞则优、劲则刚、镜则正。再者，充分释放校园新闻中心的能量。通过校园直播平台等手段，加大宣传力度，让师生直观感受到信息技术的进步给在校学习生活带来的变化。

（四）信息技术在学生"自主管理＋责任教育"培养中的应用

自主管理与责任教育是学校德育课程体系中的两条主线，将信息技术手段与德育工作相结合，提升工作效能，也是当下着力探索的课题。例如学习小组建设与培养中，在"定邦"云平台引入评价体系，组织学生定期开展自评与互评，为优秀学习小组评选提供数据支撑，在此活动中提升学生责任意识，增强自主管理的能力。

罗定邦中学信息技术深度融合的"1＋1主体建构"课堂教学改革业已成为顺德教育的一张课改名片，这是罗中师生的荣耀，更是一份责任。罗中人将一如既往秉承"勤奋、求实、和谐、创新"的校训精神，扎实工作，锐意进取，继续深化教改，打造更有效、更自主、更受师生欢迎的课堂，让优质的教学、优秀的学生、优雅的教师、优美的校园在罗中落地生根，共同创建"学生向往、教师幸福、家长满意、社会认可"的优质品牌高中，为每一位学生的成长成才搭建更为广阔的平台。

▶ 案例五
信息技术助推课堂自主合作提升素养[①]

罗定邦中学　熊文华　吴潜波

为进一步拓展学生学习的广度与深度，提升教学效能，近年来，广东省佛山市顺德区罗定邦中学着力推进信息化建设，引进学生平板电脑进课堂项目，打造"定邦"教育云平台，积极探寻信息技术与课堂教学改革的契合点，构建信息技术深度融合的"1+1主体建构"课堂教学模式，推动课堂教学改革纵深发展。

一、搭建信息平台，使之与教育有机融合

为提升学生自主学习能力，自2010年9月开始，罗定邦中学全面推行课堂教学改革，以主体认识论和建构主义为理论支撑，导学案、学习小组为依托，自主学习课和展示点评课为载体，自主预习、合作探究、展示点评为主要环节，成功打造了民主、合作、高效的课堂，有力提升学校教学质量和学生的综合素养。

2016年学校引进平板电脑进课堂，成功打造了拥有独立知识产权的"定邦"教育云平台，积极推进信息技术深度融合的"1+1主体构建"课堂教学改革。该平台以智慧校园为标杆，通过建设云教学课程资源平台、搭建教师专业发展平台、搭建学生自主发展云平台，为师生提供完善的智慧教育应用服务支撑，实现了信息技术与教育业务的有机融合。

二、细化模式流程，提升学生自主学习力

在课改过程中，罗定邦中学以信息化为抓手，积极推进信息技术深度

[①] 此文于2018年6月29日刊登在《语言文字报》。另获《校长领导力与学校品牌建设》征稿一等奖。

融合的"1+1主体建构"课堂教学改革，真正让学生学会学习、自主发展落地生根。

备课组集体教研，编制"云学案"，并上传云平台。所谓云学案，是指在教学过程中，充分利用云技术和云平台，有机导入高清图片、微视频、微课、文字材料、电子书、Flash、各种习题、学术前沿等教学资源的学案，它具有素材多元、发布迅速、更新及时、有机融合、快捷批阅、高效反馈等优点。当下，"云学案"的核心还是学生自主学习时使用的导学案，它以任务的形式通过必做、选做两部分内容，为不同层次的学生提供个性化选择，引导、驱动学生开展自主学习。

学生登录云平台，开展自主学习，并即时反馈。自主学习课上，学生利用平板电脑登录平台，在任务单的引导下开展自主学习，完成教师上传的学习任务，达成知识体系的初次建构。

教师精准获取学情，完成二次备课。通过云平台教师端，任课教师实时查看学生自主学习完成情况，进一步了解学情。提炼共性、个性问题，掌握学生的兴趣点、关注点、疑难点，生成更契合实际的教学目标。在此基础上，教师进行二次备课，教学设计也更具针对性。

展示点评课上合作探究、展示点评。学生通过自主学习课完成知识体系的初次建构，教师精准获取学情后调整教学设计，为展示点评课的顺利进行打下坚实基础。在展示点评课上，教师充分利用阅课投屏等功能，将学生合作探究成果即时、多维度展现，直观便利。如此，在对合作探究案中的重难点问题进行研讨、展示、点评、质疑、再点评的过程中，学生的思维得以碰撞，进而激发学生的求知欲、集体荣誉感，提升思辨能力与团队协作能力。

巩固提升，总结评价。学习是基础知识与基本技能的有机结合，经过上述教学环节，学生已不同程度掌握了基础知识，再通过典型习题加以巩固提升，达成知识体系的最终建构。在当堂巩固环节，多以客观题加以呈现，学生提交答案后，系统即时生成统计数据，为教师精讲提供第一手资料。授课结束后，教师或学生代表及时对整节课的知识内容、课堂表现进行总结评价，引导学生学会总结、学会反思，提高自我认知能力，建立足够的学术自信。此外，学校正积极探索利用云平台，以小组为单位，开展师生互评，作为综合考核的参考数据。

自主规划，个性学习。教学云平台可根据学生学习情况，自动归类生成个人错题集、典型习题集等个性化学习资料，供学生学习提升。此外，学生还可以借助平台自主规划学习内容、学习节奏。同时，教师根据平台数据，结合学生的知识水平与学习能力，制定不同的学习方案，并根据学情适时进行调整，满足学生的需要，促成个性化学习。

三、勇于开拓创新，追求课程改革新突破

信息技术深度融合的"1+1主体建构"课堂教学改革的实践探索，是罗定邦中学师生遵循教育规律，立足校情，勇于开拓创新，扎实推进课堂教学改革之举。当下，更应主动融入"教育信息2.0"时代，深入推进信息化建设，实现课改新突破。

进一步更新师生观念，提升"信息意识"。大力开展信息化课堂建设，与中国学生发展核心素养中"学会学习"之"信息意识"不谋而合。提升"信息意识"，不仅在于学生，更包括教师。只有进一步革新观念，主动适应"互联网+"等社会信息化发展趋势，勇于实践，才能真正打造有效的信息化课堂，真正让学会学习、自主发展落地生根。

进一步提升学校整体信息技术应用水平。一是从课堂模式打造转入学科特色建设。信息化改革探索起步伊始，会有相对固化的教学组织形式，即所谓"模式"之说。如同2010年推动课堂教学改革，也是严格实施自主预习、合作探究、展示点评、课后巩固等教学环节，待时机成熟后，才逐渐融入学科特色，去"模式化"。当下，绝大多数教师已然能熟练运用教学云平台，组织教学活动。下一阶段，学校将进一步探索具有学科特色的信息化课堂，实现信息技术与学科教学的深层次整合，使其成为助推学生成长的利器。二是以信息化课堂建设为基石，创新学生个性化培养举措。教学云平台的创建，信息化课堂的打造，本质上就是为学生开启更具个性化的学习之路。与传统课堂不同，信息化课堂的即时反馈、数据支撑为学生自我定向、自我适应、自我修正、自我规划与自我监控提供了路径，为学生找到更加适合自己学习、发展的个性化道路提供了可能性。学校会以此为基础，充分发掘学生潜能，创新学生个性化培养举措，为学生开启另一条成长成才之路。例如，伴随着学校信息化课堂建设发展起来的机器人社团，从无到有，从有到优，培养了一批有兴趣、有能力的学生，在各级、各类比赛中成绩优异。三是信息技术应用从课堂教学领域拓宽到教育教学管理。目前，立足于课堂教学的"定邦"教学云平台已较为成熟，面对"教育信息2.0"时代、新课标新高考改革的机遇与挑战，学校

将进一步拓宽信息技术的应用范畴，打造涵盖学生综合素质评价体系、教师专业发展评价体系、学校常规管理体系等三位一体的"定邦"云平台，进一步提升学校教育教学管理的效能。

进一步完善数字化校园文化体系。信息技术深度融合课堂教学改革，需要整体的数字化校园文化体系作为支撑，这样才有持续力、生命力。在数字化校园文化体系建设中，以定邦广场LED屏、电子班牌、创客中心、录播室、新闻中心、360度校园全景漫游等为载体的数字化显性文化已初步构建，但还需要充分挖掘数字化校园文化的内涵，扩大效能。一方面，以"身边人，身边事，身边的榜样"为学校文化建设理念，利用电子班牌等设备，分主题进行宣传，扩大敬则德、净则美、静则慧、竞则优、劲则刚、境则达的"六境文化"影响力，大力传递正能量；另一方面，充分释放校园新闻中心的能量，通过校园直播平台等手段，加大宣传力度，让师生直观感受到信息技术的进步给在校学习生活带来的变化。

进一步加强信息技术在学生"自主管理+责任教育"培养中的应用。自主管理与责任教育是学校德育课程体系中的两条主线，将信息技术手段与德育工作相结合，提升工作效能，也是当下着力探索的课题。如在学习小组建设与培养中，在"定邦"云平台中引入评价体系，组织学生定期开展自评与互评，为优秀学习小组评选提供数据支撑，增强学生的自主管理能力。

罗定邦中学信息技术深度融合的"1+1主体建构"课堂教学改革业已成为顺德教育的一张课改名片，这是我校师生的荣耀，更是一份责任。罗中人将一如既往秉承"勤奋、求实、和谐、创新"的校训精神，扎实工作，锐意进取，继续深化教改，打造更有效、更自主、更受师生欢迎的课堂，让优质的教学、优秀的学生、优雅的教师、优美的校园在罗中落地生根，共同创建"学生向往、教师幸福、家长满意、社会认可"的优质品牌高中，为每一位学生的成长成才搭建更为广阔的优质平台。